Joachim Voß

OTTO FRIEDRICH

Weltstadt Berlin

Größe und Untergang

1918–1933

OTTO FRIEDRICH

Weltstadt Berlin

Größe und Untergang

1918 - 1933

VERLAG KURT DESCH

Die amerikanische Originalausgabe
BEFORE THE DELUGE
Erschien bei Harper & Row, Publishers

Übersetzt von Egon Eis, Kurt Heinrich Hansen, Eva Korhammer und
– verantwortlich auch für die Redaktion der deutschen Fassung –
Ulrich Riemerschmidt

Die Originalausgabe enthält im Vergleich zu der hier vorgelegten eine breitere Darstellung der politischen Ereignisse, die dem deutschen Leser weitgehend bekannt sind. Somit konnte sich die redaktionelle Bearbeitung auf die Darstellung der geistes- und kulturgeschichtlichen Tendenzen konzentrieren und ihres Widerstreits zwischen neuen Zukunftshoffnungen und selbstzerstörerischen Gegenkräften

VERLAG KURT DESCH MÜNCHEN WIEN BASEL

Gedruckt in der Druckerei Georg Appl, Wemding
Gebunden in der Großbuchbinderei Georg Gebhardt, Ansbach
Schutzumschlagentwurf: Christa Manner, München
Schutzumschlag gedruckt bei Seelig & Co, München
Printed in Germany 1973
ISBN 3-420-04673-1

Inhalt

»Alle freien Menschen, wo immer sie leben mögen, sind Bürger von Berlin. Und daher bekenne ich, als freier Mensch, mit Stolz: *Ich bin ein Berliner.*«

John F. Kennedy

KAPITEL I

Die Vögel von Berlin

Einleitung

Darum laßt uns hier eine Stadt gründen
Und sie nennen Mahagonny
Das heißt: Netzestadt! ...
Sie soll sein wie ein Netz
Das für die eßbaren Vögel gestellt wird.
Überall gibt es Mühe und Arbeit
Aber hier gibt es Spaß ...
Gin und Whisky
Mädchen und Knaben.
Und die großen Taifune kommen nicht bis hierher.

Bertolt Brecht

»Wollen Sie ihn sehen?« fragte mich der hochbetagte Professor Edwin Redslob, mit sechsundachtzig Jahren eine ehrfurchtgebietende Gestalt. Er war bereits Mitte Dreißig, als Deutschlands geschlagene Armeen aus dem Ersten Weltkrieg heimkehrten. Er ist sehr groß, sein dichtes Haar ist weiß, und er lächelt. Er kann durch die dicken Brillengläser nur mühsam sehen; vorbei an dem Fenster, durch das man auf die weiß blühenden Apfelbäume im Garten blickt, tastet er sich durch sein dämmeriges Arbeitszimmer, und dann bückt er sich vor einem Bücherschrank, der besondere Schätze enthält.

Vor fünfzig Jahren gehörte er bis 1933 als »Reichskunstwart« dem Preußischen Innenministerium an, um der im Aufbau begriffenen Weimarer Republik zu helfen, ein anderes Bild eines neuen Deutschland zu entwickeln, und so beauftragte er auch den jungen expressionistischen Maler Karl Schmidt-Rottluff, das bisherige Staatssymbol, das Bild des deutschen Adlers, neu zu entwerfen. Jetzt beugt er sich über ein flaches Schubfach, brummt vor sich hin, blättert in einem Paket von Bildern und zieht schließlich das hervor, wonach er suchte: einen schwarz-rot-goldenen Adler. Er hält ihn hoch und betrachtet ihn liebevoll. Der Adler brüstet sich wohl mit dem Stolz und der Würde seiner Vorgänger, die Flügel gespreizt, den Schnabel hungrig geöffnet, aber es drücken sich in ihm auch andere Eigenschaften aus: er scheint weniger grimmig als die traditionellen Adler des Kaiserreiches, er wirkt fast fröhlich, wie ein freundlicher Adler. »Eine prächtig gelungene Lösung«, sagt Dr. Redslob. »Aber Sie ahnen nicht, wieviel gehässige Kritik sie hervorgerufen hat.«

Es ist sicherlich falsch, solchen Symbolen allzuviel Bedeutung beizumessen. Im Berliner Zoo gibt es einen richtigen Adler – es sind sogar zwei –, und man kann dort das gefangene Tier betrachten, in dem die Deutschen und auch wir ein staatliches Wahrzeichen sehen. Am Fuß eines Baumes befindet sich ein Tümpel, und einer der Adler senkt seine Krallen langsam in den etwas trüben Tümpel und hackt an dem blutigen Kadaver eines Kaninchens herum, der dort liegt, um sein Bedürfnis nach Aas zu befriedigen.

In der Stille des Zoos gibt es Käfige für jede Art von Großvögeln – Habichte durchschwingen ruhelos die Enge ihres Gefängnisses, Flamingos entfalten und senken ihre Flügel, und selbst einige Marabus stehen trauervoll in stoischem Schweigen und starren auf die Besucher. Unbekümmert durchwandern Dutzende von Wildenten, immer zu zweit, den weiten zoologischen Garten, wobei die braun und weiß gesprenkelten Enten dem grünköpfigen Erpel folgen. Sie bleiben nicht einmal innerhalb der Gehege. Sie durchschwimmen zwischen den Schwänen auch die Kanäle rund um das Charlottenburger Schloß, sie streifen unter den Kastanienbäumen des Tiergartens umher und rupfen an den Wasserkräutern der Havel. »Sie haben in Amerika keine solchen Enten?« fragt ein Berliner erstaunt. »Hier gibt es sie überall.«

Berlin ist für mich im Gegensatz zu fast allen anderen Großstädten, die ich kenne, eine Stadt der Vögel. Mitten im Verkehr auf dem Kurfürstendamm tschirpen Sperlinge, und im Glienicker Park hört man Walddrosseln singen. Man sieht Vogelarten, die man niemals in einer Stadt erwartet hätte – Elstern und Nachtigallen und schwarz gefiederte, auch »Wasserhühner« genannte Taucher mit gelben Schnäbeln. Selbst im Hilton-Hotel wacht der müde Geschäftsmann vom nächtlichen Gekreisch der Pfauen auf.

Einer der Gründe für diese Vielzahl an Vögeln ist die Tatsache, daß Berlin, wie schon Jean Giraudoux feststellte, »keine Stadt der Gärten«, sondern »selbst ein Garten« ist. Obwohl auch heute noch die größte Metropole zwischen Paris und Moskau, gibt es dort noch 835 Bauernhöfe und fast 200 Wasserwege, und mehr als die Hälfte des Stadtgebietes besteht aus Parks, Wäldern und Gärten. Eber und Rotwild leben in den Wäldern, rund um Berlin, und Schafherden grasen an den Rändern der Flughäfen und auf weiten Wiesenflächen. Die Luft ist klar und kühl und belebend.

Daß es in Berlin so viele Vögel gibt, liegt vor allem daran, daß die Berliner sich um sie kümmern, sie füttern und hüten. Im südlichen Stadtteil Lichterfelde begrüßt mich in einem großzügig weiten Medizinischen Forschungsinstitut, das von der Rockefeller-Foundation finanziert wurde, ein alter Herr mit rosigem Teint und führt mich zu

einer rückwärtigen Grünanlage, wo er Sonnenblumenkerne mit einer Schaufel auf dem Rasen verstreut.
Einer der Erpel aus einer großen Entenschar stürzt vor, um sich die besten Kerne zu schnappen, und der alte Mann zeigt auf eine Linde, in der erwartungsvoll gurrend ein Dutzend langschwänziger Tauben sitzt. »Türkische Tauben«, sagt er. »Sie kommen vom Himalaya und stellen sich jedes Jahr hier ein, weil sie hier Futter kriegen.«
Einer Stadt, die so jahrhundertealte Traditionen von Städten wie Paris und London nicht kennt, geben diese Vögel, Generation um Generation, einen Zug von Dauerhaftigkeit. Um 1230 in den Sumpfniederungen am Zusammenfluß von Spree und Havel gegründet, blieb Berlin während der großen Zeiten von Venedig, Amsterdam und übrigens auch Hamburg ein kaum bedeutender Verkehrsschnittpunkt. Noch 1860 bezeichnete der amerikanische Historiker Henry Adams es als »eine ärmlich schäbige Provinzstadt, primitiv, schmutzig, unzivilisiert und in vieler Hinsicht abstoßend«. Erst im letzten Viertel des neunzehnten Jahrhunderts, als die Industrialisierung rasch voranschritt, das Eisenbahnnetz ausgebaut wurde und Bismarck seine politischen Triumphe feierte, wuchs Berlin zu der großen mitteleuropäischen Metropole heran – die Bevölkerung, 1815 noch 198 000 Einwohner, schwoll bis 1871, bis zur Gründung des Kaiserreiches, auf 826 000 und bis 1900 auf 2 529 000 an. Es war dies die Epoche, in der Mark Twain Berlin »das europäische Chikago« nannte und dem Geschmack seiner Zeit in einer rhapsodischen Beschreibung der Kaiserlichen Hauptstadt Ausdruck gab: »Berlin ist ganz neu; die neueste Stadt, die mir jemals vorgekommen ist. Sogar Chikago würde altersgrau daneben aussehen.
... Auch wegen der vielen geraden Straßen und der ungeheuern Raumverschwendung kann man Berlin das europäische Chikago nennen ... Die Straßen werden sehr rein gehalten, aber nicht bloß, wie es in New York Sitte ist, mit schönen Worten und Reden, sondern durch tägliche und stündliche Arbeit mit Kratzbürste und Besen.«
Diese Stadt mit ihren breiten Straßen und ihren massiven, von neoromanischen Bögen und neogotischen Säulen gestützten Steinfassaden zerfiel unter den alliierten Bombenangriffen, die den Zweiten Weltkrieg beenden sollten, in Trümmer. Bereits 1943, als die Uhr an der Kaiser-Wilhelm-Gedächtniskirche für lange Zeit auf halb acht stehenblieb, wurden in einer einzigen Nacht etwa eintausend Morgen der Stadtlandschaft verwüstet. In den letzten Monaten des Krieges flogen jeden Tag amerikanische Bomber über Berlin, und Nacht für Nacht flog die RAF es an. Die Angriffe – 363 insgesamt – zerstörten etwa fünfundzwanzig Quadratkilometer der Innenstadt, vernichteten ungefähr ein Drittel der 1,5 Millionen Gebäude, wobei etwa 150 000

Menschen getötet oder schwer verletzt wurden. Es waren die schwersten Angriffe, die bisher je einer Hauptstadt gegolten hatten, und als die Fliegerangriffe im April 1945 endeten, fuhren die Russen, die Stadt einkreisend, noch insgesamt 22 000 Artillerie-Geschütze auf. In den Hauptbefehlszentren um die Wilhelmstraße ging alle fünf Sekunden eine sowjetische Granate nieder. Das Stadtschloß ging in Flammen auf, die Kuppel des Reichstags stürzte zusammen, und als der Reitstall am Tiergartenrand getroffen wurde, jagte eine Herde brüllender Pferde mit brennenden Mähnen und Schweifen den Kurfürstendamm hinunter.

Die Berliner überlebten und mit ihnen der Berliner Geist. Die Berliner sind anders als die übrigen Deutschen. Ich sehe sie als die New Yorker von Mitteleuropa an. Sie haben ihren unverkennbar eigenen Dialekt und sind auch, wie die New Yorker, zumeist andernorts geboren. Jeder dritte Berliner, hat man gesagt, stammt aus Schlesien, und jeder Ungar, hat man ebenfalls behauptet, könnte Berlin als seine Hauptstadt anerkennen. Die übrigen Deutschen, besonders die Süddeutschen, mögen die Berliner nicht. Sie halten sie für kaltschnäuzig und für vorlaut. Die Berliner, ihrerseits, haben freilich auch ihre Vorbehalte. Sie halten ihre sonstigen Volksgenossen für schwerfällig, provinziell und reaktionär: sie selber haben sich bei allen Wahlen, die in diesem Jahrhundert stattfanden, für links entschieden. Was andere als Zynismus ansehen, nennen die Berliner ihren Witz; was andere als Schnoddrigkeit empfinden, ist für sie ihr Stolz: sie sind enorm stolz auf ihre Stadt, auf ihre Tüchtigkeit, auf ihr Klima, ihre Bäume, ihren Zoo, ihre vielen schlanken und hübschen Mädchen und finden sich sogar mit einer gewissen pervertierten Art von Stolz mit ihrem Elend ab – einst mit ihren Ruinen, jetzt mit der Mauer. Dieser Stolz gründet sich allerdings vorwiegend auf Berlins große Vergangenheit, und so ist er heutzutage nicht ganz frei von einer gewissen Selbsttäuschung.

In den fünfundzwanzig Jahren seit dem Krieg hat Berlin eine Reihe von Wandlungen durchgemacht: von einer besiegten Hauptstadt zu einer von der sowjetischen Blockade bedrängten Festung, vom Schaufenster der westlichen Demokratie zu der Inselstadt, die es heute ist. Die Mauer, die die Ostdeutschen an der Grenze zu Westberlin errichteten, schien zunächst ein überzeugender Beweis dafür zu sein, daß die dortigen Machthaber versagt hatten, aber in den zehn Jahren seit dem Mauerbau sind die groben Betonklötze verwittert, und der einst glänzende Stacheldraht ist verrostet. Die Todesstreifen mit ihren Minen und Maschinengewehrnestern, könnte man bei diesem Anblick denken, haben ihren Zweck erfüllt. Berlin, insbesondere Westberlin, ist heute eine unfrohe Stadt, die ihr Schicksal mit stoischem Gleichmut erträgt. Ihre Neonlichter leuchten nicht mehr so hell wie einst; die

Wirtschaft ist von auswärtigen Subventionen abhängig, die Bevölkerung überaltert und die Selbstmordquote die höchste in Deutschland.

Nicht nur in ihren Vögeln und Bäumen finden die Berliner Trost, sondern auch in ihren Erinnerungen. Die Alten sprechen noch von der Kaiserzeit, jenen Jahren vor 1914, in denen, wie einer von ihnen sagt, Ordnung und Frieden und Achtung vor den traditionellen Werten herrschten – eine christliche Weltanschauung. Es gibt auch manche, die sich noch gern an die Hitlerzeit erinnern, als eine pervertierte Art von Ordnung herrschte und eine sich überschlagende Stimme im Radio alle Deutschen aufforderte, für die höhere Ehre des Vaterlandes zu kämpfen und zu sterben. Für die meisten Berliner ist es freilich eine andere Epoche, die ihnen als die eigentliche Glanzzeit erscheint. Ein blühendes Gewerbe ist entstanden, um den Wunsch der Berliner nach Büchern, Bildern, Schallplatten, Filmen und Fernsehshows über eine Zeit zu befriedigen, die sie die goldenen zwanziger Jahre nennen.

Nicht für alle freilich waren diese Jahre golden, denn sie brachten die Inflation, Streiks und Aufstände, die große Wirtschaftskrise mit ihrer Massenarbeitslosigkeit und den Straßenschlachten zwischen Rechts und Links. Dennoch sind die verzaubernden Namen im Gedächtnis geblieben – Marlene Dietrich, Alexander Moissi und Fritz Kortner, Max Reinhardt, Leopold Jessner und Jürgen Fehling, Bruno Walter, Otto Klemperer und Erich Kleiber, die sensationellen Uraufführungen des *Wozzeck* von Alban Berg 1925 in der Staatsoper und der *Dreigroschenoper* von Brecht und Weill 1928 im Theater am Schiffbauerdamm. Die großspurig selbstgefällige Hauptstadt des Wilhelminischen Deutschlands war zum Mittelpunkt Europas geworden und zog Wissenschaftler wie Einstein an, Schriftsteller wie Auden und Isherwood, Künstler aus vielen Ländern, und allein mehr als fünfzigtausend russische Emigranten bildeten eine geistig überaus regsame Kolonie. Vladimir Nabokov gab dort Tennisunterricht, und Abenteurer jagten mit mehr als hundertfünfzig Stundenkilometern über die neue Autorennbahn, die Avus; Damen in Abendkleidern begaben sich vom Theater direkt zum Pandämonium der Sechstagerennen. Nirgends ging es in den Nachtklubs so freizügig zu wie in denen Berlins. Weil dieses Berlin der zwanziger Jahre mit seinem Sinn für Freiheit und seiner weltstädtischen Lebensauffassung nach einer so kurzen Blütezeit so gründlich zerstört wurde, ist es zu einer Art Mythos geworden, zu einem verlorenen Paradies.

Manche Überreste dieses einstigen Paradieses faszinierten mich besonders, aber es erfordert einige Phantasie, sich den Zustand, wie er einmal gewesen ist, zu rekonstruieren. Nicht weit von der Mauer zum Beispiel war in einer trostlosen Gegend der Rest eines großen gelben

Backsteingemäuers erhalten geblieben, das Eingangsportal zu einem Gebäude, das nicht mehr existiert. Es bestand aus drei Torbögen, und auf dem Dachfirst thronten zwei steinerne Göttinnen, allerdings kopflos, über dem Verkehr zwischen Potsdamer Platz und Halleschem Tor. Dies war einmal der Anhalter Bahnhof, Endstation für die Züge aus Österreich und Bayern, dem Südosten Europas und des Reiches. Etwa vierzigtausend Menschen passierten einst täglich diese Torbögen. Jetzt kommen hier keine Züge mehr an, das Bahnhofsportal stand zwischen Unkraut einsam auf einem leeren Feld. In einem der vier oberen Fenster hatten Vögel ihre Nester gebaut. Wenige hundert Meter davon entfernt, unmittelbar hinter der Mauer, stand jenes von Bomben schwer beschädigte »Herrenhaus«, Residenz des Preußischen Landtags, als es Preußen und den Landtag noch gab. Ein ostdeutscher Ingenieur war es, der sich als letzter die Existenz dieses Gebäudes zunutze machte. Er befestigte eines Nachts zwischen einem der oberen Fenster und der Mauer ein Kabel und glitt daran hinüber in die westliche Welt. Die Ruine wurde daraufhin zugemauert.

Berlin entwickelte sich entlang einer von Ost nach West verlaufenden Achse. In der Mitte dieser Achse stand und steht noch das Brandenburger Tor, ein mächtiges, über zwanzig Meter hohes klassizistisches Bauwerk, von zwölf dorischen Säulen gestützt und mit der Skulptur einer auf einem vierspännigen Wagen stehenden Viktoria gekrönt. Östlich des Brandenburger Tores, entlang der breiten Allee Unter den Linden, errichteten Könige und Kaiser die Repräsentationsbauten der Stadt – ihre Palais, das Opernhaus, die Staatsbibliothek, die Universität, Neue Wache und Zeughaus, dann den Dom und das Stadtschloß und die von der Spree umflossenen Museumsgebäude, nahe dem Gassengewirr der Altstadt. Westlich des Brandenburger Tores setzte sich die Prachtstraße Unter den Linden in der Charlottenburger Chaussee fort, quer durch den Tiergarten, deren Verlängerung am Zoo vorbei in das Geschäftszentrum um den Kurfürstendamm und in die Villenviertel am Rand des Grunewalds führt.

In Ostberlin wurde das schwerbeschädigte Opernhaus genau so wieder aufgebaut, wie es einmal gewesen war, aber das Schloß wurde abgerissen und der einstige Lustgarten in Marx-Engels-Platz umbenannt. Nur ein einziges kleines Teilstück blieb erhalten: an der Südseite des Platzes ist ein historischer Balkon in die lange Front des neuen Staatsratsgebäudes eingebettet: der Balkon, von dem aus Karl Liebknecht am 9. November 1918 um 16 Uhr, zwei Stunden nach Ausrufung der Republik durch Scheidemann, die »Freie Sozialistische Republik« verkündete. Hinsichtlich der Reichskanzlei jedoch ließ man sich von keinerlei sentimentalen Gefühlen bestimmen: da dehnt sich heute nur noch ein leeres Feld, und der Bunker, in dem Hitler und

Goebbels Selbstmord begingen, zeigt sich nur noch als ein etwas gespenstischer, von Gras überwucherter Erdhaufen inmitten dieses Feldes.
Auch im Westen stößt man noch auf solche Überreste der Vergangenheit. Auf dem Steinplatz, nicht weit vom Kurfürstendamm, erinnert ein steinernes Ehrenmal an die Opfer des Nationalsozialismus: die Tafel besagt, daß es aus Steinen der Hauptsynagoge Berlins errichtet wurde, die 1938 in der Orgie der Kristallnacht von blindwütigen SA-Trupps zerstört worden war. In der Fasanenstraße, wenige Schritte entfernt, wo diese Synagoge einst stand, ist, ähnlich wie Liebknechts Balkon, ein moscheeartiges Tor mit einer Säule aus dem vernichteten Tempel in die glatte graue Front eines neuen Gebäudes eingelassen, das heute das Haus der Jüdischen Gemeinde beherbergt. In Berlin gibt es nur noch etwa 6000 Juden. Damals waren es mehr als 200 000.
Der Wiederaufbau ist in Deutschland mit großer Energie betrieben worden, und so ist auch Berlin reich an modernen Hochhäusern aus Stahl und Glas, und berühmte alte Unternehmen und Firmen der Stadt sind in diese neuen Gebäude eingezogen. Das Bristol zum Beispiel war einst ein berühmtes Hotel Unter den Linden und Kempinski ein nicht minder bekanntes Restaurant in der Leipziger Straße; heute, da dort die roten Fahnen wehen, ist das Bristol Hotel Kempinski der bedeutendste gastronomische Betrieb auf dem Kurfürstendamm. Einige Wahrzeichen des alten Berlin finden sich noch an ihren einstigen Plätzen, aber sie sind ihrer ehemaligen Funktionen enthoben. Das mächtige Reichstagsgebäude in der Nähe des Brandenburger Tores ist zwar restauriert worden und über dem Haupteingang steht noch die heute ironisch wirkende Inschrift *Dem Deutschen Volke*, aber außer zu gelegentlichen symbolischen Besuchen aus der Bundeshauptstadt Bonn treffen sich hier keine Regierungspolitiker oder Abgeordneten mehr.
Wo wieder die Kastanien an den Ufern des Landwehrkanals blühen, sind in noch stehende Gebäude des berühmt-berüchtigten Bendler-Blocks Geschäfte und Büros eingezogen. Ein ganzes Häuserkarree umfaßte hier einst das Reichswehrministerium, und die »Bendlerstraße«, Synonym für klirrende deutsche Macht, genoß damals einen gefürchteten Ruf. Hier, in den Amtsräumen eines dazugehörigen schönen zweistöckigen Hauses mit tiefgezogenen französischen Fenstern und Parkettfußböden, entwickelte der Oberst im Generalstab Graf Schenk von Stauffenberg den Plan, Hitler am 20. Juli 1944 zu beseitigen; und hier, in einem der Innenhöfe des Bendler-Blocks wurden Stauffenberg und drei weitere Verschwörer am 21. Juli um 0.30 Uhr erschossen. Ihnen zu Ehren, die hier »für Freiheit, Recht und Ehre« starben, wurde zu Füßen eines von Richard Scheibe gestalteten erzenen

Jünglings eine Tafel angebracht, und gelegentlich kommen vereinzelte Besucher, um die Inschrift zu lesen. Die Bendlerstraße ist in Stauffenbergstraße umbenannt worden. Das alte Berlin lebt in den Erinnerungen derjenigen weiter, die dort einst wohnten. Viele sind heute über die ganze Welt zerstreut, von diesen einstigen Berlinern, denn zerschlagen worden ist Berlin nicht durch alliierte Bomber, sondern durch die Tyrannei des Nationalsozialismus. Schon am Tage nach der Machtergreifung, am 31. Januar 1933, begann die Diaspora der Berliner. Viele sind seitdem gestorben und manche der Überlebenden verständlicherweise nicht gesonnen, in die Stadt zurückzukehren, die sie einst so sehr geliebt hatten. Aber das Berlin der zwanziger Jahre ist, wie es Hemingway von Paris gesagt hat, für jene, die sich noch daran erinnern, ein immerwährendes festliches Ereignis geblieben, und in den Städten ihres Exils, wo sie ihren Lebensabend verbringen, genießen sie heute noch wie einen verschwebenden, würzigen Duft die Erinnerung an ihre schönste Zeit.

»Es war eine Renaissance«, sagt Sol Hurok, einundachtzigjährig, ein rotbäckiger, noch immer munterer Konzertunternehmer, dessen Schädel nurmehr von einem Kranz weißer Haare geziert wird. Ein großer Flügel steht in seinem Büro an der Fifth Avenue, und an den Wänden hängen die Photographien hübscher Ballerinen. Der alte Mann erinnert sich gern daran, wie er jeden Sommer sein Hauptquartier im Hotel Eden aufschlug und dort Artur Schnabel und Rudolf Serkin »und all die anderen großen Künstler« engagierte. »Eine Renaissance«, wiederholt er in seiner unverkennbar russischen Aussprache. »Die größte Renaissance in diesem Jahrhundert. Nun ja, wie soll man das in Worten sagen?«

»Könnte ich mir eine Zeit aussuchen, in der ich leben möchte, irgendwann und irgendwo, ich würde die zwanziger Jahre wählen in Berlin«, sagt mir der Rabbiner Joachim Prinz. Er trägt einen etwas ausgebeulten blauen Anzug, ist freundlich, etwas ironisch; er war von 1958 bis 1966 Präsident des amerikanischen Jüdischen Kongresses, jetzt umgeben von den vielen tausend Bänden seiner Bibliothek in Orange, New Jersey, erzählt er von seinen Tagen als junger Student in Berlin und als bekanntester Rabbiner der Stadt und über das Theater, über die Konzerte, über das Nachtleben. »Mittelpunkt von alledem war das Romanische Café. Es gibt jetzt sogar ein Buch darüber – hier, ich schenke es Ihnen. Es war ein mächtiges graues Eckhaus gegenüber der Kaiser-Wilhelm-Gedächtniskirche, alle kamen dorthin, die Schriftsteller, die Schauspieler, die Maler, alle.« Wie oft er selber dort gewesen sei? »Jeden Abend!« erwidert prompt Dr. Prinz. Wie lange er geblieben sei? »Bis zwei Uhr nachts.« Dann wurde geschlossen? »Ich weiß nicht, ob jemals dort Schluß war«, sagt er lachend.

»Ich liebte Berlin«, bekennt Yehudi Menuhin, der dort als Dreizehnjähriger ein sensationelles Debüt hatte. Er lebt jetzt in London und ist vierundfünfzig, aber er wirkt mit seinem graublonden Haar und den strahlend blauen Augen immer noch erstaunlich jungenhaft. »Die Gesellschaft von Berlin war sehr fortschrittlich und zugleich sehr neurotisch«, meint er. »Nicht die große Masse, sondern eine neue Gesellschaftsschicht, deren Basis das neue Geld war und die sich extravagant und unternehmungslustig und aufgeschlossen gab. Die Neurose entstand aus dem Widerstreit der Werte, der alten und der neuen. Alles wurde möglich. Ständig andere Sensationen – darauf allein kam es an.«

»Ich ging 1926 nach Berlin, und alles, was ich bisher darüber gehört hatte, stimmte tatsächlich«, erzählt mir der Pianist Abram Chasins, ein kleiner, zerbrechlich wirkender Mann mit auffallend großen Ohren und einem raschen Lachen. Wir sitzen in seinem Arbeitszimmer an der oberen East Side von Manhattan, es wird draußen langsam dunkel, und Chasins steht auf und geht hin und her, während er zu erklären versucht, was er meint. »Alles war so elegant, so sauber, so lebenslustig. Nicht in Paris, sondern in Berlin habe ich die schönsten Mädchen der Welt gesehen. Sie waren sehr süß.«

Natürlich war Berlin nicht nur eine Stadt von Intellektuellen und genußsüchtigen Nachtschwärmern, denn die meisten Bewohner lebten so wie die überwiegende Zahl von Menschen zu anderen Zeiten und an anderen Orten, und ihr ganzes Dasein bestand aus nichts als Mühe und Arbeit – dem Schicksal, das sie miteinander teilten.

Dennoch erscheint mir das Berlin dieser zwanziger Jahre als eine mit keiner anderen vergleichbare Stadt – nicht nur, weil es so war, was es gewesen ist, sondern auch vor dem Hintergrund der Zukunft, die ihr bevorstand. Rückblickend könnte mancher zu der Ansicht neigen, die Zügellosigkeit des Nationalsozialismus sei eine Konsequenz der in Berlin gelebten Zügellosigkeit gewesen, aber wir wissen, meine ich heute, daß der Aufstieg des Faschismus keineswegs unvermeidlich war, daß er noch bis zu dem Tage hätte verhindert werden können, an dem Hitler die Macht übernahm. Aber weil alles so kam, meinen wir auch, daß Berlin – ebenso wie Pompeji – vom Schicksal gezeichnet war, und das selbst in seiner einmaligen Blütezeit unter dem wohlwollenden Blick des Weimarer Adlers. Und so sind nur die Vögel in den Grünanlagen der Stadt irgendwie die gleichen geblieben.

KAPITEL II

»Der Kaiser hat abgedankt.«
1918

Zehntausende starben,
Und unter ihnen die Besten,
Für eine alte, vor die Hunde gegangene Hure,
Für eine verpfuschte Zivilisation . . .
Ezra Pound

Hermann Ullstein, einer der fünf Brüder, die einen der größten Zeitungskonzerne Europas aufbauten, erinnerte sich Jahrzehnte später, daß die Abdankungsnachricht telefonisch vom Unterstaatssekretär des Reichskanzlers Prinz Max von Baden an das Wolffsche Telegraphenbüro übermittelt worden war. Eine Nachricht von äußerster Wichtigkeit werde in Kürze durchgegeben, hatte es zuvor aus der Reichskanzlei geheißen. Die Redaktion von Berlins größter Boulevardzeitung, der Ullstein-eigenen BZ am Mittag, der »schnellsten Zeitung der Welt« unter 147 Tages- und Wochenzeitungen der Reichshauptstadt, war dringend ersucht worden, die Druckmaschinen zu stoppen: eine zweite Ausgabe der BZ könne Blutvergießen vermeiden. Sie enthielt die sensationelle Verlautbarung: »Seine Majestät der Kaiser und König haben sich entschlossen, dem Throne zu entsagen«, und wurde den Verkäufern aus der Hand gerissen. »Und eine Viertelstunde nach jenem Telefonanruf aus der Reichskanzlei«, schrieb Hermann Ullstein stolz, »verkündeten unsere Zeitungen in Hunderttausenden von Exemplaren als erste das Ende des deutschen Kaiserreichs.«

Mehr als vier Jahre waren seit jenen euphorischen Tagen im August 1914 vergangen, als Wilhelm II. die Parade seiner Truppen auf dem Auszug ins Feld abnahm. Die Deutschen hatten, aus welchen Gründen auch immer, geglaubt, sie müßten das Vaterland gegen die Angriffsdrohungen und die Einkreisung durch die mißgünstigen Alliierten verteidigen. Selbst ein so redlicher und in seinem Urteil so sorgfältig abwägender Zeuge wie der Historiker Friedrich Meinecke blickte auf diesen Kriegsbeginn mit Stolz zurück: »Noch einmal schien ein guter Geist das deutsche Volk auf seine Wege zurückführen zu können . . . Die Erhebung der Augusttage 1914 gehört für alle, die sie miterlebt haben, zu den unverlierbaren Erinnerungswerten höchster Art . . . Alle Risse, die im deutschen Menschentum sowohl innerhalb des Bürgertums wie zwischen Bürgertum und Arbeiterschaft bisher bestanden hatten, überwölbten sich plötzlich durch die gemeinsame Gefahr, die über uns gekommen war und uns aus der bisher genossenen Sekurität materiellen Gedeihens herausriß.«

In den vier Jahren fielen 1 773 000 Deutsche für jene Erinnerungswerte, die im ganzen 8,5 Millionen Opfer forderten, und mehr als 4 Millionen Verwundete. Brecht, während des letzten Kriegsjahres Sanitäter in einem Militärlazarett, behauptete, die Behandlung der Verwundeten sei für ihn eine Arbeit an einer Art surrealistischem Fließband gewesen: »Wenn der Arzt mir befahl: ›Brecht, amputieren Sie ein Bein!‹, erwiderte ich: ›Zu Befehl, Eure Exzellenz!‹ und schnitt das Bein ab. Sagte man mir: ›Machen Sie eine Trepanation!‹, öffnete ich den Schädel des Mannes und pfuschte an seinem Gehirn herum. Ich habe gesehen, wie man Leute zusammenflickte, um sie so schnell wie möglich wieder an die Front schicken zu können.« Es spricht einiges dafür, daß der Dichter hier übertrieben oder sich eine makabre Szene ausgedacht hat – nach Hugo Schmidts Anmerkungen soll Brecht im Krieg auf einer Station für Geschlechtskranke gearbeitet haben. Eins von Brechts berühmtesten Gedichten, zu dem er selbst die Melodie geschrieben hat, war die »Legende vom toten Soldaten«:

Und als der Krieg im vierten Lenz
Keinen Ausblick auf Frieden bot
Da zog der Soldat seine Konsequenz
und starb den Heldentod.

Der Krieg war aber noch nicht gar
Drum tat es dem Kaiser leid
Daß sein Soldat gestorben war:
Es schien ihm noch vor der Zeit.

Der Sommer zog über die Gräber her
Und der Soldat schlief schon
Da kam eines Nachts eine militärische ärztliche Kommission.

Es zog die ärztliche Kommission
Zum Gottesacker hinaus
Und grub mit geweihten Spaten den
Gefallnen Soldaten aus.

Und der Doktor besah den Soldaten genau
Oder was von ihm noch da war
Und der Doktor fand, der Soldat war k. v.
Und er drückte sich vor der Gefahr.

Und sie nahmen sogleich den Soldaten mit
Die Nacht war blau und schön.
Man konnte, wenn man keinen Helm aufhatte
Die Sterne der Heimat sehn.

Sie schütteten ihm einen feurigen Schnaps
In den verwesten Leib
Und hängten zwei Schwestern in seinen Arm
Und sein halbentblößtes Weib.

Und weil der Soldat nach Verwesung stinkt
Drum hinkt ein Pfaffe voran
Der über ihn ein Weihrauchfaß schwingt
Daß er nicht stinken kann.

Voran die Musik mit Tschindradra
Spielt einen flotten Marsch.
Und der Soldat, wie er's gelernt
Schmeißt seine Beine vom Arsch.

. . .

So zogen sie mit Tschindradra
Hinab die dunkle Chaussee
Und der Soldat zog taumelnd mit
Wie im Sturm die Flocke Schnee.

. . .

Obwohl das deutsche Volk von Kohlrüben und Leinöl, von Kunsthonig und anderen Surrogaten leben mußte, wenn es nicht verhungern wollte, und die meisten diesen Krieg restlos leid waren, hatte die große Mehrheit den Glauben nicht aufgegeben, daß am Ende aller Entbehrungen doch der Sieg stehen würde. Vom Osten drohte keine Gefahr mehr. Die Schlachten um Verdun, an Somme und Marne hatten zwar einen horrenden Blutzoll gefordert, aber am 21. März 1918 begannen mit dem »Unternehmen Michael« die deutschen Truppen die große Entscheidungsschlacht in Frankreich, und ihre 18. Armee stieß zügig auf Paris und Reims vor.

Tatsächlich hatte Hindenburg Anfang 1918 dem Kaiser versprochen, er werde die französische Hauptstadt bis zum 1. April erobern, und der dritte große Teilangriff des deutschen Heeres durchbrach fünf französische Verteidigungslinien, vorangetragen schon bis auf fünfundfünfzig Kilometer vor Paris; aber dann, Mitte Juli 1918, kam der deutsche Vormarsch zum Stillstand. Mit dem Eintreffen der ersten US-Kampfverbände an der Front, unterstützt von starken Tankangriffen, begann die alliierte Gegenoffensive. Die militärische Kraft Deutschlands war erschöpft. Dennoch zog die Reichsregierung trotz der ungeheuren Verluste und der trostlosen Gesamtlage keine Konsequenzen und gelangte zu keinen Entschlüssen.

Am 29. September 1918 endlich drängte Ludendorff auf einen sofortigen Waffenstillstand, nachdem schon am 14. August die Oberste Heeresleitung bei einer Lagebesprechung im Hauptquartier in Spa die Fortsetzung des Krieges als aussichtslos erklärt hatte.

Es ist, wie auch wir Amerikaner in den letzten Jahren erfahren haben, für eine Nation offensichtlich schwierig, sich mit der Tatsache abzufinden, daß ein moderner Krieg nicht gewonnen werden kann und daß alle, die ihr Leben fürs Vaterland geopfert haben, umsonst gestorben sind. »Ich ... rufe den Trauernden zu: er ist umsonst gestorben«, schrieb der scharfzüngige, brillante Tucholsky in Berlin, »für einen Wahn, umsonst, umsonst, umsonst.« Die in Wahrheit Verantwortlichen schoben später die Schuld an ihrer Niederlage den Defaitisten und den Saboteuren in der Heimat und undefinierbaren Kräften zu, von denen, wie sie behaupteten, »der Dolchstoß in den Rücken« geführt worden sei, Kräften, die Hitler und seine Ideologen als »Novemberverbrecher« diffamierten. Und vielen Deutschen kam jede Art von Anklage nur allzu recht, weil diese Niederlage so plötzlich gekommen war und unerklärlich schien und so weittragende Konsequenzen hatte.

Nachdem Ludendorff dem Kaiser jene Eröffnung gemacht hatte, gab es keine andere Wahl mehr. Und als dann die Alliierten erklärten, mit denen, die der US-Präsident Woodrow Wilson »die militärischen Beherrscher und monarchistischen Autokraten Deutschlands« genannt hatte, werde man nicht verhandeln, zeigte sich Wilhelm II. mit der Bildung einer neuen Regierung auf breiter Grundlage einverstanden. Der liberale Prinz Max von Baden, Befürworter eines Verständigungsfriedens, wurde zum Reichskanzler ernannt, und erstmalig traten Sozialdemokraten als Staatssekretäre in das Kabinett ein.

Am 3. Oktober 1918 bot die deutsche Regierung durch Vermittlung der Schweiz in Washington den sofortigen Abschluß eines Waffenstillstands auf der Grundlage von Präsident Wilsons »Vierzehn Punkten« an. Und so begannen die Verhandlungen. Ludendorff allerdings glaubte offenbar noch immer, dieser Waffenstillstand werde in etwa das sein, was das Wort besagt: nämlich eine zeitweilige Einstellung der Kampfhandlungen, als Atempause, die es beiden Seiten ermöglichte, ihre Streitkräfte neu zu gruppieren. Die Alliierten waren natürlich anderer Ansicht. In einem Armeebefehl vom 24. Oktober mußte Ludendorff bekanntgeben, daß der Feind die bedingungslose Kapitulation fordere, was »für uns Soldaten unannehmbar« sei. Er wurde vom Kaiser seines Postens enthoben, verbrachte die letzten Kriegstage in einer Berliner Fremdenpension, von der aus er mit einem falschen Paß und mit einer dunklen Brille getarnt nach Schweden floh.

Die Generäle hatten kapituliert. Die große Masse des Volkes, ausgehungert und verelendet, war längst des Krieges müde. Schon seit Beginn des Jahres 1917, als die Lebensmittelrationen auf durchschnitt-

lich eintausend Kalorien pro Tag herabgesetzt wurden, häuften sich die Streiks vor allem der Metallarbeiter in den Rüstungsfabriken. Sie verlangten nicht nur mehr Brot, sondern auch eine beschleunigte Herbeiführung des Friedens. Da es an jeglicher Strategie fehlte, dauerte der Streik des Januar 1918 zwar nur einige Tage, doch dürfte er Ludendorff mit dazu veranlaßt haben, seine verhängnisvollen fünf letzten Offensiven einzuleiten. Daß es den Radikalen an einer geeigneten Führerpersönlichkeit fehlte, war kein bloßer Zufall, denn der Mann, der das Zeug dazu gehabt hätte, mußte als Schuster eine Haftzeit von vier Jahren und einem Monat im Zuchthaus von Luckau absitzen.
Rückblickend scheint es uns kaum verständlich, daß ein Mann wie Karl Liebknecht zum Vorkämpfer der Revolution des deutschen Proletariats und zum Gründer der KPD (Spartakusbund) werden konnte. Eine zeitgenössische Photographie zeigt ihn mit einem mächtigen Packen von Papieren unter dem Arm auf dem Weg durch eine Berliner Straße – ein kleiner Mann von zartem Körperbau, mit einem Kneifer und einem fast militärisch wirkenden schwarzen Schnurrbart. Er trägt einen schwarzen Hut mit breitem Rand und einen weißen, steif hochstehenden Kragen, einen sogenannten Vatermörder. Er sieht eher aus wie ein Bankangestellter auf dem Wege zur Reichsbank.
Liebknecht, damals Ende Vierzig, war ein differenzierter, sehr musisch veranlagter, in seiner Radikalität nicht eben bequemer Mann. Sein Vater, noch Kampfgefährte von Karl Marx und Friedrich Engels, war einer der Mitbegründer der deutschen Sozialdemokratie gewesen, und die alten Parteigenossen hatten den jungen Karl zunächst nicht eigentlich als Genossen, sondern als den Sohn eines Genossen aufgenommen. Was ihn bei einer durchaus bürgerlichen Erziehung von den bisherigen Parteiführern unterschied, waren die leidenschaftliche Radikalität und der feurige Idealismus, mit denen er als unermüdlicher Rufer gegen seine Zeit auftrat. Schon 1907 hatte er einen scharfen Angriff gegen den deutschen Militarismus veröffentlicht, der ihm achtzehn Monate Festungshaft eingebracht hatte. Als die Sozialdemokraten am 4. August 1914 ihren bisherigen Internationalismus aufgaben und für die bedingungslose Bewilligung der Kriegskredite stimmten, hatte sich Liebknecht nur schweren Herzens der Fraktionsdisziplin gefügt, die eine einstimmige Annahme im Plenum des Reichstags forderte. Schon gegen Ende des Jahres sonderte er sich in klarer Begründung seiner oppositionellen Haltung ab: »Dieser Krieg ist nicht für die Wohlfahrt des deutschen Volkes entbrannt. Er ist kein deutscher Verteidigungskrieg und kein deutscher Freiheitskrieg, sondern ein kapitalistischer Angriffs- und Eroberungskrieg.« Die Militärbehörden zahlten ihm das heim, indem sie ihn als »Armierungssoldat« aufgrund

der allgemeinen Wehrpflicht einzogen und ihn, den fanatischen Gegner dieses Krieges, in einer Pioniereinheit alle Schrecken der vordersten Front erleben ließen. Als Reichstagsabgeordneter hatte er lediglich noch das Recht, an allen Sitzungen teilzunehmen, und immer wieder erhob er in erbitterter Opposition als einer der wenigen brillanten Parlamentsredner seine Stimme gegen die Obrigkeitsmächte und die feudal-kapitalistische Klassengesellschaft mit ihrer Polizeiwillkür. Am 12. Januar 1916 schloß ihn die sozialdemokratische Fraktion aus ihren Reihen aus: mit 60 gegen 25 Stimmen.
Schon im folgenden Jahr protestierte eine Gruppe gleichgesinnter Abgeordneter gegen den Krieg und gründete die Unabhängige Sozialistische Partei. Liebknecht publizierte unter dem Namen »Spartakus« eine radikale Zeitung und sammelte im Spartakusbund Gesinnungsgenossen um sich. Am 1. Mai 1916 wurde er bei einer von ihm organisierten Protestdemonstration auf dem Potsdamer Platz verhaftet, er hatte ausgerufen: »Nieder mit dem Krieg! Nieder mit der Regierung! Es lebe der Friede!« Ein Kriegsgericht verurteilte ihn zu vier Jahren und einem Monat Zuchthaus. Liebknechts Schlußworte: »Aber ich sage Ihnen: kein General trug je eine Uniform mit so viel Ehre, wie ich den Zuchthauskittel tragen werde.«
Unter dem Druck des anwachsenden Aufbegehrens der Volksmassen erließ die Regierung Ende Oktober 1918 eine Generalamnestie, Liebknecht wurde begnadigt und konnte in das zunehmend sich revolutionierende Berlin zurückkehren. Als unbeugsamer Einzelkämpfer hatte er die Stadt verlassen; als Prophet, der sich in seinem Glauben gerechtfertigt fand, kam er zurück. Eine begeisterte Menge nahm ihn in Empfang und geleitete ihn im Triumphzug durch die Straßen. Unter dem Einfluß der Geschehnisse in Rußland, wo die Bolschewiki unter Lenin ihren eigenen Weg zur Revolution beschritten hatten, tendierte der einst aufklärerische Humanist, der Harmonie und Frieden angestrebt hatte, nunmehr zu totalem gewaltsamem Umsturz: zwar wolle das Proletariat keinen Terror, aber es habe zu gewärtigen, »daß die herrschenden Klassen mit Zähnen und Nägeln ihre Machtstellungen verteidigen, und die Aufgabe des Proletariats ist, diesen Widerstand der herrschenden Klassen und alle gegenrevolutionären Versuche mit aller Rücksichtslosigkeit, mit eiserner Faust niederzuwerfen«.
Noch am 22. Oktober – Ludendorffs Nachfolger war der General Wilhelm Groener geworden – hatte Friedrich Ebert als Vorsitzender der SPD erklärt, daß sie sich wie am 4. August 1914 zur Politik der Landesverteidigung bekenne, »getreu uns selbst, unserem Volk und seiner Zukunft«, aber die Friedenssehnsucht weitester Kreise drängte auf einen Thronverzicht des Kaisers. Wohl gingen nach einer Note des Reichskanzlers Prinz Max an Wilson die Machtbefugnisse in Deutsch-

land nunmehr von einer »Volksregierung« aus, doch immer noch weigerte sich Wilhelm II. abzudanken. Wohl begannen im Wald von Compiègne am 8. November unter dem Druck allenthalben im Reich sich zeigender Auflösungserscheinungen und eines Matrosenaufstands in Kiel, unter dem Druck auch der in vielen Großstädten sich bildenden Arbeiter- und Soldatenräte zwischen dem Generalissimus Foch und der unter der Führung des Staatssekretärs Matthias Erzberger stehenden deutschen Delegation die Verhandlungen über eine Waffenruhe.

Erst auf den Rat Hindenburgs reiste der Kaiser am 10. November nach Holland – am 9. November war die Revolution in Berlin ausgebrochen, hatte der sozialdemokratische Staatssekretär Philipp Scheidemann die deutsche Republik ausgerufen und Prinz Max von Baden »de facto« die Thronentsagung des »Herrschers von Gottes Gnaden« bekanntgegeben; unterzeichnet wurde sie erst am 28. November.

Was Stendhals Fabrizio auf dem Schlachtfeld von Waterloo erlebte, kommt der Wahrheit sicherlich näher als all das, was ein Napoleon oder ein Wellington darüber berichteten. Er, Fabrizio, verbrachte den berühmt gewordenen Tag damit, sich auf der Suche nach einem neuen Pferd in der belgischen Landschaft herumzutreiben, wobei er seine Muskete verlor, in Gräben stürzte und verschiedene ebenso verwirrte Soldaten fragte: »Ist das hier eine richtige Schlacht?« Ähnlich war es in den Tagen der deutschen Revolution.

Artur Schnabel, weltberühmter Bach- und Beethovenspieler, befand sich am 8. November im Rheinland, im Rahmen einer Konzerttournee. Als er hörte, daß die Revolution in Berlin bevorstehe, rief er besorgt seine Frau an. »Sie hatte unseren beiden Jungen versprochen, daß sie am Nachmittag in der Staatsoper *Hänsel und Gretel* sehen sollten«, erinnerte sich Schnabel später. »Dann warnte man sie, besser nicht auszugehen, sondern zu Haus zu bleiben; aber als sie sah, wie traurig die Kinder darüber waren, wollte sie ihnen diese Freude nicht nehmen; so sahen sie also am Vortag der Revolution Humperdincks Märchenoper. Es waren auch sonst viele Kinder da, und für alle war es ein großes Vergnügen.«

Am gleichen Tag hatte die UFA, Deutschlands größte Filmgesellschaft, in Berlin einen Presseempfang arrangiert, um ihren neuesten Film *Carmen* mit der schönen jungen Pola Negri vorzustellen, unter der Regie von Ernst Lubitsch. »An diesem Abend war mein Lamé-Kleid ein einziger Triumph«, erzählte Pola Negri noch vor nicht allzu langer Zeit. »Der Champagner war gut gekühlt ... Das Studio-Orchester spielte ein Potpourri aus *Carmen*, um Stimmung zu machen ... Wir nahmen im Vorführraum Platz, und der Film begann. Es gab Beifall, als ich zum ersten Mal auf der Leinwand erschien. Da klang aus der Ferne ein schwaches Geräusch und hielt ein paar Augenblicke an – Gewehrfeuer.« Kaum jemand achtete zunächst darauf, aber als das Geräusch lauter wurde, fragte die Negri ihren Regisseur, ob er es auch höre. »Ja, pst!« sagte Lubitsch. »Daran ist nichts zu ändern. Sieh dir den Film an.«

Als die Vorführung zu Ende war, applaudierten alle begeistert und blieben noch, um ihre Glückwünsche auszusprechen und um sich nicht den Gefahren auf der Straße auszusetzen. An diesem Abend hatten all die Filmleute kein Vorgefühl, daß Deutschland vor dem Zusammenbruch stand. »Wenn die Zeitungen täglich Katastrophen melden, hört man allmählich nicht mehr hin«, bemerkte Pola Negri. Sie selbst wollte in dieser Nacht noch die U-Bahn erreichen. »Die Straßen waren völlig leer«, sagte sie. »Das einzige, was ich hörte, war direkt über mir in der Luft ein sirrendes Geräusch von Geschossen. Um nicht von einer verirrten Kugel getroffen zu werden, drückte ich mich mit dem Rücken gegen die Häuserwände und tastete mich mit kleinen Schritten vor ... Ich war schweißüberströmt, als ich an der U-Bahnstation ankam.«

Im grauen Morgen des 9. November begann der Generalstreik. Er war durch die von Liebknecht und seinem Spartakusbund gedrängten Unabhängigen Sozialisten ausgerufen worden, um den Kaiser zur Abdankung zu zwingen. Während die Massen sich in den Straßen sammelten, mußten die Sozialdemokraten die Entscheidung treffen, ob sie sich an dem Streik beteiligen oder an ihrer Beteiligung an dem wankenden Kabinett des Prinzen Max von Baden festhalten wollten.

Früh schon an diesem Novembermorgen hatte der sozialdemokratische Staatssekretär Philipp Scheidemann in der Reichskanzlei telefonisch nachgefragt, ob der Kaiser zurückgetreten sei. Er erhielt eine negative Antwort. Scheidemann ließ wissen, daß die Sozialdemokraten nur noch bis zum Streikbeginn um 9 Uhr warten könnten, dann würde er zurücktreten. Um 9 Uhr rief Scheidemann die Reichskanzlei erneut an, erfuhr, daß noch immer keine Nachricht aus Spa vorlag, und teilte mit, daß er daraufhin sein Amt als Staatssekretär unverzüglich niederlege. Unterdes war vor der Reichskanzlei in der Wilhelmstraße die Menge der streikenden Arbeiter auf Zehntausende angewachsen, sie schwenkten rote Fahnen und forderten lautstark den Rücktritt der Regierung. So entschied sich Prinz Max, den »de facto«-Thronverzicht Wilhelms II. und des Kronprinzen aus eigener Machtbefugnis zu verkünden. Die Sensation wurde telefonisch an die Nachrichtendienste und die Zeitungen durchgegeben.

Aber der Kaiser hatte nicht abgedankt. Er saß weiterhin vorm Kamin in seiner Villa Fraineuse außerhalb von Spa, ging gelegentlich zu einem Spaziergang nach draußen in den Garten und kehrte dann zurück, um sich mit seinen Generälen zu besprechen. Der einundsiebzigjährige Generalfeldmarschall Hindenburg schwieg oder gab ausweichende Antworten und überließ es General Groener, die Lage in aller Sachlichkeit vorzutragen. Als einige Untergebene in ihrer Blindheit die Behauptung aufstellten, das Heer könne die rebellierenden deutschen Städte wieder in seine Gewalt bringen, war es Groener, der schließlich sagte: »Das Heer steht nicht mehr hinter Eurer Majestät.« Ein telefonisches Kreuzverhör unter den Herren der kaiserlichen Umgebung, eine Befragung unter den Offizieren sollte entscheiden. Als sie ergab, daß die Armee den Frieden wollte, warf der Kaiser ihnen Eidbruch gegenüber ihrem Obersten Kriegsherrn vor. »Fahneneid? Oberster Kriegsherr?« fragte Groener. »Das sind heute nur noch Worte.« Derart in die Enge getrieben, erhob sich der Kaiser und ging zum Mittagessen. »Nach einem guten Essen und einer guten Zigarre wird sich alles besser ansehen«, sagte der Kronprinz. Nach diesem guten Essen aber traf die Nachricht ein, daß Prinz Max die Abdankung bereits verkündet hatte. »Verrat, meine Herren!« rief der Kaiser, »schamloser, schändlicher Verrat!« Erst nach einem langen Streitgespräch mit seinen Generälen willigte er schließlich ein, mit einem Sonderzug nach Holland ins Exil zu fahren.

Scheidemann hatte sich einen Weg durch die aufgewühlte Stadt zum Reichstag gebahnt. »Er glich schon in den Morgenstunden einem großen Heerlager«, erinnerte er sich später. »Mit Ebert und anderen Freunden saß ich hungrig im Speisesaal. Es gab wieder nur eine dünne Wassersuppe ... Da stürmte ein Haufen von Arbeitern und Soldaten in den Saal, gerade auf unseren Tisch zu. Fünfzig Menschen schrien zugleich: ›Scheidemann, kommen Sie gleich mit! ... Philipp, du mußt herauskommen und reden ... Du mußt, wenn Unheil verhütet werden soll! ... Draußen stehen Zehntausende, die verlangen, daß Sie reden ... Jawohl, komm schnell, vom Schloßbalkon aus redet Liebknecht ...! Liebknecht will die Sowjetrepublik ausrufen!‹ Nun sah ich die Situation klar vor Augen. Ich kannte seine Forderung: Alle Macht den Arbeiter- und Soldatenräten. Deutschland also eine russische Provinz, eine Sowjet-Filiale? Nein, tausendmal nein! ... Schon stand ich am Fenster.

Ich sprach nur wenige Sätze, die mit großem Beifall aufgenommen wurden: ›Arbeiter und Soldaten ... Der unglückselige Krieg ist zuende ... Das Alte, Morsche ist zusammengebrochen ... Die Hohenzollern haben abgedankt ... Es lebe das Neue!

Es lebe die Deutsche Republik!‹«

In Wahrheit hatte der Kaiser nach der Abdankungserklärung von Prinz Max nicht abgedankt, ebensowenig wie zu diesem Zeitpunkt Liebknecht das Schloß bereits erreicht hatte – er fuhr noch durch

Berlin und spornte an verschiedenen Straßenecken die Streikenden an –, aber die Lage war so verworren, daß Scheidemanns spontane Erklärung vom Fenster des Lesesaals im Reichstag aus von den jubelnden Massen als die Verkündung eines neuen Zeitalters akzeptiert wurde. Fast zufällig war Deutschland plötzlich eine Republik geworden, während Scheidemann gelassen zu dem Rest seiner Wassersuppe zurückkehrte. Es war ihm nicht einmal bekannt, daß sein eigener Parteiführer Friedrich Ebert noch weiterhin hoffte, eine Regentschaft herbeiführen zu können. »Eberts Gesicht war vor Zorn dunkelrot geworden, als er von meinem Verhalten hörte«, berichtet Scheidemann. »Er schlug mit der Faust auf den Tisch und schrie mich an ... ›Du hast kein Recht, die Republik auszurufen! Was aus Deutschland wird, ob Republik oder was sonst, das entscheidet eine Konstituante!‹«
Aber um Rechte und technische Einzelheiten zu streiten, war jetzt keine Zeit mehr. Eine vieltausendköpfige Menge strömte erregt, jubelnd und singend vom Reichstag zum Stadtschloß. Als der Generalstreik am Morgen begonnen hatte, war das Schloß noch bewacht, und die dort verschanzten Kompanien hatten Befehl, auf jeden Angreifer zu schießen. Als aber die Nachricht durchkam, daß der Kaiser abgedankt habe, mußte der Berliner Oberkommandierende ein Schießverbot erlassen: »Truppen haben nicht von Waffen Gebrauch zu machen, auch nicht bei Verteidigung von Gebäuden.« Die Soldaten des einer Festung gleichenden Hohenzollernschlosses verlassen ihre Postierungen, Brustwehren. An der Schloßbrücke werfen sie ihre Tornister hin, Gewehre fliegen im Bogen in den Spreearm. Auch die Handgranaten folgen hinab ins graugrüne Wasser. In losen Haufen verdrücken sich die Kompanien. Mangels einer roten Fahne erscheint am Fenster des Pfeilersaales, an einem Schirm befestigt, ein roter Stuhlüberzug, und über die Brustung des Balkons, von dem aus der Kaiser einst die Paraden seiner Truppen abgenommen hatte, hängt man eine rotwollene Bettdecke.
Etwa um vier Uhr nachmittags, als es zu schneien begann, erreichte Karl Liebknecht, begleitet von einer Gruppe rebellierender Matrosen, das Schloß. »Jubel erscholl«, erzählt Ben Hecht, der gerade als vierundzwanzigjähriger Reporter der Chikagoer *Daily News* nach Berlin gekommen war. »Ich sah, wie ein kleiner Mann, fahl und übernächtigt, aus einem Taxi stieg und durch den Schnee zum Eingang des Schlosses tappte. Die großen, rotbäckigen Marinesoldaten salutierten, er passierte.« Liebknecht eilte, von etwa hundert Matrosen gefolgt, die Marmortreppe hinauf. »Es waren keine Befehle ausgegeben worden«, berichtet Hecht. »Es sah aus wie eine Revolution, bei der jeder tun konnte, was er wollte ... Ich stellte keinerlei Fragen und folgte Liebknecht. Die weiten Schloßräume waren verlassen, anwesend war

nur ein verwirrter alter Mann mit einer Lederschürze.« Vom Hauptbalkon des Schlosses begann Liebknecht vor den Tausenden seiner Anhänger eine Rede halten. »Der Tag der Freiheit ist gekommen«, rief er. »An dieser Stelle wird nie wieder ein Hohenzoller stehen ... Ich proklamiere die freie sozialistische Republik ... Wir wollen eine neue staatliche Ordnung des Proletariats errichten, eine Ordnung des Friedens, des Glücks und der Freiheit unserer deutschen Brüder und unserer Brüder in der ganzen Welt. Wir reichen ihnen die Hände und rufen sie zur Vollendung der Weltrevolution auf ...«

Mit Ben Hechts Deutschkenntnissen war es noch nicht weit her, und so entgingen ihm Teile der Rede, aber als gewissenhafter Reporter folgte er dem Redner in das verlassene Schlafzimmer des Kaisers. »Liebknecht fing an sich auszuziehen. Seine schwarzen Augen funkelten fast poetisch verklärt ... Nach kurzer Zeit stand Liebknecht barfüßig in seinem langen Winter-Unterzeug da. Einige Knöpfe fehlten, und die ausgebeulte Sitzfläche war vom vielen Waschen abgenutzt. Er nahm eine Aktentasche und vier dicke Bücher auf. Mit ihnen unter dem Arm, näherte er sich dem Bett des Kaisers ... Die Matrosen standen erstarrt und beobachteten ihn ... Liebknecht ... placierte seine ausgebauchte Aktentasche und die vier Nachschlagewerke auf dem kleinen Nachttisch und kroch unter die kühlen königlichen Decken. In dem Raum war es still geworden. Ich hörte die königlichen Sprungfedern quietschen, als Liebknecht die Beine ausstreckte. Und dann, als er nach einem der Bücher griff, gab es plötzlich ein krachendes Geräusch. Der zierliche Nachttisch mit seinen spindeldürren Beinen war unter dem ungewohnten Gewicht revolutionärer Literatur zusammengebrochen. Die Lampe schlug auf den Boden, und die Glühbirne zerplatzte. Und die Revolutionsgarde floh ... von ärgeren Gespenstern verfolgt, als ich sie mir in meiner Phantasie hätte vorstellen können.«

Obwohl dies der Tag der Revolution war, gab es erstaunlich wenige gewalttätige Übergriffe. Hin und wieder fielen wohl Schüsse, aber die Menge verhielt sich im großen und ganzen verhältnismäßig friedlich – insgesamt gab es fünfzehn Tote. Liebknecht begab sich am nächsten Morgen in die Redaktion des konservativen Berliner *Lokal-Anzeigers,* wo er die Redaktion einer neuen Zeitung seines bisherigen »Spartakusbundes«, der *Roten Fahne* etablierte. Vorm Eingang des Polizeipräsidiums am Alexanderplatz, von den Bereitschaften der blauen Polizei verbarrikadiert, erschien der Unabhängige Emil Eichhorn und verkündete schlicht: »Ich bin der neue Polizeipräsident.« Er fand von seiten des verstörten Kommandos keinerlei Widerstand, auch dann nicht, als er die Zellen entlangschritt und 650 Gefangene befreite, die während der letzten Tage verhaftet worden waren.

Wußte auch niemand, wer eigentlich in Berlin regierte, so war doch an diesem 9. November bei Anbruch der Nacht klargeworden, daß das Hohenzollernregime zusammengebrochen war. Prinz Max war noch um Mitternacht mit Friedrich Ebert und einer großen Abordnung der Sozialdemokratischen Partei in der Reichskanzlei zusammengetroffen und hatte ihm übergeben, was an Regierungsvollmachten übriggeblieben und zu übergeben war. Ebert hatte den Prinzen zu bewegen versucht, zur Abwicklung der Angelegenheiten des Hohenzollernhauses noch weiterhin in Berlin zu bleiben, aber der Prinz hatte höflich mit den Worten abgelehnt:

»Herr Ebert, ich lege Ihnen das Deutsche Reich ans Herz.«

»Ich habe zwei Söhne für dieses Reich verloren«, antwortete Ebert.

Damit gab es kein Kaiserreich mehr. Nur noch Friedrich Ebert im Arbeitszimmer des Kanzlers im zweiten Stock des Palais in der Wilhelmstraße – erschüttert von den Ereignissen, die ihn so plötzlich zum höchsten Staatsamt Deutschlands emporgetragen hatten. Unter ärmlichen Verhältnissen in Heidelberg aufgewachsen, hatte er das Sattlerhandwerk erlernen müssen. Früh schon war er in der Gewerkschaftsbewegung aktiv und dann Redakteur an einer sozialdemokratischen Zeitung geworden. Seit 1905 Sekretär des Berliner sozialdemokratischen Parteivorstandes, kam er 1912 in den Reichstag und war von 1913 bis 1919 der Vorsitzende der SPD. Er war jetzt achtundvierzig, in seinen Ansichten durchaus konventionell und eher wegen seiner Redlichkeit und seines gesunden Menschenverstandes als wegen seines Intellekts oder seiner rhetorischen Fähigkeiten geachtet. Für ihn hatte Sozialismus zunächst nur bessere Löhne und bessere Arbeitsbedingungen unter einer fortschrittlichen Monarchie bedeutet.

Plötzlich klingelte eines der Diensttelefone. Apparat 988. Ebert nahm den Hörer leicht irritiert ab und erfuhr, daß es sich um eine geheime von Ludendorff eingerichtete Privatleitung zum Hauptquartier in Spa handelte.

»Hier spricht Groener«, meldete sich Ludendorffs Nachfolger. Ebert fragte den General, wie die Armee mit der Krise fertig werden wolle. Die Antwort klang beruhigend. Der Kaiser war auf den Vorschlag, sich außer Landes zu begeben, eingegangen und in einem Sonderzug nach Holland abgereist. Hindenburg führte das Oberkommando über die Heeresgruppen an der Front und sollte für deren Rückführung nach Deutschland sorgen.

»Was erwarten Sie von uns?« fragte Ebert.

»Der Generalfeldmarschall erwartet, daß die Regierung das Offizierskorps darin unterstützt, Ordnung und Disziplin in der Truppe aufrechtzuerhalten . . .«

»Was noch?« fragte Ebert.

»Das Offizierskorps erwartet«, sagte Groener, »daß die Regierung den Bolschewismus bekämpft, und stellt sich hierfür der Regierung zur Verfügung.«
»Übermitteln Sie dem Generalfeldmarschall den Dank der Regierung«, sagte Ebert.
So stellte General Groener die Reste der kaiserlichen Armee für den Kampf um die neue Republik zur Verfügung, während Friedrich Ebert die Aussicht eröffnete, diese Republik werde für die Erhaltung des alten Offizierskorps sorgen. Einig waren sich beide in der Absicht, die Revolution, die sie »wie die Sünde haßten«, mit Gewalt zu unterdrücken.
»Die deutsche Armee wurde gerettet«, schrieb einer der schärfsten Kritiker Eberts, »aber die Republik war bereits am Tage ihrer Geburt verloren.« Friedrich Ebert hat das zweifellos ganz anders gesehen. Die Unterstützung der neuen Republik durch das Heer bedeutete seiner Ansicht nach nicht die Zerstörung, sondern die Rettung der Demokratie in Deutschland.
»Wirklich entscheidend ist während irgendwelcher Krisen«, sagte mir ein Berliner, der sich noch gut an die Tage der Revolution erinnerte, »ob die Straßenbahnen fahren. Fahren sie noch, dann ist das Leben erträglich.« Und deshalb muß festgehalten werden, daß am 9. November 1918, an dem Tag, der das Ende des deutschen Kaiserreiches brachte, die Berliner Straßenbahnen tatsächlich fuhren. Auch das Telefon funktionierte, ebenso wie die Gas-, Wasser- und Elektrizitätsversorgung.
Friedrich Eberts Vorstellung von einer Revolution unterschied sich fundamental von der, die Karl Liebknecht hatte, aber das bedeutet nicht, daß sie deswegen keine Revolution gewesen wäre. Der Zusammenbruch einer Monarchie stellt ohnehin eine grundlegende politische Veränderung dar, und Ebert leitete daraufhin sofort eine ganze Reihe von Reformen ein, die wenige Jahre zuvor noch reine Utopien gewesen waren. »Die aus der Revolution hervorgegangene Regierung, deren politische Leitung rein sozialistisch ist, setzt sich die Aufgabe, das sozialistische Programm zu verwirklichen«, begann das am 2. November von sechs sozialdemokratischen und unabhängigen Volksbeauftragten erlassene Ebertsche Regierungsdekret.
Das Dekret verfügte eine Amnestie für alle politischen Straftaten und verkündete uneingeschränkte Vereins- und Versammlungsfreiheit sowie freie Meinungsäußerung in Wort und Schrift. Alle Wahlen zu öffentlichen Körperschaften seien fortan nach dem gleichen, geheimen, direkten, allgemeinen Wahlrecht aufgrund des proportionalen Wahlsystems für alle mindestens zwanzig Jahre alten männlichen und weiblichen Personen zu vollziehen. Das Dekret verhieß auch, daß die

Regierung alles zur Beschaffung von ausreichenden Arbeitsplätzen zur Sicherung einer geregelten Volksernährung tun werde. Rückblickend erscheinen Eberts damalige Zielsetzungen unter den gegebenen Umständen weit positiver, als es seine linksgerichteten Kritiker wahrhaben wollten. »Wir haben in Deutschland keine Revolution, wir haben eine Gegenrevolution gehabt«, meinte Kurt Tucholsky und sprach angesichts der starken unverbesserlich reaktionären Kräfte überall im Lande von einer negativen Monarchie, die nur deshalb keine sei, weil ihr der Monarch ausgekniffen war: sie habe nicht einmal von ihrem Vorgänger, dessen Konkursmasse sie verwalte, dieses eine übernommen, nicht einmal den Selbsterhaltungstrieb, und sie könne sich nicht schützen, weil das, wogegen sie sich schützen müßte, in ihr selber liege. In Eberts auf ein bestimmtes Maß begrenzten Aktionen zeichneten sich freilich auch die begrenzten Ziele einer im wesentlichen konservativ, nicht radikalrevolutionär gestimmten Bevölkerung ab. Selbst am Tag der Revolution, als es Schießereien in der Innenstadt gab, sollen sich die vielen Schaulustigen, die im nahen Tiergarten Schutz suchten, nur auf den Gehsteigen bewegt haben. Und zwar, weil die Schilder am Wegrand besagten: *Betreten des Rasens verboten.*

Es blieb noch die nüchterne Notwendigkeit, den Krieg offiziell zu beenden. Bis zum letzten Augenblick fiel es der zivilen Führung schwer, zu glauben, daß ihre so erfolgreichen Armeen erschöpft seien. Noch am 7. Oktober veröffentlichte Walther Rathenau, der erfolgreiche Wirtschaftsführer, 1914/15 Leiter der Kriegsrohstoffabteilung im preußischen Kriegsministerium, einen leidenschaftlichen Appell zur militärischen Mobilisierung der gesamten Volksmassen: »Die nationale Verteidigung, die Erhebung des Volkes muß eingeleitet werden ... Es gibt ältere Männer genug, die gesund, voll Leidenschaft und bereit sind, ermüdeten Brüdern an der Front mit Leib und Seele zu helfen. Alle die Feldgrauen müssen zur Front zurück, die man heute in Städten, auf Bahnhöfen und in Eisenbahnen sieht ... In Ost und West, in Etappen und im Hinterland müssen aus Kanzleien, Wachstuben und Truppenplätzen die Waffentragenden ausgesiebt werden ... Einer erneuten Front werden andere Bedingungen geboten als einer ermüdeten. Wir wollen nicht Krieg, sondern Frieden. Doch nicht den Frieden der Unterwerfung.«

Prinz Max hatte Rathenaus Forderung immerhin so ernst genommen, daß er bei der Obersten Heeresleitung anfragte, ob eine solche *levée en masse* Aussicht auf Erfolg hätte. Die OHL antwortete prompt, daß ein solches Unternehmen mehr zerstören würde, als man ertragen könne. Aber die OHL war andererseits zu einer Kapitulation auch nicht bereit. Auf die Empfindlichkeit der Militärs Rücksicht nehmend, beauftragte daher Prinz Max einen Zivilisten, den Staatssekretär Matthias Erzberger, mit der Führung der deutschen Waffenstillstandskommission. Er hatte damit eine aus seiner Sicht richtige Wahl getroffen, denn der der Zentrumspartei angehörende Politiker war einer der ersten gewesen, der frühzeitig einen Verständigungsfrieden frei von Annexionen befürwortet hatte. Andererseits war dadurch Erzberger und mit ihm die gesamte republikanische Linke des Weimarer Staates mit einer Verantwortung belastet, die eigentlich und von Rechts wegen von der Obersten Heeresleitung hätte getragen werden müssen – mit der Verantwortung, die bedingungslose Kapitulation praktisch zu vollziehen.

Auf der Reise von Berlin am 7. November nach Compiègne machte Erzberger im Hauptquartier Spa Station, um noch eventuell letzte Weisungen Hindenburgs entgegenzunehmen. Man kann sich vorstellen, mit welcher Reserve der alte Generalfeldmarschall seinen Besucher empfing. Erzberger war ein süddeutscher Kleinbürger, frommer Katholik, der »Benjamin« des Reichstags, er war tüchtig und intelligent, aber wurde weitgehend als Intrigant und »Defaitist« angesehen. Hindenburg dürfte vor allem eine Aufforderung Erzbergers an den Generalstab gefürchtet haben, den Waffenstillstand ebenfalls zu unterzeichnen. Mit Tränen in den Augen ergriff er Erzbergers Hand und drängte ihn, seiner patriotischen Pflicht zu genügen.

Die deutsche Delegation fährt ins feindliche Lager, quer durch die Fronten. Am ersten der Automobile ist eine weiße Fahne aufgezogen, ein Trompeter auf dem Trittbrett gibt kurze Signale, das Feuer auf beiden Seiten ist eingestellt. Ein leichter Regen fällt, und der Wind weht die Blätter von den silbrig hellen Birken, als die Deutschen von französischen Offizieren in Empfang genommen werden. Ein Zug fährt sie im Mondschein durch eine gespenstische Kriegswüste in den Wald von Compiègne. Am nächsten Vormittag um 10 Uhr betreten die deutschen Unterhändler den Salonwagen des Höchstkommandierenden der Siegermächte, des Marschalls Foch. Die Waffenstillstandsbedingungen übertreffen alle bösesten Befürchtungen. Milderungen lassen sich kaum erreichen. Innerhalb von zweiundsiebzig Stunden ist zu unterzeichnen. Hindenburg, durch Funkspruch von Erzberger unterrichtet, telegrafiert, daß versucht werden müsse, günstigere Bedingungen auszuhandeln – gelinge dies nicht, so sei trotzdem abzuschließen. Die Unterzeichnung des Vertrages erfolgte am 11. November.

In knapp einem Monat nach dem Waffenstillstand war General Groener, dem Nachfolger Ludendorffs, die schwierige Aufgabe gelungen, die deutschen Truppen aus Frankreich nach Deutschland zurückzuführen. Anfang Dezember erklärte er sich bereit, die »Ordnung in Berlin wiederherzustellen«.

Während dieses ersten Friedensmonats war Eberts Regierungsdekret kaum wirksam geworden. Die Berliner Garnisonen hatten sich aufgelöst, und Dutzende militärischer oder paramilitärischer Gruppen verunsicherten die Straßen. Die ganze Stadt, schrieb Tucholsky, gleiche einem Warteraum Vierter Klasse voller Unheil ... Die Regierung atmete auf, als am 11. Dezember die Vorhut von neun Heeresdivisionen Unter den Linden aufmarschierte. Der Himmel war bleigrau, und die Infanteristen machten einen erschöpften Eindruck, aber General von Lequis und seine Kavallerie ließen die Herzen noch einmal höher schlagen, als sie mit flatternden Wimpeln an ihren Lanzen durchs Brandenburger Tor ritten, während die Kapelle *Deutschland, Deutschland über alles* spielte.

Die militärischen Formationen lösten sich indessen rasch auf. Entweder trieben die Soldaten sich nur herum, keinem Befehl mehr unterworfen, oder sie kehrten nach Hause zurück. Und so dauerte die Krise, in der sich die Regierung befand, weiterhin an. Vom 16. bis 19. Dezember tagte in Berlin ein Reichskongreß der Arbeiter- und Soldatenräte, um über die künftige Staatsform und damit zugleich über das Ziel der Revolution zu entscheiden. Obwohl die Sozialdemokraten zahlenmäßig weit überwogen, verabschiedete der Kongreß eine Resolution, nach der alle Offiziere durch die Soldaten gewählt, alle Rangabzeichen abgeschafft und die bisherige Armee durch eine Volkswehr ersetzt werden sollten. General Groener gab Ebert indessen zu verstehen, daß diese Resolution untragbar sei: wenn ihm seine Aufgabe, die schleunige Erneuerung staatlicher Ordnung, durch dergleichen Unsinn erschwert werde, dann sei das der Anfang vom Ende. Ebert reagierte diplomatisch auf die radikalen Beschlüsse des Kongresses: er ignorierte sie. Es war wichtiger, daß ein neuer Rechtsstaat in Gestalt einer parlamentarischen Demokratie errichtet und daß Wahlen für eine Nationalversammlung abgehalten wurden – eine Nationalversammlung, die nicht nur die radikalen Gruppen, sondern das ganze deutsche Volk repräsentierte.

General Groener stand als Bewahrer des alten Heeressystems nicht allein, und die Erbitterung der Berufsoffiziere war noch harmlos im Vergleich mit der Empörung der Offiziere, die demobilisiert werden sollten. Auf einer in diesem ersten Nachkriegsmonat in der Berliner Philharmonie abgehaltenen Offiziersversammlung forderte ein Regierungssprecher Unterstützung für die neue Republik, und die Offiziere sollten die veralteten Rangabzeichen ablegen, aber ein fünfundzwanzigjähriger Luftwaffenhauptmann namens Hermann Göring stand auf und protestierte. Er, der ehemalige Kommandeur des Richthofen-Geschwaders, begab sich in voller Uniform, mit silbernen Epauletten und mit den Sternen seines Hauptmannranges, mit dem Pour le mérite unter seinen anderen Orden und Zeichen, auf die Rednertribüne und erklärte: »Wir Offiziere haben jahrelang unsere Ehrenpflicht getan ... Wir haben unsere Leben fürs Vaterland eingesetzt. Nun kehren wir in die Heimat zurück – und wie behandelt man uns? Man spuckt uns an, man nimmt uns alles, was uns heilig ist ... Und deswegen fordere ich Sie zum Haß auf – zu einem tiefen, unauslöschlichen Haß gegen die Untermenschen, die dem deutschen Volk Schande angetan haben ... Aber der Tag wird kommen, an dem wir solche Leute aus unserem Deutschland hinausjagen werden.«

Einer, der sich diesem Haß bereits verschworen hatte, war freilich nur Gefreiter gewesen, aber er fühlte sich zu höheren Dingen berufen. Adolf Hitler, damals neunundzwanzig und bei einem Gasangriff in der Nacht vom 13. zum 14. Oktober vor Ypern halb erblindet, lag hundertzwanzig Kilometer nördlich von Berlin in einem Lazarett in Pasewalk, wo ihm ein Pastor von der Schurkerei »eines Haufens elender Verbrecher« erzählte, von der Revolution und dem Waffenstillstand. »Während es mir um die Augen wieder schwarz ward«, schrieb Hitler später in *Mein Kampf*, »tastete und taumelte ich zum Schlafsaal zurück, warf mich auf mein Lager und grub den brennenden Kopf in Decke und Kissen ... So war alles umsonst gewesen. Umsonst all die Opfer und Entbehrungen ... vergeblich der Tod von zwei Millionen ... Was folgte, waren entsetzliche Tage und noch bösere Nächte ... In diesen Nächten wuchs mir der Haß, der Haß gegen die Urheber dieser Tat. In den Tagen darauf wurde mir auch mein Schicksal bewußt ... Kaiser Wilhelm II. hatte als erster deutscher Kaiser den Führern des Marxismus die Hand zur Versöhnung gereicht, ohne zu ahnen, daß Schurken keine Ehre besitzen. Während sie die kaiserliche Hand noch in der ihren hielten, suchte die andere schon nach dem Dolche ... Ich beschloß, Politiker zu werden.«

Ebert vermochte nicht zu erkennen, welche Konsequenzen dieser Haß haben würde. Das Problem, das ihm in den letzten Tagen des Jahres 1918 am ärgsten zu schaffen machte, war der Aufstand der Volksmarinedivision. Sie war ein wenig disziplinierter Verband von zunächst 650 meuternden Matrosen aus verschiedenen Nordseehäfen, der, bald auf etwa dreitausend Mann angewachsen, die stärkste linksradikale Militärformation in der Reichshauptstadt war. Nach dem 9. November hatten die Matrosen Besitz vom königlichen Schloß ergriffen und sich darangemacht, es zu plündern. Die Regierung fand keine Möglichkeit, sie zum Verlassen des weitläufigen Gebäudekomplexes zu zwingen, und so erklärte sie sich Mitte Dezember bereit, ihnen für die »Bewachung« des Schlosses einen Sold von 125 000 Mark zu zahlen, falls sie ihre Mannschaft auf sechshundert Mann reduzieren und sich in den gegenüberliegenden Marstall zurückziehen würden. Aber noch fünf Tage danach hatten die Matrosen weder ihre Zahl verringert, noch waren sie aus dem Schloß ausgezogen, sie verlangten vielmehr weitere achtzigtausend Mark als Weihnachtsgeld. Als sie sich das Geld aus der Reichskanzlei holen wollten, eröffneten nervös gewordene Wachttruppen das Feuer auf sie. Ebert erklärte sich schließlich bereit, zu zahlen, aber nur, falls zugleich die Schlüssel des Schlosses übergeben würden. Die Matrosen drangen daraufhin in das Palais ein, besetzten die Zugänge und sperrten den Telefonverkehr. Den Berliner Stadtkommandanten Otto Wels verhafteten sie. Nunmehr benutzte Ebert eine geheime Telefonverbindung zur Obersten Heeresleitung und bat um die Entsendung von Truppen. General Groeners Adjutant Major von Schleicher nahm das Gespräch an.

»Die Regierung ist in der Reichskanzlei gefangen, Major«, sagte Ebert. »Sie haben wiederholt versichert, daß Sie uns in diesem Fall zu Hilfe kommen würden. Nun ist es soweit.«

»Ich werde die notwendigen Maßnahmen sofort ergreifen«, erwiderte Major von Schleicher. »General von Lequis wird mit seinen in Potsdam stationierten Truppen in Berlin einmarschieren, um Sie zu befreien.«

Eine Gardekavallerie-Schützen-Division aus Potsdam beginnt in der Frühe des 24. Dezember mit dem Beschuß des Stadtschlosses, ist jedoch zu schwach, zu unentschieden und von einer großen Menschenmenge mit undurchsichtiger Parteinahme irritiert, um einen Sieg zu erringen. Die Aktion endet in Verhandlungen und allgemeiner Ratlosigkeit. Verbitterung und vertiefte Feindschaft bleiben zurück.

Aber es war auch Heiligabend und für viele Berliner das Weihnachtsfest wichtiger. Harry Graf Kessler, ein Mann mit vielen Gesichtern, der sich als Diplomat, Verleger und Kunstmäzen allgegenwärtig durch die zwanziger Jahre bewegte, notierte in seinem Tagebuch, daß »während dieser blutigen Ereignisse der Weihnachtsmarkt unbekümmert seinen Gang geht: Leierkasten spielen in der Friedrichstraße, Straßenverkäufer bieten Salonfeuerwerk, Lebkuchen und Silberflitter an, die Juwelierläden Unter den Linden sind sorglos geöffnet, hell erleuchtet funkeln ihre Schaufenster; in der Leipziger Straße drängt sich das übliche Weihnachtspublikum in den Kaufhäusern. Gewiß brennen in Tausenden von Häusern Christbäume, und Kinder spielen drum herum mit Geschenken von Papa, Mama und der lieben Tante. Daneben liegen im Marstall die Toten, und in der Weihnachtsnacht klaffen frisch gerissen die Wunden des Schlosses und des deutschen Staates.«

Tags darauf, am ersten Weihnachtsfeiertag, riefen die Spartakisten zu einer weiteren großen Demonstration auf, und eine riesige Menge marschierte durch den Tiergarten zum Schloß und von dort zum Redaktionsgebäude der sozialdemokratischen Zeitung *Vorwärts*. Die Spartakisten begannen Flugblätter mit dem Titel *Der Rote Vorwärts* zu drucken: »Alle Macht den Arbeitern und Soldaten! Nieder mit der Regierung Ebert-Scheidemann!« Ebert verfügte kaum über eine effektive Regierungsgewalt. Die Unabhängigen Sozialisten machten ihn für das Blutbad im Kampf um das Stadtschloß verantwortlich, und ihre Volksbeauftragten traten am 29. Dezember aus Protest gegen seine Handlungsweise zurück. Der Unabhängige Eichhorn allerdings gab seinen Posten als Polizeichef nicht auf, und als Ebert sich einen Überblick über die bewaffneten Polizeikräfte geben ließ, die noch zur Regierung standen, mußte er feststellen, daß es in ganz Berlin nicht mehr als 150 Mann waren.

Mit unerbittlicher Folgerichtigkeit schien ihm die Macht über die Straßen Berlins zu entgleiten und auf die Spartakisten überzugehen. Liebknechts Position als Führer der äußersten Linken war wesentlich stärker geworden, eine hervorragende Mitkämpferin war wieder zu ihm gestoßen – Rosa Luxemburg. Sie, eine kleine, damals achtundvierzigjährige gebürtige Polin, 1898 von der Züricher Universität in die deutsche Sozialdemokratische Partei herübergeholt, war eine bedeutende Gesttalt dieses Jahrhunderts: hochbegabt, eine faszinierende Rednerin mit einem Temperament, »eine Prärie in Brand zu stecken«, und eine glänzende Stilistin. Weil sie Liebknecht als konsequente Gegnerin jedes Nationalismus unterstützt hatte, war sie während des Krieges zwei Jahre im Gefängnis und dann in Schutzhaft gewesen und hatte dort eine Reihe von Briefen und Niederschriften verfaßt, in denen sie die Ziele des Spartakusbundes formulierte – kämpferischer, aber demokratischer Sozialismus, Internationalismus und Frieden um jeden Preis. Bei allem Radikalismus ihrer Ansichten war sie eine kluge Taktikerin. Sie betonte im Gegensatz zu Liebknecht immer wieder, daß es zur Revolution erst kommen dürfe, wenn sämtliche Kräfte der Linken sich vereint hätten und die gesamte Arbeiterklasse bereit sei, sich zu erheben.

Jetzt, in der letzten Woche des Jahres 1918, schien es dazu an der Zeit. Am 31. Dezember wurde die »Kommunistische Partei Deutschlands (Spartakusbund)« gegründet. Sie lehnte nicht nur eine Nationalversammlung ab, sondern beschloß mit der Mehrheit des Parteitages gegen den Willen der Führung, sich nicht einmal an den Wahlen zu beteiligen. Damit verurteilte sie sich selbst als eine Vereinigung von Schwärmern und radikalen Utopisten zur weiteren Einfluß- und Wirkungslosigkeit.

KAPITEL III

»Einige Schüsse fallen. Man weiß nicht, warum.«
1919

> »Nun denn, in welchem Traume zeigt sich die Erfüllung dieser Kraft, in der sich ein Volk vollenden will?«
> »Im Sieg der Deutschheit über die Erde.«
>
> *Ernst von Salomon*

Berlin bot in diesem Winter 1918/19 einen besonders tristen Anblick. Ein fahler Himmel hing wochenlang über der Stadt, und die grauen Häuserzeilen der breiten Straßen bedrückten in ihrer Düsternis und Verwahrlosung. Die Bevölkerung, um Zehntausende von enttäuschten und verbitterten ehemaligen Soldaten und von Flüchtlingen aus dem Osten vermehrt, litt unter Kälte und Hunger und wuchernder Verzweiflung. Eine schwere spanische Grippe breitete sich aus: an einem einzigen Tag starben mehr als siebzehnhundert Menschen. Sie hielt unter den infolge des Krieges verelendeten Völkern eine millionenfache tödliche Nachlese. Der Waffenstillstand war noch keineswegs der Frieden. Während im Spiegelsaal des Schlosses zu Versailles 70 Delegierte aus 27 Siegerstaaten ohne Vertreter des Deutschen Reiches über die Bedingungen dieses Friedens berieten, blockierten die alliierten Seestreitkräfte weiterhin die deutschen Küsten.
»Das Bild«, schrieb Graf Kessler, »das im ersten Jahr nach dem Zusammenbruch auf der einen Seite die siegreiche Entente, auf der anderen Deutschland bot, schien die äußersten Befürchtungen zu rechtfertigen. Drüben ein zur Schau getragener Vernichtungswille, ein zähnefletschender Haß, der sich für alle Ewigkeit in Clemenceaus Wort ›Es gibt zwanzig Millionen Deutsche zuviel‹ sein Denkmal gesetzt hat. In Deutschland als Teilerfüllung dieses Wunsches des französischen Ministerpräsidenten siebenhunderttausend Kinder, Frauen und Greise, die nach dem Waffenstillstand durch die fortbestehende Blokkade den Hungertod starben. Seit Catos ›ceterum censeo Carthaginem esse delendam‹ war solch ein Wort und solch ein Schauspiel der Welt nicht geboten worden. Und dieses hungernde, sterbende Volk, in Fieberschauern hin und her taumelnd zwischen Verzweiflung und Karneval! Berlin ein Alptraum, in dem man nur noch Tanzdielen und Maschinengewehre sah. Die Regierung ein Häuflein, das gegen drohende Gewalt seine Existenz nur von Stunde zu Stunde fristete und eines Tages, in ein Stück der Wilhelmstraße zusammengedrängt,

Mann für Mann dem Tod ins Auge blickte. Drei blutige, blutig niedergeschlagene Aufstände im Dezember, Januar, März, die mehr Menschenleben kosteten als die ganze Französische Revolution; doch in das Maschinengewehrfeuer hineintönend aus Bars und Kabaretts die neuesten Schlager . . . Der schauerliche Mord an den Matrosen in der Französischen Straße – und am gleichen Tage Plakate an den Mauern: ›Wer hat die schönsten Beine von Berlin? . . . Caviar-Mäuschen-Ball da und da, achteinhalb Uhr.‹ Schieber überall und ihre Kokotten, die im Wanken nicht nur des Staates, sondern auch jeder Sitte, zwischen Hungernden dick und reich wurden, Gesichter, die für alle Zeiten festgehalten worden sind von George Grosz – ein fetter Nährboden des Antisemitismus! Aus dieser Atmosphäre sich verdichtend eine Stimmung, eine Gesinnung – halb Verzweiflung, halb Leichtsinn –, aus der jeder Bewaffnete das Recht für sich herleitete, Andersdenkende ohne weiteres niederzuknallen; der Bürgerkrieg allmählich zu einer Schule des politischen Mordes werdend, in der Jugendliche Brutalität und Gleichgültigkeit gegen Menschenleben lernten und der lange Todeszug vorbereitet wurde, der von Rosa Luxemburg, Karl Liebknecht und Leon Jogiches über Hunderte von Unbekannten oder schon Vergessenen zu Erzberger und Walther Rathenau führt. Auf dem Ganzen wie Gewitterdruck lastend die Unsicherheit, was und wie Furchtbares der Friede, den Clemenceau, Lloyd George und Wilson hinter verschlossenen Türen vorbereiteten, bringen werde; eine Unsicherheit, die zum Greifen wurde, als nach Wochen das Maschinengewehrfeuer der Revolution zum erstenmal aufhörte und plötzlich die Straßen gespenstisch still wurden . . .«

George Grosz, der während der »Massenbegeisterung« von 1914 eingezogen worden war, erkannte bald, daß der Krieg nichts als »Dreck und Läuse, Stumpfsinn, Krankheit und Verkrüppelung« bedeutete. Wegen »Verrücktheit«, wie man es damals nannte, entlassen, war er in das »kalte und graue« Berlin zurückgekehrt und hatte begonnen, das im Grabendienst erlebte Grauen in seinen Zeichnungen darzustellen. Als er Mitte 1917 wieder eingezogen wurde, hatte er eine Art Amnesieanfall. »Eines Nachts fand man mich, halb bewußtlos, kopfüber in der Latrine«, erzählte er später. »Man sah in mir einen Deserteur und sagte mir, daß ich erschossen werden würde.« Graf Kessler aber kannte den jungen Künstler und sorgte dafür, daß er in eine Anstalt für Kriegsirre kam, bis er nach Berlin zurückkehren und seine Arbeit wieder aufnehmen könnte. »Meine Zeichnungen drückten meinen Ekel und mein Grauen aus«, sagte Grosz.

»Ich zeichnete Betrunkene, Kotzende, Männer, die mit geballter Faust den Mond verfluchen, Frauenmörder, die skatspielend auf einer Kiste sitzen, in der man die Ermordete sieht. Ich zeichnete Weintrinker, Biertrinker, Schnapstrinker und einen angstvoll guckenden Mann, der sich die blutverklebten Hände wäscht. Ich zeichnete viele Soldatenszenen, wobei ich meine kleinen Notizbücher aus der Militärzeit benutzte. Ich zeichnete fliehende Männchen, die einsam und wie wahnsinnig durch leere Straßen liefen. Oder einen Querschnitt durch ein Mietshaus: in einem Fenster geht einer mit dem Besen auf seine Frau los, im zweiten lieben sich zwei, im dritten hängt jemand, von Fliegen umsummt, am Fensterkreuz. Ich zeichnete Soldaten ohne Nase, Kriegskrüppel mit krebsartigen Stahlarmen, zwei Sanitäter, die einen tobsüchtigen Infanteristen in eine Pferdedecke eindrehen, einen Einarmigen, der mit der gesunden Hand einer ordenbehängten Dame, die ihm einen Keks aufs Bett legt, die Ehrenbezeigung erweist. Einen Obersten, der mit aufgeknöpfter Hose eine dicke Krankenschwester umarmt. Einen Lazarettgehilfen, der aus einem Eimer allerlei menschliche Körperteile in eine Grube schüttet. Ein Skelett in Rekrutenmontur, das auf seine Militärtauglichkeit untersucht wird . . .«

In dieser von Verzweiflung geschüttelten Zeit fand Friedrich Ebert in dem sozialdemokratischen Abgeordneten Gustav Noske einen wichtigen Verbündeten. Noske, nüchtern und abhold jeder Phrase, war während der ersten Revolutionstage als Unterhändler bei der meuternden Marine in Kiel erfolgreich gewesen, und als die Unabhängigen sich aus der Regierung zurückzogen und der Posten des Oberbefehlshabers frei wurde, schlug General Groener ihn als den geeignetsten und populärsten vor. Das Heer hatte ebenfalls guten Grund, sein Vertrauen in Noske zu setzen, denn er vertrat jene Art von vorsichtigem, unfanatischem Sozialismus, in dessen Kreisen, wie er sich ausdrückte, »niemand von Marx oder vom Marxismus redete«. Für ihn bedeutete Sozialismus ebenfalls vor allem Überwindung der Armut und des Elends und Errichtung einer demokratischen Ordnung, auch um den Preis unpopulärer Mittel.
Als Noske aus Kiel zurückkam, traf er im Reichskanzlerpalais auf die Versammlung der Volksbeauftragten, die erregt über mögliche Kandidaten als Oberbefehlshaber diskutierten. Er drängte in der ihm eigenen Unkompliziertheit auf eine Entscheidung, und als ihn jemand fragte, ob er das Amt selber übernehmen wolle, antwortete er: »Meinetwegen! Einer muß der Bluthund werden, ich scheue die Verantwortung nicht!«
Noske war ein energischer Draufgänger und machte sich unverzüglich daran, die regierungstreuen Truppenreste neu zu organisieren. Dabei wurde ihm bald ein Geheimplan bekannt, den der Major von Schleicher konzipiert hatte, um der Auflösung der alten Regimenter ent-

gegenzuwirken. Bereits Mitte Dezember hatte die Oberste Heeresleitung diesen Plan gutgeheißen und einen General Maercker, den bislang kaum hervorgetretenen Infanteriekommandeur von Weimar, beauftragt, eine Art von Freiwilligentruppe, sogenannte Freikorps, aufzustellen. Es sollten dafür nur treu ergebene, disziplinierte Soldaten der kaiserlichen Armeen erwählt werden, um aus ihnen mobile Kampfverbände mit eigenen Fahrzeugen und eigener Artillerie aufzubauen. Ein von Maercker angestrebter Kompromiß zwischen dem gestrengen Gehorsam der Militärmonarchie und den klassendoktrinären Forderungen der Soldatenräte sollte die Moral in der Truppe sichern. Jeder Angehörige eines Freikorps brauchte sich nur für eine kurze, monatlich zu verlängernde Dienstzeit verpflichten und hatte das Recht zur Wahl von Beauftragten, die ihn in Besoldungs- und Urlaubsangelegenheiten wie bei Beschwerden vertraten.
In einer Rechtfertigungsrede schilderte Noske seine undankbare Rolle: »Ich hatte doch wahrhaftig das übelste Geschäft während der ganzen Revolution . . . Daß die Regierungstruppen Ausschreitungen begehen würden, daran habe ich nicht einen Augenblick gezweifelt. Wenn man nach viereinhalbjähriger Kriegsdauer Zehntausende in Straßenkämpfen einsetzen muß, dann ist natürlich eine ganze Anzahl von Elementen darunter, die man unter andern Umständen weit von sich weisen würde.«
Maerckers Landjägertruppe war nur eins von mehr als einem Dutzend Freikorps, die das Heer bereits aufgestellt hatte –, die Marine hatte sich mit den Brigaden Ehrhardt und Löwenfeld beteiligt – und sie breiteten sich weiterhin aus. Aus der Notwendigkeit, wirkungsvolle Ordnungstruppen zur Sicherung der Novembererrungenschaften aufzustellen, waren die Freikorps ursprünglich aus Berufssoldaten gebildet worden. In kurzer Zeit aber wurden sie zu jeweils zweihundert Mann umfassenden Landsknechtsbanden, die draußen im Lande die Bevölkerung terrorisierten und sich kaum ihren eigenen Vorgesetzten gegenüber verantwortlich fühlten. In den ersten Monaten freilich mußte die Regierung unausweichlich in den neuen Wehrverbänden die einzige Macht sehen, die einen bolschewistischen Umsturzversuch vereiteln konnte.
Emil Eichhorn, der Unabhängige Sozialist, seit dem 9. November der Polizeigewaltige der Reichshauptstadt, hatte sich geweigert, zurückzutreten, als die Unabhängigen sich Ende Dezember aus der Regierung zurückzogen. Er besetzte im Gegenteil weiterhin wichtige Positionen der Berliner Polizei mit seinen Anhängern und tolerierte alle Übergriffe von linksradikalen Gruppen wie der Volksmarinedivision. Am 4. Januar wurde von Regierungsseite die Entlassung Eichhorns verfügt, woraufhin er sich zur Lokalorganisation der USPD begab: sie

schloß sich einem Teil der Revolutionären Obleute und den Spartakisten Liebknechts an – der Zeitpunkt zum Sturz der Regierung schien ihnen gekommen.
Der Aufruf eines rasch gebildeten gemeinsamen Revolutionsausschusses wurde verbreitet: »Kameraden! Arbeiter! Die Regierung Ebert–Scheidemann hat sich unmöglich gemacht. Sie ist von dem unterzeichneten Ausschuß, der Vertretung der revolutionären sozialistischen Arbeiter und Soldaten (Unabhängige Sozialdemokratische Partei und Kommunistische Partei) für abgesetzt erklärt. Der Revolutionsausschuß hat die Regierungsgeschäfte vorläufig übernommen. Kameraden! Arbeiter! Schließt euch den Maßnahmen des Revolutionsausschusses an.« Tags darauf, an einem Sonntag, sammelten sich Zehntausende, teils bewaffnet, im Umkreis des Tiergartens und in der Innenstadt, besetzten das Zeitungsviertel. Als Eichhorns Nachfolger am Polizeipräsidium vorfuhr, blockierte die erregte Menge den Eingang und griff ihn tätlich an. Eichhorn selbst, »eine Figur wie aus einer Offenbachschen Operette«, erschien auf dem Balkon und erklärte, daß er seinen Posten niemals aufgeben werde. Drinnen berieten die Führer Stunden um Stunden, wie weit sie ihre Revolution vorantreiben sollten. In der Dämmerung sprach Liebknecht vom Balkon, man sah ihn nicht, er sprach vom verdunkelten Zimmer her: »Er redet wie »ein Pastor, mit salbungsvollem Pathos«, erzählt ein Augenzeuge, »langsam und gefühlvoll die Worte singend. ... Man verstand nur einzelne von seinen Worten, aber der Singsang seiner Stimme tönte über die lautlos lauschende Menge bis weit hinten über den Platz. Am Schluß brüllte alles im Chore ›Hoch‹, rote Fahnen bewegten sich. Tausende von Händen und Hüten flogen auf. Er war wie ein unsichtbarer Priester der Revolution, ein geheimnisvolles, tönendes Symbol, zu dem diese Leute aufblickten. Halb schien das Ganze eine Messe, halb ein riesiges Konventikel. Die Welle des Bolschewismus, die von Osten kommt, hat etwas von der Überflutung durch den Islam im siebenten Jahrhundert. Fanatismus und Waffen im Dienste einer neuen unklaren Hoffnung, der weithin nur Trümmer alter Weltanschauungen entgegenstehen. Die Fahne des Propheten weht auch vor Lenins Heeren.«
In den Beratungen des Revolutionsausschusses war man sich auch am Abend noch nicht einig. Manche der Linksradikalen mahnten zur Vernunft. Andere hielten den Aufruhr für verfrüht und wollten warten, bis auch draußen im Reich die Signale verstanden wurden. »Drinnen saßen die Führer und berieten die ganze Nacht«, schrieb die enttäuschte *Rote Fahne*, »sie berieten, berieten, berieten. Traurig gingen die Massen nach Hause: sie hatten Großes gewollt und nichts getan.«

So begann die »Spartakuswoche«. Der ausgerufene Streik hatte zur Folge, daß am Montagmorgen fast alle Berliner Fabriken, Läden, Verkehrsbetriebe und die Gas- wie Elektrizitätswerke geschlossen blieben. Mehr als 200 000 Demonstranten zogen durch die Straßen, einzelne Gruppen besetzten die meisten Bahnhöfe, im Zeitungsviertel wurde mit wechselndem Erfolg gekämpft, Aufruhrherde flammten in verschiedenen Stadtvierteln auf, an vielen Stellen kam es zu Plünderung und Raub. Rückblickend aus einem Abstand von mehr als fünfzig Jahren ist schwer zu entscheiden, ob diese umherziehenden Banden wirklich das klassenbewußte Proletariat repräsentierten oder ob nicht viele von ihnen einfach abenteuersuchende Neugierige waren, Freibeuternaturen, wie sie sich überall dort einfinden, wo irgendwelche Zwischenfälle zu erwarten sind. Berlin hatte um diese Zeit eine Viertelmillion Arbeitslose, von denen viele in ihrer Verzweiflung zu allem bereit waren. Und auf den alten Photographien von demonstrierenden Spartakisten sieht man denn auch keine schrecklichen Szenen, man sieht Scharen von frierenden Arbeitern, mit Galoschen, Schirmmützen und alten Filzhüten; sie gehen nicht im Gleichschritt, und alle tragen sie ihre Gewehre, wie es ihnen gerade bequem ist.
Brecht, in einem seiner ersten Stücke *Trommeln in der Nacht*, hat die Wirren dieser Revolution mit expressionistischer Satirik geschildert. Kragler, der aus Gefangenschaft heimgekehrte Soldat, kommt während des Spartakistenaufstands am Gebäude des *Vorwärts* vorbei und landet in Glubbs Schnapsdestille. »Er sagt, er will in die Zeitungsviertel gehen, dort ist es«, sagt die Prostituierte Marie. »Aber *was* ist in den Zeitungsvierteln?« »Seid ihr beleidigt?« sagt der Destillateur Glubb. »Aber ihr könnt euch beherrschen ... Ja, ihr seid etwas beleidigt, man hat euch ja mit Kanonen und Säbeln abgeschlachtet, etwas beschissen und ein wenig bespien. Und wenn schon!« Und in einer Ecke singt der »besoffene Mensch«:

Meine Brüder, die sind ja tot, ja tot.
Selber wär ichs beinah um ein Haar.
Im November war ich rot, ja rot
Aber jetzt ist Januar.

In dieser undurchschaubaren Lage wanderte der stets neubegierige Graf Kessler durch die Straßen und notierte, was er sah:

»Berlin. 6. Januar 1919. Montag
Elf Uhr Ecke Siegesallee und Viktoriastraße: Zwei Demonstrationen ziehen aneinander vorüber, die eine nach der Siegesallee, die andere nach der Wilhelmstraße. Beide bestehen aus den gleichen, genau gleich gekleideten grauen Kleinbürgern, Handwerkern und Fabrikmädchen, schwingen dieselben roten Fahnen, marschieren den gleichen Familien-

marschtritt. Nur tragen sie verschiedene Inschriften, höhnen einander im Vorbeiziehen und werden heute noch vielleicht aufeinander schießen. . . . Als ich am Brandenburger Tor bin, kommen unabsehbare graue Massen von Spartakisten die Linden herunter vom Osten. An der Wilhelmstraße kreuzen sie sich mit einem ebenso gewaltigen Strom von Regierungssozialisten; vorläufig friedlich.

Plötzlich, kurz nach ein Uhr, ein großer Tumult: ›Liebknecht, Liebknecht! Liebknecht ist hier!‹ Ich sehe einen zarten blonden Jungen laufen, verfolgt von einer Menschenmenge; sie umringen ihn, er bekommt den ersten Faustschlag. Noch immer läuft der blonde Kopf, das atemlose rote Knabengesicht zwischen Fäusten und Stöcken. Man schreit überall: ›Der junge Liebknecht, Liebknechts Sohn!‹ Jetzt stolpert er, verschwindet unter einer siedenden Menschenmasse. Ich habe den klaren Eindruck, jetzt schlagen sie ihn tot . . . Plötzlich taucht er wieder auf, blutig, mit zerfetztem Gesicht, aufgedunsen, gestützt und gehalten von Spartakusleuten, die blitzschnell herangelaufen sind und ihn herausholen.

Inzwischen ist eine Droschke von der Menge eingekeilt worden zwischen der Rampe und der Mauer des Palais des Prinzen August Wilhelm. Man versucht die Insassen herauszuzerren. Der eine von beiden soll Liebknecht sein; ein alter Bourgeois in einer Droschke. Ich sehe ihn ziemlich deutlich, seine Brille, seinen Schlapphut. Die Menge reißt die Droschke hin und her; der Gaul, ein magerer Fuchs, schwankt nach rechts, nach links wie ein Betrunkener. Plötzlich kommt auch hier Sukkurs. Spartakus ist heran, reißt die Angreifer mit Faustschlägen herunter, läuft im Triumph mit dem müden trabenden Fuchs und der alten Droschke davon.

Ich gehe zum Mittagessen nach Hause durch die Leipziger Straße. Vor dem Kaufhaus Wertheim steht aufgereiht eine Schar bewaffneter Zivilisten, Gewehr bei Fuß; man weiß nicht, ob Regierung, ob Spartakus. Auf dem Potsdamer Platz ungeheure Menschenmengen; ein gewaltiger Regierungszug bewegt sich, meistens im Laufschritt, um aufzuschließen, in der Richtung auf den Belle-Alliance-Platz. Fortwährend wird geschrien. Ganz Berlin ist ein brodelnder Hexenkessel, in dem Gewalten und Ideen durcheinanderquirlen. In der Tat handelt es sich heute um Weltgeschichtliches; nicht nur um den Fortbestand des Deutschen Reiches oder des demokratisch-republikanischen Staates, sondern um die Entscheidung zwischen West und Ost, zwischen Krieg und Frieden, zwischen einer berauschenden Utopie und dem grauen Alltag. Nie seit den großen Tagen der Französischen Revolution hat so viel bei den Straßenkämpfen in einer Stadt für die Menschheit auf dem Spiel gestanden.

Kurz nach vier (es war noch ziemlich hell) gehe ich noch für einen

Augenblick ins Auswärtige Amt. Drinnen ist alles leer; kein Beamter, kein Diener, geschweige denn ein Diplomat; die Zimmer öde und verlassen, nur Soldaten in einigen Fenstern. Die auswärtige Politik des Deutschen Reiches hat ausgesetzt . . . Vor der Reichskanzlei steht ein großes Lastauto voll von Soldaten. Der Wilhelmplatz ist abgesperrt und leer. Ich gehe hinunter; einige Schüsse fallen. Man weiß nicht, warum.
Ich gehe zum ›Kaiserhof‹, wo ich mir für alle Fälle ein Zimmer geben lasse. Im Inneren ist um diese Zeit der Betrieb noch wie gewöhnlich. Die roten Pagen sitzen reihelang im Vestibül, die alte Garderobenfrau nimmt mir meinen Mantel ab, die Kellner servieren den Tee, allerdings nur vereinzelten Gästen. Genau um fünfeinviertel fällt eine Anzahl von Schüssen. Ich höre die Soldaten unten auf der Straße, die diese halten sollen, einander zurufen; einige laufen über das nasse, glänzende Pflaster und suchen Deckung. Dann Stille. Plötzlich um halb sechs geht eine gewaltige Schießerei los, Maschinengewehre, Artillerie oder Minenwerfer, Handgranaten: Es ist ein Höllenspektakel, ein Schlachtgetöse. Dann Pause, dann um fünf Uhr vierzig dasselbe. Auf den Treppen jetzt Soldaten. Man erwartet, daß das Hotel von Spartakus angegriffen, vielleicht gestürmt werde . . . Die Regierungstruppen hielten sich noch im Zentrum der Stadt.

Berlin. 7. Januar 1919. Dienstag
. . . Als ich um elf durch die Siegesallee komme, ist dort große Spartakusparade. Die einzelnen Betriebe marschieren mit ihren Fahnen und Plakaten auf. Darunter viele Soldaten und einzelne Bewaffnete, auch Soldaten mit Maschinengewehren und Munitionskästen. In der Königgrätzer Straße fallen gerade Schüsse. Auf dem Brandenburger Tor stehen Regierungstruppen und ein Maschinengewehr, man sieht die Bedienungsmannschaft herumgehen neben der riesigen Viktoria und den edlen Schinkelschen Rossen.
Die Wilhelmstraße ist wieder schwarz von Menschen, Regierungstreuen. Alle Fenster der Reichsämter und Palais starren von Soldaten. Um elfeinviertel spricht vom Balkon des Reichsamts des Innern ein älterer Soldat oder Unteroffizier: ›Es wird losgehen! So geht es nicht mehr weiter. Wir müssen die Spartakusbande ausräuchern. Truppen sind unterwegs. Ihr müßt aber mithelfen. Wer für die Regierung ist, soll sich zur Verfügung stellen. Aber die Kinder müssen weg von der Straße. Liebknecht wird sie nicht schonen; er braucht Reklameleichen. Nieder mit Liebknecht! Hoch die Regierung Ebert–Scheidemann!‹
Nachmittags um vier beim Brandenburger Tor heftige Knallerei mit Handgranaten und Gewehren; Panik des Publikums. Hunderte von Menschen kommen durch das Tor gelaufen und fliehen nach dem

Tiergarten. Ich bleibe unter dem Tor stehen und kann erkennen, daß die Spartakusleute von den Linden in die Wilhelmstraße einzudringen versuchen. Angeblich soll auch eine Gruppe von Spartakusleuten in dem Tor hinaufgeklettert sein und den Regierungszug mit dem Maschinengewehr oben genommen haben. Jedenfalls schießt dieses Gewehr nicht auf die vorgehenden Spartakusse. Als diese bei der Wilhelmstraße abgeschlagen sind und die Schießerei aufhört, gehe ich über den Pariser Platz und durch die Neue Wilhelmstraße unbehelligt weiter. Nicht einmal eine Absperrung. Am Laternenpfahl bei der Wilhelmstraße liegt ein Verwundeter oder Toter.
Die Unabhängigen suchen mit der Regierung einen Kompromiß. Heute mittag wurde verhandelt. Aber Spartakus hat Verhandlungen abgelehnt, und die Unabhängigen sind bisher zu keinem Resultat gekommen ... Eben um neuneinviertel fällt ein Schuß vor meiner Tür. In der Ferne höre ich seit einer Viertelstunde Maschinengewehre und Handgranaten. Wahrscheinlich am Potsdamer Platz. Neuneinhalb Maschinengewehrfeuer und Infanterieschüsse vor der Tür. Unruhige Nacht. Gegen ein Uhr kurzes, lebhaftes Feuergefecht in meiner Straße; Infanterie und Maschinengewehr. Gegen zwei Uhr wieder Gewehrschüsse.

Berlin. 8. Januar 1919. Mittwoch
Die Wilhelmstraße ist abgesperrt. Vor der Reichskanzlei wird auf dem Fahrdamm ein Geschütz eingebaut. Vom Balkon des Reichsamts des Innern schießt von Zeit zu Zeit ein Maschinengewehr auf das Eckhaus Neue Wilhelmstraße, um Spartakus zu hindern, dort auf dem Dache ein Maschinengewehr in Stellung zu bringen ... Am oberen Teil der Linden spielt sich das Leben fast normal ab; viel Verkehr, einzelne Läden, namentlich Cafés und Konditoreien, offen. Auch die Leierkästen und Straßenverkäufer wie gewöhnlich.«

Was Kesslers Tagebuch so interessant macht, ist nicht allein die Schilderung der in den Straßen herrschenden Anarchie, sondern auch seine zugleich offensichtlich völlige Unkenntnis der eigentlichen strategischen Zielsetzungen in den einander bekämpfenden Lagern. Die Zeitungen veröffentlichten zweifelhafte Berichte über ebenso zweifelhafte Verhandlungen zwischen Ebert und den Führern der Unabhängigen, die meisten Berliner aber, wie es sich bei Kessler und bei Brecht auch zeigt, erlebten diese Spartakuswoche nur als eine Abfolge von verwirrenden Zusammenrottungen und Zusammenstößen: lautstark demonstrierende Massen und bewaffnete Horden, die die Straßen verunsicherten und bei Tag und Nacht in willkürlichen Aktionen wild um sich schossen. Unter den Führern der Linken herrschte ebenfalls

Verwirrung. Schon die Gründung der Kommunistischen Partei im Dezember war gegen den Willen und die Stimme Rosa Luxemburgs erfolgt, als ihrer Meinung nach verfrüht und programmatisch noch nicht genügend abgesichert. Die *Rote Fahne* beklagte bitterlich den Mangel an wirklichen Führern: »Die Massen standen früh um neun Uhr in Kälte und Nebel. Sie fieberten vor Erregung: sie wollten eine Tat, auch nur ein Wort, das ihre Erregung besänftigte. Doch keiner wußte, welches.«

Oberbefehlshaber – zunächst »in den Marken« – Gustav Noske war der einzige, der genau wußte, was er wollte und tun mußte. Am Morgen des 6. Januar, als der Generalstreik begann, verließ er die gefährdete Reichskanzlei und fuhr in den ruhigen Villenvorort Dahlem, wo er sein Stabsquartier zunächst in dem Schulzimmer eines Mädcheninternats einrichtete. Vom Befehlshaber der Freiwilligenverbände General von Lüttwitz unterstützt, suchte Noske alle verfügbaren Einheiten von regulären Truppen und Freikorps zusammenzuziehen. Am 9. Januar war er in der Lage, eine Truppe von zwölfhundert Mann zum Sturm gegen eins der wichtigsten Bollwerke der Spartakisten, den von ihnen besetzten Gebäudekomplex der sozialdemokratischen Zeitung *Vorwärts* vorzuschicken. Etwa 350 Rebellen hatten sich hier gut gesichert verschanzt und schlugen jeden Angriff ab. Erst als eine Mine das Vordergebäude durchriß, mußten sie sich bedingungslos ergeben. Beim Ausräumen des Häuserblocks machten die Truppen zweihundertfünfundneunzig Gefangene – sie wurden in die nahe Gardedragoner-Kaserne abgeführt und im Schnellverfahren verurteilt, sieben von ihnen sofort hingerichtet, die übrigen überstanden schlimmste Mißhandlungen. In der Nacht des 11. Januar marschierte Noske an der Spitze von etwa dreitausend Mann in neuen Monturen, stahlhelmbewehrt, darunter Maerckers Freikorps, durch die westlichen Vororte in die Berliner Innenstadt. Nirgendwo stießen sie auf Widerstand. Selbst die Volksmarinedivision verhielt sich ruhig im Marstallgebäude. Eichhorns Hauptquartier, das Polizeipräsidium, fällt unter dem massiven Einsatz von Kanonen, Minenwerfern, Maschinengewehren, und im Schutz der Dunkelheit gehen viele Rotgardisten zu den Regierungstruppen über oder machen sich davon – revolutionäre Abzeichen sind rasch abgelegt. Weitere Kontingente der von Noske geführten Streitkräfte schlugen ihre Quartiere in den Moabiter Kasernen nördlich vom Tiergarten auf.

Am nächsten Tag schwärmten sie in östlicher und westlicher Richtung aus, räumten alle Gebäude, von denen aus noch Widerstand geleistet wurde, und schlugen letzte aufflackernde Straßendemonstrationen mit Panzerfahrzeugen und Maschinengewehren nieder. »Heute«, notierte Graf Kessler am 14. Januar, »spielte unten im Lichthof des Polizeipräsidiums hinter dem arg zerschossenen Hauptportal und zwischen Glasträmmern die Kapelle der republikanischen Sicherheitswehr ›Lohengrin‹. Massen stauten sich auf der Straße, teils um die Verwüstungen zu sehen, teils um ›Lohengrin‹ zu hören. Dabei wird immer noch geschossen. Kein Ort in der Stadt ist sicher vor den spartakistischen Dachschützen.« Und am nächsten Tag: »Die Entwaffnung von Berlin geht vor sich. Die Stadt ist von den regierungstreuen Truppen sozusagen okkupiert. An jeder Straßenkreuzung stehen Soldaten in der Sturmhaube mit aufgepflanztem Bajonett und einem Koppel voll Handgranaten. An der Brücke zwischen Wilhelm- und Luisenstraße sind zwei 7,5-cm-Geschütze, Front gegen die Luisenstraße, aufgebaut. Ansammlungen auf der Straße sind verboten. Verschwunden die kleinen Debattierklubs an den Straßenecken mit dem Spartakusredner als Hauptfigur! ... Jetzt sitzt die Regierung vielleicht noch immer auf schwankenden Überzeugungen, aber auf einer ganzen Anzahl von gehorsamen Bajonetten. Sie stützt sich ganz prosaisch wie jede bisherige Regierung auf die militärische Gewalt.«

Der Streik hielt kaum noch zwei Tage an, und nach weiteren zwei Tagen war auch der letzte Widerstand der Spartakisten gebrochen. Die Zahl der Toten, die meisten davon Aufständische, belief sich auf mehr als eintausend.

Nunmehr begann die Jagd auf den vogelfreien Liebknecht. In den letzten Tagen der »Spartakuswoche« hatte der Kommunistenführer sich vom Schauplatz der Kämpfe zurückgezogen und war untergetaucht. Er fand Aufnahme bei einer Familie in den Arbeitervierteln des südöstlichen Stadtteils Neukölln und verbrachte die Zeit damit, der Tochter Märchen vorzulesen. Er erfuhr, daß seine Frau und sein Sohn festgenommen waren, aber unternahm nichts. Er schien von einer Art Lähmung befallen.

Für das Militär lag es nahe, die Jagd nach diesem Mann gerade in Neukölln durchzuführen, und Straßenpatrouillen tauchten in bedrohlicher Nähe seines Schlupfwinkels auf. Am Abend des 14. Januar entschloß sich Liebknecht, in den mittelständisch bürgerlichen Stadtteil Wilmersdorf überzuwechseln. Dort bot sich ihm eine Zuflucht in der Wohnung einer guten Bekannten, einer Frau Marcusson, und hier fanden zwei weitere Flüchtlinge zu ihm – die abgehärmte, erschöpfte und von heftigen Kopfschmerzen geplagte Rosa Luxemburg und Wilhelm Pieck, ein bislang kaum hervorgetretener kommunistischer Funktionär, der gefälschte Ausweispapiere überbrachte. Hier noch verkündet Liebknecht für einen letzten Beitrag in der *Roten Fahne* ein siegesgewisses Manifest: »Wir sind nicht geflohen! Wir sind nicht geschlagen! Unser Programm wird die Welt der erlösten Menschheit beherrschen ...« Und Rosa Luxemburg verfaßte ihren letzten Aufsatz, eine die Regierung anklagende Satire: »Ordnung herrscht in Berlin! Ihr stumpfen Schergen! Eure ›Ordnung‹ ist auf Sand gebaut. Die Revolution wird sich morgen schon ›rasselnd in die Höh' richten‹ und zu eurem Schrecken mit Posaunenklang verkünden: Ich war, ich bin, ich werde sein!«

Der Aufenthalt in diesem Unterschlupf dauerte nur einen Tag. Ein Nachbar hatte die Anwesenheit von Fremden einer »Wilmersdorfer Bürgerwehr« gemeldet, und am 15. Januar morgens um neun Uhr drang ein Trupp der Gardekavallerie-Schützendivision in die Wohnung ein und nahm die Untergetauchten fest. Der Stab hatte sein Hauptquartier im komfortablen Hotel Eden in der Nähe des Zoo, und dorthin wurden die drei Gefangenen gebracht. Nachdem sie unter höhnischen Zurufen und wüsten Drohungen durch eine große Menschenmenge und eine dichte Postenkette von Soldaten gestoßen worden waren, verschwanden Liebknecht und Rosa Luxemburg in einer Suite im ersten Stock, während Pieck wartend draußen auf dem Korridor blieb. Das Verhör durch einen Generalstabsoffizier Waldemar Pabst begann formell genug, aber diese Förmlichkeit hielt, wie zu erwarten war, nicht lange an. »Ich werde nie vergessen«, sagte eines der Zimmermädchen später, »wie sie die kleine Frau, die ganz ruhig mitging, niederschlugen und über den Boden schleiften. Sie war nicht mehr imstande, zu gehen. Blut strömte ihr aus Nase und Mund.« Pieck indessen wurde merkwürdigerweise nicht mißhandelt, und es ist deshalb behauptet worden, daß er sich durch die Preisgabe der Namen anderer Spartakistenführer gerettet habe – jedenfalls ist seine Zeugenaussage im Jorns-Prozeß des Jahres 1928 völlig unglaubhaft.

Als das Verhör von Liebknecht und Rosa Luxemburg beendet war, täuschte Hauptmann Pabst ihnen vor, sie sollten abgeführt und im Moabiter Untersuchungsgefängnis, wo bereits eine Reihe anderer Führer der Aufständischen festgehalten wurde, in Schutzhaft genommen werden. Beabsichtigt war in Wahrheit, einen brutalen Schlußstrich zu ziehen. Soldaten schleppten die beiden zusammengeschlagenen Gefangenen nacheinander zu einem Seitenausgang des Hotels, wo ein stämmiger Jäger namens Otto Runge mit seinem Gewehr auf sie wartete. Liebknecht kam zuerst aus der Tür, und Runge schlug ihm den Gewehrkolben zweimal über den Kopf. Die anderen schleppten Liebknecht zu einem wartenden Dienstwagen und fuhren mit ihm Richtung Tiergarten. Dann kam Rosa Luxemburg, von den Mißhandlungen, die sie bereits erlitten hatte, halb betäubt. Wiederum schlug Runge mit seinem Gewehrkolben zweimal zu, und die bewußtlose Frau wurde in den nächsten dort wartenden Wagen gezerrt.

Das erste Auto mit Liebknecht und sechs Offizieren hielt in einem dunklen Seitenweg am Neuen See des Tiergartens. Die Offiziere sag-

ten, der Wagen hätte eine Panne. Sie stießen Liebknecht auf die Straße, und dann schoß ihn ein Kapitänleutnant Horst von Pflugk-Hartung nieder. Die sechs Offiziere schleppten den Toten in den Wagen und lieferten ihn als »unbekannte Leiche« in einer Rettungsstation in der Nähe ab. Ins Hotel Eden zurückgekehrt, meldeten sie Pabst, sie seien gezwungen gewesen, den Gefangenen »wegen Fluchtversuches« zu erschießen.
Rosa Luxemburg war zu scheußlich zugerichtet, als daß die Offiziere im zweiten Wagen ein gleiches Spiel mit ihr hätten treiben können, und so setzte ihr ein Oberleutnant Kurt Vogel die Pistole an die linke Schläfe und schoß ihr eine Kugel ins Gehirn. Die Gruppe fuhr dann zur Lichtensteinbrücke und warf die Leiche in den Landwehrkanal. Auch sie hatten eine recht unwahrscheinliche Geschichte parat, als sie zum Hotel Eden zurückkamen: ihr Wagen sei von einer aufgeregten Menge von Bürgern angehalten worden, die Rache an der bekannten Kommunistenführerin forderte. Sie hätten die Gefangene der Menge überlassen, behaupteten sie, und wüßten nicht, was mit ihr geschehen sei. Noch geraume Zeit nach Veröffentlichung dieser Mär liefen Gerüchte um, daß Rosa Luxemburg noch am Leben und untergetaucht sei, um zu gegebener Zeit den Kampf um Berlin wieder aufzunehmen. Erst vier Monate später, in der Nacht zum 1. Juni wurde die schon weitgehend in Verwesung übergegangene Leiche bei einer der Schleusen des Landwehrkanals angeschwemmt.
Die Regierung verweigerte die Einsetzung einer Sonderkommission und überließ das Untersuchungsverfahren einem Militärgericht. Zu zwei Jahren Gefängnis verurteilt wurde der Geringste der Beteiligten, der einfache Soldat Runge, der mit dem Gewehrkolben zugeschlagen hatte. Leutnant Vogel wurde zu einer Gesamtstrafe von zwei Jahren und vier Monaten Gefängnis verurteilt, aber von der Mordanklage freigesprochen, er floh nach Holland und wurde später aufgrund einer Amnestie begnadigt. Hauptmann Pabst, der bis 1970 friedlich in Düsseldorf-Derendorf lebte, gab zu, die Erschießungen gebilligt zu haben, aber blieb bei seiner alten Behauptung, daß die für die Behandlung von Gefangenen geltende Dienstvorschrift genauestens beachtet worden sei . . .

Ebert seinerseits war entschlossen, eine Entscheidung des ganzen deutschen Volkes über seine bisherige kurze Regierungszeit und die Zukunft des Reiches mit den für den 19. Januar angesetzten Wahlen zur Nationalversammlung herbeizuführen. Er hatte für diese Taktik seine guten Gründe, denn seit der Jahrhundertwende hatten die Sozialdemokraten bei allen Wahlen mindestens ein Viertel der abgegebenen Stimmen erhalten. Und jetzt, kaum eine Woche nach der Unterdrükkung des Spartakistenaufstandes, gingen dreißig Millionen Deutsche zu den Wahlurnen, und Ebert errang einen soliden Erfolg. Die vielgeschmähte Sozialdemokratie erhielt fast 11,5 Millionen, das heißt 38 Prozent der Stimmen und gewann 163 der 421 Sitze im Reichstag. Es folgten die katholische Zentrumspartei mit 91 und die liberale Deutsche Demokratische Partei mit 75 Sitzen. Die rechtsorientierten Nationalisten, die Ebert weiterhin des Vaterlandsverrats beschuldigten, errangen nur 44 Sitze, und die Unabhängigen Sozialisten, die sich während der Straßenkämpfe in Berlin als so stark erwiesen hatten, lediglich 22. Die Kommunisten, die immer noch auf einen Machtzuwachs durch die indessen allmählich sich auflösenden Arbeiter- und Soldatenräte hofften, hatten die Wahl konsequent boykottiert und gingen leer aus.

Die Regierung Ebert–Scheidemann, doch ursprünglich aus kaum anderem als des Prinzen Max von Baden resignierender Konfliktmüdigkeit hervorgegangen, meinte sich durch den Sieg der Sozialdemokraten und der übrigen Linken eindeutig gerechtfertigt. Darüberhinaus aber fand sich Ebert in seinem Glauben bestärkt, daß die Regierungsgewalt, die fast fünfzig Jahre in den Händen der Hohenzollernkaiser gelegen hatte, nicht von mehr oder weniger selbstherrlichen, revolutionären Gruppen in Berlin und im Reich, sondern nur durch das deutsche Volk als Ganzes errungen werden konnte. Ausgestattet mit seinem Mandat, machte er sich daran, eine regelrechte parlamentarische Regierung auf der Basis einer neuen Verfassung zu schaffen. Berlin allerdings war ihm zur Durchführung dieses Vorhabens noch zu unsicher, und so wurde die Konstituierende Versammlung nach Weimar einberufen. Weimar besaß eine große humanistische Tradition – Goethe und Schiller hatten dort unter dem wohlwollenden Patronat des Großherzogs gelebt –, aber es gab auch sehr reale Gründe für diese Entscheidung: die Maerckerschen Freiwilligentruppen konnten dort eine gewisse Ruhe gewährleisten, indem sie unmittelbar außerhalb der Stadt Gräben aushoben und Stellungen bezogen und durch starke Patrouillen den Schutz des Bahnhofs, des Postamts und des Nationaltheaters übernahmen.

In diesem einfach klassizistischen »demokratischen Hoftheater« hatte einst, am 28. August 1850 unter der Direktion des Herrn Hof-Capellmeister Dr. Franz Liszt die Uraufführung von Wagners *Lohengrin* »mit größtem Erfolg« stattgefunden. Ebert hielt am 6. Februar 1919 die Eröffnungsrede, »schön und würdig«. Es gab Zwischenrufe vonseiten der Nationalisten und der Unabhängigen Sozialisten, aber fast drei Viertel der Abgeordneten bekannten sich zu ihm und wählten ihn, den soeben 48-jährigen, am 11. Februar zum ersten Reichspräsidenten der deutschen Republik.

Berlin: Zeughaus mit Schloßbrücke

Links: Philipp Scheidemann spricht von einem Fenster der Reichskanzlei zur Volksmenge am 9. November 1918. – *Unten*: Kaiser Wilhelm II. verläßt im Oktober 1918 zum letzten Mal Berlin

Rechte Seite oben: Der Generalstreik gegen Kapp führt zu einem Verkehrschaos. – *Unten*: Reichswehrsoldaten im Kampf gegen Spartakisten.

Potsdamer Platz
Potsdamer Str.

Otto Dix:
Großstadt
Mittelbild des gleichnamigen
Triptychons

Links: Paul Wegener in der Titelrolle des Stummfilms »Der Golem«, 1920. – *Unten*: »Die freudlose Gasse« von G. W. Pabst, 1925. Neben Asta Nielsen in der Hauptrolle spielte Greta Garbo als Anfängerin eine Nebenrolle

Rechte Seite oben: Fritz Langs utopisches Meisterwerk »Metropolis«, 1926. – *Unten*: »Siegfrieds Tod«, 1924, aus dem zweiteiligen Nibelungenfilm von Fritz Lang

»Das Cabinett des Dr. Caligari«, das expressionistische Meisterwerk mit Werner Krauss und Conrad Veidt

Claire Waldoff, Berliner »Herz mit Schnauze«, beim »Zille-Ball« im Großen Schauspielhaus

Elend, Hunger und Kälte im Winter 1919/20: der Markwert sinkt rapide

Ministerpräsident wurde Philipp Scheidemann, Wehrminister Noske und Wirtschaftsminister ebenfalls ein SPD-Politiker, Rudolf Wissell – aus der Deutschen Demokratischen Partei kam als Finanzminister und stellvertretender Ministerpräsident Eugen Schiffer, aus der Zentrumspartei als Minister ohne Geschäftsbereich Matthias Erzberger, parteilos war der Außenminister Ulrich Graf von Brockdorff-Rantzau, seit 1894 in diplomatischen Diensten.

Die Verfassung war von dem liberal gesinnten Staatsrechtler Hugo Preuß konzipiert worden. Da man in Deutschland – wie in den meisten anderen Nationen auch – wenig Erfahrung mit der parlamentarischen Regierungsform besaß, hatte Preuß alles das zusammengetragen, was er als die vernünftigsten Wesenszüge bisheriger Regierungssysteme ansah. Wie in den USA sollte die kommende Republik einen vom ganzen Volk gewählten Präsidenten erhalten, wie in England einen für die Legislative verantwortlichen Kanzler, wie in Frankreich sollte der Anspruch politischer Minderheiten durch eine proportional entsprechende Zahl von Mandatsträgern gewahrt und wie im kaiserlichen Deutschland, wenn auch in begrenztem Ausmaß, die Autonomie der Länderregierungen beibehalten werden. Rückblickend kann man sagen, daß die Weimarer Verfassung gefährliche Schwächen aufwies. Die Eigenständigkeit der Länder ermöglichte es den Nationalsozialisten, sich unter der Protektion nachgiebiger Regierungsbehörden auszubreiten; die Vertretung von politischen Minderheiten hatte ein solches Überhandnehmen von kleinen Parteien zur Folge (es gab am Ende mehr als vierzig verschiedene Parteien im Reichstag), daß die Regierung in zunehmendem Maß handlungsunfähig wurde, und der Artikel 48 der Verfassung, der den Präsidenten mit besonderen Vollmachten ausstattete, führte zur »Machtergreifung« 1933.

Was Hugo Preuß entworfen hatte, war im Grundsätzlichen eine gesunde fortschrittlich orientierte Verfassung, und nachdem man eine Reihe von Kompromissen eingegangen war, wurde der Entwurf mit überwältigender Mehrheit angenommen. Die Schwierigkeiten, mit denen man es später zu tun haben würde, lagen nicht in der Verfassung selbst begründet – wie alle Verfassungen stand auch sie zunächst nur auf dem Papier –, sondern in der Gesellschaft, die diese Verfassung mit Leben erfüllen sollte. Es war eine in sich völlig zersplitterte Gesellschaft, aufgeteilt nicht nur in die Extreme revolutionärer und konservativer Ideologien, sondern auch in Klassen, Konfessionen und regionale Sonderinteressen verschiedenster Schattierungen. Eine Gesellschaft die durch Folgen der militärischen Niederlage zerrüttet und von Krisen geschüttelt, durch Reparationen, Inflation, Besetzung mit alliierten Truppen in eine selbstverschuldete Demoralisierung geraten war. »Die Geschichte der demokratischen Verfassungen ist bis zum heutigen Tage weitgehend die Geschichte der Völker auf der Suche nach einem guten politischen Konzept, unter dem sie leben könnten«, wie es der Historiker Richard Watts ausgedrückt hat. »Die in Weimar entworfene Verfassung ... war von Anfang an und bis zu ihrem Ende ein Konzept auf der Suche nach einer Möglichkeit, als Volk miteinander zu leben.«

Während die Diskussionen der Nationalversammlung unter dem Schutz des Militärs geführt wurden, entschloß sich die Führung der Radikalen in Berlin, die Macht in einem letzten Versuch mit Gewalt an sich zu reißen. Leon Jogiches, ein polnischer Intellektueller und Rosa Luxemburgs Kampfgefährte, drang darauf, daß es weder zu Provokationen noch zu Gewalttätigkeiten kommen dürfe, um Noskes inzwischen verstärkte Truppen nicht zu reizen und die Massaker des Januar nicht zu wiederholen. Aber die linksextremen Führer hatten auch diesmal die aufrührerischen Rebellen nicht unter ihrer Kontrolle. Eine große Zahl von Arbeitern hatte sich Waffen beschafft, und erneut floß Blut, und die Toten zählten nach Hunderten. Die Revolution erreichte in diesen Tagen einen Höhepunkt mit massivem Artillerieeinsatz: es handelte sich um einen verzweifelten Widerstand ohne Ziel, um ein Aufbegehren unorganisierten Protestes gegen die bittere und endlose Not dieser Tage, Wochen und Monate. Eberts Kabinett, fest entschlossen, den Aufstand endgültig niederzuschlagen, stattete Noske in Berlin mit geradezu unbeschränkten Machtbefugnissen aus, und die Freikorpstruppen, ausgerüstet mit Panzerfahrzeugen, Artillerie und Flammenwerfern, rückten zu Zehntausenden in die Stadt ein.
Wieder war Graf Kessler als Beobachter zur Stelle:

»*Berlin. 6. März 1919. Donnerstag*
Frühmorgens schwere Kämpfe mit Minenwerfern. Seit gestern sind überall Barrikaden und Drahtverhaue, teils von Spartakisten, teils von den Regierungstruppen errichtet. Zeitungen sind heute früh nicht erschienen. Daher selber hingegangen, um nachzusehen ... Beim Rathaus stehen bewaffnete Patrouillen der republikanischen Sicherheitswehr. Diese greift mit der Volksmarinedivision zusammen das Polizeipräsidium an, in dem sich Reinhardtsche Regierungstruppen verteidigen. An der Ecke der Königstraße steht hinter einer Absperrung eine ziemlich phlegmatische Menge und hört zu, wie geschossen wird; zu sehen ist nichts. Aber am Alexanderplatz Infanteriefeuer und von Zeit zu Zeit der dumpfe Einschlag einer Mine. Beide Teile haben Artillerie und Minenwerfer. Deshalb sind es die ernstesten Kämpfe seit Anfang der Revolution. Viel Stimmung ist aber unter der Menge nicht bemerkbar ... Die Sache macht den Eindruck eines viel ernsteren

Krieges als der Spartakusaufstand. Keine Guerilla, sondern eine große Operation ...

Berlin. 8. März 1919. Sonnabend

Die letzten beiden Tage sind die seit Beginn der Revolution blutigsten in Berlin gewesen ... fünfhundert bis sechshundert Tote ... Der Generalstreik ist vorläufig unterbrochen ... In der Reichskanzlei herrscht ein Siegesrausch. Der Himmel hängt den Mehrheitssozialisten voller Geigen ... Im Norden Berlins soll dagegen der Haß gegen die Regierung und den ›Westen‹ rasen. Reinhardt-Soldaten, die allein gehen, werden von der Menge in Stücke gerissen ...

Als ich gegen drei Viertel fünf die Wilhelmstraße hinunterging, hielt im Hofe der Reichskanzlei ein Lastauto, auf das Gefangene, Zivilisten und Soldaten, verladen wurden ... Plötzlich sprang ein Soldat mit einer Peitsche auf das Auto hinauf und schlug auf einen der Gefangenen mehrere Male ein. Dann fuhr das Auto an und auf die Straße heraus. Die Gefangenen, meistens Soldaten, standen in der Mitte mit hochgehobenen, hinter dem Kopfe gekreuzten Händen: ein beschämender Anblick bei Leuten in deutscher Uniform.

Ich ging in die Reichskanzlei, verlangte den Kommandanten, und als dieser mir als abwesend gemeldet wurde, den Adjutanten der Besatzung (Reinhardttruppen). Ich erzählte ihm den Vorfall mit der Durchpeitschung des Gefangenen, verlangte eine Untersuchung und gab meine Aussage zu Protokoll. Der Leutnant sprach sein Bedauern aus, sagte aber zur Entschuldigung, der Gefangene habe drei Ausweise von verschwundenen Offizieren des Regimentes bei sich gehabt ... Die Erbitterung der Leute sei grenzenlos. Gestern abend sei ein Wachtmeister des Regimentes von Spartakisten angehalten und kurzerhand auf der Straße erschossen worden. Zwei Soldaten des Regimentes seien von den Spartakisten ins Wasser geworfen, andren die Kehlen durchgeschnitten worden. Alle Scheußlichkeiten des erbarmungslosesten Bürgerkrieges sind auf beiden Seiten im Gange.

Der Haß und die Erbitterung, die jetzt gesät werden, werden Früchte tragen. Unschuldige werden die Greuel büßen. Es sind die Anfänge des Bolschewismus!

Das elektrische Licht brennt wieder. Alle Kabaretts, Bars, Theater, Tanzlokale sind im Gange.

Ein neues Element, das gestern und heute unheimlich gewachsen ist, kommt seit einigen Wochen, etwa seit der Ermordung Liebknechts, in die deutsche Revolution: das Element der Vendetta, der Blutrache, das in allen großen Revolutionen schließlich treibend wird und als letzte von den revolutionären Kräften übrigbleibt, wenn alle andren ausgebrannt oder befriedigt sind.

Berlin. 9. März 1919. Sonntag
Heute steht der Kampf in der Frankfurter Allee. Diese wird von den Spartakisten unter Maschinengewehrfeuer gehalten und von der Regierung mit 15,5-cm-Haubitzen beschossen. Flieger greifen in den Kampf ein. Es ist eine regelrechte Schlacht . . .
Nachmittags Gang durch die innere Stadt, um die Verwüstungen der letzten Kämpfe zu sehen . . . Überall liegt viel Glas auf den Straßen, stellenweise auch eine dichte Schicht von Ziegelstaub. Das Polizeipräsidium hat zu den alten einige neue Kratzwunden bekommen. Dem Warenhaus von Tietz sind alle Fensterscheiben kaputtgegangen. Davor ist auf dem Straßendamm eine Blutlache. Gegenüber ist das Eckhaus an der Prenzlauer Straße vom Dach aus zwei Etagen tief aufgerissen durch eine Fliegerbombe oder Granate. Überall sind Stacheldrahtverhaue und Barrikaden, die die Regierungstruppen halten. Es wird auch noch viel geschossen; aber man weiß nicht recht, von wem und wozu . . .

Berlin. 10. März 1919. Montag
Noske hat gestern das Standrecht über Berlin verhängt. Er hat angeordnet: ›Die Grausamkeit und Bestialität der gegen uns kämpfenden Spartakisten zwingen mich zu folgendem Befehl: Jede Person, die mit den Waffen in der Hand gegen Regierungstruppen kämpfend angetroffen wird, ist sofort zu erschießen. Noske.‹ Das ist die Antwort auf die Lichtenberger Morde, der die Gegenantwort nicht fehlen wird. So bohren wir uns mit großer Schnelligkeit gegenseitig in den blutigen Abgrund hinein . . .
Die Regierung gibt heute abend bekannt, daß die standrechtlichen Erschießungen begonnen haben; gleich als Anfang dreißig Mann auf einem Haufen. Noske sitzt in der Bendlerstraße hinter Stacheldraht und mit einer Leibgarde von sieben Offizieren, zwölf Unteroffizieren und fünfzig Mann zu seiner persönlichen Bedeckung wie Nikolaus II. oder Dionys, der Tyrann.

Berlin. 13. März 1919. Donnerstag
Den Maler Grosz haben Soldaten in seinem Atelier verhaften wollen; er hat sich aufgrund eines falschen Ausweises für einen anderen ausgegeben und ist seitdem ein Flüchtling: schläft eine Nacht hier, die andre dort.
Der weiße Terror wütet ungehemmt. Die Erschießung von vierundzwanzig Matrosen durch Regierungstruppen auf dem Hofe eines Hauses in der Französischen Straße scheint ein grauenhafter Mord gewesen zu sein: Die Leute wollten in dem Hause bei ihrer Kassenverwaltung bloß ihre Löhnung holen . . .

Noske hat heute in Weimar eine im Tone höchst bedauerliche, schnurrbartschnauzende Rede gehalten, in der er seinen Sieg über den inneren Feind verkündet; sehr widerwärtig! Alle geistig und ethisch anständigen Menschen müssen einer so leichtsinnig und frech mit dem Leben ihrer Mitbürger spielenden Regierung den Rücken kehren. Die letzten acht Tage haben durch ihre Schuld, durch ihr leichtfertiges Lügen und Blutvergießen, einen in Jahrzehnten nicht wieder zu heilenden Riß in das deutsche Volk gebracht. Die Stimmung gegen sie heute abend wechselte zwischen Abscheu und Verachtung. So mag man in Frankreich gegen Napoleon III. nach dem Staatsstreich empfunden haben wie heute hier gegen Noske und Scheidemann.

Berlin. 14. März 1919. Freitag
Die Erschießung der vierundzwanzig Matrosen in der Französischen Straße will mir nicht aus dem Kopf ... Ich versuchte abends, mir ›Wie es euch gefällt‹ bei Reinhardt anzusehen; kam aber nicht in die Stimmung. Diese Morde und Erschießungen an der Tagesordnung in Berlin wollen mir nicht aus dem Sinn.

Berlin. 16. März 1919. Sonntag.
Vormittags George Grosz in seinem Atelier besucht ... Grosz sagt, zahlreiche Künstler und Intellektuelle (zum Beispiel Einstein) seien auf der Flucht von Haus zu Haus. Die Regierung habe vor, rücksichtslos die Kommunisten ihrer geistigen Führer zu berauben. Dann schilderte er einige Erlebnisse der letzten Tage, die ihn offenbar tief erschüttert haben: kämpfende Spartakisten, selbst Zuchthäusler, deren Begeisterung und Todesmut unglaublich waren. Dadurch habe er einen ganz anderen Begriff vom Proletariat gewonnen. Der Künstler, der Intellektuelle habe sich bescheiden einzuordnen. Noch umwälzender: Er habe gesehen, wie in der Nähe des Eden-Hotels ein Leutnant einen Soldaten, der keinen Ausweis hatte und in rüdem Tone antwortete, totschoß. Die Kameraden des Erschossenen hätten heiß geweint, aus Schmerz oder Wut. Er bekennt sich jetzt als Spartakist. Auch Gewalt sei nötig, um die Idee durchzusetzen; denn anders könne man die Trägheit des Bourgeois nicht überwinden. Ich widersprach, weil jede Idee durch Verbrüderung mit der Gewalt entwertet werde.«

Geschichte wird im allgemeinen von ihren politischen Aspekten her erzählt, wobei jede Partei der anderen die Schuld zuschiebt, aber hier hatte das Elend Ausmaße erreicht, die über alle politischen Gegensätze hinausgingen. John Maynard Keynes etwa, der englische Nationalökonom und Politiker, führte als Augenzeugen einen Mann an, der an dem vom späteren US-Präsidenten Herbert Hoover organisierten

Quäker-Hilfswerk für hungernde Kinder in Deutschland teilnahm: »Man hält das hier zunächst für ein Säuglingsheim, so winzig sind die Kinder. Aber sie sind in Wirklichkeit sieben und acht Jahre alt. Winzige Gesichter mit großen stumpfen Augen, ihre kleinen Arme sind nur noch Haut und Knochen, und über den verkrümmten Beinen mit ihren deformierten Kniegelenken die von Hungerödemen aufgedunsenen Bäuche« ... »Sehen Sie dieses apathische Kind hier«, sagte der diensttuende Arzt, »es hat große Mengen Brot erhalten, und doch hat das nicht geholfen, es ist, dachte ich, immer noch völlig entkräftet – bis ich herausfand, daß es das ganze Brot unter seiner Strohmatratze versteckt hatte. Die Angst vorm Hunger sitzt so tief in dem Kind, daß es die Nahrungsmittel hortet, statt sie zu essen: durch einen fehlgeleiteten animalischen Instinkt hat es mehr Angst vor dem Hunger als vor den akuten körperlichen Schmerzen.«
Nach Beendigung der Kämpfe waren es die Frauen, die die Toten wegzuschaffen hatten. Die Graphikerin Käthe Kollwitz, mit einem Kassenarzt im Nordosten Berlins verheiratet, schilderte nach einem Besuch im Leichenschauhaus ihren Eindruck: »Dichtes Vorbeidefilieren der Menschen an den Glasfenstern, hinter denen die nackten Leichen liegen. Jede trägt ihr Kleiderbündel auf dem Leib. Darauf liegt eine Nummer. Ich las die Nummer 244. Hinter den Glasfenstern lagen etwa zwanzig oder dreißig Tote ... Ich denke mir, daß, wenn jemand einen Bekannten dort zu erkennen glaubt, er die Nummer im Warteraum angibt. Dann wird die Leiche in einen anderen Raum gebracht, und die Verwandten prüfen genau nach, ob der Tote der Gesuchte ist. Es scheint so zu sein, denn einzelne der Wartenden wurden an mir vorbei hinten hineingeführt, und ich hörte da lautes Weinen. O, welch jammervoll trauriger Ort ist das Leichenschauhaus! Welche Qual, einen lieben Menschen dort suchen zu müssen und ihn zu finden!«
So hatte Noske seine dritte und letzte Kraftprobe zwischen den Sozialdemokraten und der Linken bestanden. Viele Gebäude der Innenstadt lagen in Trümmern, und weitere zweitausend Menschen waren getötet worden, aber die Regierung blieb durch die Kanonen der neuerstandenen Armee abgesichert. Unter den Erschossenen befand sich auch der Mitstreiter Rosa Luxemburgs, Leon Jogiches, und mit seinem Tod war auch die Spartakusbewegung erledigt. Aber auch Eberts und der Regierung Versprechen, eine auf soziale Gerechtigkeit gegründete Republik zu schaffen, war dahin.

Der Waffenstillstand von 1918 blieb lediglich ein Waffenstillstand, denn nichts war geregelt worden, außer der Räumung der besetzten Gebiete im Westen, der des linken Rheinufers und der Bildung einer neutralen Zehnkilometerzone rechts des Rheins und der Zurückführung aller deutschen Truppen im Osten und Südosten hinter die Grenzen von 1914. Mehr als drei Monate verhandelten die Siegermächte untereinander über die Friedensbedingungen.

Trotz Deutschlands völliger Ohnmacht begab sich der Außenminister Graf Brockdorff-Rantzau Ende April nach Paris mit einer ganzen Reihe von Vorschlägen, die freilich ein hohes Maß an Irrealität verrieten. Deutschland sei bereit, in eben dem Maße abzurüsten, in dem auch seine Nachbarn abrüsten würden. Ebenso sei es bereit, einige wenige Grenzgebiete abzutreten – Elsaß-Lothringen an Frankreich, Nordschleswig an Dänemark und ein kleines Gebiet um Posen an den neuen unabhängigen Staat Polen – aber erst nach einer Volksabstimmung, aus der sich ein Ja der Bevölkerung zu diesem Wechsel ergäbe. Deutschland werde auch Reparationen zahlen, aber nur für solche Schäden, die Zivilisten und deren Eigentum erlitten hätten. Es verlange schließlich die Rückgabe seiner afrikanischen Kolonien und seiner Handelsflotte.

Brockdorff-Rantzau, ein holsteinischer Aristokrat, sehr kühl, sehr intellektuell, war Berufsdiplomat, und der Empfang, der ihm bereitet wurde, mußte ihn bestürzen. Sein Sonderzug mit 180 Beamten des Auswärtigen Amtes und Experten, die die deutsche Sache vertreten sollten, durfte nur mit einer Stundengeschwindigkeit von fünfzehn Kilometern fahren, so daß sich den Deutschen eindrucksvolle Ausblicke auf weithin verwüstete nordfranzösische Landstriche boten. In Versailles wurden sie in einem von Stacheldrahtverhauen umgebenen Hotel isoliert – ihr Gepäck mußten sie selber die Treppen hinauftragen. Erst nach einer Woche der Abgeschlossenheit wurde Brockdorff-Rantzau in den Spiegelsaal des Schlosses beordert, wo ihn der französische Ministerpräsident Georges Clemenceau mit folgenden Worten empfing:

»Es ist weder die Zeit noch der Ort für überflüssige Worte. Sie sehen vor sich die bevollmächtigten Vertreter der kleinen und großen Mächte, die sich vereinigt haben, um den schrecklichen Krieg, der ihnen aufgezwungen worden ist, zu Ende zu führen. Die Stunde der schweren Abrechnung ist gekommen. Sie haben uns um Frieden gebeten. Wir sind geneigt, ihn Ihnen zu gewähren. Wir überreichen Ihnen hiermit das Buch, das unsere Friedensbedingungen enthält.«

Brockdorff-Rantzau hatte zwei verschiedene Versionen einer Antwort vorbereitet. In Anbetracht der scharfen Tonart Clemenceaus wählte auch er die schärfere:

»Wir täuschen uns nicht über den Umfang unserer Niederlage, den Grad unserer Ohnmacht. Wir wissen, daß die Gewalt der deutschen Waffen gebrochen ist; wir kennen die Wucht des Hasses, die uns hier entgegentritt, und wir haben die leidenschaftliche Forderung gehört,

daß die Sieger uns zugleich als Überwundene zahlen lassen und als Schuldige bestrafen sollen.
Es wird von uns verlangt, daß wir uns als die allein Schuldigen bekennen; ein solches Bekenntnis wäre in meinem Munde eine Lüge. Die öffentliche Meinung in allen Ländern unserer Gegner hallt wider von den Verbrechen, die Deutschland im Kriege begangen habe. Auch hier sind wir bereit, getanes Unrecht einzugestehen. Aber auch in der Art der Kriegführung hat nicht Deutschland allein gefehlt. Jede europäische Nation kennt Taten und Personen, deren sich die besten Volksgenossen ungern erinnern. Die Hunderttausende von Nichtkämpfern, die seit dem 11. November an der Blockade zugrunde gingen, wurden mit kalter Überlegung getötet, nachdem für unsere Gegner der Sieg errungen und verbürgt war. Daran denken Sie, wenn Sie von Schuld und Sühne sprechen.«
Diese wenigen Sätze mußten natürlich auf die Alliierten provozierend wirken, zumal sie noch schärfer im Tonfall vorgetragen wurden. Zudem blieb Brockdorff-Rantzau dabei sitzen – ob aus Ungeschicklichkeit oder mit Absicht, ist nicht bekannt. Danach aber soll Wilson, der Präsident der Vereinigten Staaten, zu einem Nachbarn gesagt haben: »Die Deutschen sind zu dumm, immer tun sie das Falsche. Das war die taktloseste Rede, die ich je gehört habe.«
Zu den harten Bedingungen des Vertrags, die nur in einigem auf dem Verhandlungsweg gemildert werden konnten, trat der Artikel 231, von vielen als die eigentliche Grundlage des Vertragswerkes angesehen: »Die alliierten und assoziierten Regierungen erklären und Deutschland erkennt an, daß Deutschland und seine Verbündeten als Urheber für alle Verluste und Schäden verantwortlich sind, die die alliierten und assoziierten Regierungen und ihre Staatsangehörigen infolge des Krieges, der ihnen durch den Angriff Deutschlands und seiner Verbündeten aufgezwungen wurde, erlitten haben.«
Dieser »Kriegsschuldartikel«, der in Deutschland heftigste Empörung auslöste, erhielt in einer zusätzlichen Note Clemenceaus vom 16. Juni eine genauere Profilierung:
». . . Indessen beschränkt sich die Verantwortlichkeit Deutschlands nicht auf die Tatsache, den Krieg gewollt und entfesselt zu haben. Deutschland ist in gleicher Weise verantwortlich für die rohe und unmenschliche Art, auf die er geführt worden ist. Das läßt sich zusammenfassend in der Tatsache zum Ausdruck bringen, daß wenigstens sieben Millionen Tote in Europa begraben liegen, während mehr als zwanzig Millionen Lebender durch ihre Wunden und Leiden von der Tatsache Zeugnis ablegen, daß Deutschland durch den Krieg seine Leidenschaft für die Tyrannei hat befriedigen wollen. Sowohl während des ganzen Krieges wie auch vor dem Kriege ist das deutsche Volk und

sind seine Vertreter für den Krieg gewesen; sie haben allen Befehlen ihrer Regierung, so roh diese Befehle auch sein mochten, gehorcht. Sie haben die Verantwortung für die Politik ihrer Regierung geteilt. Wenn diese Politik der deutschen Regierung geglückt wäre, so hätte das deutsche Volk ihr mit ebenso viel Begeisterung zugejauchzt, wie es den Kriegsausbruch begrüßt hat. Das deutsche Volk kann also nicht behaupten, daß, weil es, nachdem der Krieg einmal verloren, seine Regierenden gewechselt hat, die Gerechtigkeit wolle, daß es den Folgen seiner Kriegshandlungen entzogen werde ...
Mit Rücksicht auf die gegenwärtige Stimmung unter den Völkern der Welt ist es nicht möglich, daß die freien Völker der Erde sich sofort in gleichberechtigter Gemeinschaft mit jenen zusammen niederlassen, von denen sie so schweres Unrecht erlitten haben.«
Brockdorff-Rantzau bemühte sich vergeblich, weitere deutsche Gegenvorschläge zu unterbreiten, und kehrte dann mit dem innerhalb von sieben Tagen anzunehmenden Friedensvertrag zurück nach Berlin. Seine Empfehlung lautete auf Ablehnung. Auch sämtliche Parteien sprachen sich in Massenkundgebungen gegen den Vertrag aus. Scheidemann, schon im Krieg Verfechter eines Verständigungsfriedens, verwarf ihn nicht nur, sondern erklärte am 19. Juni seinen Rücktritt: »Welche Hand müßte nicht verdorren, die sich und uns in diese Fesseln legt? Dieser Vertrag ist nach Auffassung der Reichsregierung unannehmbar.« Die Alliierten indessen ließen sich dadurch nicht beeindrucken. Sie bestanden auf der Annahme in der gesetzten Frist, andernfalls würden sie »diejenigen Schritte ergreifen, die sie zur Erzwingung ihrer Bedingungen für erforderlich halten«.
Hindenburg wußte, von der Regierung befragt, wie bei Wiederaufnahme der Kampfhandlungen die Oberste Heeresleitung die Aussichten beurteile, keine tröstlichere Antwort als diese: »... Im Westen können wir angesichts der numerischen Überlegenheit der Entente kaum mit Erfolg rechnen. Ein günstiger Ausgang der Gesamtoperation ist sehr fraglich, aber ich muß als Soldat den ehrenvollen Untergang einem schmählichen Frieden vorziehen« – ein Vorschlag, mit dem einem ganzen Volk in seiner größten Not wenig genützt war.
Zwei Tage vor Ablauf der Frist – am gleichen Tag, an dem die deutsche Kriegsmarine auf Befehl des Admirals von Reuter ihren Beitrag in der Weise leistete, daß sie fünfzig ihrer achtundsechzig bei Scapa Flow ausgelieferten und dort internierten Schiffe, insgesamt 500 000 BRT, vor den Augen der Engländer versenkte – gelang es Ebert, ein Kabinett unter Gustav Bauer, SPD, zusammenzustellen, das zur Unterzeichnung bereit war. Beherrschende Persönlichkeit war als Vizekanzler und Finanzminister Erzberger. Er hatte nach verschiedenen Sondierungsgesprächen ins Feld geführt, daß die Alliierten, sofern

Deutschland den Vertrag unterschriebe, sich vielleicht dazu bereitfänden, die besonders umstrittenen Klauseln über die alleinige Kriegsschuld und die Auslieferung der deutschen Kriegsverbrecher fallen zu lassen. Nach einer hitzigen Debatte stimmte der Reichstag dem Vertrag unter diesen Bedingungen zu. Die Alliierten wiesen jede Einschränkung und jeden Vorbehalt mit der Begründung zurück, »daß die Zeit für Diskussionen vorbei sei«, und machten warnend darauf aufmerksam, daß bis zum Einmarsch der Alliierten nur noch eine Frist von weniger als vierundzwanzig Stunden bestehe.

Gustav Bauer mußte vor der Nationalversammlung erklären: »Schwer wurde uns allen der Entschluß, dieser neuen Regierung beizutreten, deren erste und schleunigste Aufgabe es ist, den Unrechtsfrieden zu schließen. Die Not von Land und Volk hat uns zusammengeführt, wir können uns nicht versagen, wenn wir nicht Gefahr laufen wollen, Deutschland in einem regierungslosen, chaotischen Zustand verfallen zu sehen, aus dem es keinerlei Rettung mehr gibt.«

General Groener ließ sich Friedrich Ebert gegenüber am Telefon aus dem Quartier der Obersten Heeresleitung in Kassel, da Hindenburg jeder weiteren Stellungnahme auswich, vernehmen: »Nicht als Erster Generalquartiermeister, sondern als Deutscher, der die Gesamtlage klar übersieht, halte ich mich auch zu dieser Stunde für verpflichtet, Ihnen, Herr Reichspräsident, folgenden Rat zu geben:

Die Wiederaufnahme des Kampfes ist nach vorübergehenden Erfolgen im Osten im Enderfolg aussichtslos. Der Friede muß daher unter den vom Feinde gestellten Bedingungen abgeschlossen werden.«

Hindenburg seinerseits kehrte, nachdem das Telefongespräch beendet war, wieder ins Zimmer zurück, legte Groener die Hand auf die Schulter und sagte: »Eigentlich haben Sie recht, Sie müssen eben wieder das schwarze Schaf sein.«

Am 23. Juni 1919 wurde von einer Mehrheit in der Nationalversammlung die Annahme des Vertrags befürwortet – gegen die Stimmen der Deutschnationalen, der Deutschen Volkspartei, einiger Abgeordneter des Zentrums und des größten Teils der Demokraten. Folgende Note wurde an die Bevollmächtigten der alliierten und assoziierten Regierungen übersandt:

»Die Regierung der Deutschen Republik hat mit Erschütterung aus der letzten Mitteilung ersehen, daß Sie entschlossen sind, von Deutschland auch die Annahme derjenigen Friedensbedingungen mit äußerster Gewalt zu erzwingen, die, ohne materielle Bedeutung zu besitzen, den Zweck verfolgen, dem deutschen Volke seine Ehre zu nehmen. Durch einen Gewaltakt wird die Ehre des deutschen Volkes nicht berührt. Sie nach außen hin zu verteidigen, fehlt dem deutschen Volke nach den entsetzlichen Leiden der letzten Jahre jedes Mittel. Der über-

mächtigen Gewalt weichend, und ohne damit ihre Auffassung über die unerhörte Ungerechtigkeit der Friedensbedingungen aufzugeben, erklärt deshalb die Regierung der Deutschen Republik, daß sie bereit ist, die von den alliierten und assoziierten Regierungen auferlegten Friedensbedingungen anzunehmen.«
Am 28. Juni 1919 wurde dieser Friedensvertrag vom Reichsaußenminister Hermann Müller und vom Verkehrs- und Kolonialminister Johannes Bell unterzeichnet – im gleichen Spiegelsaal des Schlosses von Versailles, in dem am 18. Januar 1871 das Deutsche Kaiserreich ausgerufen worden war. Die arme, von Krisen geschüttelte, zerrissene Weimarer Republik mußte damit das gesamte Erbe der gescheiterten Monarchie mit allen Fehlern und Versäumnissen und Torheiten und allen fortwirkenden Konsequenzen übernehmen.

Blicken wir in die Vergangenheit zurück, dann erkennen wir gelegentlich, daß die politischen Krisen einer bestimmten Epoche nicht unbedingt zugleich auch die wichtigsten Ereignisse innerhalb dieser Epoche waren. Wir vergessen sogar die Namen der einst mächtigen Fürsten, die Michelangelos »David« oder Bachs »Brandenburgische Konzerte« in Auftrag gaben. Und in diesem Frühjahr 1919, als Volksmarinedivision und Freikorps in den Straßen Berlins kämpften und die Regierung der jungen Republik einen Vertrag zur Beendigung des Krieges schließen mußte, waren die Wissenschaftler, die im Kaiser-Wilhelm-Institut für Physik in dem stillen Vorort Dahlem arbeiteten, mit grundlegenden Problemen beschäftigt, bei denen ihnen eine unmittelbar bevorstehende Sonnenfinsternis helfen konnte.
Es sollten die ersten Beweise für die revolutionären Hypothesen ihres jungen Direktors Albert Einstein gefunden werden. Die Grundlegung seiner Theorie, deren fruchtbarste Folgerung das Masse–Energie–Äquivalenzprinzip war, hatte er schon 1905 veröffentlicht – als er, kaum sechsundzwanzigjährig, noch technischer Experte dritter Klasse am eidgenössischen Patentamt in Bern war – und bis 1915 in einer Reihe weiterer Schriften seine allgemeine Relativitätstheorie entwikkelt. Zwei Jahre zuvor hatte der Physiker Max Planck ihm jede Unterstützung durch das Institut in Berlin zugesagt, falls er nach Deutschland zurückkehren und seinen Wohnsitz in der Hauptstadt nehmen würde. Von sich selbst zeichnet er damals ein kokett-ironisches Bild: »Einstein ist 1,76 Meter groß, breitschultrig und etwas nach vorn gebeugt. Sein kurzer Schädel wirkt ungemein breit. Der Teint ist von mattem Hellbraun, über dem großen sinnlichen Mund sproßt ein schmächtiger schwarzer Bart. Die Nase hat leichte Adlerform. Die sehr braunen Augen strahlen tief und weich. Die Stimme ist einnehmend, wie ein vibrierender Celloton.« Mit vierunddreißig kehrte Einstein

nach einer vierjährigen Professur in Prag nach Deutschland zurück und wurde nicht nur Direktor des Physikalischen Instituts der Kaiser-Wilhelm-Gesellschaft, sondern auch Professor an der Berliner Universität und Mitglied der Preußischen Akademie der Wissenschaften. Irgendwelche bindenden Pflichten hatte er nicht. Er wohnte draußen in Dahlem, hielt einmal in der Woche ein Seminar für seine Mitarbeiter, spielte in seiner Mußezeit exzellent auf seiner Violine und arbeitete an seiner Theorie, die die größte Revolution in der Betrachtung der Welt seit Kopernikus auslösen sollte.
Die Physiker waren fasziniert von Einsteins genialen Berechnungen und seiner Formel $E = mc^2$, wonach eine winzige Masse einer unvorstellbar großen Energie entspricht: sie bedeutet, daß die in jedem Körper enthaltene Energie (E) gleich seiner Masse (m) multipliziert mit dem Quadrat der Lichtgeschwindigkeit (c) ist. Aber wenn diese Theorie schon schwer zu begreifen war – sie zu beweisen war noch schwieriger. Im März 1917 wies der britische Astronom Sir Frank Dyson darauf hin, daß mit der am 29. März 1919 zu erwartenden Sonnenfinsternis eine Möglichkeit gegeben sei, diesen Beweis zu erbringen, weil die verdunkelte Sonne eine außergewöhnlich helle Sternengruppe, die Hyaden, durchwandern würde. In diesem Augenblick könnten die in der Nähe der Sonne passierenden Lichtstrahlen der Sterne gemessen werden. Nach einem der Grundsätze der Einsteinschen Theorie besteht das Licht aus Quanten und muß daher dem Gesetz der Schwerkraft unterworfen sein. Die von den Hyaden ausgehenden Lichtstrahlen müßten also beim Passieren der Sonne eine Krümmung aufweisen.
Die Hauptschwierigkeit bestand darin, daß England und Deutschland sich damals noch im Kriegszustand gegeneinander befanden, aber durch Kriege lassen sich Physiker und Astronomen in ihrer Forschungsarbeit kaum stören. Wenige Monate vor Abschluß des Friedensvertrages gab Großbritanniens Königliche Astronomische Gesellschaft bekannt, daß sie in nächster Zeit zwei Expeditionen an die Orte entsenden würde, wo die totale Sonnenfinsternis am besten zu beobachten und zu photographieren wäre, nach Sobral in Nordbrasilien und auf die Insel Principe im Golf von Guinea. Als Einstein gefragt wurde, wie weit die Lichtstrahlen der Hyaden durch die Anziehungskraft der Sonne abgelenkt werden würden, gab er aufgrund seiner Berechnungen 1,75 Sekunden einer Bogenminute an. Die britischen Wissenschaftler reisten in die Tropen, wo sie sich zunächst über die sichtbehindernden Wolkenbildungen beklagten und dann ihre primitiven Kameras auf die Sonne richteten. Die nach Brasilien geschickte Gruppe brachte keine klaren Bilder mit, und der afrikanischen Gruppe gelang es nur, sechzehn Aufnahmen zu machen. Die englischen Wissenschaft-

ler brauchten mehrere Monate für ihre Rückkehr nach London und zum Vergleich der während der Sonnenfinsternis gemachten Hyaden-Photographien mit solchen, die unter normalen Umständen aufgenommen waren. Es stellte sich heraus, daß das Licht der Sterne tatsächlich durch das Schwerefeld der Sonne abgebogen worden war und daß der Abweichungswinkel der Gradzahl nahe kam, die Einstein vorausgesagt hatte: 1,64 Sekunden. Alfred North Whitehead, der anwesend war, als das Ergebnis auf einer Sitzung der Royal Society bekanntgegeben wurde, berichtete, daß die Atmosphäre »so gespannt war wie in einem griechischen Drama. Wir waren wie der Chor, der nach dem Eintreten eines außergewöhnlichen Ereignisses den vom Schicksal ergangenen Urteilsspruch kommentiert.« Die Londoner *Times* drückte sich tags darauf knapper aus: »Wissenschaftliche Revolution«, hieß es in der Schlagzeile. »Newtons Lehre überholt.«

KAPITEL IV

»Wie lange werde ich leben?«
1920

Es ist unmöglich, sich eine Zahl oder auch einen Namen willkürlich einfallen zu lassen. Wenn man dem scheinbar freiwilligen Einfall nachforscht, stellt sich immer wieder heraus, daß er, in ungehemmter Assoziation geäußert, streng determiniert ist.

Sigmund Freud

Ludendorff blieb nur wenige Monate in Schweden. Als die dortige Sozialdemokratie gegen seinen Aufenthalt im Lande protestierte, kehrte er, durch die zunehmende Macht der Freikorps ermutigt, nach Deutschland zurück, nach Berlin. Unter falschem Namen mietete er eine Suite im Hotel Adlon – da Mitglieder der alliierten Abrüstungskommission aber oft im gleichen Hotel konferierten und der General immerhin als Kriegsverbrecher eingestuft worden war, stellte ihm die Hoteldirektion einen unauffälligen Nebenausgang zur Verfügung.
Im Adlon war Ludendorff angesichts dessen, was er vorhatte, jedoch zu sehr der Öffentlichkeit ausgesetzt. Er hatte nämlich erklärt, er gebe keinen Pardon, falls er jemals wieder an die Macht kommen sollte, er werde dafür sorgen, daß Ebert, Scheidemann und ihre Genossen aufgehängt würden. Freunde verhalfen ihm dann zu einer Wohnung in der Viktoriastraße, nahe dem Tiergarten, und hier entfaltete er eine rege politische Aktivität. Ein und aus gingen der General von Lüttwitz, der als Befehlshaber der Freiwilligenverbände bei der Unterdrückung des Spartakistenaufstandes mitgewirkt hatte, der Hauptmann Pabst, der an der Ermordung von Karl Liebknecht und Rosa Luxemburg maßgeblich beteiligt war, Wolfgang Kapp, im Krieg Mitbegründer der einflußreichen Deutschen Vaterlandspartei, und viele andere fanatisch nationalistische Verschwörer; Pressechef des Unternehmens war ein Journalist Handke, der sich den Namen »Dr. Schnitzler« zugelegt hatte.
Ziel der Verschwörer war der Sturz der Regierung, aber über die einzuschlagende Taktik bestand alles andere als Klarheit, über die zur Verfügung stehenden Mannschaften und Hilfstruppen beträchtliche Ungewißheit. Der Korvettenkapitän Ehrhardt war es, der ihnen dazu verhalf. Während der Meuterei in Kiel und Wilhelmshaven hatte er aus weiterhin kampflustigen Matrosen seine etwa fünftausend Mann starke »Brigade Ehrhardt« zusammengestellt, die ein unparteiischer

Militärexperte später als die beste ihm jemals vorgekommene Kampftruppe bezeichnete.

Im Frühjahr 1919 hatten diese Landsknechttruppen den Spartakistenaufstand in Braunschweig erbarmungslos niedergekämpft, dann in München im Kampf gegen das kommunistische Regime in Bayern mitgewirkt und schließlich Schlesien von polnischen Widerstandskämpfern »gesäubert«. Als dann aber der Versailler Vertrag in Kraft trat und das deutsche Heer auf 100 000 Mann reduziert wurde, hatte das Reichswehrministerium die Auflösung der »Brigade Ehrhardt« angeordnet.

»Auf dem Felde von Döberitz (25 Kilometer westlich von Berlin) steht im Schmuck der Waffen die 2. Marinebrigade unter ihrem Führer Kapitän Ehrhardt. Eine Kerntruppe bester Art, bewährt im Kampf gegen den äußeren und inneren Feind. Festgefügt in Vaterlandsliebe, Disziplin, Kameradschaft und Treue gegen ihren Führer hat die Brigade auf ihrem Zug von Wilhelmshaven über Berlin, Braunschweig, München nach Oberschlesien der jetzigen Regierung zur Aufrechterhaltung der Ordnung unschätzbare, selbstlose Dienste geleistet. Am 17. Februar bestand sie ein Jahr. Heute beabsichtigt die Regierung im Gefühl ihrer Sicherheit die Auflösung. Die Parade zur Wiederkehr des Gründungstages nahmen am 1. März Exzellenz von Lüttwitz und Exzellenz von Trotha ab. Mit klingendem Spiel und wehenden Fahnen zogen die Sturmkompanien, die Bataillone, Artillerie, Maschinengewehr- und Minenwerferzüge in vorzüglicher Verfassung vorüber. Dann Feldgottesdienst unter blauem Frühlingshimmel – wie einst. Nachmittags Sportfest und abends frohes Beisammensein – alles wie einst. Auch das Wetter – Hohenzollernwetter! Nur einer fehlte . . .«

So schrieb eine rechtsgerichtete Berliner Zeitung vom gleichen Tage.

Bei dieser Parade wiederholte Lüttwitz sein oftmaliges Versprechen öffentlich, er werde niemals zulassen, daß ihm eine solche Elitetruppe in einer so stürmischen Zeit entzogen werde.

Verschwiegenheit war nicht eben Lüttwitz' starke Seite, und so kamen aufgrund seiner vielfältigen Verlautbarungen Gerüchte auf, daß er ein Komplott gegen die Ebert-Regierung plane. Lüttwitz schien sich um das Gerede nicht zu kümmern. Er war ein preußischer Aristokrat, dem das Hohenzollernreich immer noch alles bedeutete und dessen politische Einstellung in nichts anderem als der Verachtung sämtlicher republikanischer Politiker bestand. Als rechtsradikale Führer ihn nach seinen Zielen fragten – sie selbst beabsichtigten, Neuwahlen zu fordern –, verwarf Lüttwitz voller Zorn alle Maßnahmen politischer Art: »Ich ziehe es vor«, sagte er, »mich auf meine Bataillone zu verlassen.«

Wenn irgend etwas Matthias Erzberger noch verhaßter gemacht hatte als die Unterzeichnung des Waffenstillstandsvertrages, dann war es sein energisches Eintreten für neue Steuern, um die Republik vor dem völligen Bankrott zu bewahren. Uns, die wir uns heutzutage daran gewöhnt haben, einen beträchtlichen Teil unseres Einkommens für Rüstungsausgaben zu zahlen, fällt es schwer, zu glauben, daß Kriege jemals anders als auf diese Weise finanziert werden konnten, aber tatsächlich haben die Finanzbehörden des deutschen Kaiserreichs niemals einen einzigen Pfennig an Sondersteuern erhoben, um die gigantischen Kosten des Ersten Weltkriegs zu decken. Sie beliefen sich auf insgesamt 164 Milliarden Mark, wovon 93 Milliarden durch Kriegsanleihen und 29 durch Schatzanweisungen, das heißt durch Schuldverschreibungen des Staates, gedeckt wurden. Den Rest hatte sich die Regierung dadurch beschafft, daß sie mehr Geld drucken ließ. Die Großmächte der Gegenseite hatten kaum umsichtiger gehandelt. Nach einem Worte Lenins sei das kapitalistische System am einfachsten dadurch zu zerstören, daß man für den Zusammenbruch seiner Währung sorge, bemerkte John Maynard Keynes: »Was die kriegführenden Mächte notgedrungen oder aus mangelnder Weitsicht gegen Ende des Krieges taten, hätte ein Bolschewist ganz vorsätzlich getan.«

Die deutsche Regierung hegte offensichtlich die Hoffnung, ihre Ausgaben durch die Reparationen zu decken, die der Feind nach einem deutschen Endsieg zu zahlen hätte. Da es nun aber nicht die Deutschen, sondern die Alliierten waren, von denen Reparationsforderungen ausgingen, packte Erzberger als Finanzminister das Problem mit der ihm eigenen Energie an. Er führte mit seiner Finanzreform 1919 im Gegensatz zum bisherigen, der Oberhoheit der Länder unterstellten Besteuerungswesen eine erste reichseigene Steuerverwaltung durch staatliche Finanzämter und eine Reichsabgabenordnung ein. Kriegsgewinne vor allem und Luxusartikel wurden mit hohen Abgaben belastet. Bei der Verteidigung seines Programms wagte er es, den ehemaligen Staatssekretär im kaiserlichen Reichsschatzamt und Hauptverantwortlichen für die Finanzierung des Krieges Dr. Karl Helfferich als den »leichtfertigsten aller Finanzminister« anzuprangern.

Helfferich, jetzt als Führer der Deutschnationalen Volkspartei im Reichstag, antwortete mit einer haßerfüllten, von brennendem persönlichem Ehrgeiz bestimmten Artikelserie in der konservativen *Kreuzzeitung*. Alle Angriffe hatten die gleiche Überschrift: »Fort mit Erzberger!« »Das ist Herr Erzberger«, schrieb Helfferich, »der während des Waffenstillstandes der Entente half, uns finanziell zu knebeln, der unsere Handelsflotte in die Häfen der Entente steuerte! Das ist Herr Erzberger, der uns nach Versailles geführt hat, der während der Friedensverhandlungen den Feinden seine Bereitwilligkeit zu erkennen gab, den Schand- und Knechtschaftsfrieden bedingungslos zu unterzeichnen! Das ist Herr Erzberger, dessen Name für alle Zeiten mit Deutschlands Not und Schmach unlösbar verbunden sein wird! Das ist Herr Erzberger, der das deutsche Volk mit dem geringen moralischen, politischen und wirtschaftlichen Kapital, das er aus dem Zusammenbruch noch gerettet hat, zur gänzlichen Vernichtung führen wird, wenn ihm nicht endlich das Handwerk gelegt wird! Deshalb gibt es für das deutsche Volk nur eine einzige Rettung. Überall im Lande muß mit unwiderstehlicher Gewalt der Ruf ertönen: ›Fort mit Erzberger!‹«

Nach diesen auch vor keiner privaten Verunglimpfung zurückschrekkenden Angriffen hatte Erzberger keine andere Wahl, als endlich doch wegen Verleumdung zu klagen, und so standen sich im Januar 1920 der Finanzminister des Kaiserreiches und der der Republik vorm Landgericht Berlin-Moabit gegenüber. Das Publikum in dem von einem mächtigen Friedrich Wilhelm III. darstellenden Gemälde beherrschten Gerichtssaal zeigte sich alles andere als unparteiisch. Eine große Zahl konservativer, vorzugsweise großbürgerlicher Weiblichkeit drängte sich auf den Bänken und spendete Helfferich hysterischen Beifall, wohingegen sie Erzberger in demagogischer Verhetzung mit Hohn und Gelächter überschütten durfte. Und dann, am Ende der ersten Verhandlungswoche, folgte ein zwanzigjähriger ehemaliger Offiziersanwärter namens Oltwig von Hirschfeld Erzberger auf die Straße, sprang auf das Trittbrett des Ministerwagens und gab zwei Schüsse auf den auch als Lügner und Betrüger Diffamierten ab. Eine Kugel traf Erzberger in die rechte Schulter, die andere hätte die Lunge getroffen, wurde jedoch von seiner Uhrkette abgefangen. Der Attentäter, der danach erklärte, die Enthüllungen eines so bedeutenden Mannes wie des Dr. Helfferich hätten ihn davon überzeugt, daß Erzberger für den verlorenen Krieg verantwortlich sei, erhielt, da er »aus idealer Gesinnung« gehandelt habe, eine Gefängnisstrafe von nur achtzehn Monaten.

Helfferich nutzte geschickt alle Möglichkeiten zu Gegenattacken, die das gleichfalls parteiische Gericht dem Angeklagten einräumte, und er wurde dabei von seinen Parteigängern im Saal mit frenetischem Beifall unterstützt. Einer von ihnen stahl Erzbergers persönliche Steuererklärungen und veröffentlichte ihre Photokopien in der rechtsradikalen Presse. Und nach zweimonatiger Verhandlung wurde tatsächlich festgestellt, daß Erzberger sich in eine Reihe von zumindest fragwürdigen Geschäfts- und Steuermanipulationen eingelassen hatte. Am 12. März wurde Helfferich wegen formaler Beleidigung zu einer Geldstrafe von 300 Mark verurteilt, ihm aber auch bestätigt, daß er

überwiegend aus vaterländischen Beweggründen gehandelt habe und daß ihm seine »Wahrheitsbeweise im wesentlichen gelungen« seien, besonders in insgesamt sechzehn Fällen, in denen es um Amtsanmaßung, Meineid und um eine Verquickung von Politik mit Geschäft ging: »Der Nebenkläger ist ein Mann von zweifelloser Begabung, von vorbildlichem Fleiß, bewundernswertem Gedächtnis, großer Tatkraft und außerordentlicher Rührigkeit«, besagte das Urteil des Gerichts, »aber andererseits von einem bedauerlichen Mangel an Urteilskraft und einer geradezu erstaunlichen Ungenauigkeit in allen Dingen.«
Erzberger erklärte daraufhin sofort seinen Rücktritt aus dem Kabinett und setzte in der Folgezeit alles daran, sich zu rechtfertigen und seinen Ruf wiederherzustellen. Es blieb ihm allerdings nur noch ein Jahr Zeit . . .

An dem Tage, an dem dieses Urteil gegen Helfferich, aber eigentlich gegen Erzberger erging, war die Brigade Ehrhardt – beides traf nicht ganz zufällig zusammen – bereit, zum Sturz der Reichsregierung auf Berlin zu marschieren. Der Reichswehrminister Noske hatte sich von den Forderungen und Drohungen des Generals von Lüttwitz wenig beeindruckt gezeigt. Er meinte, mehr militärische Unterstützung zur Verfügung zu haben als dieser Kommandeur des Gruppenkommandos I, und reagierte auf die Aufsässigkeit in der Garnison Döberitz lediglich mit der Anweisung, daß die Brigade Ehrhardt und die weiteren ihm unterstellten Freikorps-Verbände aufzulösen seien.
Lüttwitz weigerte sich und drängte auf eine Aussprache mit dem Reichspräsidenten. Er bestand nicht nur darauf, weiterhin über die Brigade Ehrhardt zu verfügen, sondern auch auf der Aufhebung aller Befehle zur Auflösung der Freikorps überhaupt. Ebert, in Anwesenheit von Noske, fragte scharf, was für ein politisches Programm der General eigentlich habe. Lüttwitz forderte jetzt ultimativ die Auflösung der Nationalversammlung und eine Neuwahl des Reichstages, Neuwahl des Reichspräsidenten durch das Volk, keine weiteren Truppenentlassungen, vor allem keine Auflösung der Brigade Ehrhardt, und die Berufung eines »härteren« Mannes als Befehlshaber des Heeres. Ebert ließ sich kurz auf eine Diskussion ein, Noske war weniger konziliant: »Es ist alles schon weit genug gekommen«, sagte er zu Lüttwitz. »Entweder folgen Sie den Befehlen, oder Sie treten zurück.«
Lüttwitz und zwei seiner Stabsoffiziere verließen schweigend den Raum. Noske nahm offenbar an, Lüttwitz werde unverzüglich sein Rücktrittsgesuch einreichen, aber als er es am nächsten Tage nicht erhielt, enthob er den General seines Postens. Er ordnete weiterhin

auch die Verhaftung eines halben Dutzends rechtsradikaler Führer an, doch die Polizei versagte. Die Verschwörer waren gewarnt und entschlossen sich, zuzuschlagen.
Sie hatten den verhältnismäßig unbekannten Politiker Wolfgang Kapp als Strohmann an Stelle des eigentlichen Initiators Ludendorff vorgeschoben. Kapp wurde geboren in New York, wohin sein liberal gesinnter Vater ausgewandert war; als ganz junger Mann war er nach Deutschland zurückgekehrt, seit 1906 Generallandschaftsdirektor in Ostpreußen, und als Mitbegründer der alldeutschen Vaterlandspartei vertrat er Ludendorffs aggressive Ansichten; offensichtlich genügten diese Qualitäten, ihn als Kanzler geeignet erscheinen zu lassen. Die aufständischen Militärs brachten ihm allerdings wenig Achtung entgegen. Als Lüttwitz sich von Noske unter Druck gesetzt sah, unterrichtete er nicht einmal Kapp von seinen geplanten Vergeltungsmaßnahmen.
Um diesen 12. März herum, den Tag, an dem Noske Lüttwitz entließ, war die Berliner Presse voll von Gerüchten über einen von der Brigade Ehrhardt vorbereiteten Handstreich. Noske entsandte, nicht sonderlich beunruhigt, den Admiral von Trotha, einen »Dreiviertel-Kappisten«, nach Döberitz, damit er dort nach dem Rechten sähe: der Admiral kündete seinen Besuch frühzeitig vorher telephonisch in der Garnison an, damit ihm dort nichts Ordnungswidriges vor Augen käme. Um zehn Uhr abends kehrte er nach Berlin zurück und meldete Noske, daß »alles in Ordnung« sei. Eine Stunde später, es war Vollmond, begann die Brigade Ehrhardt ihren Marsch auf Berlin. Den Rebellen flatterten die schwarzweißroten Fahnen des Kaiserreichs voran, und ihre Stahlhelme zierte bereits als bevorzugtes Abzeichen der Freikorps das Hakenkreuz.
Am 13. März um ein Uhr morgens riefen Ebert und Noske, von einem Zeitungsreporter informiert, daß die Brigade Ehrhardt auf dem Wege nach Berlin sei, alle militärischen Führer zu sich, um Gegenmaßnahmen zu erörtern. Der General Reinhardt war als einziger bereit, die Republik zu verteidigen: »Angesichts der Kollision zwischen Fahneneid und Kameradschaft wird jedem von uns das Handeln schwerfallen«, sagte er. »Aber dennoch müssen wir mit der Waffe in der Hand den Aufrührern sofort entgegentreten. Ihr Unternehmen, das von unerhöhtem Leichtsinn zeugt, bedroht den Bestand des Reiches. Es darf in solchen Situationen für die Reichswehr keine Neutralität geben.«
Seeckt als Chef der Heeresleitung widersprach so entschlossen wie leise, und das Licht spiegelte sich klar in seinem Monokel: »Es kann doch keine Rede davon sein, daß man Reichswehr gegen Reichswehr kämpfen läßt. Truppe schießt nicht auf Truppe. Haben Sie, Herr

Minister, etwa die Absicht, eine Schlacht vor dem Brandenburger Tor zu dulden zwischen Truppen, die vor anderthalb Jahren Schulter an Schulter gegen den Feind gefochten haben?«
Erregt warf Noske ein, Seeckt wolle also die Aufrührer schützen, worauf dieser antwortete: »Keineswegs, aber ich weiß die tragischen Folgen, und vielleicht weiß ich es allein, die der Kampf mit der Waffe haben würde. Wenn Reichswehr Reichswehr niederschlägt, dann ist alle Kameradschaft im Offizierskorps hin. Wenn das aber einträte, wäre die wahre Katastrophe, die mit so unendlicher Mühe am 9. November 1918 vermieden worden ist, erst richtig da.« Der Minister antwortete mit der Gegendrohung, daß er dann die Arbeiter zu den Waffen rufen würde. Als Seeckt darauf nichts erwiderte, rief er aus: »Dann werde ich die Polizei mobilisieren. Man braucht nur ein Dutzend Maschinengewehre an der Heerstraße nach Döberitz aufzustellen, dann wird der ganze Spuk vorüber sein . . .« Seeckt wolle eben nicht kämpfen. Der General erwiderte ironisch nur, er müsse leider auch diese Hoffnung dem Minister nehmen, da die Polizei bereits mit den Aufständischen zu wesentlichen Teilen gemeinsame Sache mache. Dem Reichswehrminister blieb nichts anderes übrig, als den Befehl zu geben, daß sämtliche Truppen in ihren Kasernen zu bleiben hätten, dort sollten sie abwarten – wie Seeckt es gewollt –, wer Sieger bleiben würde.
Verzweifelt entschloß sich die Regierung, die einzige Waffe, die ihr noch geblieben war, anzuwenden und den Generalstreik auszurufen: »Arbeiter, Genossen! Der Militärputsch ist da! Die Marinedivision Ehrhardt marschiert auf Berlin. Wendet jedes Mittel an, um diese Wiederkehr der blutigen Reaktion zu vernichten. Streikt, legt die Arbeit nieder, schneidet dieser Militärdiktatur die Luft ab, kämpft mit jedem Mittel um die Erhaltung der Republik, laßt alle Spaltung beiseite! Es gibt nur ein Mittel gegen die Rückkehr Wilhelms II.: Die Lahmlegung jedes Wirtschaftslebens! Keine Hand darf sich mehr rühren, kein Proletarier der Militärdiktatur helfen. Generalstreik auf der ganzen Linie! Proletarier, vereinigt Euch!«
Unterschrieben hatten Ebert, die sozialdemokratischen Regierungsmitglieder und der Parteivorstand der SPD. Sie hatten allerdings nur wenig Hoffnung auf einen Erfolg ihres Aufrufs, und die Regierung wich zunächst nach Dresden und dann weiter nach Stuttgart aus, wo sie im Alten Schloß ein Notquartier fand.
Am Morgen des 13. März rückten Lüttwitz' und Ehrhardts Freikorps-Aufgebote in Berlin ein und besetzten das Regierungsviertel. Kapp wurde an die Spitze einer »Regierung der Tat« gestellt. Da jedoch der Generalstreik wirkungsvoll befolgt wurde, Ministerien und Behörden die Gefolgschaft verweigerten und die Mehrzahl der Offiziere eine

Zusammenarbeit ablehnte, konnte das dilettantische Abenteuer nur kurze Zeit dauern.

Am Tage des Kapp-Putsches wurde im »Marmorhaus«, dem berühmten Kino am Kurfürstendamm, ein Film uraufgeführt. Es war eine »Story von Blutrausch und Wahnsinnstraum«, die ein sensationeller Erfolg werden sollte. Der Film hieß: *Das Kabinett des Dr. Caligari.*

Während des Krieges war das Interesse an dem neuen Medium »Film« sehr gewachsen. Die Zahl der deutschen Lichtspielhäuser stieg bis 1919 auf 245, und sogar die Regierung erkannte die Wirkungsmöglichkeiten dieser neuen Art der künstlerischen Darbietung. Ludendorff selbst hatte 1917 vorgeschlagen, die verschiedenen kleineren Filmgesellschaften in einem staatlichen Monopolunternehmen zusammenzufassen, die Regierung war einverstanden, und so wurde die UFA, die Universum-Film-AG, geschaffen, unter Beteiligung großer Banken, zur Produktion von Propagandafilmen. Nach Kriegsende zog sich allerdings die sozialdemokratische Regierung aus dem Filmgeschäft zurück, veräußerte die Eindrittel-Beteiligung des Staates, verzichtete auf jegliche Zensur und gab den Filmproduzenten die Freiheit, ihren eigenen Intentionen wie den Erwartungen des Publikums zu folgen.

Was das Publikum sich wünschte, war verständlicherweise viel Liebe und Erotik. Pionier auf diesem Gebiet wurde der Regisseur Richard Oswald, der 1917 den ersten Aufklärungsfilm drehte, *Es werde Licht*, eine Warnung vor den Gefahren der Syphilis. Er genoß dabei die Unterstützung offizieller Stellen zur Bekämpfung von Geschlechtskrankheiten, und sein Werk wurde ein solcher Erfolg, daß er 1918 zwei Fortsetzungen und 1919 zusammen mit einem gleichfalls aufklärerischen Film *Prostitution* noch eine weitere folgen ließ. Nachdem die Regierung die Zensur aufgehoben hatte, fühlten auch viele von Oswalds Konkurrenten sich frei von moralischen und sittlichen Bindungen. Die Kinos wurden mit einer Fülle von Machwerken bedient, die wir heutigentags als Sex-Filme bezeichnen und denen ein schwächliches Gesetz zum Schutz der Jugend vor Schund und Schmutz keineswegs gewachsen war.

Das Publikum wollte jedoch auch großes, bewegendes Theater, und so begann Ernst Lubitsch für die UFA eine Reihe von imposanten Historienstücken zu verfilmen – 1919 *Madame Dubarry* (eine der großartigsten Rollen für die junge Pola Negri), 1920 *Anna Boleyn* (mit Henny Porten) und 1921 *Das Weib des Pharao* (mit Emil Jannings und Albert Bassermann). Tag für Tag marschierten in den Straßen Berlins Massen von Demonstranten auf, um ihren bitteren Nöten und leidenschaftlichen Protesten Ausdruck zu geben, aber in den ersten

Kinopalästen rund um die Kaiser-Wilhelm-Gedächtnis-Kirche konnten die Berliner genau so wie in den »Kintöppen« der Vororte in die besseren Welten der flimmernden Leinwand entfliehen – und sie taten es mit Begeisterung: Mitte der zwanziger Jahre gab es fast 400 Kinos in der Stadt, und einige durften sich rühmen, die größten und schönsten Filmtheater Europas zu sein.

Aber das neue Medium zog auch ernsthaftere Leute an, die in ihm Möglichkeiten zu einer neuen Kunstform sahen. Einer von ihnen, ein junger Tscheche namens Hans Janowitz, der einen rätselhaften Sexualmord noch in der Vorkriegszeit am Hamburger Holstenwall erlebt hatte, traf sechs Jahre später in Berlin auf einen jungen Österreicher namens Carl Mayer, der seit einer ärztlichen Behandlung einen besonderen Haß gegen die Psychiatrie und ihre Adepten pflegte. Beide taten sich zusammen und schrieben aus und nach ihren Reminiszenzen an Kaffeehaustischen das Drehbuch zum *Kabinett des Dr. Caligari*, den ersten großen Horrorfilm und zugleich ein Meisterwerk des Expressionismus, nicht vergessen und auch umstritten heute noch – ein einmaliger Höhepunkt in der Geschichte des Films. Über seine Entstehungsgeschichte gibt es viele verschiedene Versionen, über die Ausdeutung seiner Geheimnisse eine umfangreiche Literatur: er hat jedenfalls eine weltweite Wirkung ausgestrahlt.

Erich Pommer, einer der erfolgreichen Produzenten jener Tage, hatte die Finanzierung dieses Experiments gewagt und seine Ausführung dem Regisseur Robert Wiene übertragen. Der Produktionschef plante einen »künstlerischen« Film und scheute keine Mühe und keine Kosten, um dieses Ziel zu erreichen. Er fand eine erstklassige Besetzung mit Conrad Veidt, Werner Kraus und Lil Dagover. Die Dekorationen, noch heute von stärkster Faszinationskraft, waren von drei hochbegabten Bühnenbildnern entworfen worden und ein kühnes Wagnis nicht nur der damaligen Zeit, an das auch Jean Cocteaus Jahrzehnte späterer *Orpheus* nicht heranreichte. *Das Kabinett des Dr. Caligari* war tatsächlich der erste deutsche »Kunstfilm«, ganz im Studio gedreht, der erste auch, bei dem die Möglichkeiten der bewegten Kamera voll genutzt wurden.

»*Caligari* ist«, wie Siegfried Kracauer sagt, »ein ganz besonderer Vorläufer, in dem Sinne nämlich, daß auch er hypnotische Gewalt anwandte, um menschlichen Werkzeugen seinen Willen aufzuzwingen, – eine Technik also, die in ihrem Ausgangs- wie Endpunkt jene ‹Seelenlenkung‹ vorausahnen ließ, deren Hitler sich dann später und als erster in Riesenausmaßen bediente«.

Es regnet jetzt in Berlin, und das »Marmorhaus«, ein graues, sechsstöckiges Gebäude, das den Krieg überstanden hat, zeigt neue Filme. Auf einem riesigen Plakat sieht man ein vollbusiges Mädchen mit einer Trompete in der Hand, das sich dem Zugriff eines halbnackten Mannes entzieht. Der Titel des Films: *Frau Wirtin spielt auch gern Trompete.* Weiter unten am Kurfürstendamm zeigt im zweiten Stock eines alten Bürohauses die »Deutsche Kinemathek« *Das Kabinett des Dr. Caligari.* Der alte, abgenutzte Film flimmert über die kleine Leinwand. Der Projektor gibt schleifende Geräusche von sich, und die Untertitel dieses frühen Stummfilms kommen einem irgendwie absurd vor . . .

»Wie lange werde ich leben?«

»Bis zum Morgen.«

Das kleine Theater hat etwa fünfzig Plätze, aber nur ein Dutzend ist besetzt, die Hälfte von jungen Amerikanern, die sich diese Untertitel laut übersetzen und sich über das Melodram kindlich amüsieren. Im Berlin von 1970 ist die unheimlich-mystische Allegorie von 1920 zu einem Urlaubsvergnügen geworden.

Als die Vorstellung beendet ist, gehen die Zuschauer hinaus in den Regen. Aber die »Deutsche Kinemathek« ist zugleich auch so etwas wie ein Museum. Im Vorraum stehen, maßstabgerecht verkleinert, die Modelle der Bauten, die für diese mittlerweile klassische Produktion hergestellt wurden. Hier sieht man noch einmal den Rummelplatz, einen halben Meter hoch, und die Dächer, über die der somnambule Cesare mit der ohnmächtigen Johanna flieht, und auch die schmalen Schienen, auf denen die Kamera zu Nahaufnahmen vorfuhr. Hier sind auch, vergrößert reproduziert, die ersten Rezensionen zu lesen. Am Tage nach dem Kapp-Putsch veröffentlichte *Die Weltbühne* Tucholskys begeistertes Urteil: »Dieser Film . . . ist etwas vollkommen Neues.«

Während ich die Ausstellungsobjekte in dem jetzt verlassenen Vorraum nachdenklich betrachte, taucht neben mir ein Mann auf und sagt: »Hier, bitte, ein Buch, ich habe es selbst geschrieben, Sie können es haben, wenn es Sie interessiert. Sie brauchen mir nichts dafür zu bezahlen.« Ich werfe einen Blick auf das Buch, das er mir reicht. Sein Titel: *Caligari und Caligarismus.* Als ich aufblicke, um ihm zu danken, ist er verschwunden.

Ebenfalls am ersten Tag des Kapp-Putsches, während des Generalstreiks, fand sich eine kleine Gruppe von Interessenten in einer Wohnung in der Spichernstraße zusammen, um einen Vortrag zu hören. Der Redner war Karl Abraham, ein kühler, zurückhaltender Mann von dreiundvierzig Jahren, mit kurzgeschnittenem Haar und vollem Schnurrbart, der freilich keine Erklärung für den Wahnsinn bieten wollte, der sich in Berlin ausbreitete, aber dennoch eine Interpretation der Grundursachen des Verhaltens draußen auf den Straßen zu geben versuchte. Sein Vortrag hatte den Titel »Elemente der Psychoanalyse«, und Abraham, der erste in Deutschland praktizierende Psychoanalytiker, hielt damit im Rahmen der neugegründeten Berliner Psychoanalytischen Gesellschaft den einleitenden Vortrag.

Für die Psychoanalyse war dies nach einer recht verworrenen Periode ein entscheidender Schritt nach vorn. Sigmund Freud hatte bereits die meisten seiner Hauptschriften veröffentlicht, aber bei allen Kollegen und offiziellen Autoritäten wenig Anklang gefunden. »Entschied sich ein Arzt für die Psychoanalyse, war er damit aus der medizinischen Bruderschaft ausgeschlossen«, hatte einer der Pioniere auf diesem Gebiet gesagt. Einige von Freuds einstigen bedeutenden Anhängern – Carl Gustav Jung, Alfred Adler und Wilhelm Stekel – hatten sich längst von ihm abgewandt und waren eigene Wege gegangen. Freud galt damals als starrsinniger Theoretiker, der lediglich einige interessante Bücher geschrieben hatte. Doch Freuds treueste Schüler bildeten eine völlig in ihrer Arbeit aufgehende Gruppe. Sie riefen ein Komitee ins Leben, zu dem Freud für jeden eine antike griechische Gemme aus seiner Sammlung schenkte, die sie dann in goldene Ringe fassen ließen. Aus dieser Keimzelle erwuchs eine Organisation, die sich zum Ziel gesetzt hatte, das Werk Sigmund Freuds gegen das seiner abtrünnigen Anhänger streng zu bewahren, und ihm schließlich zu seiner heutigen Weltgeltung verhalf.

Diese Gruppe begann ihre Tätigkeit in Berlin, denn drei der sieben Komiteemitglieder lebten hier – Karl Abraham, Hanns Sachs und Max Eitingon. Daß Eitingon auch dazugehörte, war von besonderem Wert, denn fast als einziger von den frühen Psychoanalytikern verfügte er über ein gewisses Vermögen und zudem noch über eine sehr große, wenn auch etwas muffige Wohnung, und hier nun richteten die Mitglieder des Komitees die Berliner Psychoanalytische Gesellschaft nebst Poliklinik ein. Eitingon stellte nicht nur seine Räume zur Verfügung, er bezahlte auch sämtliche Rechnungen.

Es ging dort alles sehr zwanglos zu. Eine offizielle Mitgliedschaft gab es nicht. Zu den Abendvorträgen hatte jedermann freien Zutritt. Patienten brauchten nichts oder nur wenig zu bezahlen. »Manchmal bezahlten *wir* die Patienten, damit sie überhaupt kamen«, berichtet einer, der diese erste Zeit miterlebt hat. »Und viele der Patienten, die umsonst behandelt wurden, erhielten sogar noch ihr Fahrgeld von uns.« Die Besonderheit dieses Instituts bestand darin, daß hier ein einheitliches Ausbildungssystem für alle Analytiker erarbeitet wurde. Abraham analysierte selbst viele der neu Hinzukommenden – Theodor Reik, Karen Horney, Sándor Radó, Helene Deutsch –, und diese wiederum gaben das Erlernte an andere weiter. Nach den Worten Franz Alexanders, der sich ebenfalls dem Institut angeschlossen hatte,

wurde Berlin in kurzer Zeit zum »mächtigsten Zentrum der Psychoanalyse«.
Man könnte sich fragen, warum gerade Berlin und nicht das Wien Sigmund Freuds auf junge Psychoanalytiker eine solche Anziehungskraft ausübte. »Die politische Atmosphäre war angenehmer«, sagte mir Dr. Löwenfeld, ein grauhaariger, bedachtsamer Analytiker, der einst an dem Berliner Institut studierte und jetzt in New York praktiziert. Um uns Bücherregale, sitzen wir in der dämmrigen Wohnung Dr. Löwenfelds am Central Park, und er spricht nachdenklich mit einer ziemlich hohen, leisen Stimme. »Die politische Atmosphäre war zwar nicht gut, aber sie war besser als in Wien.«
»Und in Wien standen wir alle im Schatten des Meisters«, bekennt Mrs. Löwenfeld, selbst Ärztin, eine gutaussehende Frau mit kurzem Haar.
»Nein, es ist komplizierter«, revidiert Dr. Löwenfeld. »Viele von ihnen waren Marxisten, und sie empfanden ein Gefühl von Freiheit, diese jungen Psychoanalytiker, wenn sie nach Berlin kamen.«
»Viele waren auch Juden«, sagt Mrs. Löwenfeld.
»Ja, und in Österreich hat es immer einen heftigen Antisemitismus gegeben«, nickt Dr. Löwenfeld, »in Berlin nicht oder doch erst sehr viel später.«
Wuchs die Organisation in Berlin auch rasch, so blieb der Blick doch immer auf die Stadt dessen gerichtet, der der Schöpfer der neuen Wissenschaft war, auf Wien. »Freud meinte, die (Psychoanalytische) Gesellschaft sollte nicht wie eine Demokratie, sondern wie eine Hierarchie organisiert werden«, sagt Franz Alexander. »worin sich vielleicht die monarchistische Gesinnung äußert, die für einen Wiener typisch ist.«
Als Hitler an die Macht kam, wurden die »Praktiken« der »jüdischen« Psychoanalyse sehr bald unterbunden, aber die Organisation, die in Karl Abrahams Wohnung ihren Anfang fand, hatte sich bereits zu einer internationalen Einrichtung ausgeweitet. In Amerika war die erste psychoanalytische Klinik 1930 in New York gegründet worden, die zweite wenig später in Boston und eine dritte in Chikago, alle eingerichtet und geleitet von Berliner Emigranten.

Mit dem Fehlschlag des Kapp-Putsches ergab sich für Ebert und die Sozialdemokraten die letzte große Chance, die von ihnen versprochenen grundsätzlichen Reformen durchzuführen, das Heer und die Beamtenschaft zu demokratisieren und die Gewerkschaften zu aktiven Staatsträgern zu machen. Carl Legien, der Führer der Gewerkschaften, war, obwohl ein Sozialdemokrat, eher ein Konservativer, jetzt aber beanspruchte er das Verdienst an dem Streik, der den Putsch beendet hatte, und wollte seinen Lohn. Er forderte nicht nur die Entlassung

Noskes, sondern auch eine maßgebliche Mitwirkung der Gewerkschaften bei der Erneuerung der Regierung und in allen wirtschaftlichen und sozialpolitischen Angelegenheiten. Außerdem müßten die, die mit den Putschisten kollaboriert hätten, streng bestraft werden: sämtliche Formationen der Reichswehr und der Polizei seien radikal von antirepublikanischen und anderweitig fragwürdigen Elementen zu säubern. Solange diese Forderungen nicht erfüllt seien, sagte Legien, werde der Streik fortgesetzt.

Das Ausmaß seines Erfolgs läßt sich an dem Schicksal ablesen, das vor allem die Putschisten traf. Ludendorff floh unter dem Namen »Herr Lange« nach München und nahm seine Verschwörertätigkeit in einer luxuriösen Villa Bogenhausens wieder auf, die ihm von einem sympathisierenden Baron zur Verfügung gestellt wurde. Lüttwitz rettete sich auf ein Gut in Ungarn, bis er 1925 aufgrund einer Generalamnestie nach Deutschland zurückkehren konnte. Viele seiner Offiziere begaben sich in ein ähnlich angenehmes und zeitlich begrenztes Exil. Nur drei der Putschisten wurden wegen Landesverrats unter Anklage gestellt. Zwei wurden freigesprochen. Der dritte, Traugott von Jagow, einstiger Polizeichef von Berlin und Innenminister unter Kapp, wurde zu fünf Jahren Gefängnis verurteilt, saß aber nur einen Teil davon ab und klagte später mit Erfolg auf rückwirkende Zahlung seiner Pension. Nur Wolfgang Kapp, der nach Deutschland zurückkehrte und sich in der Hoffnung auf mildernde Umstände dem Gericht stellte, starb, auf die Verhandlung wartend, armselig im Gefängnis.

Wohl wurde Noske entlassen, aber es war ein Pyrrhussieg der Gewerkschaften. General Reinhardt, der einzige, der zum Widerstand gegen den Kapp-Putsch geraten hatte, trat aus Protest zurück, und seine Position in der Heeresleitung fiel an den General, der zu kämpfen sich geweigert hatte, an Herrn von Seeckt. Und für die Brigade Ehrhardt, die ihr Bestes getan hatte, um das republikanische Kabinett zu stürzen, erließ die Regierung nicht nur eine Amnestie, sondern gewährte jedem aus der Soldateska noch eine Prämie von sechzehntausend Mark, die ihnen von Kapp für die Besetzung Berlins versprochen worden war. »Die Soldaten waren glücklich und meinten, alles werde sich noch zum Guten wenden«, sagte einer von ihnen später. »Die Regierung hat uns ihren guten Willen bereits gezeigt . . .«

Grund für diese erstaunliche Nachgiebigkeit war, daß die sozialdemokratischen Gewerkschaften sich wieder einmal als unfähig erwiesen, ihre radikalen Minderheiten unter Kontrolle zu halten. Die Kommunisten benutzten die Gelegenheit zu einem erneuten Umsturzversuch, und die sozialdemokratischen Führer sahen sich veranlaßt, wiederum Freikorps in den Kampf zu schicken. Unter dem Deckmantel eines

Generalstreiks hatten die Kommunisten im Ruhrgebiet eine gut bewaffnete Miliz aus etwa fünfzigtausend Arbeitern zusammengestellt, die »Rote Ruhrarmee«. Während des Kapp-Regimes hatte sie verschiedene militärische Standorte erobert, die Städte Dortmund, Düsseldorf und Essen besetzt und zumindest bei zwei Gelegenheiten die widersätzlichen Freikorpseinheiten niedergemetzelt. Noch nach dem Zusammenbruch des Kapp-Putsches und als die sozialdemokratischen Führer einen Kompromiß mit den linken Gewerkschaftsgruppen auszuhandeln versuchten, verkündete eine kommunistische Zeitung im Ruhrgebiet: »Es gibt nur eine Rettung für das deutsche Volk. Siegreich muß die rote Fahne über ganz Deutschland wehen.« Zwei Wochen lang versuchten die sozialdemokratischen Führer zwischen der Roten Ruhrarmee und den Freikorps zu vermitteln. Zweimal kam es zu einem Waffenstillstand. Dann schlugen die Freikorps zu. »Die Begeisterung ist enorm – unglaublich«, schrieb ein junger Freischärler an seine Familie. »Alle, die uns in die Hände fallen, werden zuerst mit dem Gewehrkolben bearbeitet und dann über den Haufen geschossen . . . Wir haben sogar zehn Rote-Kreuz-Schwestern aufs Korn genommen und erschossen, weil sie Pistolen bei sich hatten. Es hat uns Spaß gemacht, diese jungen Damen zu erschießen – wie sie schrien und uns anflehten, ihnen nicht das Leben zu nehmen. Das half alles nichts! Wer eine Waffe trägt, ist unser Feind.«
Wieder einmal, wie nach dem Spartakusaufstand, wollten Ebert und seine Minister das deutsche Volk über seine eigene Sache entscheiden lassen. Reichskanzler Bauer, in dieses Amt hauptsächlich deswegen berufen, um den Versailler Vertrag zu unterzeichnen, trat nach dem Kapp-Putsch zurück. Nachfolger wurde der bisherige Außenminister Hermann Müller, ebenfalls Sozialdemokrat, der allgemeine Wahlen auf den 6. Juni festsetzte. Vermutlich glaubte er, die Maßnahmen sowohl gegen die rechts- wie die linksradikalen Extremisten hätten das Vertrauen in die Sozialdemokratie gestärkt und würden ihr eine entsprechend hohe Stimmenzahl einbringen. Das Ergebnis war verwirrend genug. Die Stimmen für die »Weimarer Koalition« sanken von 19 Millionen auf 11 Millionen. Die Sozialdemokraten blieben wohl die stärkste Partei, verloren aber 50 Sitze und stellten von den 466 Abgeordneten im Reichstag nur noch 113. Die kleineren Koalitionsparteien, das Zentrum und die Deutsch-Demokraten, mußten ebenfalls erhebliche Verluste hinnehmen. Die beiden konservativen Parteien gewannen mehr als 9 Millionen Stimmen und verdoppelten damit ihre Stärke, ebenso wie die Linksradikalen, die 5 Millionen Stimmen erhielten.
Zum erstenmal hatte sich mit dieser Wahl eine tiefgreifende Aufspaltung in der Gesellschaftsstruktur gezeigt, und es war eine politische

Tragik zutage getreten, ein Sachverhalt, an dem sich, abgesehen von geringen Verschiebungen, während der zwanziger Jahre nichts ändern sollte. Es war dies ein Reichstag ohne eine prodemokratische Mehrheit, ein Reichstag, der praktisch regierungsunfähig war. Der neue Reichskanzler, der wenig profilierte Führer der Zentrumspartei Konstantin Fehrenbach, brachte schon keine parlamentarische Mehrheit mehr zusammen und beantragte nicht einmal ein Vertrauensvotum im Reichstag.

George Grosz hatte nicht viel für die Armee übrig. In vielen Varianten zeichnete er Bilder von Offizieren. Offiziere hoch zu Roß, faulenzende, brüllende, saufende, hurende. Es war alles ein und derselbe Typ in den verschiedensten Versionen. Kurt Tucholsky beschrieb ihn: »Das Verhältnis des deutschen Offiziers zum einfachen Mann war schlecht. Der Offizier lebte in einer ganz anderen Welt und sah den einfachen Mann nicht nur von oben herab, sondern außerdienstlich am liebsten gar nicht an . . . stelzte mit gelangweiltem Blick vor der Front herum und befleißigte sich grundsätzlich derjenigen Verachtung, die einem deutschen Soldaten nun einmal von seinen Vorgesetzten zukam . . . Die höheren Dienstgrade hatten meist überhaupt jeden Zusammenhang mit der Erde verloren, rücksichtslos ihr eigenes Wohl in den Vordergrund schiebend . . . Worauf es uns ankommt, ist dies: den Deutschen, unsern Landsleuten, den Knechtsgeist auszutreiben, der nicht gehorchen kennt, ohne zu kuschen – der keine sachliche Unterordnung will, sondern nur blinde Unterwerfung.«
Die Offiziere ihrerseits liebten George Grosz ebensowenig, und schon 1920 beschlagnahmte die Polizei eine Reihe seiner Zeichnungen. Man klagte ihn und den Verleger wegen Diffamierung der Armee an. Beide wurden verurteilt. Grosz erhielt eine Geldstrafe von dreihundert Mark, der Verleger mußte sechshundert zahlen. Tucholsky schätzte diese Strafgelder als das ein, »was etwa es kostet, einen Pazifisten zu ermorden«.

KAPITEL V

»In tränenreicher Wodka-Seligkeit«
1921

> Der Autor, der mich am meisten interessierte, war natürlich Sirin ... Er war der einsamste und arroganteste von allen ... Über den dunklen Himmel des Exils zog Sirin dahin ... wie ein Meteor, und verschwand, nichts hinterlassend als ein vages Gefühl des Unbehagens.
>
> *Vladimir Nabokov*

General von Seeckt soll in späteren Jahren von sich einmal erklärt haben, die Hauptzüge seines Charakters seien Eitelkeit, Schönheitssinn und Kavaliersinstinkt. Eine seltsame Selbsteinschätzung von seiten eines Monokel tragenden preußischen Generals, aber Seeckt war ein durchaus untypischer General: schlank, elegant in peinlich sorgfältiger Adrettheit, mit undurchdringlichem Gesicht, überraschend schönen schlanken Händen, ein Weinkenner und Liebhaber der Kunst, der Musik, nach vielen Auslandsreisen »im besten Sinne des Wortes ein Weltmann«. 1866 geboren, schon mit neunzehn Jahren Berufssoldat, hatte er sich während des Krieges als Stabsoffizier hervorragend bewährt: er war der Initiator der so folgenschweren Durchbruchsschlacht bei Gorlice-Tarnow 1915, die ihm den begehrten Orden Pour le mérite einbrachte. Als der Krieg mit einer Niederlage endete, hatte er geweint, denn der soldatische Kampf bedeutete für ihn eine Art mystischer Selbstaufopferung. »Krieg ist die höchste Steigerung menschlicher Leistungsfähigkeit«, schrieb er. »Er ist die natürliche, letzte Entwicklungsstufe in der Geschichte der Menschheit.« Und er philosophierte 1929: »Das Reich! In diesem Wort liegt etwas Übersinnliches. Es enthält viel mehr und trägt in sich etwas anderes als den Staatsbegriff. Es bezeichnet nicht die Staatsform des Heute ... es ist ein organisches Lebewesen, das den Gesetzen des Werdens unterworfen ist.« So wird bereits deutlich vom Zweiten Weltkrieg gesprochen.

Seeckt war Mitglied der deutschen Delegation in Versailles gewesen und hatte unmittelbar erfahren, wie sehr den Franzosen an einer Auslöschung des deutschen Militarismus und damit der Minderung einer deutschen Gefahr für Europa gelegen war. Aber obwohl Seeckt sich der harten Notwendigkeit, den Friedensvertrag zu unterzeichnen, gefügt hatte, war er jetzt als Chef der neuen Heeresleitung mit dem Zugeständnis eines Berufsheeres von höchstens 100 000 Mann Landtruppen lediglich darauf bedacht, den Vertrag auf jede irgend mögliche Weise zu relativieren. Wohl mußten die Freikorps aufgelöst werden – »Von jedem, der jetzt noch der Reichswehr dient, muß ich annehmen«, erklärte er, vage formulierend, in seinem ersten Tagesbefehl am 18. April 1920, »daß er seinen Eid ernst nimmt und sich auf den Boden der Reichsverfassung gestellt hat« –, aber Seeckt war auch der Ansicht, daß die auf 100 000 Mann reduzierte Truppe nicht imstande sei, die Ostgrenze gegen die unruhigen Polen zu verteidigen. So organisierte er, nichtmilitärisch getarnt, eine aus 20 000 Mann sogenannter »Arbeitskommandos« bestehende Ostarmee, die bald durch eine Reihe brutaler Fememorde als »Schwarze Reichswehr« bekannt und berüchtigt wurde. Und obwohl der deutsche Generalstab durch den Versailler Vertrag aufgelöst worden war, stellte Seeckt ihn geschickt kaschiert unter der harmlosen Bezeichnung *Truppenamt* wieder auf: »Die Form wechselt, der Geist bleibt der alte.« Seeckts auf lange Sicht hin angelegter Plan zielte darauf ab, ein grundlegend neues Heer aufzustellen, das die Franzosen zu besiegen imstande wäre, wenn man zielstrebig zum nächsten Kriege käme: »Die Zukunft der Kriegführung sehe ich in der Verwendung hochwertiger und bewegungsfähiger, also kleinerer Heere«, schrieb Seeckt 1928, »deren Wirkung durch die Flugwaffe eine wesentliche Steigerung erfährt, und in der gleichzeitigen Bereitstellung der gesamten Wehrkraft, sei es zur Nährung des Angriffs, sei es zur aufopfernden Verteidigung der Heimat.« Er plante, kurz gesagt, die Aufstellung von Streitkräften genau so, wie sie dann 1939 und 1940 in den Blitzkriegen Hitlers zum Einsatz kamen.

Der Versailler Vertrag hatte Deutschland den Besitz auch von Panzern und Flugzeugen untersagt, die für die Durchführung eines überraschenden Angriffs von entscheidender Bedeutung hätten werden können; Seeckt aber fand auch für dieses Problem eine Lösung. In Rußland wurde aus Mißtrauen gegen Polen ebenfalls eine moderne Armee aufgebaut. Es gehörte nicht zu den Signatarmächten des Versailler Vertrags, und so gab es für Seeckt keine Bedenken gegen den Plan, einige seiner besten Instrukteure in die Sowjetunion zu entsenden – und dabei Erfahrungen sammeln zu lassen. Dabei spielten auch geopolitische Überlegungen eine Rolle. Das Deutsche Reich hatte sich schon seit je vom Osten und vom Westen bedroht gefühlt – freilich eine natürliche Folge des preußischen Militarismus und späterer Großmannssucht. Kein vernünftiger Stratege hätte es je gewagt, gleichzeitig im Osten und im Westen Krieg zu führen – einer der Grundfehler im Ersten Weltkrieg, der dann im Zweiten prompt wiederholt wurde. Seeckt, die von beiden Seiten her drohenden Gefahren gegeneinander abwägend, sah die größere bei den Franzosen, zumal seit dem Bündnis zwischen Frankreich und Polen vom 19. Februar

1921. »Polens Existenz ist unerträglich, unvereinbar mit den Lebensbedingungen Deutschlands«, schrieb Seeckt 1922. »Es muß verschwinden und wird verschwinden durch eigene innere Schwäche und durch Rußland – mit unserer Hilfe . . . Dieses Ziel zu erreichen, muß einer der festesten Richtungspunkte der deutschen Politik sein, weil er ein erreichbarer ist . . .«
Es machte dem konservativen Seeckt nicht das geringste aus, daß Rußland von den Bolschewisten regiert wurde, ebenso wie es offenbar die sowjetischen Machthaber nicht störte, daß Seeckts Reichswehr im aktiven Einsatz gegen den deutschen Kommunismus kämpfte. In jedem Fall heiligte der Zweck die Mittel. Seeckt beauftragte eine Gruppe cleverer Stabsoffiziere – darunter, wie sich denken läßt, den wendigen Major von Schleicher, den Seeckt von Groener übernommen hatte –, die Kontakte mit den Sowjets aufzunehmen. Das erste Ergebnis war schon eine am 6. Mai 1921 unterzeichnete deutsch-russische Handelsvereinbarung, aber es wurden darüber hinaus weitere geheime Verhandlungen geführt, die eine militärische Übereinkunft zum Ziele hatten. Die Gespräche, an denen Seeckt hin und wieder teilnahm, fanden in Schleichers Wohnung statt. Beide, der Reichskanzler Joseph Wirth – einer der Führer der Zentrumspartei, 1921 an die Stelle des wenig erfolgreichen Fehrenbach getreten – und der Außenminister Walther Rathenau, wußten von diesen Unterredungen, aber eine offizielle Verlautbarung wurde nie veröffentlicht. Die Gespräche führten immerhin dazu, daß ein von der Regierung mit einer beträchtlichen Summe finanzierter Handelskonzern gebildet wurde, der den hinreichend unschuldigen Namen »Gesellschaft zur Förderung gewerblicher Unternehmungen« trug. Die gewerblichen Unternehmungen, die sie förderte, waren der Bau eines Junkers-Flugzeugwerkes in der Nähe Moskaus und die Gründung einer deutsch-russischen Gesellschaft zur Herstellung von 300 000 Artilleriegranaten in drei russischen Fabriken und die von Giftgas in einem entlegenen Werk der Provinz Samara. Die Militärs beider Seiten kamen auch überein, in der Sowjetunion gemeinsame Ausbildungsstätten für Flieger und Panzerkommandeure einzurichten.
Seit Jahrhunderten hatten die Deutschen und die Russen einander gefürchtet und einander fasziniert. Jetzt, 1921, war es, wie es Winston Churchill genannt hat, eine »Kumpanei im Unglück«, die sie miteinander verband. Sie waren beide in so großen eigenen Nöten, daß sie sich ernsthaft durch das ungestüme junge polnische Selbstbewußtsein beunruhigen ließen.
Ilja Ehrenburg, einer der vielen Intellektuellen, die das revolutionäre Rußland verließen, und einer der wenigen, die später zurückkehrten, kam 1921 nach Berlin und sah hier eine Stadt, in der Gewalttätigkeit

und Elend herrschten. »Die Deutschen lebten wie in einem Wartesaal«, schrieb er, »niemand wußte, was morgen geschehen werde ... Die Ladeninhaber änderten tagtäglich die Preisschilder: die Mark fiel. Über den Kurfürstendamm streiften Rudel von Ausländern, sie kauften für ein Spottgeld die Reste einstiger Pracht auf. In den Armenvierteln wurden Bäckereien gestürmt. Alles sah nach Zusammenbruch aus, doch die Fabrikschornsteine qualmten, die Bankangestellten schrieben säuberlich astronomische Zahlen nieder, die Huren legten Rouge auf ... Überall gab es kleine *Dielen,* Tanzlokale, in denen sich abgemagerte Pärchen methodisch durcheinanderschütteln ließen. Jazz klang grell auf. Ich erinnere mich an zwei Schlager: ›Ausgerechnet Bananen‹ und ›Morgen ist Weltuntergang‹. Aber die Welt hatte es offenbar nicht sehr eilig, unterzugehen.«

Ehrenburg nahm sich in diesem dritten Jahr der Republik ein Zimmer in einer Pension am Prager Platz, in unmittelbarer Nähe der Kaiserallee: »Ich streifte durch die Stadt und kam auf einen großen Platz, der Hohenzollernplatz hieß. In den Räumen der Pension hingen Bilder von Kaiser Wilhelm. In den Schaufenstern fielen mir die rosafarbenen und blauen Vorhemden auf: sie ersetzten die unerschwinglich gewordenen Hemden, sie waren das Aushängeschild wenn nicht des Wohlstands, so doch der Wohlanständigkeit. Im Café Josty, das ich manchmal besuchte, wurde eine ›Mokka‹ betitelte Brühe gereicht aus Blechkannen. Die Kuchen waren aus gefrorenen Kartoffeln hergestellt. Die Berliner rauchten nach wie vor Zigarren, und sie hießen nach wie vor ›Havana‹ oder ›Brasil‹, obwohl sie aus nikotingetränkten Kohlblättern bestanden. Alles war manierlich, alles war ordentlich, fast wie zu Kaisers Zeiten ...

Die Cafés schlossen zeitig, die frühe Polizeistunde gehörte zu den Nachwehen des Krieges. Ein Mann trat auf uns zu und bot uns an, uns in ein Nachtlokal zu führen. Wir fuhren mit der U-Bahn, gingen lange durch schlechtbeleuchtete Straßen und landeten schließlich in einer durchaus gutbürgerlichen Wohnung. An den Wänden hingen die Porträts der männlichen Familienmitglieder in Offiziersuniform sowie die Darstellung eines Sonnenaufgangs. Man reichte uns Sekt, das heißt Limonade mit etwas Alkohol darin. Dann erschienen die beiden Töchter des Hauses – nackt – und begannen zu tanzen. Eine der Töchter kam mit uns ins Gespräch; sie hatte, wie sich herausstellte, eine Vorliebe für Dostojewskij. Die Mutter blickte die ausländischen Gäste hoffnungsvoll an: vielleicht würden sie Gefallen an ihren Töchtern finden und gut bezahlen, selbstredend in Dollars – die Mark war über Nacht schon wieder gefallen. ›Und so was nennt sich Leben‹, seufzte die ehrbare Familienmutter, ›dabei ist es der reinste Weltuntergang‹ ...

Die ganze Welt blickte damals auf Berlin, die einen voller Angst, die anderen mit Hoffnung. In dieser Stadt entschied sich das europäische Schicksal der kommenden Jahrzehnte. Alles war mir hier fremd, die Häuser, die Sitten, das ordentliche Laster, der Glaube an Zahlen, Rädchen und Diagramme. Und dennoch schrieb ich damals: ›. . . Meinen Liebesworten über diese Stadt habe ich derart abstoßende Beschreibungen zugesellt, daß Du Dich wahrscheinlich freuen wirst, nicht in Berlin zu sein . . . Ich bitte Dich, glaube mir aufs Wort: ich liebe Berlin – die Stadt der scheußlichen Denkmäler und der unruhigen Augen.‹ Zwei Jahre verbrachte ich in dieser Stadt in Furcht und Hoffnung. Ich glaubte an der Front zu sein während einer länger ausgedehnten Kampfpause.«
Wie viele Russen es damals in Berlin gab, ließ sich kaum schätzen, jedenfalls waren es sehr viele: »Denn auf Schritt und Tritt hörte man russisch reden. Dutzende von russischen Restaurants öffneten ihre Pforten: mit Balalaikamusik, mit Zigeunern, mit Borschtsch, Piroggen und Schaschlik und natürlich mit dem obligaten Sprung in der Seele. Es gab ein Kleinkunsttheater. Es gab drei Tageszeitungen in Russisch und fünf Wochenblätter. Innerhalb eines einzigen Jahres waren siebzehn russische Verlage aus dem Boden geschossen; man edierte Fonwisin und Pilnjak, Kochbücher und Kirchenväter, technische Handbücher, Memoiren und Pamphlete . . . Viele Emigranten konnten nicht begreifen, wie sie im Exil gelandet waren. Die einen waren aus Angst geflohen, andere vor dem Hunger, wieder andere hatten sich einfach ihren Nachbarn angeschlossen. Wer emigriert, wer geblieben war, das war oft Zufall gewesen. In Berlin gab es einen Ort in der Art der Arche Noah. Hier trafen sich die ›Reinen‹ mit den ›Unreinen‹: in einem ganz gewöhnlichen deutschen Café versammelten sich jeden Freitag russische Schriftsteller. Aus ihren Werken lasen Aleksej Tolstoj, Remisow, Lidin, Pilnjak, Ssokolow-Mikitow; Majakowskij trat auf. Jessenin, Marina Zwetajewa, Andrey Belyj, Pasternak, Chodassewitsch trugen ihre Verse vor . . . Auch in der ›Prager Diele‹ verkehrten russische Schriftsteller. Ihre Unterhaltung war laut und wirr. Die Kellner konnten sich an die fremdländischen Gäste nicht gewöhnen. Einmal gerieten Andrey Belyj und Lew Schestow in Streit. Sie diskutierten über den Zerfall der Persönlichkeit, und das in jener Sprache, die lediglich von zünftigen Philosophen zu verstehen ist. Darüber kam die Polizeistunde, die Lichter des Cafés verlöschten, aber der philosophische Disput war noch keineswegs zu Ende.
Die dann folgende Szene ist mir unvergeßlich. In je zwei Vierteln der Caféhausdrehtür schrien Schestow und Belyj aufeinander ein. Jeder der beiden stieß, ohne daß es ihnen bewußt war, seinen Teil der Türe weiter – und sie kamen und kamen nicht auf die Straße hinaus.

Schestow glich mit seinem Hut, seinem langen Bart und seinem kräftigen Stock dem Ewigen Juden, und Belyj mit seinem flaumig abstehenden Haar gestikulierte wild. Ein alter Kellner, der viel in seinem Leben gesehen hatte, sagte zu mir: ›Dieser Russe wird sicher ein berühmter Mann.‹«

Erbitterte Gegensätze gab es immer wieder unter den Russen, die sich in diesen Jahren in Berlin eingefunden hatten. Fjodor Schaljapin, der noch während der Revolutionsjahre in Rußland Konzerte gegeben hatte, für die er als »Gage« Säcke mit Mehl oder Kartoffeln erhielt, lebte jetzt hier. Als ihn westliche Reporter nach seiner Meinung über das bolschewistische Regime befragten, hielt er mit seinem kritischen Urteil nicht zurück. Maxim Gorki war darüber so aufgebracht, daß er sich weigerte, weiterhin mit seinem alten Freunde zu sprechen. Sol Hurok jedoch, inzwischen Schaljapins Agent, war entschlossen, den weltberühmten Sänger und den weltberühmten Schriftsteller wieder miteinander zu versöhnen. »Eines Tages ging ich mit Schaljapin ins ›Adlon‹ und klopfte an die Tür von Gorkis Hotelzimmer«, erinnert sich Hurok. »Ich hatte zuvor angerufen und Gorki gefragt, ob ich Schaljapin mitbringen dürfe. ›Wo ist der Narr?‹ brüllte mich Gorki an . . . Schaljapin trat ein und nahm wie ein riesiger Bär Gorki in seine Arme. So begrüßten sie sich. Wie der Abschied verlief, kann ich nicht sagen, denn ich blieb nur sechs Stunden und ließ die beiden in tränenreicher Wodka-Seligkeit zurück.«

Die Russen, wie sie nun einmal sind, blieben Russen auch in dieser Stadt, die Liebe zu Mütterchen Rußland band sie trotz aller Gegensätze eng aneinander, die einen, die vor dem sowjetischen Regime geflohen waren, und die anderen, die ihm leidenschaftlich anhingen oder ihren Frieden mit ihm geschlossen hatten. Stanislawskij präsentierte sein Moskauer Künstler-Theater, und Eisenstein kam, um die in den UFA-Studios draußen in Babelsberg entwickelten neuen Filmtechniken zu studieren. Kandinsky wollte von dem Verkauf der Bilder leben, die er vor dem Krieg in einer Berliner Galerie zurückgelassen hatte; die Bilder waren indessen bereits verkauft, die Erlöse freilich infolge der fortschreitenden Geldentwertung arg zusammengeschmolzen. Isadora Duncan, 1921 von den Sowjets nach Rußland eingeladen, erschien wieder in Berlin, diesmal mit dem siebzehn Jahre jüngeren Sergej Jessenin, dem zigeunerhaft unsteten, an der Grenze zur Geistesgestörtheit dahintreibenden, zum Selbstmord prädestinierten großen Poeten. Majakowskij kam und trug seine Gedichte mit starkem Erfolg vor, während das erste Konzert des jungen Wladimir Horowitz fast unbemerkt vonstatten ging. »Ich war sehr nervös«, sagte Horowitz später. »Ich habe nicht gut gespielt, aber ich hatte Glück: Kritiker waren nicht gekommen.«

Man traf sich in den russischen Restaurants, Nachtlokalen und Kabaretts – im *Bär*, im *Adler*, im *Coq d'Or*, in zahlreichen russischen Teestuben, im *Blauen Vogel* und besonders im *Allaverdi*, einer ukrainisch-kaukasischen Bar, die auf ihrer Speisekarte viele heimische Delikatessen bot, zur Musik eines die Seele aufrührenden Balalaika-Orchesters. Für die Parteigänger der Sowjets war ein Ecktisch reserviert, und manchmal erschien dort Lenins Emissär und Mitglied des Zentralkomitees Karl Radek, der sich mit dem gelegentlich anwesenden ehemaligen russischen Adel und Großgrundbesitzertum heftig anlegte. Hinter der Theke des *Allaverdi* führte eine Wendeltreppe zum Nachtklub im Keller, wo die wohlhabenderen Emigranten noch bis zum Morgengrauen ihren Champagner bei dezenter Violinmusik unter sich genießen konnten.
Eines Nachts, als der junge Dramatiker Carl Zuckmayer dort zu Gast war, ging plötzlich ein erregtes Raunen von Tisch zu Tisch. »Und dann wurde es ganz still«, erzählt er, »und viele Herrn standen auf, um sich vor einem kleinen Ecksofa tief zu verbeugen. Dort saß eine unauffällig gekleidete Dame, die einen seidenen Schal um ihren Kopf gewunden hatte. Es war die Pawlowa, die frühere Partnerin Nijinskijs, die berühmteste Tänzerin des alten russischen Balletts. Sie fühlte sich durch diese Kundgebungen klassenloser Verehrung offenbar nicht belästigt, sondern erhob sich plötzlich und nahm mit einer weiten Geste ihren Schal und ihre Kostümjacke ab, unter der sie eine weiße, ärmellose Bluse trug. Im Nu waren sämtliche Tische und Stühle in einen Nebenkeller geräumt. Alle Gäste drängten sich dicht an den Wänden und Flaschenschränken zusammen, die Pawlowa flüsterte kurz mit dem Geiger, der die Melodie des *Sterbenden Schwans* anstimmte. Und fünf Minuten schwebte sie auf engem Raum wie eine Erscheinung umher, um dann mit einem tiefen Neigen des ganzen Körpers auf die Kellerfliesen zu sinken. Der Jubel, der nun ausbrach, schien das Gewölbe zu sprengen, aber sie beschwichtigte ihn, wieder mit einer weiten Geste ihrer schönen Arme, und kehrte auf das kleine Sofa und zu ihren Begleitern zurück. Niemand schaute dann mehr zu ihr hin.«
Einer der begabtesten russischen Emigranten damals in Berlin war der neunzehnjährige Cellist Gregor Piatigorsky, der eines Nachts, sein Cello hoch über den Kopf haltend, den Sbruchz durchschwommen hatte, während die Kugeln der Grenzwächter rings um ihn ins Wasser schlugen. Piatigorsky gilt heute als einer der bedeutendsten Cellisten. In seiner Jugend mußte er sich den Lebensunterhalt als Caféhausmusiker verdienen: so fand er allmählich den Weg über Lemberg und Warschau in den Westen, allenorts durch den getreuen Zusammenhalt geflohener russischer Musiker unterstützt. In Berlin lebten wohl viele

Russen, aber Arbeitsmöglichkeiten gab es nur wenige, und so mußte Piatigorsky oft auf den Bänken im Tiergarten übernachten; sein Cello verstaute er unter der Bank und hoffte nur auf ein Einsehen der Polizei. Als es eines Abends regnete, suchte er Zuflucht in der Herrentoilette im Bahnhof Zoo. Nach dem Regen war ihm der Gedanke an die feuchte Bank im Park so zuwider, daß er statt dessen zum Bau der Philharmonie in der Bernburger Straße ging. Mit seinem Cello als einer Art Zutrittsbefugnis unter dem Arm trat er, ohne gehindert zu werden, durch den Künstlereingang ein und kam noch gerade zurecht, um den virtuosen Ferruccio Busoni Beethovens Achte dirigieren zu hören.

»Nach dem Konzert«, erinnerte sich Piatigorsky später, »wollte ich auch wieder das Gebäude verlassen, aber der eisige Wind draußen hielt mich zurück, und ich kehrte um. Mein Hemd und meine Socken waren noch durchnäßt, und ich fror erbärmlich. Die letzten Besucher gingen eben. Kurz darauf wurden die Türen abgeschlossen, und es war vollständig finster. In der Stille und Leere des weiten Gebäudes war es unheimlich. Reglos stand ich lange Zeit, mein Herz klopfte. Ich fühlte mich wie in einer gespenstischen Falle und wollte um Hilfe rufen. Ich fand die Tür zu einer Loge. Ich zog mich aus und richtete mich dort für die Nacht ein. Wie warm und gemütlich war es hier, und was für eine Verbesserung nach der Bank im Tiergarten! Ich war kurz davor, einzuschlafen, aber plötzlich überkam mich ein unwiderstehliches Bedürfnis, zu spielen. Ich stand auf, nahm mein Cello, und nackt wie ich war, ging ich zum Podium. Ich fand die Stufen nicht, und so kletterte ich vom Parkett aus hinauf . . . und begann zu spielen. In der Dunkelheit des Riesenraumes klang mein Spiel unheimlich und doch volltönend tröstlich wie eine menschliche Stimme. Fasziniert von diesem einmaligen Erlebnis, spielte ich, bis ich am Ende meiner Kräfte war. Erschöpft, aber freudig erregt tastete ich mich schließlich zur Loge zurück. Am Morgen wurde ich durch ein Orchester geweckt, das eine Symphonie von Schumann probte. Ich fand es sehr angenehm, unbemerkt auf den weichen Polstern zu liegen und diese Morgenmusik zu genießen . . . Das Orchester übte noch, als ich den mächtigen Bau verließ.«

»Ja, ich habe Nabokov damals gekannt«, erzählt mir Michael Josselson. »Ich habe ihn auf dem Tennisplatz getroffen. Ich sehe ihn noch vor mir auf einem Tennisplatz in der Lietzenburger Straße, unweit vom Kurfürstendamm, wo wir damals wohnten. Er war ein ausgezeichneter Tennisspieler, und er war bereits bekannt als – nun, er war außerdem ein hervorragender Schriftsteller. Wir alle lasen die Kurzgeschichten und die Artikel, die er unter dem Namen Sirin schrieb.«

Josselson ist hager, hat dunkles, teilweise gelichtetes Haar, trägt einen Rollkragenpullover. Er kam aus Estland nach Berlin, studierte an der dortigen Universität und wurde dann Kaufmann. Er war Einkäufer für die Firma Gimbels und Saks und arbeitete in einem Büro in der Ritterstraße, nicht weit von der Gegend, in der sich vor allem die Modebranche konzentriert hatte. In den dreißiger Jahren emigrierte er dann nach New York, wo er die Lust am Textilgeschäft verlor – »man war nur am Geld interessiert, an nichts sonst« –, und kehrte mit dem Ende des Zweiten Weltkriegs als Angehöriger der amerikanischen Armee nach Berlin zurück. Er spielte dann – zusammen mit dem Komponisten Nicolas Nabokov, einem Vetter des Schriftstellers – bei der Vorbereitung des Kongresses für kulturelle Freiheit 1950 in Westberlin eine wichtige Rolle. Dieser Kongreß sollte die Antwort der »freien Welt« auf die Einrichtung expansiver sowjetisch ausgerichteter Kulturorganisationen sein.

»Die russische Kolonie Berlins war in den zwanziger Jahren recht groß – vielleicht fünfzigtausend, vielleicht auch mehr«, sagt Josselson. Wir sitzen Kaffee trinkend in seiner neuen, gegenüber einem Park gelegenen Wohnung in Genf. »Und es waren nicht nur Intellektuelle. Es war eine Welt für sich. Ärzte, Anwälte, Geschäftsleute. Es gab darunter auch einige sehr gute Tennisspieler. Einer von ihnen – Prenn – spielte später in der deutschen Davis-Cup-Mannschaft. Ich habe ihn einmal gegen Tilden spielen sehen. Er spielte auch in einer unserer Fußballmannschaften mit. Es gab in Berlin zwei russische Fußballmannschaften, die auch gegen Berliner Mannschaften antraten. Ich selbst war Läufer in einer Jugendmannschaft.

Aber Nabokov. Wie war Nabokov damals? Er sah sehr gut aus. Und war sehr nett. Wie er es auch heute noch sein kann, wenn er jemanden mag. Wollen Sie ihn aufsuchen? Er wohnt in Montreux, am anderen Ende des Sees. Es ist allerdings ziemlich kompliziert. Sie müssen zunächst beim Palace Hotel in Montreux anrufen, und dort wird man Ihnen sagen: ›Bleiben Sie am Apparat‹, denn erst muß bei Vera, Nabokovs Frau, nachgefragt werden. Immer sind diese beiden vermittelnden Stationen zwischengeschaltet. Manchmal zieht er sich auch nach Bex zurück, einem Kurort, etwa eine halbe Stunde von Montreux entfernt. Aber das werden Sie im Hotel erfahren.«

Montreux ist ein wunderschöner Ort. Beete mit roten und gelben Tulpen ziehen sich am Ufer des Sees hin, und jenseits ragen die Berge der Alpen steil auf, deren Schneegipfel sich in der untergehenden Sonne rötlich und orange verfärben. Das Palace Hotel ist der höchste Patriarch unter den dortigen Hotels. Die mit weichsten Teppichen ausgelegten Korridore ziehen sich endlos hin, von den Balkons hat man nicht nur einen bezaubernden Blick auf den See, sondern auch auf den Hotelgarten, das Schwimmbad und die hauseigenen Tennis- und Golfplätze. Die Badehandtücher auf den Zimmern sind fast drei Quadratmeter groß. Der schwarz uniformierte Empfangschef aber beteuert, Vladimir Nabokov sei weder in Montreux noch in Bex, sondern in Sizilien, wo jetzt die beste Zeit zur Schmetterlingsjagd ist.

Wenn also nicht dort, in seinen Büchern ist das Phantom Nabokov immer zu finden, denn über die vierzehn Jahre seines Lebens in Berlin, um die es hier geht, hat er viel geschrieben – und mehr noch vielleicht *nicht* geschrieben. »Blicke ich auf diese Jahre des Exils zurück«, hat er einmal gesagt, »dann sehe ich mich und Tausende anderer Russen, wie wir damals ein seltsames, aber keineswegs unangenehmes Leben führten, ärmlich in materieller Hinsicht, geistig aber im Luxus, und das unter völlig unbedeutenden Fremden, geisterhaften Deutschen oder Franzosen, in deren mehr oder weniger ebenso geisterhaften Städten wir, die Emigranten, per Zufall wohnten. Diese Einheimischen waren vor dem geistigen Auge flach und durchscheinend wie aus Cellophan geschnittene Figuren, und obwohl wir ihre Taktik mitmimten, den gleichen Clowns applaudierten, ihre Pflaumen und Äpfel am Wegrand pflückten ... gab's zwischen uns und ihnen ... keine wirkliche Verbindung. Gelegentlich aber, ziemlich oft sogar, krampfte sich die geisterhafte Welt, durch die wir gelassen mit unserem Leid und unserer Lust spazierten, furchtbar zusammen und machte uns deutlich, wer der fremdstämmige Häftling und wer der eigentliche Herr war.«

Leitmotivisch kehren in Nabokovs Romanen Szenen von plötzlich erlittenem, absurdem Tod wieder – Lolitas Mutter, zum Beispiel, wird von einem Auto überfahren –, aber der erste »fürchterliche Krampf«, den Nabokov in Berlin erlebte, wird in seiner Autobiographie *Speak, Memory*, kaum erwähnt. In einem halben Satz nur berichtet er, daß sein Vater erschossen wurde. Nabokov war damals, zweiundzwanzigjähriger Student in Cambridge, zu Besuch bei seiner Familie in Berlin. Sein Vater, ehemaliges Mitglied des russischen Parlaments, war Herausgeber der führenden russischen Tageszeitung der Emigranten in Berlin *Rul (Das Steuer)* und politisch aktiv tätig. Die überwiegend liberale Richtung hatte sich über die Frage, ob das Exil auf unabsehbare Zeit aufrechtzuerhalten oder Frieden mit den Bolschewisten zu schließen sei, zerstritten. Nabokovs Vater war Wortführer der Gruppe, die zu keinem Kompromiß bereit war; die andere wurde von seinem alten Freund Pavel Miljukow angeführt. Um die Angelegenheit zu klären, wurde zu einer Versammlung in der Philharmonie eingeladen.

Davon erfuhren in München zwei rechtsradikale Emigranten mit

Namen Shabelsky und Taboritsky, die dort in einer armseligen Pension wohnten und den Entschluß gefaßt hatten, Miljukow als Verräter zu ermorden. »Rechtsradikale« ist ein etwa zu simpler Ausdruck. Der neunundzwanzigjährige Peter Shabelsky, Sohn eines kaukasischen Großgrundbesitzers, hatte während des Krieges bei einem Artillerieangriff einen Nervenschock erlitten und war ein leidenschaftlicher Gegner der Bolschewisten, weil sie seine Braut bei ihrem Fluchtversuch aus Rußland getötet hatten. Taboritsky, für zwei monarchistische Zeitungen tätig, war eine eher farblose Figur. Beide versicherten später, keinerlei Organisation angehört zu haben, doch eine Erklärung dafür, wie sie die Reise von München nach Berlin finanziert hatten, konnten sie nicht erbringen.

Als die Versammlung in der Berliner Philharmonie eröffnet wurde, erhoben sich Shabelsky und Taboritsky von ihren Sitzen in der zweiten Reihe und marschierten auf das Podium zu, wobei sie patriotische russische Lieder sangen und Pistolen schwenkten. Einige Anwesende stießen Warnungen aus, und Frauen begannen zu schreien. Als Shabelsky seine Pistole auf Miljukow richtete, sprang Nabokov dazwischen, und Shabelskys Kugel traf ihn in den Leib. Taboritsky kletterte auf das Podium und schoß noch dreimal auf Nabokov – auf die falsche Person also –, bis sich jemand auf ihn stürzte. Nabokov war bereits tot, als man in seiner Wohnung anrief und seinen Sohn aufforderte, zur Philharmonie zu kommen.

Der junge Nabokov kehrte im Jahr darauf nach Deutschland zurück und begann unter dem Namen Sirin seine damaligen Romane zu schreiben – vor allem *Sie kommt, kommt sie?; König, Dame, Bube; Das Auge; Lushins Verteidigung; Gelächter im Dunkel; Verzweiflung* und *Die Gabe*. Er hat wiederholt betont, daß dies keine Berliner Romane oder daß zumindest die Personen darin keine Berliner seien. »Ich sprach nicht deutsch, hatte keine deutschen Freunde, hatte keinen deutschen Roman weder im Original noch in der Übersetzung gelesen«, schrieb er einmal. »Aber in der Kunst, wie in der Natur, kann sich eine offenkundige Benachteiligung als eine subtile Schutzmaßnahme erweisen.« Tatsächlich sind viele der Personen in Nabokovs Berliner Romanen Russen, hat er doch einen großen Teil seiner Zeit in dieser nach außen abgeschlossenen Gemeinschaft verbracht und dort nicht nur Tennis- und Englischunterricht erteilt, sondern auch *Alice im Wunderland* ins Russische übersetzt und für die Zeitung seines Vaters die ersten russischen Kreuzworträtsel erdacht. Aber im Berlin der zwanziger Jahre spielten die Russen – ähnlich wie heute die verschiedenen Nationalitätengruppen in New York – eine wichtige Rolle, und Nabokov hat ihre Gesellschaft und deren amüsant intriganten Alltag in unvergleichlicher Weise geschildert.

So, zum Beispiel, erzählt er von einer Veranstaltung in einem Raum, »der, nach den an den Wänden hängenden Porträts verehrungswürdiger Zahnärzte zu urteilen, einem Verein von Dentisten gehören mußte«. Als erster tritt auf »ein graumelierter, glattrasierter älterer Mann, der Ähnlichkeit mit einem Wiedehopf hatte« und liest »eine Geschichte vor vom Leben in Petersburg am Vorabend der Revolution, mit einem äthersüchtigen Vamp, schicken Spionen, Champagner, Rasputin und apokalyptischen Sonnenuntergängen über der Newa. Nach ihm erfreute uns ein gewisser Kron, der unter dem Pseudonym Rotislav der Seltsame schrieb, mit einer langen Geschichte über ein romantisches Abenteuer in der Stadt der hundert Augen; um der Schönheit willen wurde das Wort *ostoroshno*, ›behutsam‹, mehr als ein dutzendmal wiederholt: ›Behutsam hieß sie ein Lächeln fallen‹; ›Behutsam erblühten die Kastanien‹. Nach überbrückenden Poeten kam es dann ganz dick, folgten rasch aufeinander ein ranker Jüngling mit einem knopfartigen Gesicht . . . eine ältere Dame mit einem Pince nez auf der Nase . . .«

Nabokov konnte nicht anders, er mußte die Stadt, die er rings um sich wahrnahm, beschreiben. So steht Fjodor, die Hauptperson in *Die Gabe*, auf dem Kurfürstendamm und wartet auf den Autobus: »In Korbstühlen auf der Terrasse eines nahen Cafés räkelten sich Geschäftsleute, die alle in der gleichen Haltung dasaßen und ihre Hände vor sich gekreuzt hatten, alle einander sich sehr ähnlich, was die Visagen und die Krawatten anbelangte, verschieden wahrscheinlich nur nach dem Grad ihrer Zahlungsfähigkeit; und am Bürgersteig stand ein kleiner Wagen . . . mit zersplitterten Fenstern, auf dem Trittbrett ein blutiges Taschentuch; ein halbes Dutzend Leute starrte ihn an. Alles von Sonnenflecken gesprenkelt . . . Eine ältliche Bettlerin mit rosigem Gesicht, der die Beine bis zum Becken fehlten, wurde wie eine Büste vor eine Hauswand gesetzt und bot widersinnigerweise Schnürsenkel zum Verkauf an.« Oder Fjodor geht unter Leuten, die im Grunewald in der Sonne liegen, umher und bemerkt »Wucherungen und geschwollene Venen an den grauen Beinen von alten Männern; Plattfüße; krustige Hühneraugen; rosafarbene Schweinsbäuche; blasse, von Wasser triefende, fröstelnde Jugendliche mit heiseren Stimmen . . . picklige Schulterblätter krummbeiniger Mädchen; fette Nacken und Gesäße muskulöser Halbstarker; die hoffnungs- und gottlose Leere selbstzufriedener Gesichter«.

Nabokov brachte, wie man merkt, seiner Umwelt wenig Sympathie entgegen, und als er, in *König, Dame, Bube*, einem Spiel mit dem Schicksal, zum ersten Mal deutsche Gestalten in seinen Romanen darstellte, bekannte er: »Die märchenartige Freiheit, die einem unbekannten Milieu innewohnt, kam meinem Traum einer puren Erfin-

dung entgegen. Ich hätte Rumänien oder Holland als Schauplatz nehmen können. Meine Wahl fiel jedoch auf Berlin, weil ich mit der Topographie und dem Wetter dieser Stadt vertraut bin.« Trotz Nabokovs hochmütiger Einstellung gibt *König, Dame, Bube* ein erstaunlich treffendes Bild vom Leben in Berlin während dieser zwanziger Jahre. In der geschmeidigen, ruhelosen, allen Sinnen hingegebenen Hauptperson Marta verkörpert sich der genußsüchtige höhere Mittelstand; ihr Ehemann Kurt Dreyer, Inhaber eines Modegeschäfts, träumt von rasch zu erzielenden Profiten durch die Erfindung einer elektrisch betriebenen, weichen, elastischen Mannequin-Figur und nimmt zu einem Ski-Urlaub gleich zwei Mädchen mit. Und von allen jungen ungeschickten Einfaltspinseln, die nach Berlin kamen, um ihr Glück zu machen, könnte keiner typischer und abscheulicher sein als Dreyers Neffe Franz mit seiner Kurzsichtigkeit, seinen zerlumpten langen Unterhosen, seinen unbeholfenen Briefen an die Mutter, in seiner Unfähigkeit, jemals etwas Richtiges zu tun.
Dreyer sieht in seinem Neffen einen »amüsanten Deppen«, die gelangweilte Marta aber verführt ihn in seinem schäbigen Zimmer. Und damit beginnt eine der absurdesten Liebesgeschichten der modernen Literatur. Alle drei gehen sie zum Beispiel in ein Varieté und sehen dort vier Japaner an leise knirschenden Trapezen durch die Luft fliegen, und ein schwarz glänzender Seehund wurde von einer halbnackten Jungfrau auf die Schnauze geküßt. Marta drückte mit ihrem seidigen Knie fest und süß Franzens rechtes, ungeschickt zusammengezogenes Bein, während eine Frau mit silbernen Schuhen, in einem Schuppengewande, auf einer erleuchteten Geige spielte. Dreyer schreckt die Liebenden auf: »Sagt mir, wenn diese Gemeinheit zu Ende ist«, und Franz meint, daß er alles bemerkt habe, doch Marta wendet sich nur trocken zu ihrem Mann: »Du verstehst halt nichts von Kunst.«
Dreyer ist ebenso übersättigt wie seine Frau. Sie veranstalten ein Weihnachtsfest, und mitten in der brodelnden Narretei, dem konfettiübersäten Tanz mit Narrenkappen aus Papier, gehen die Lichter aus: »Plötzlich erschien ein zerlumpter Mann mit einer Maske, schweigend, der, während das Grammophon weiterspielte, in seiner Faust eine bedrohlich aufblitzende Taschenlampe hielt.« Der Maskierte ist Dreyer selbst, der die Gäste in Aufregung zu versetzen sucht. Marta, die ihn erkennt, schreit entsetzt um Hilfe, in der Hoffnung, Franz werde ihr beispringen. Denn mittlerweile ist sie zu dem Entschluß gelangt, Dreyer zu ermorden, so daß sie und Franz von seinem Vermögen leben können. In grotesker Weise aber sind sie als Verschwörer völlig ungeeignet. Sie suchen vergeblich in einem Lexikon nach einem Gift ... Sie lasen, daß Strychnin bei Fröschen Krämpfe hervorruft. Sie legen sich einen komplizierten Plan zurecht, wonach Dreyer bei einem fin-

gierten Einbruch erschossen werden könnte, aber sie wissen nicht, wie sie sich eine Pistole beschaffen sollen. Aufgeregt entdeckt Marta eine in Dreyers Schreibtisch, bemerkt dann aber, daß es eine harmlose Nachahmung und nur ein Zigarrenanzünder ist.

Die russische Einflußnahme in Berlin, die »Kumpanei im Unglück«, beschränkte sich nicht nur auf die Pläne Seeckts oder auf das, was kulturell von den Emigranten beigesteuert wurde. Auch parteipolitisch gewann der Osten zunehmend Geltung.

Die Kommunisten waren von Anfang an der Meinung, daß die russische Revolution nur ein Vorspiel zur Revolution in Deutschland sei, und so wurde die Sowjetbotschaft Unter den Linden zum Hauptquartier der kommenden Kämpfe. Schon im Frühjahr 1918, als Ludendorff noch seine letzten Offensiven in Frankreich unternahm, war ein wohlhabender junger, von der Krim stammender Jude namens Adolf Abramowitsch Joffe (auch einer von denen, die wegen einer Neurose in Wien von Alfred Adler behandelt worden waren) als Abgesandter Lenins nach Berlin gekommen. Er brachte einen Stab von mehr als dreihundert Personen mit, mit deren Hilfe er verschiedenenorts in Deutschland Revolten zu entfachen hoffte. In seinem Diplomatengepäck führte Joffe beträchtliche Geldsummen und viel revolutionäres Propagandamaterial mit, und er machte aus seinem Vorhaben auch keineswegs ein Geheimnis. Über der Botschaft ließ er eine Fahne mit den Worten »Arbeiter aller Länder, vereinigt euch!« hissen. Joffe war in seiner gesamten Einstellung noch radikaler als Liebknecht, und als letzterer bezweifelte, daß es so rasch zu einer Revolution kommen könne, erwiderte ihm der Russe: »In einer Woche wird die rote Fahne über dem Berliner Schloß wehen.«

Die Sozialdemokraten waren freilich nicht sehr glücklich über die Aktivitäten des neuen »Botschafters«, und in den kritischen Tagen Anfang November 1918 hielt Scheidemann es für angebracht, einige der von Rußland eingeschleusten Frachtsendungen mehr oder weniger »zufällig« aufbrechen zu lassen. Durch diesen »Zufall« kam der Polizei einiges an staatsgefährdenden Schriftstücken in die Hände, und Joffe wurde ausgewiesen. Er versuchte schon im Monat darauf als Führer einer fünfköpfigen Sowjetdelegation zum Kongreß der Arbeiter- und Soldatenräte wieder nach Berlin zurückzukehren, wurde aber von deutschen Grenztruppen zur Umkehr gezwungen. Einem der Sowjetdelegierten aber, Karl Radek, in Uniform als deutscher Verwundeter, gelang es, die Grenze mit einer Gruppe repatriierter Kriegsgefangener zu überschreiten.

Radek war wie viele der frühen Revolutionäre ebenfalls Jude, ein glänzender Organisator und Redner. Von Lenin gesandt, konnte er sich

bald in der Spitzengruppe der deutschen Radikalen eine Position unmittelbar neben Liebknecht sichern, aber er hatte auch seine Feinde. Rosa Luxemburg insbesondere griff ihn als Befürworter des bolschewistischen Radikalismus oft heftig an. Radek hatte darauf seine Standardantwort – Lenin, sagte er, wende Terror nur an »gegen Klassen, die von der Geschichte zum Aussterben verurteilt« seien. Andere hielten Radek für einen reinen Opportunisten. Ein Augenzeuge, der ihn hatte reden hören, bemerkte, hinter der »Maske jugendlicher Besessenheit« verberge sich bei ihm zum einen ein Wolf und zum anderen »ein Straßenjunge, der jemandem erfolgreich einen Streich gespielt hat. Ein wahrhaft unverschämtes, belustigendes und zugleich erschreckendes Mephistogesicht.«
Wie Rosa Luxemburg hatte auch Radek den Spartakistenaufstand für verfrüht gehalten, und als die Freikorps, auf Vergeltung bedacht, in Berlin einzogen, suchte er durch die Flucht sein Leben zu retten. Er wurde zwar verhaftet, aber vom Gefängnis aus gewann er mehr Einfluß als je zuvor. In seiner Zelle im Moabiter Gefängnis besuchten ihn nicht nur die Führer der Kommunistischen Partei und holten seinen Rat ein, sondern auch seltsam zusammengesetzte Gruppen gemäßigter und sogar rechtsorientierter Führer. Selbst Rathenau kam nach Moabit, um ihn zu konsultieren, ebenso Ludendorffs Adjutant Oberst Bauer und eine ganze Reihe von Reichswehroffizieren und Geschäftsleuten. Allen verkündete Radek die gleiche These – das, worauf es ungeachtet jeder Ideologie ankomme, sei ein Bündnis zwischen Rußland und Deutschland. Vor der Verhaftung hatte er Ebert noch einen offiziellen Bündnisvorschlag unterbreitet, war jedoch abgewiesen worden, und das Weimarer Regime entschied sich schließlich, Lenins Emissär abzuschieben. Seine Politik aber lebte fort, denn es war die gleiche Politik, die auch Seeckt verfolgte.
Die vom Osten drohende Gefahr erblickten die Bürger der Weimarer Republik damals vor allem in dem Einfluß, den so radikale Linke wie Joffe und Radek ausübten, aber aus einer späteren Perspektive läßt sich erkennen, daß dem Westen vom Osten her noch ein ganz anderes Unheil drohte. Die meisten der russischen Flüchtlinge waren entweder gemäßigt liberal oder besaßen überhaupt keine prononcierte politische Überzeugung, doch unter ihnen befanden sich auch engagierte Monarchisten, Reaktionäre und Faschisten aller Schattierungen, und sie alle spielten ihre Rolle im politischen Leben Berlins. Graf Kessler notierte, nach dem er eines Abends in dem reaktionären russischen Kabarett »Stehaufmännchen« am Kurfürstendamm gewesen war, in seinem Tagebuch:

Berlin. 28. März 1922. Dienstag
»... Extrem moderne Ausstattung und Vorführung: eine ins Kabaretthafte sublimierte Klage über Altrußlands Untergang kontrastierend mit dem unbesieglichen Glauben an Rußlands Zukunft. Die Süße und Leichtigkeit hebt alles Nationalistische ins Menschliche!
Mitten hinein platzt schreckenerregend die Nachricht, daß Miljukow und Nabokov während eines Vortrages von Miljukow in der Philharmonie ermordet worden seien. Das Gerücht trug wie eine große Meereswelle den größten Teil des fast nur russischen Publikums aus dem Kabarett hinaus.
Wir saßen in dem bisher überfüllten Theaterraum nach wenigen Minuten fast allein. Nur am Nebentisch blieben drei junge elegante Russen (ein russischer Großfürst wirkt hier im Chor mit). Als ich den einen fragte, was wahr an dem Gerücht sei, antwortete er: Na ja, Miljukow ist ermordet worden! Schade, daß der Schuft nicht schon früher um die Ecke gebracht worden ist. Um Nabokov ist es schade. Aber Miljukow, der mit Kerenskij und anderen den Zaren verraten hat, den hätte man schon früher umbringen sollen. Gemein, daß die 15 000 russischen Offiziere sich wie die Hammel von der Revolution haben abschlachten lassen, ohne sich zu wehren! Warum haben sie es nicht gemacht wie die Deutschen, die Rosa Luxemburg so umgebracht haben, daß nicht einmal der Geruch von ihr übrigblieb? Dabei lächelte er so selbstzufrieden, daß man empfand: er selbst würde zu einem Morde unfähig sein. Der Schrecken mischte sich in ihm nur mit der Musik des Kabaretts und dem Ressentiment zu einem Gift für andere Motive!
... Wir stehen in einer Epoche wie der des Hellenismus oder der römischen Bürgerkriege, wo der politische Mord *nichts mehr bedeutet.* Damit der politische Mord signalartig wirke, politische Leuchtkraft habe, muß er von einem ethischen, streng moralischen Hintergrunde sich abheben. In einer amoralischen Epoche ist er politisch ebenso bedeutungslos wie irgendeine natürliche Todesform.«
Das Kabarett gab den geeigneten Hintergrund für solche Erklärungen ab, zumal von den streitlustigen russischen Reaktionären in Berlin viele reine Operettenfiguren waren: so zum Beispiel ein Fürst Bermont-Avalov, der 1919 die Bolschewisten vom Baltikum aus mit einer eigenen Soldateska bekämpfen wollte, wohingegen andere behaupteten, daß er gar kein General gewesen und noch viel weniger ein Fürst sei. Eine etwas »seriösere« Figur gab der General Vasili Biskupsky ab, ein leidenschaftlicher Roulettespieler, der einst in Odessa das dritte Armeekorps befehligt hatte (und dem doch die beiden jungen Leute unterstellt waren, die den Vater Nabokovs ermordet hatten); er ließ sich dazu herbei, einen »russisch-deutschen« Bündnisvertrag mit Ludendorff zu unterzeichnen, der in Kraft treten sollte, sobald die beiden wieder an die

Macht gekommen seien. Ferner Nikolai Markov, ein Grundbesitzer aus Kursk, der in der Duma, der russischen Volksvertretung, aufs heftigste gegen den Sozialismus gewettert hatte. Jetzt, in Berlin, phantasierte er als fanatischer Antisemit von Ritualmorden und veröffentlichte Pamphlete über angebliche Verschwörungen von Freimaurern – Radek bezeichnete er darin als Agenten des Oberrabbiners von Konstantinopel.

Unter den vielen Phantasten und Schreibtischkriegern war Fjodor Vinberg, ein ehemaliger zaristischer Offizier, der in Berlin eine kleine Tageszeitung *Prizyv* gründete, eine besondere Figur: er war ein früher Verfechter der sogenannten »Endlösung«, forderte, um die Wurzel sämtlichen Übels in der Welt zu beseitigen, kurz und bündig, daß alle Juden umgebracht werden müßten. Um seine These zu untermauern, hatte er Exemplare einer seltsamen russischen Veröffentlichung nach Deutschland mitgebracht, die den Titel *Die Protokolle der Weisen von Zion* trug: eine um die Jahrhundertwende von der Ochrana, der zaristischen Geheimpolizei zur Rechtfertigung judenfeindlicher Maßnahmen produzierte Fälschung, zusammengemixt aus einem 1855 erschienenen Roman mit dem Titel *Biarritz* eines Hermann Goodsche, versetzt mit den ebenfalls antiquierten und rein fiktiven *Dialogues aux Enfers entre Machiavel et Montesquieu* von Maurice Joly und angereichert mit Zutaten zweier russischer Schreiberlinge, Golowinskij und Manuilow.

Beide gaben vor, es handle sich bei diesem Opus um die wörtliche Wiedergabe dessen, was die Führer des Ersten Basler Zionistenkongresses 1897 auf vierundzwanzig Geheimsitzungen miteinander abgesprochen hätten. Danach sei es ihr Ziel, alle Staaten und Religionen der Welt mit demokratischen und sozialistischen Manipulationen und Tricks zu beseitigen und statt dessen eine jüdische Weltherrschaft zu errichten. Für den Fall einer Aufdeckung ihrer Verschwörung, hieß es, sei vorgesehen, in allen größeren Städten mit einem Netz von Untergrundbahnen sämtliche Heiden in die Luft zu sprengen. Dieses üble Werk fand im Rußland der Vorkriegszeit kaum Beachtung, aber als es auf der Welle der russischen Emigration nach Deutschland kam und hier erschien, erreichte es bald eine Auflage von mehr als 100 000 Exemplaren (und nicht nur hier, auch eine von Henry Ford I. subventionierte amerikanische Ausgabe fand weite Verbreitung).

Die von einer reaktionären russischen Emigration entwickelte Aktivität war für manche Deutsche nicht ohne Interesse (einige der Redakteure an Vinbergs Blättchen waren auch an den Vorbereitungen zum Kapp-Putsch beteiligt gewesen, was zu einem Verbot der Zeitung führte, als die Reichsregierung wieder nach Berlin zurückkehrte), aber im großen und ganzen waren die Deutschen von so manchem Intrigenspiel der Russen und von ihren vielen internen Querelen abgestoßen. Die Emigranten hatten sogar zwei Anwärter auf den nicht mehr existenten Zarenthron aufgestellt. Im Juni 1921 wurde eine Tagung in Bad Reichenhall veranstaltet, mit der Absicht, die verschiedenen feindlichen Brüder auf ein gemeinsames Ziel auszurichten. Einer der Schirmherren war Ludendorff, und unter den Organisatoren ein zwielichtiger Baltendeutscher namens Max von Scheubner-Richter (mit dem bürgerlichen Namen Max Richter), der wenig später politischer Berater Hitlers wurde.

Etwa 130 russische Delegierte aus verschiedenen Ländern versammelten sich im Gasthof zur Post in diesem Badeort, und sie mögen für die Einheimischen ein sehenswert absonderliches Schauspiel gewesen sein – die Generäle Biskupsky und Sacharov, der Bischof Antoni aus Kiew, die Alterspräsidenten der Duma Bellegarde und Rimsky-Korsakov. Sie kamen jeden Morgen um zehn Uhr zusammen und diskutierten über die Notwendigkeit wirtschaftlichen Wiederaufbaus und über Agrarreformen, sobald in ihrer Heimat die Monarchie wieder an der Macht sei. In kleinen Gruppen erörterten sie auch die Frage, welche der Delegierten wohl in deutschem und welche von ihnen in französischem Solde stehen könnten. Eine Einigung vor allem darüber, wem sie ihre Stimme als Kronprätendenten geben wollten, wurde ebensowenig wie über anderes erzielt, und so löste diese etwas gespenstische Gesellschaft sich schließlich auf, und die Teilnehmer kehrten in ihre verschiedenen Gastländer wieder zurück.

Doch das Gift wirkte weiter. Scheubner-Richter bemühte sich, eine antikommunistische Vereinigung deutscher Nationalisten zu bilden, und *Die Protokolle der Weisen von Zion* waren ein Lieblingsbuch des NS-Ideologen Alfred Rosenberg. Beide Männer waren maßgebend an den von Hitler vorgetragenen Ideen und Plänen beteiligt. Anfänglich schenkte Hitler dem sich erst entwickelnden Sowjetkommunismus wenig Beachtung; selbst den Juden gegenüber hegte er anscheinend nur jene konventionelle Feindseligkeit, wie sie in österreichischer Landbevölkerung gärte; die Franzosen hingegen waren es, die er fanatisch haßte. Von russischen Emigranten aber, die nach Berlin gekommen waren, übernahm er nach und nach und auch indirekt so manche Doktrinen und Fehleinschätzungen, die am Ende die deutsche Wehrmacht in ihre Niederlage an der Wolga führen sollten.

KAPITEL VI

»Ein gewisses Champagnerfunkeln.«
1922

Knallt ab den Walther Rathenau,
die gottverdammte Judensau.
»Völkischer« Kampfspruch

Im Mai 1922 empfing Reichskanzler Joseph Wirth einen katholischen Priester, der ihm eine erschreckende Warnung übermittelte. Die nationalistische Hetze gegen den Reichsaußenminister Walther Rathenau – einen wahrhaft außerordentlichen Mann, von dem leidenschaftlichen Willen beseelt, seinem Vaterland zu dienen, Kaufmann ursprünglich, Mitglied von 84 Aufsichtsräten und Präsident eines der größten Werke der Elektroindustrie, vielfacher Millionär, vorausschauender Nationalökonom und eigenwilliger politischer Denker, um die geistigen Grundlagen für eine zukünftige soziale Entwicklung bemüht, ein Mann hoher Bildung, aber eben Jude – wolle sich nicht länger auf Worte beschränken. Eine Gruppe von jungen Radikalen plane ein Attentat gegen ihn, sagte der Priester, einen Mordanschlag, der jederzeit passieren könnte.

Wirth bat Rathenau zu sich und bestand darauf, daß er sich unter einen starken Sicherheitsdienst stelle. »Meine Mitteilung machte auf Minister Rathenau einen tiefen Eindruck«, berichtete Wirth später. »Bleich und regungslos stand er wohl zwei Minuten vor mir. Keiner von uns wagte auch nur mit einem Wort die Stille zu unterbrechen. Rathenaus Augen waren wie auf ein fernes Land gerichtet. Er kämpfte sichtlich lange mit sich. Plötzlich nahmen sein Gesicht und seine Augen den Ausdruck großer Güte und Milde an. Mit einer Seelenruhe, wie ich sie nie an ihm gesehen hatte ... näherte er sich mir, legte beide Hände auf meine Schultern und sagte: ›Es ist nichts, lieber Freund. Wer sollte mir denn etwas tun?‹«

Zu der gleichen Zeit, spät am Nachmittag, hockten vier junge Männer auf einer Bank im Berliner Tiergarten. Einer von ihnen war der fünfundzwanzigjährige ehemalige Seeoffizier Erwin Kern, gutaussehend, hellblond, blauäugig, aus der Brigade Ehrhardt hervorgegangen. Neben ihm seine beiden Konspiranten, der ebenfalls hellblonde fünfundzwanzigjährige Ingenieur Hermann Fischer und der einundzwanzigjährige Ernst Werner Techow, seinerseits Mitglied der Organisation Consul – »ein schicker Bengel, der alles macht und nichts fragt«. Der vierte im Bunde war Ernst von Salomon, erst zwanzig Jahre alt, ehemaliger Kadett. Kern plante einen neuen Terrorakt gegen die Republik, aber zögerte noch, die Gefährten in sein Vorhaben einzuweihen. Salomon stellte ihm seine Fragen:

»Kern saß, vorgebeugt, die Arme auf die Knie stützend, und sah den in der sanften Dämmerung flanierenden Menschen nach«, so berichtete Salomon. »Die verworrenen Geräusche ferner Musik hallten zu uns herüber ... Kern sagte: ›Wenn jetzt das Letzte nicht gewagt wird, kann es für Jahrzehnte zu spät sein. Wir wollen die Revolution. Wir sind frei von der Belastung von Plan, Methode und System. Darum ist es an uns, den ersten Schritt zu tun, die Bresche zu schlagen. Wir müssen abtreten in dem Augenblick, da unsere Aufgabe erfüllt ist. Unsere Aufgabe ist der Anstoß, nicht die Herrschaft.‹«

»Ich habe die Absicht«, sagte Kern, »den Mann zu erschießen, der größer ist als alle, die um ihn stehen.«

Salomon wurde die Kehle trocken, er fragte: »Rathenau?«

»Rathenau«, sagte Kern. Er stand auf und sagte »Das Blut dieses Mannes soll unversöhnlich trennen, was auf ewig getrennt werden muß.«

Mit Rathenau hatten sich die Verschwörer als Opfer immerhin einen der prominentesten Deutschen ausgesucht. Er wurde 1867 als Sohn des späteren Gründers der AEG Emil Rathenau in einem Arbeiterviertel Nordberlins, in der Chausseestraße, geboren. Der Vater besaß eine kleine Maschinenbauanstalt, die er aber aufgrund der Wirtschaftskrise 1873 verkaufte, dann sah er sich nach neuen Möglichkeiten um. Auf Auslandsreisen lernte er auf den interessantesten Industrieausstellungen der siebziger Jahre die im Aufschwung befindliche Elektrotechnik kennen, interessierte sich besonders für neue Erfindungen Thomas Edisons und erwarb in visionärem Optimismus dessen europäische Patente für die Beleuchtung durch Glühlicht – eine Entscheidung, die für die Entwicklung der deutschen Industrie von weittragender Bedeutung werden sollte. Mit Hilfe von Darlehen gründete er die »Deutsche Edison-Gesellschaft für angewandte Elektrizität«, die Stammgesellschaft der späteren AEG.

Der Sohn suchte sich dem starken Einfluß des Vaters zu entziehen, studierte mathematische Physik, Chemie und Philosophie und war dann sieben Jahre Leiter der Elektrochemischen Werke in Bitterfeld, wodurch er sich finanziell unabhängig machen konnte. »1899 beschloß ich«, schrieb Rathenau, »mich von der Industrie zurückzuziehen, um literarisch zu arbeiten. Die AEG schlug mir vor, in ihr Direktorium einzutreten und die Abteilung für den Bau von Zentralstationen zu übernehmen. Ich ... baute viele Zentralen – unter anderem in Manchester, Amsterdam, Buenos Aires und Baku ... 1902 verließ ich die AEG, um in der Finanz zu arbeiten ... und gehörte später nahezu hundert Unternehmungen an.« Bis 1914 gewann Rathenau, dem Kaiser nahestehend, als Mitglied auch vieler internationaler Gesellschaften großen Einfluß. »Dreihundert Männer, von denen jeder jeden kennt«, schrieb er, »leiten die wirtschaftlichen Geschicke des Kontinents.«

Diese bedeutungsschwere Gemeinschaft zerbrach im Herbst 1914, jetzt jubelten die Massen den an die Front ziehenden Soldaten zu, Rathenau, weitschauend wie wenige, blickte alles andere als optimistisch in die Zukunft. »Er war wie vernichtet«, schrieb sein Freund und Biograph Kessler:

»Zeugnisse bestätigen, daß, während draußen ein noch nie dagewesener Taumel das Volk ergriff, er in Verzweiflung die Hände rang. Eine alte Freundin schildert, wie er zu ihr kam, stumm dasaß, während ihm die Tränen über die Wangen rollten . . . Der Ausbruch des Krieges war ein Schlag, von dem Rathenau sich nicht erholt hat. Er war *die* Krisis seines Lebens.«

Er hatte sich seit längerem schon Gedanken über die Beschaffung der für einen modernen Krieg notwendigen Materialreserven gemacht und trug dieses Problem sofort im Kriegsministerium vor. Tatsächlich wurde rasch eine »Kriegsrohstoffabteilung« eingerichtet, die von Rathenau und einem pensionierten Oberst als Beobachter geleitet wurde und zunächst aus nur fünf Beamten bestand. Sie verschaffte sich als erstes einen Überblick über die Produktion von Metall, dann von Chemikalien, Jute, Wolle, Kautschuk, Baumwolle, Leder usw. und ermöglichte es schließlich, daß das deutsche Kaiserreich, man mag dazu stehen, wie man will, den Krieg mindestens ein, wenn nicht gar zwei Jahre länger durchhalten konnte, als es ohne diese Voraussicht vermocht hätte.

Rathenaus Pläne griffen allerdings weit über den Krieg und auch über die Konzeptionen der Industriellen seiner Zeit hinaus. »Eigentum, Verbrauch und Bedarf sind nicht Privatsache«, schrieb er in seinem Buch *Von kommenden Dingen:*

»Eine kommende Zeit wird schwer begreifen, daß der Wille eines Toten die Lebenden band; daß ein Mensch befugt war, Meilen eines irdischen Landes abzusperren; daß er ohne staatliche Genehmigung Äcker brachlegen, Bauten vernichten oder aufführen, Landschaften verstümmeln, Kunstwerke beseitigen oder schänden konnte, daß er sich berechtigt hielt, jeden beliebigen Teil des Gesamtvermögens durch geeignete Geschäfte an sich zu bringen und, sofern er einige Abgaben zahlte, nach Gutdünken zu verwenden, jegliche Zahl von Menschen zu beliebiger Arbeitsleistung in seine Dienste zu nehmen, sofern seine Kontrakte nicht widergesetzliche Bedingungen enthielten, jegliche Geschäftsform zu praktizieren, sofern sie nicht staatliches Monopol oder im Gesetzbuch als Schwindel erklärt war, jeden noch so unsinnigen Aufwand zum Schaden des Gesamtvermögens zu treiben, solange er im zahlenmäßigen Verhältnis zu seinen Mitteln blieb.«

Kurz, Rathenau fragte sich, wie die Gesellschaft weiterhin ein auf reines Profitdenken gegründetes System der Privatwirtschaft tolerieren könnte. Er vertrat die Ansicht, daß die für die Herstellung feiner Konfektion benötigte Arbeitskraft der für die minderen Schichten arbeitenden Textilindustrie entzogen würde und daß selbst die für den Yachtsport erforderliche Leistung für die Handelsschiffahrt nutzbar gemacht werden könnte und sollte. »Wer Arbeit, Arbeitszeit oder Arbeitsmittel vergeudet, beraubt die Gemeinschaft.« Seiner Ansicht nach könne das Problem nur durch hohe Besteuerung dessen gelöst werden, was er als »Luxus und übermäßigen Verbrauchsgenuß« betrachtete: Tabak und Spirituosen, kostbare Textilstoffe, Rauchwaren, Putzfedern, Hölzer, Gesteine, Juwelen, deren Einfuhr schwer zu überwachen ist . . . Raumaufwand, abgesperrte Parkanlagen, luxuriöse Gebäude und Wohnräume, Remisen und Garagen müßten zu den Lasten des Landes beitragen. Persönliche Bedienung in starker Progression der Kopfzahl und der Gehälter, Luxuspferde, Equipagen und Automobile, Beleuchtungsaufwand, kostbares Mobiliar, Rang und Titel waren für ihn nicht Steuerobjekte im Sinne des Finanzertrages, sondern der Beschränkung.

Darüber hinaus befürwortete er die strikte Einschränkung des Wettbewerbs, die Zusammenfassung von Firmen ein und derselben Branche, eine Mitbestimmung der Regierung und der Gewerkschaften bei allen autonomen Gesellschaften und eine Neuverteilung der politischen Macht nach allgemeinen wirtschaftlichen Gesichtspunkten und nicht nach regionalen Gegebenheiten.

Es überrascht nicht, daß Rathenaus Widersacher in ihm sofort einen Bolschewisten sahen, aber immerhin erreichten Hauptwerke wie *Von kommenden Dingen* (1917) und *Die neue Wirtschaft* (1918) nicht nur hohe Auflagen, sie wurden auch viel diskutiert – den Ablauf der Ereignisse haben sie kaum beeinflussen und in eine andere und bessere Richtung lenken können.

Bereits 1911 war von dem Industriestädtchen Weißwasser in der Oberlausitz aus einmal der Vorschlag eingebracht worden, Rathenau als Reichstagskandidaten aufzustellen, aber viele Wähler sprachen sich dagegen aus, von einem Liberalen und noch dazu einem Juden vertreten zu werden, und so hielt sich Rathenau zurück. Als 1919 bei der Nationalversammlung in Weimar die Vorschläge für die Nominierungen zur ersten Reichspräsidentschaftswahl einliefen, war von einem in Stockholm lebenden expatriierten Deutschen Eugen Müller auch Rathenau vorgeschlagen worden, was nach dem stenographierten Bericht mit »großer Heiterkeit rechts« quittiert wurde. Rathenau verletzte dies tief. Er stellte nicht in Abrede, daß diese Nominierung ein »Mißgriff« sei, aber nahm die »Heiterkeit« tragischer, als richtig war: »Das Parlament eines anderen Kulturstaates hätte aus Achtung für jeden beliebigen Vertreter geistiger Arbeit es angemessen erachtet, die abgeschmackte Verlesung einer abgeschmackten Kundgebung zu überhören. Das Erste Deutsche Republikanische Parlament, in feierlichster Stunde . . . schüttete sich aus vor Lachen. Minutenlange Heiterkeit verzeichnen die Blätter, und Augenzeugen erzählen, daß Männlein und Weiblein zum Gruß an einen Deutschen, dessen geistige Arbeit sie kannten oder nicht kannten, sich beseligt auf den Sitzen kugelten.«

Es war Rathenau nicht vergönnt, in der Turbulenz der noch jungen unerfahrenen deutschen demokratischen Politik Karriere zu machen. Er war ein sehr musischer, sehr diffiziler Mensch, und selbst der Freund Graf Kessler bekannte, daß man es im Umgang mit ihm keineswegs immer leicht hatte; er sei im Gegenteil immer leicht irritiert gewesen, wenn man ihm widersprach, und sofern er sich gehenließ, konnte er recht unangenehm werden.

Stefan Zweig, der Rathenau sehr verehrte, beschrieb ihn für den damaligen Zeitpunkt sehr getreulich:

»Seine geistige Konzentrationsfähigkeit, seine stupende Umschalteleichtigkeit von einer Materie zur andern war derart vollkommen, wie ich sie niemals wieder anderwärts erlebt habe . . . Er konnte jederzeit im Auto wie in der Bahn ebenso präzis und profund sprechen wie in seinem Zimmer. Ich wollte die Gelegenheit nicht versäumen, und ich glaube, es tat ihm auch wohl, sich mit jemandem aussprechen zu können, der politisch unbeteiligt und ihm persönlich seit Jahren freundschaftlich verbunden war. Es wurde ein langes Gespräch, und ich kann bezeugen, daß Rathenau, der persönlich von Eitelkeit keineswegs frei war, durchaus nicht leichten Herzens und noch weniger gierig und ungeduldig die Stellung eines deutschen Außenministers übernommen hatte. Er wußte im voraus, daß die Aufgabe vorläufig noch eine unlösbare war und daß er im besten Falle einen Viertelerfolg zurückbringen konnte, ein paar belanglose Konzessionen, daß aber ein wirklicher Frieden, ein generöses Entgegenkommen, noch nicht zu erhoffen war. ›In zehn Jahren vielleicht‹, sagte er mir, ›vorausgesetzt, daß es allen schlecht geht und nicht nur uns allein. Erst muß die alte Generation aus der Diplomatie weggeräumt sein, die Generäle müssen nur noch als stumme Denkmäler auf den öffentlichen Plätzen herumstehen.‹ Er war sich vollkommen bewußt der doppelten Verantwortlichkeit durch die Belastung, daß er Jude war. Selten vielleicht ist in der Geschichte ein Mann mit so viel Skepsis und so

voll innerer Bedenken an eine Aufgabe herangetreten, von der er wußte, daß nicht er, sondern nur die Zeit sie lösen könnte, und er kannte ihre persönliche Gefahr.«
Für solch einen Mann, wollte er zu einer Machtposition im Staate gelangen, gab es nur die Möglichkeit, in ein hohes Amt berufen zu werden, und so hatte ihm der Reichskanzler Wirth, ein freundwilliger, gemäßigter Politiker, 1921 den Posten des Wiederaufbauministers angeboten. Rathenau nahm dieses Amt vor allem an, um die Verständigungspolitik mit festerem Willen und neuen fruchtbaren Ideen voranzutreiben. »Ich bin eingetreten in ein Kabinett der Erfüllung«, sagte er in seiner ersten Rede vor dem Reichstag. »Wir müssen Wege finden, uns mit der Welt wieder zusammenzubringen.«
Die Auseinandersetzungen mit den westlichen Alliierten über die zu leistenden Reparationszahlungen erwiesen sich allerdings als überaus schwierig. Bald zeigte es sich, daß der Außenminister Dr. Friedrich Rosen, der sich als feiner Kenner und Übersetzer persischer Poesie einen Namen gemacht hatte, ihnen nicht mehr gewachsen war. Als Rosen, physisch am Ende seiner Kräfte, aufgab, wandte sich Wirth an Rathenau. Rathenaus Mutter, zu der er ein besonders inniges Verhältnis hatte, bat ihn verzweifelt, einen solchen Posten keinesfalls in einer solchen Zeit anzunehmen, in der die Nationalisten jeder Couleur die Republik so heftig anfeindeten. So erfuhr seine Mutter erst aus den Zeitungen seine Entscheidung, das Außenministerium zu übernehmen. »Als Rathenau wie gewöhnlich zum Mittagessen zu seiner Mutter kam«, berichtete eine Freundin der Familie, »saßen sich beide gegenüber und stocherten in ihrem Essen herum, bis endlich die Mutter fragte: ›Walther, warum hast du mir das angetan?‹ Und er antwortete: ›Ich mußte es ja, Mama, weil sie keinen anderen gefunden haben.‹«
»Eigentlich«, sagte einer aus der Verschwörergruppe viele Jahre später, »war der einzige politische Nenner, auf den die gesamte ›nationale Bewegung‹ damals zu bringen war, ein negativer; er hieß: Weg mit dem Versailler Vertrag . . . und kein Paktieren mit dem Westen . . . Ich glaube, es war Kern selbst, der schließlich in die erhitzte Diskussion den logischen Gedanken warf, dann sei eben jeder Erfüllungspolitiker zu beseitigen. ›Beseitigen‹, das hieß natürlich schlichtweg: töten . . . ›Listen‹ tauchten auf, und auf einer unserer Listen stand unter vielen anderen auch der Name Rathenau.«
»Diese Liste«, sagte ein anderer der Mitwisser, »diese Liste! Sie war in Wirklichkeit nichts als ein kleines, schmutziges Stück Papier, auf dem mit Bleistift geschrieben kreuz und quer Namen standen, manche durchgestrichen, manche wieder hinzugefügt. Die meisten der Namen bedeuteten mir überhaupt nichts . . . Es war auch reiner Zufall, daß

ich an der Ermordung Rathenaus teilnahm . . . Tatsächlich war Rathenau ja der einzige Jude, den wir ermordet haben.«
»Wir waren aber Antisemiten«, sagte der andere.
»Ich sagte: ›Ja, das waren wir.‹«
Dieser andere, Ernst von Salomon, der das gesagt hatte und sich später zur Niederschrift eines Buches über diese Ereignisse gedrängt fühlte, seines Romans *Die Geächteten*, hatte sich in Hamburg mit Kern getroffen, wo sie endlos miteinander darüber diskutierten, wie und auf welchem Wege die Regierung am besten zu stürzen sei. Beide waren voller Scham und Empörung über den Ausgang des Krieges. Salomon, der junge Kadett, der nie an der Front gewesen war, fragte Kern, wie ein Marineoffizier die Demütigung durch Niederlage und Kapitulation überleben könnte, und Kern antwortete: »Ich überstand sie nicht . . . Ich bin tot.«
In seinem Willen, zu zerstören, der einzigen motorischen Kraft, die noch in ihm war, wählte sich Kern als Opfer wohlüberlegt nicht den schlimmsten, sondern den besten Mann aus. Rathenau, sagte er während eines langen nächtlichen Gesprächs in einem Versteck, wo sie Gewehre und Handgranaten angehäuft hatten, sei die letzte und die reifste Frucht dieser Zeit: er vereinige in sich alles, was in dieser Zeit an Gedanken, an Ehrenhaftigkeit und an Geistigkeit von Wert sei.
Und es war genau diese Überlegenheit, die die jungen Nihilisten zu dem Mord antrieb. »Ich könnte es nicht ertragen«, sagte Kern, »wenn wieder etwas Großes aus dieser chaotischen, dieser verrückten Zeit erstünde, in der wir leben . . . Wir kämpfen nicht, um die Nation glücklich zu machen – wir kämpfen, damit sie den ihr vom Schicksal vorgeschriebenen Weg geht.«
In den Zeitungen lasen die Verschwörer von Rathenaus Erfolgen auf der Konferenz von Genua, auf der die Probleme des Welthandels diskutiert wurden. Für die Deutschen war dies die erste Gelegenheit, wieder als gleichberechtigte Partner an einer internationalen Konferenz teilzunehmen. Die Franzosen taten, was in ihrer Macht stand, um diese Gleichberechtigung zu verhindern, und hielten eine Reihe privater Sitzungen unter Ausschluß der Deutschen ab, um die Höhe der von Deutschland an Rußland zu leistenden Reparationen festzustellen (und die es daraufhin den Sowjets ermöglichen sollten, die Schulden des zaristischen Rußland an Frankreich zurückzuzahlen). Als diese internen Konferenzen ins Stocken gerieten, boten die Russen den Deutschen einen separaten Freundschaftsvertrag an, und Rathenau kam in einem nahe gelegenen Seebad mit der sowjetischen Delegation zusammen, um am 16. April 1922 den berühmten Vertrag von Rapallo zu formulieren, der, ohne einen Friedensvertrag, als erster nach dem

Krieg einen wirklichen Friedenszustand zwischen zwei verfeindeten Völkern herstellen sollte.

»Zieht man das Fazit, so erscheint als einziger Gewinner bei der Konferenz Deutschland . . . Die intellektuelle Kraft und Zähigkeit«, schrieb Graf Kessler, der selbst an der Konferenz teilgenommen hatte, »mit der Rathenau es verstand, einem Teil unserer früheren Feinde die Überzeugung von der Ehrlichkeit seiner Verständigungspolitik beizubringen, hat entscheidend dazu beigetragen, Deutschland in den furchtbaren Jahren, die bevorstanden, zu retten und seinen späteren, überraschend schnellen Wiederaufstieg vorzubereiten.«

Kern war nicht der einzige jugendliche Fanatiker, der einen Mordanschlag auf den Reichsaußenminister plante. Ein siebzehnjähriger Schüler, Hans Stubenrauch, Sohn eines Generals, Mitglied eines »Bundes der Aufrechten«, hatte sich das gleiche Ziel gesetzt – bestimmt durch eine falsch interpretierte Stelle in einer Kriegsveröffentlichung Rathenaus: »Niemals wird der Tag kommen, an dem der Kaiser auf weißem Roß durch das Brandenburger Tor als Sieger einziehen wird. An einem solchen Tage hätte die Weltgeschichte ihren Sinn verloren.« Für Stubenrauch war dieser delphische Ausspruch der Beweis, daß Rathenau Deutschland den Krieg nicht gewinnen lassen wollte und daher den Tod verdiente. Er weihte einen Studenten Günther in diesen Plan ein, und Günther stellte eine Verbindung her zu Kern, der die Idee zwar guthieß, Stubenrauch aber für zu jung und ungeeignet befand.

Am 18. Juni trafen sich Kern, Fischer und der fahnenflüchtige Psychopath Günther in der Wohnung von Techows verwitweter Mutter mit Ernst Werner Techow und seinem Bruder Gerd, und die fünf entwarfen den endgültigen Plan, nach dem dann Rathenau tatsächlich ermordet wurde. Am 20. Juni trafen sich die Verschwörer noch einmal im Steglitzer Ratskeller und besprachen Einzelheiten. Kern befürchtete, mit einem gewöhnlichen Revolver bei einem so rasch durchzuführenden Überfall nicht sicher treffen zu können. So fuhren die jungen Leute am nächsten Tag mit dem für ihre Absicht geliehenen sechssitzigen Kraftwagen in den Grunewald, um das Attentat zu proben. Dabei kam Kern zu der Überzeugung, daß sie eine Maschinenpistole brauchten, und so fuhr er nach Schwerin, um diese Waffe zu holen, die er dort einem früheren Seekadetten und gleich ihm Mitglied der Brigade Ehrhardt in Verwahrung gegeben hatte.

Ein oder zwei Tage vor dem Attentat hörten sich die Verschwörer im Reichstag noch eine Rede Rathenaus über die Ergebnisse der Konferenz von Genua an. Auf dem Rückweg blieben sie Unter den Linden vor dem Laden eines Photographen stehen, um sich im Aushang ein Porträt Rathenaus anzusehen. »Die seltsamen, dunklen, scharfen und

doch Selbstbeherrschung verratenden Augen blickten uns aus dem schmalen und gepflegten Gesicht wie prüfend an«, schrieb Salomon. »Fischer sagte, nachdem er es sich lange angesehen hatte: ›Scheint ein anständiger Mann zu sein.‹« Und dann gingen sie weiter. Alles war genauestens vorbereitet, und so verbrachten die Verschwörer die Nacht des 23. Juni in einer Wirtschaft, wo sie reichlich Bier, Wein und Kognak tranken. Techow hatte noch grundsätzliche Bedenken, aber Kern erklärte ihm, daß Rathenau ein Bolschewist sei, der Deutschland unter jüdischen Einfluß bringen wolle, und daß seine Erfüllungspolitik Verrat an Deutschland bedeute.
Rathenau war am gleichen Abend zu Gast beim amerikanischen Botschafter. Er war erregt, weil Helfferich, der Führer der Deutschnationalen, ihn gerade im Reichstag heftig angegriffen hatte. Erst vor zwei Tagen hatte er Helfferich zum Abendessen zu sich eingeladen und sich bemüht, die Differenzen zwischen ihnen aus der Welt zu schaffen. Es sei alles gut verlaufen, hatte Rathenau gemeint, und nun war Helfferich wieder zum Angriff übergegangen. »Die Politik der Erfüllung hat uns die furchtbare Entwertung des deutschen Geldes gebracht«, hatte Helfferich am Nachmittag im Reichstag erklärt, »sie hat unsern Mittelstand zermalmt, hat zahllose Menschen und Familien in Verzweiflung und Selbstmord getrieben.«
In der amerikanischen Botschaft wurde über die Schwierigkeiten gesprochen, die Deutschland mit seinen Kohlenlieferungen an die Alliierten hatte, und Rathenau schlug vor, noch den Industriellen Hugo Stinnes zur Teilnahme am Gespräch hinzuzuziehen. Stinnes war ein alter Widersacher Rathenaus, aber er nahm die späte Einladung an. Er kam gegen zehn, und es begann, wie ein Teilnehmer berichtete, eine lebhafte politische Debatte, die bis lange nach Mitternacht dauerte und nach dem Verlassen der Botschaft bis vier Uhr morgens im Hotel Esplanade fortgesetzt wurde.
Am nächsten Tag, am 24. Juni, zehn Uhr morgens, hatten die Verschwörer ihren hellgrauen Sechssitzer in einer Seitenstraße der Grunewalder Königsallee geparkt. Alle Verschwörer trugen nagelneue Ledermäntel und ebensolche Kappen. Fischer hatte an der Ecke Stellung bezogen und hielt Ausschau nach Rathenaus großem, offenem, nicht sehr schnellem Wagen. Die Mörder wußten, daß der Außenminister immer dieselbe Strecke und daß der Chauffeur langsam fuhr (noch am Tag zuvor hatte der Polizeipräsident Rathenau gewarnt: solange er darauf bestünde, langsam und in einem offenen Wagen zu fahren, könne die Polizei ihn nicht schützen).
In Anbetracht der Verbrennungsöfen von Auschwitz und andrer zurückliegender Ereignisse hat man sich daran gewöhnt, den Deutschen eine mörderische Feindseligkeit gegenüber den Juden seit je zuzu-

schreiben, und meint so obenhin, der Raum zwischen Rhein und Elbe sei schon immer eine Brutstätte für den unheilvollen Bazillus des Antisemitismus gewesen. Diese Vermutung mag nicht völlig falsch sein, aber sie ist von der Wahrheit weit entfernt.

Seit fast zwei Jahrtausenden gibt es nun schon die oft strapazierten Beziehungen zwischen den Deutschen und den Juden in Deutschland. Schon im zweiten Jahrhundert n. Chr. gab es eine erste jüdische Siedlung am Rhein, und die deutschen Juden waren stolz auf ihre an gewisse Orte gebundenen Traditionen.

Nach vielen Verfolgungen und Wechselfällen gewannen die Juden die uneingeschränkten Bürgerrechte erst mit der Bismarckschen Reichsverfassung von 1871 – und auch dann noch ohne einhellige Zustimmung. Bismarck, der seine Kriege mit Darlehen von seiten des jüdischen Bankiers Gerson Bleichröder finanziert hatte, bemerkte einmal, die Juden brächten in das deutsche Völkergemisch »ein gewisses Champagnerfunkeln«, das nicht unterschätzt werden dürfe, woraufhin er von deutschen Nationalisten als »Speichellecker der Juden« angeprangert wurde.

Als die Juden in den achtziger Jahren im Berufs- und Geschäftsleben sehr erfolgreich wurden, kam es zu antisemitischen Unruhen, und der Historiker Heinrich von Treitschke schrieb, der Antisemitismus sei eine natürliche Reaktion des deutschen Nationalgefühls gegen ein fremdes Element, das sich in anderem Leben einen allzu breiten Platz angemaßt habe. Treitschke prägte den Satz, den Joseph Goebbels später als Schlagwort übernahm: »Die Juden sind unser Unglück«. Verunglimpfungen dieser Art blieben allerdings nicht ohne Antwort. Als der Hof- und Domprediger Adolf Stoecker, Gründer der Christlich-Sozialen Partei, die zwangsweise Bekehrung der Juden forderte, gründeten liberalere Christen eine Union zur Bekämpfung des Antisemitismus. Ihr Führer Heinrich Rickert sagte im Korridor des Reichstags zu Stoecker: »Ich bin davon überzeugt, daß drei Viertel des deutschen Volkes auf meiner Seite stehen.«

Als der Erste Weltkrieg begann, zeigten sich die Juden als überzeugte Patrioten und drängten mit der gleichen aufopferungsfreudigen Begeisterung zu den Waffen wie die Deutschen selbst. Etwa 100 000 Juden, das heißt jeder sechste Jude, Frauen und Kinder eingerechnet, traten den Dienst in der deutschen Armee an. 80 000 kämpften in der vordersten Front, 35 000 wurden wegen Tapferkeit vor dem Feinde ausgezeichnet, 12 000 fielen. »Die Juden waren geradezu pathologisch in ihrem Patriotismus«, sagt mir der Rabbiner Dr. Prinz. »Mein Vater diente auch im Ersten Weltkrieg, und mein Großvater wurde 1866 im Krieg gegen Österreich verwundet. Er war darauf enorm stolz.« Und nur ein amerikanischer Reporter konnte es merkwürdig

finden, daß für die im Krieg gefallenen Juden eigene Friedhöfe eingerichtet wurden: »Es war ein riesiges Gelände«, erzählte Ben Hecht, »so weit man sehen konnte, Reihen von kleinen Marmorplatten ... Mein Begleiter sagte zu mir: ›Sie haben tapfer für ihr Vaterland gekämpft. Prozentual mehr Juden als Deutsche sind damals gefallen. Nur 0,5 Prozent der deutschen Bevölkerung waren Juden. Aber 3 Prozent der Gefallenen waren Juden.‹«
Erst nach dem Krieg wurde den Juden die volle Gleichberechtigung zugestanden, die ihnen immer wieder versprochen worden war. Sie blieben beständig eine winzige Minderheit, nie mehr als 1 Prozent der Gesamtbevölkerung. Diese wenigen strebten allerdings oft danach, ihren Wohnsitz in Berlin zu nehmen. Aus den 50 Familien des Jahres 1671 wurde bis 1800 eine Gemeinde von 3322 Personen, 1900 waren es 92 000 – ein Ansteigen der Bevölkerungszahl, das 1925 mit 173 000 Juden seinen Höhepunkt erreichte, etwa sechsmal soviel wie in Frankfurt, das mit 29 000 jüdischen Bürgern die zweitgrößte jüdische Gemeinde beherbergte. Aber auch damit machten die Juden Berlins nicht mehr als 5 Prozent der Stadtbevölkerung aus, eine Minderheit, die es allerdings zu Ansehen und einflußreichen Positionen brachte. Besonders im Handels- und Bankwesen, als Direktoren der Deutschen, der Dresdner und Darmstädter Bank und als Inhaber so großer Warenhäuser wie Wertheim, Tietz und Israel. Die wichtigsten Zeitungskonzerne, Ullstein und Mosse, waren in den Händen von Juden, und das spektakuläre Berliner Kulturleben der zwanziger Jahre war von Juden in hohem Maße mitbestimmt.
Darauf waren sie natürlich stolz, und sie durften auch mit gutem Recht darauf hinweisen, daß ein Viertel der im ersten Drittel dieses Jahrhunderts an Deutsche verliehenen Nobelpreise deutschen Juden zuerkannt wurde. Viele Deutsche allerdings, darunter durchaus auch solche, die sich keineswegs für Antisemiten hielten, sahen in dieser Blüte jüdischer Aktivität den Triumph eines doch irgendwie fremden und irgendwie auch bedrohlichen Elements. Wie groß auch immer die Hoffnung der Juden auf Integration gewesen sein mochte – »Juden sind politische Idioten«, meint Dr. Prinz. »Sie sind zu optimistisch, zu hoffnungsfroh. Was ein Feind ist, werden sie nie begreifen.«
Einer durch Niederlage und Revolution erschütterten Nation schien sich mit dem verstärkten Auftreten von Juden im öffentlichen Leben eine Entwicklung anzubahnen, die ihr nicht recht geheuer war. Der Erfolg jüdischer Verleger, Ärzte und Anwälte war für viele nicht allein durch die Tatsache begründet, daß sie eben in ihrem Fach die Tüchtigsten waren. Etwas anderes schien hineinzuspielen, etwas, für das man nur sehr vage den Begriff ihres »Judentums« zur Hand hatte. »In den zwanziger Jahren wurde alle Wissenschaft, alle Kultur

von den Juden beherrscht«, behauptet ein Zeitgenosse jener Epoche noch heute verbittert. »Die Professoren an den Hochschulen waren meistens Juden. Wenn ein Student Jude war, bekam er die besten Zensuren und danach die besten Stellungen. Hatte man einen jüdischen Anwalt, dann gewann man seinen Prozeß, war der Anwalt kein Jude, verlor man ihn. Und alle Positionen, in denen sich viel Geld verdienen ließ, standen unter der Kontrolle von Juden. Für uns Deutsche war das schlimm.«

Für solche Leute waren die Werke des heute fast vergessenen »Kulturphilosophen« Houston Stewart Chamberlain eine wahre Offenbarung. In seinen *Grundlagen des 19. Jahrhunderts*, einem Buch, das 1899 erstmals erschien und von dem mehr als eine Million Exemplare verkauft wurden, verkündigte der mit einer Tochter Richard Wagners verheiratete Autor so dilettantisch wie für schlichte Gemüter überzeugend den absoluten Führungsanspruch der »arisch-germanischen Rasse«. Den Beweis für die Richtigkeit seiner Thesen schienen dann jene zu Dokumenten manipulierten *Protokolle der Weisen von Zion* zu liefern. Wer konnte diese dunklen Kräfte so sichtbar verkörpern, wer dem Bilde solcher weitverbreiteten Wahnvorstellungen überzeugender entsprechen als jener millionenschwere Intellektuelle, der da offenbart hatte, daß dreihundert Männer, alle miteinander bekannt, das Geschick des Kontinents bestimmten? Und doch ist es die eigentliche Tragik im Schicksal Walther Rathenaus, daß er nicht nur als Außenminister deutscher Nationalist, sondern als Jude auch Antisemit war. »Seltsame Vision!« sagte er einmal von den Ostjuden, jenen bärtigen Flüchtlingen, von denen es in Deutschland nie mehr als achtzigtausend gegeben hat, deren Anblick aber jeden, der ihnen begegnete, befremdete, wenn nicht abstieß:

»Inmitten deutschen Lebens ein abgesondert fremdartiger Menschenstamm. Glänzend und selbstgefällig staffiert, von heißblütig beweglichem Gebaren. Auf märkischem Sand eine asiatische Horde ... In engem Zusammenhang unter sich, in strenger Abgeschlossenheit nach außen; so leben sie in einem halbfreiwilligen, unsichtbaren Ghetto, kein lebendes Glied des Volkes, sondern ein fremder Organismus in seinem Leibe ... Was muß also geschehen? Ein Ereignis ohne geschichtlichen Vorgang: die *bewußte Selbsterziehung* einer Rasse zur Anpassung an fremde Anforderungen ... Das Ziel des Prozesses sollen nicht imitierte Germanen, sondern deutsch geartete und -erzogene Juden sein.«

Er selbst, erklärte Rathenau, habe diese Entwicklung bereits durchgemacht: »Ich bin ein Deutscher jüdischer Herkunft«, sagte er. »Mein Volk sind die Deutschen, niemand sonst. Die Juden sind für mich ein deutscher Stamm, wie Sachsen, Bayern oder Wenden. Für mich entscheidet über die Zugehörigkeit zu Volk und Nation nichts anderes als Herz, Geist, Gesinnung und Seele. In diesem Empfinden stelle ich die Juden etwa zwischen die Sachsen und Schwaben. Sie sind mir weniger nahe als Märker und Holsteiner, sie sind mir vielleicht etwas näher als Schlesier und Lothringer. Ich rede natürlich nur von *deutschen* Juden.«

Rathenau fuhr am Vormittag des 24. Juni etwas später als gewöhnlich ins Amt, und so kam sein offener Wagen erst gegen 10 Uhr 45 an die Stelle, die sich die Verschworenen für ihr Attentat ausgesucht hatten. Ernst Werner Techow, am Steuer, folgte dem Wagen des Außenministers, und dann, als Rathenaus Chauffeur beim Überqueren von Straßenbahnschienen noch etwas langsamer fuhr, überholte ihn Techow mit seinem starkmotorigen Tourenwagen.

Ein Bauarbeiter, Krischbin, unmittelbar in der Nähe an einem Neubau beschäftigt, sah die zwei vorbeifahrenden Wagen und die jungen Leute in ihren nagelneuen Ledermänteln. Als der Sechssitzer Rathenau um eine halbe Wagenlänge überholt hatte, sah Rathenau, wie Krischbin später sagte, nach rechts herüber, weil er meinte, es könnte zu einem Zusammenstoß kommen. »In diesem Augenblick bückte sich der eine Herr in dem feinen Ledermantel (Kern) nach vorn, ergriff eine lange Pistole, deren Kolben er in die Armhöhle einzog, und legte auf den Herrn in dem anderen Wagen an. Er brauchte gar nicht zu zielen, so nah war es. Ich sah ihm sozusagen direkt ins Auge. Es war ein gesundes, offenes Gesicht, wie man bei uns sagt: so'n Offiziersgesicht. Ich nahm Deckung, weil die Schüsse auch uns hätten treffen können. Da krachten auch schon die Schüsse ganz schnell, so schnell wie bei einem Maschinengewehr.

Als der eine Mann mit dem Schießen fertig war, stand der andere (Fischer) auf, zog ab – es war eine Eierhandgranate – und warf sie in den anderen Wagen ... Vorher war der Herr schon auf seinem Sitz zurückgesunken und lag auf der Seite. Jetzt hielt der Chauffeur an, nahe an der Erdener Straße, wo ein Schutthaufen war, und schrie: ›Hilfe, Hilfe!‹ Der fremde große Wagen sprang plötzlich mit Vollgas an und brauste durch die Wallotstraße ab. Das Auto mit dem Erschossenen stand inzwischen an der Bordschwelle. In dem gleichen Augenblick gab's einen Krach, und die Eierhandgranate explodierte. Der Herr im Fond wurde von dem Druck ordentlich hochgehoben, sogar das Auto machte einen kleinen Sprung.

Ein junges Mädchen stieg in den Wagen und stützte den bewußtlosen, wohl schon toten Herrn, und in großer Fahrt fuhr der Wagen den Weg, den er gekommen war, auf der Königsallee zurück zur Polizeiwache.« Das junge Mädchen, das so tapfer in das Auto sprang, war eine Krankenschwester, Helene Kaiser. Sie sagte im Prozeß aus: »Der

stark blutende Rathenau war nach dem Attentat noch am Leben und hat mich groß angesehen. Er war aber anscheinend schon bewußtlos.«
Der Chauffeur fuhr mit dem Sterbenden von der Polizeiwache direkt nach seinem Hause zurück, wo er in sein Arbeitszimmer getragen und flach auf den Fußboden gelegt wurde. Er schlug, als sein Diener ihn bettete, noch einmal die Augen auf. Aber der sofort danach erschienene Arzt konnte nur den Tod feststellen. Fünf Schüsse waren in den Körper gedrungen, Wirbelsäule und Unterkiefer zerschmettert.
Am nächsten Tag lag er an derselben Stelle im offenen Sarge. »Einen sehr friedlichen Ausdruck«, schrieb Graf Kessler, »und doch eine unermeßliche Tragik in dem tief gefurchten, toten, wunden Gesicht, über dessen untere zerschmetterte Hälfte ein feines Taschentuch gebreitet war; nur der graue, kurz gestutzte Bart sah darüber hinaus.«
Der Motor des Attentäterwagens setzte offenbar aus, und so blieb ihr Automobil in einer Seitenstraße nur wenige hundert Meter von der Stelle des Mordes stehen. Techow sprang heraus und klappte die Motorhaube hoch. Kern warf seine Pistole über eine Mauer in einen Garten. Alle drei rissen sich die Ledermäntel vom Leibe. Die Polizei, die um die Ecke raste, beachtete die an ihrem Wagen hantierenden jungen Männer nicht und setzte ihre Jagd auf die Mörder fort. Kern und seine Kumpane begaben sich dann in die Stadt, wo sich Menschenmassen bereits aus Protest gegen den Mord versammelten.
Es war eine außerordentliche Demonstration. Als gegen Mittag die Nachricht allgemein bekannt wurde, strömten Hunderttausende herbei und marschierten bis zum späten Nachmittag unter schwarz-rot-goldenen und roten Fahnen in vier Kolonnen nebeneinander schweigend in Trauer durch die Straßen des Westens.
Der Reichstag trat um drei Uhr an diesem Nachmittag zusammen, und Helfferich, der Rathenau am Tag zuvor so heftig angegriffen hatte, wurde mit Rufen wie »Mörder! Mörder! Hinaus mit den Mördern!« empfangen. Helfferich versuchte die Wogen der Erregung zu glätten, dann aber stand er auf und verließ den Saal. Reichskanzler Wirth verurteilte nicht nur die Mörder, sondern auch die Männer, die solche Terroristengruppen unterstützten: »Von dem Tag an, wo wir unter den Fahnen der Republik aufrichtig diesem neuen Staatswesen dienen«, sagte er, »wird mit Millionengeldern ein fürchterliches Gift in unser Volk geleitet . . . und dann wundert man sich, wenn verblendete Buben nachher zur Mordwaffe greifen.«
Rathenaus Leichnam lag an den ersten beiden Tagen dieser Woche aufgebahrt im Reichstag. Seine Mutter saß während der Trauerfeier bleich und starr in der einst für den Kaiser reservierten Loge. »Ich ließ das Orchester den Trauermarsch aus *Siegfried* spielen«, sagt Dr. Edwin Redslob, der Reichskunstwart, der den Weimarer Adler neu

hatte entwerfen lassen. »Rathenau war kein Siegfried, aber alle wahren deutschen Helden wurden wie Rathenau durch einen Dolchstoß in den Rücken getötet. Wir verehren Figuren wie Hagen.« Der Reichspräsident Ebert hielt die Trauerrede: »Die verruchte Tat traf nicht den Menschen Rathenau allein, sie traf Deutschland in seiner Gesamtheit.« Die Gewerkschaften hatten eine allgemeine Arbeitsruhe im ganzen Reich von Dienstag 12 Uhr bis Mittwoch früh beschlossen. Ungeheure Demonstrationszüge, wie sie Deutschland noch nicht gesehen hatte, durchzogen geordnet unter republikanischen Fahnen alle deutschen Städte . . . Nie hatte Deutschland einen seiner Bürger so geehrt. Den Widerhall, den sein Leben und Denken nicht gefunden hatte, fand jetzt sein Tod.

Techow, der Fahrer des Mordwagens, floh zu dem Landbesitz seines Onkels am Rand Berlins. Er hoffte hier sicher zu sein, aber dieser Onkel rief die Polizei. Kern und Fischer hingegen ließen sich nicht so schnell fassen. Mit ihren Fahrrädern durchquerten sie die weiten Wälder Mecklenburgs, übernachteten in Scheunen oder bei Freunden. Man wußte inzwischen, daß sie die Mörder Rathenaus waren, und war hinter ihnen her, denn ein nur mittelbar an der Verschwörung Beteiligter hatte der Polizei, auf die ausgesetzte Belohnung hoffend, erzählt, was er wußte. Die Regierung hatte insgesamt eine Million Mark für die Ergreifung der flüchtigen Mörder ausgesetzt. Sie wurden beinahe gefaßt, als sie sich von einem Bootsmann in einer Fähre über die Elbe setzen ließen und ein Landgendarm vom Ufer aus hinter ihnen herrief. Der Fährmann aber ließ sich von seinem Kurs nicht abbringen, und so entkamen die beiden und flohen südwärts nach Thüringen.

Fast einen Monat lang konnten die Flüchtlinge sich versteckt halten. Einmal, als sie sich auf einem einsamen Bauernhof Nahrung erbettelten, wurden sie erkannt und der Polizei gemeldet. Hunderte wurden aufgeboten, die das Gebiet einkreisten und sich einen Weg durch das Dickicht bahnten, aber irgendwie gelang es Kern und Fischer dennoch zu entfliehen. In südlicher Richtung zogen sie weiter, bis sie zu einer verlassenen Burg in der Nähe von Kösen kamen, die schon einmal Zufluchtsort nationalistischer Gruppen gewesen war: der Ruine Saaleck mit ihren zwei Rundtürmen, die sie nach wochenlanger Flucht erreichten. Sie warfen ihre Fahrräder in den Fluß und glaubten, sich hier verbergen zu können.

Die Burg war, wie die Einheimischen meinten, unbewohnt, und deswegen fiel es ihnen eines Nachts auf, daß Licht im Ostturm brannte, und sie zogen aus, um sich Gewißheit zu verschaffen. Sie erkannten Kern, dessen Bild auf den Fahndungsplakaten in Deutschland zu sehen war, und benachrichtigten die Polizei. Diese hatte wohl ihre Zweifel, aber zwei Einheimische lockte die mittlerweile durch freiwillige Spen-

den auf mehr als vier Millionen Mark angewachsene Belohnung, und so schickten die Behörden in Halle zwei Kriminalbeamte zur Burg.
Am 17. Juli morgens, es war ein trüber, regnerischer Tag, näherten sich die beiden unbemerkt dem Ostturm und stiegen die engen Stufen hinauf. Oben an der Treppe öffnete sich eine Tür, und Kern erschien mit einer Pistole in der Hand. Die Fahnder suchten Deckung und zogen sich dann zurück, um Verstärkung zu holen. Eine Stunde später war die Burg von einer Hundertschaft Polizei umstellt. Die Wolken hatten sich verdichtet, ein heftiger Sturm kam auf. Der Wind riß die Zweige von den Bäumen. Ein dichter Nebel stieg von der Saale auf. Während die Polizei noch auf Wetterbesserung wartete, hatte sich eine Menge von Einheimischen aus den benachbarten Dörfern angesammelt, um den entscheidenden Schlag gegen die Mörder mitzuerleben.
Kern und Fischer, die natürlich die Menge bemerkt hatten, kletterten auf eine Brustwehr und suchten laut rufend die Motive ihrer Tat zu erklären. »Wir leben und sterben für unsere Ideale«, rief einer. »Andere werden uns folgen.« Sie schrieben Erklärungen auf Zettel und suchten sie, mit Steinen beschwert, nach unten zu werfen, der Wind aber trug sie in die Bäume, und so zogen sich die Attentäter wieder zurück. Die Polizei hatte inzwischen den Westturm besetzt und eröffnete das Feuer. Kern, der an einem Fenster sichtbar wurde, wurde tödlich an der Schläfe getroffen. Fischer trug ihn zum Bett und schloß ihm die Augen. Dann legte er sich auf das andere Bett und erschoß sich selbst. Zwei Tote also fand die Polizei vor, als sie den Raum betrat.
Von den mehr oder minder beteiligten Verschwörern und Mitwissern lebten noch dreizehn, die vor Gericht gestellt wurden. Nach Techows Aussage habe Kern behauptet, daß Rathenau einer raffiniert getarnten Bolschewistenbewegung angehöre, er sei auch einer der Weisen von Zion und habe die Welt unter die Herrschaft der Juden bringen wollen. Das Gericht verurteilte ihn zu fünfzehn Jahren Zuchthaus, die später auf sieben herabgesetzt wurden. Nur vier davon saß er ab, setzte dann sein Jurastudium fort und wurde Rechtsanwalt. Gegen Ende des Zweiten Weltkriegs wurde er von den Sowjets gefangen genommen und starb in einem Lager. Ernst von Salomon verbüßte eine Zuchthausstrafe von fünf Jahren und wurde dann ein sogar sehr erfolgreicher Schriftsteller. Auch die übrigen wurden zu unverhältnismäßig geringen Strafen verurteilt.
Einige wanderten später aus, um ihr Glück in Übersee zu versuchen, die anderen fanden in ein geordnetes bürgerliches Leben zurück, keinem aber durfte je die immer neue Frage nach den Konsequenzen ihrer Tat, vor dem Hintergrund der späteren politischen Entwicklung in Deutschland, erspart geblieben sein. Zum 17. Juli 1933, genau elf Jahre nach

dem Tod der beiden Attentäter, hatte die NSDAP zu einer Trauerfeier an ihren Gräbern aufgerufen. Heinrich Himmler als Reichsführer der SS vollzog die Kranzniederlegung, und Ernst Röhm als Stabschef der SA hielt eine Trauerrede: »Euer Geist, Kern und Fischer«, sagte er, »ist auch der Geist unserer jungen nationalsozialistischen Arbeiterbewegung!«

Der Mord an Walther Rathenau war kein Einzelereignis. Noch so manche der führenden Persönlichkeiten in der Weimarer Republik wurden Opfer des politischen Terrors: wie Karl Liebknecht und Rosa Luxemburg auch Matthias Erzberger, niedergeschossen bei einem Spaziergang im Schwarzwald, Kurt Eisner, der bayerische Ministerpräsident, schon 1919, der unabhängige Sozialist und Volksbeauftragte Hugo Haase im gleichen Jahr. Insgesamt betrug die Summe der in der Zeit von 1919–1922 Ermordeten 376. 354 wurden von Rechtsstehenden umgebracht, 22 von Linksstehenden.

Ohnehin hatten die wenigsten Gewalttaten einen unmittelbar tödlichen Ausgang. Sie waren alltäglich. So wurde Scheidemann drei Wochen vor dem Rathenau-Attentat von einem andersdenkenden Fanatiker Blausäure ins Gesicht geschüttet. Maximilian Harden, der Herausgeber der Wochenschrift *Die Zukunft*, scharfer Kritiker der Politik Wilhelms II., sollte neun Tage nach dem Rathenau-Mord von einer anderen nationalistisch-antisemitischen »Feme«-Clique liquidiert werden: er wurde im Grunewald so brutal niedergeschlagen, daß er zwei Monate mit dem Tode rang und sich von den Folgen nicht mehr erholte. Dr. Joseph Goebbels durfte in seinem Nachruf folgendes schreiben:

»Maximilian Harden ist durch eine Lungenentzündung hingerichtet worden. Damit geht eines der gemeinsten und niederträchtigsten Individuen, die Deutschland an den Rand des Abgrunds gebracht haben, aus dem Zeitlichen heraus. Maximilian Harden alias Isidor (nicht Ernst Felix) Witkowski ist der Typ der jüdischen Literaturbestie, die bedingungslos und ohne Rücksicht das Gastrecht des Wirtsvolkes mißbraucht und ihrem ewigen Trieb zur Zerstörung frönt.

Sonst sagt man: ›De mortuis nil nisi bene‹. Das hat bei unseren Vernichtern keine Geltung. Wir bedauern an dem Tode dieses Mannes nur, daß er uns die Möglichkeit genommen hat, auf unsere Art mit Isidor Witkowski abzurechnen.«

KAPITEL VII

»Eine Art von Irrsinn.«
1923

Nirgends findet die zynische Beziehung der Berliner Bevölkerung zu der grimmig-ernsten Architektur ihrer Stadt einen deutlicheren Ausdruck als in ihrer Behauptung, einer der steinernen Löwen vorm Schloß am Ende der Straße Unter den Linden würde brüllen, wann immer eine Jungfrau vorbeikäme.

Stephan Spender

»Als ich in den vierziger Jahren auf dem College war, hatte ich eine Phase, in der ich mich gern extravagant gab«, sagt ein in New York praktizierender Anwalt, der jetzt durchaus konventionell gekleidet ist. »Das war damals anders als heute, wo Extravaganz schon zu einer Art Uniform geworden ist. Seinerzeit fiel ich noch auf, wenn ich mit einem Borsalino auf dem Harvard Square erschien, Windsor-Krawatten trug, dazu einen Florentiner Stockdegen, mit verschiedenen Umhängen und Schuhsorten und irgendwelchem bunten Flitter kostümiert. Meine Mutter machte bei diesem Spiel mit, sie schenkte mir die alte Waltham-Taschenuhr ihres Vaters, die schon seit Jahren nicht mehr ging, mit der sich aber groß angeben ließ, und auch mein Vater steuerte etwas bei: ich durfte seine einstige deutsche Uhrkette tragen. Sie bestand aus einer Reihe von eisernen Plättchen, und in jedes dieser Plättchen war ein Buchstabe eingraviert – zusammen ergaben sie den Satz *Gold für Wehr, Eisen für Ehr*. Seine Eltern hatten, verstehen Sie, während des Ersten Weltkrieges ihr gesamtes Gold hergeben müssen, darunter auch die goldene Uhrkette meines Großvaters, und das hatten sie dafür bekommen. Dieser Umtausch – das wertbeständige Gold gegen das wertlose Eisen mit einer patriotischen Phrase – ist symbolisch für die Geschichte einer ganzen Generation des deutschen Mittelstandes.«

Dieser Mittelstand hatte gearbeitet und gespart und seine Ersparnisse in Gold angelegt. Gold, meinte man, werde alle Stürme der Zeiten überdauern. Als diese Stürme dann kamen, waren die Finanz- und die Kriegsminister Wilhelms II. zu zaghaft – oder vielleicht auch selber zu sehr Mittelstand–, als daß sie es gewagt hätten, sich das Gold, das sie zur Finanzierung brauchten, einfach zu nehmen. Also »borgten« sie es sich in Form von Kriegsanleihen und gaben dafür Papier oder nahmen Gold und gaben dafür Eisen. »Durch eine fortschreitende Infla-

tion«, wie es bei dem englischen Nationalökonomen John M. Keynes heißt, »können Regierungen insgeheim und unbemerkt einen beträchtlichen Teil des Volksvermögens konfiszieren . . . Dieser Prozeß setzt alle verborgenen Kräfte wirtschaftlicher Gesetzlichkeit mit dem Ziel der Zerstörung ein, und er tut das auf eine Weise, daß unter Millionen nicht ein einziger Bürger sie zu erkennen vermag.«
Die letztliche Rückzahlung, hatten die Deutschen angenommen, werde schließlich von seiten der besiegten Franzosen und Engländer erfolgen. Bismarck hatte schließlich auch den Franzosen 1871 eine Reparationslast in Höhe von fünf Milliarden Franc auferlegt, womit nicht nur die Kosten des Krieges gedeckt waren, sondern auch jener Aufschwung der »Gründerjahre« ausgelöst wurde, die man zunächst mit anderen Augen ansah als später. Um die ungleich höheren Kosten des Ersten Weltkriegs zu decken, mußte man sich die Erfüllung einer Forderung von 150 Milliarden Mark erträumen. Traurigerweise war es Clemenceau, der in Versailles verkündete: »Die Stunde der schweren Abrechnung ist gekommen.« Im Rahmen des ›Clemenceau-Friedens‹ setzte zunächst eine Reparationskonferenz die von Deutschland zu leistende Entschädigung neben anderem auf 269 Milliarden Goldmark fest, zahlbar in 42 Jahresraten. Bei rund 10 Millionen Toten aller beteiligten Nationen in diesem Krieg schätzt man seine direkten Kosten auf 732 Milliarden Mark, die indirekten auf 606 Milliarden. Winston Churchill hat später die langwierigen Reparationsverhandlungen als »eine klägliche Geschichte verworrenen Blödsinns« bezeichnet, in ihrem Ergebnis nicht nur ein Anlaß zu immer neuen Auseinandersetzungen zwischen Deutschland und den Alliiertengesetzen; es war zu einem Teil auch die Ursache für die katastrophale Entwertung der deutschen Mark.
Das machte sich in den ersten beiden Jahren noch nicht in vollem Ausmaß bemerkbar. Von 1918 bis zum Sommer 1921 fiel der Wert – oder besser: der Unwert – der Mark von ihrem traditionellen Stand von 4 Mark 20 auf 0,75 Pfennig für den Dollar – schlimm, aber verglichen mit dem, was man zu anderen Zeiten in anderen Ländern erlebt hat, noch nicht bedrohlich. Außerdem waren die Menschen mit näherliegenden Problemen beschäftigt. »Der Hunger ist es, an den ich mich in erster Linie erinnere, wenn ich an die Jahre 1919, 1920 zurückdenke«, erzählt Salka Viertel, damals eine dunkelhaarige, attraktive Schauspielerin, die jetzt nach Jahrzehnten eines interessanten Lebens in Santa Monica in und mit der Filmwelt Hollywoods in dem stilleren Schweizer Luftkurort Klosters lebt, in ihrem schönen Erinnerungsbuch *Das unbelehrbare Herz.* »Ich war immer hungrig und fror. Und manchmal auch ein bißchen betrunken, denn das war etwas, das man immer bekam, wenn man noch etwas Geld hatte.«

Aber auch die, die noch mehr Geld besaßen, merkten bald den rapiden Wertverlust. »Mein Vater hatte uns ein Vermögen von 800 000 Mark hinterlassen«, erinnert sich ein Harvard-Professor an jene Zeiten, »aber bis zum Sommer 1922 war der Wert der Mark auf 400,– pro Dollar gesunken. Von Monat zu Monat wurde es schlimmer. Meine Mutter legte schließlich ihre letzten 65 000 Mark zum Kauf einer alten Remington an, mit der sie Dissertationen von Studenten schrieb und so für unseren Unterhalt sorgte. Ich ging damals in den Semesterferien nach Holland, um dort in harter Währung etwas Geld zu verdienen, und fand Arbeit in einem Kohlenbergwerk in der Provinz Limburg. Wir arbeiteten ganz unten auf der Sohle des Bergwerks, mit Hacken schlugen wir die Kohle los. Es war entsetzlich heiß, 40 Grad oder so, und staubig, aber am Ende der Ferien hatte ich fünfzig Gulden verdient, das waren etwa fünfundzwanzig Dollar. Und dann überlegte ich, wie ich der Inflation entgehen könnte. Ich hinterlegte die Gulden als Bürgschaft für ein kurzfristiges Bankdarlehen, zahlte dann das Darlehen mit entwerteter Mark zurück und nahm ein weiteres Darlehen auf. Auf diese Weise konnte ich in Heidelberg ein ganzes Semester finanzieren, und am Ende hatte ich immer noch meine fünfzig Gulden.«
Die Ermordung Rathenaus erschütterte den noch vorhandenen geringen Glauben an eine Besserung der Verhältnisse. Bis zum 1. Januar 1923 war der Wert des Geldes auf 7000 Mark für den Dollar gesunken, und so setzte sich die Entwertung Woche um Woche fort.
In diesem eiskalten Januar 1923 spitzte sich die Krise zur Katastrophe zu. Das Kabinett Wirth war, da ihm die Sozialdemokraten ihre weitere Unterstützung in seiner Haltung zur Reparationsfrage versagten, zurückgetreten. Ebert mußte eine Regierung der rechten Mitte, von der SPD toleriert, zusammenbringen, die, von der Großindustrie unterstützt, vielleicht mit den wirtschaftlichen Problemen fertig werden könnte. Zum Reichskanzler berief er Dr. Wilhelm Cuno, Generaldirektor der Hamburg-Amerika-Linie, dessen gewandtes Auftreten eine Zeitlang darüber hinwegtäuschte, daß er für die politische Führung einer aus den Fugen geratenen Nation ungeeignet war. »Cuno ist eine dicke Zigarre«, hatte Rathenau einst von ihm gesagt, »man wird sie wegen ihrer schönen Bauchbinde doch einmal rauchen müssen.«
Die harten Auseinandersetzungen um die Leistung der Reparationszahlungen gingen weiter. Die Deutschen baten um Erleichterung und Zahlungsaufschub und reduzierten ihre Rohstofflieferungen, um Zeit zu gewinnen und in den Verhandlungen bessere Bedingungen zu erreichen. Frankreichs unnachsichtiger Premierminister Raymond Poincaré ließ sich auf diese Taktik aber nicht ein. Für ihn entwertete

Deutschland absichtlich die Mark, um dem Bankrott zuzutreiben – der Wirtschaft jedoch gehe es glänzend. Als die Deutschen ihre Verzögerungstaktik beibehielten, erhoben die Franzosen offiziell Beschwerde, daß 200 000 hölzerne Telefonmasten, die 1922 für sie eingeschifft werden sollten, nicht geliefert worden seien. Die Deutschen schoben als Schuldige die Länderregierungen vor, die versäumt hätten, die Bäume in ihren Wäldern rechtzeitig fällen zu lassen. Die Briten nahmen die französische Beschwerde nicht sonderlich ernst – seit dem Bau des Trojanischen Pferdes, bemerkte das englische Mitglied der Reparationskommission ironisch, sei in der Geschichte nie wieder ein ähnlicher Gebrauch von Holz zu politischen Zwecken zu verzeichnen, nur sei jetzt nicht Troja, sondern Essen das Ziel. Frankreich brachte eine weitere Beschwerde über absichtlich unzureichende Kohlenlieferung aus dem Ruhrgebiet vor, und ungeachtet eines britischen Einspruchs marschierten am 11. November 1923 fünf französische und eine belgische Division ins Ruhrgebiet ein, zum Schutz und zur Unterstützung einer gemeinsamen Kontrollkommission, die eine pünktlichere Ablieferung überwachen sollte.

Die Reichsregierung protestierte, stellte alle Reparationslieferungen ein und rief die Bevölkerung des besetzten Gebietes zum passiven Widerstand auf. Darauf verhängte der französische Oberkommandierende den Belagerungszustand. Alle Beamten, die sich den Befehlen widersetzten, wurden ihrer Posten enthoben, jeder, der die Anordnungen nicht befolgte, ob Unternehmer, Arbeiterführer oder Arbeiter, verhaftet oder ausgewiesen.

Am 31. März gab es in den Krupp-Werken in Essen einen schlimmen Zusammenstoß: ein französisches Kommando, das sich bedroht glaubte, eröffnete das Feuer auf eine Arbeitermenge, und es gab 13 Tote und 30 Schwerverletzte. In der gegenseitigen Erbitterung breitete sich deutscherseits eine nationalistische Hochstimmung aus, die der vom August 1914 glich.

Die deutsche Mark verlor immer rascher an Wert. Wurden Anfang Januar noch für 1 Dollar 7000 Mark notiert, so waren es im Juli bereits 350 000 und einen Monat später viereinhalb Millionen Mark. Die Reichsregierung, der infolge des Widerstandes alle Einnahmen aus dem wichtigsten Industriegebiet blockiert waren und der die Unterstützung aller Streikenden und Ausgewiesenen oblag, ließ immer größere Mengen an Banknoten drucken. Im Ullstein-Zeitungsgebäude in der Kochstraße wurden die Druckereimaschinen eingesetzt, um das täglich an Wert verlierende Papiergeld zu produzieren. »Alle Türen wurden verschlossen und Beamte der Reichsbank als Wachen aufgestellt«, schreibt Hermann Ullstein. »An den Maschinen saßen ältere Frauen, die fasziniert auf den Ausstoß der fertigen Produkte starrten:

sie hatten nur aufzupassen, daß die Milliarden in die richtigen Körbe wanderten.«

Mitte 1923 war ganz Deutschland wie vom Fieberwahn gepackt. Wer Arbeit hatte, bekam täglich, gewöhnlich gegen Mittag, seinen Lohn und rannte dann mit einem Beutel oder Korb voller Banknoten in den nächsten Laden, um zu kaufen, was immer es sei: die Flucht in Sachwerte, ob sinnvoll oder auch sinnlos, war die einzige Rettung, und alle Formen der Spekulation trieben giftige Blüten. Selbst Bruno Walter mußte seine Probenarbeit mit dem Orchester abbrechen, wenn diese mittägliche Stoßzeit nahte, und nach einer dieser schon gewohnt gewordenen Turbulenzen, so erinnert er sich, zeigte ihm der Konzertmeister einmal triumphierend seinen Lohn für die Arbeit eines ganzen Tages – einen Sack voll Salz. Der Kampf ums Überleben wurde oft mit Hilfe seltsamster Ersatzwährungen durchgefochten. »Ich gab drei Chinesen Unterricht in Anatomie«, weiß noch Mrs. Löwenfeld, die Frau jenes prominenten Psychoanalytikers. »Ich sprach kein Wort Chinesisch, und sie sprachen kein Wort Deutsch, also mußte ich mit Hilfe von Abbildungen und in einer Zeichensprache unterrichten, und nach jeder Stunde bekam ich als Honorar Tee – wundervollen Tee – und kleine Kuchen.« Arthur Schnabel wurde nach einem Konzert in der Philharmonie mit einem ganzen Koffer voller Banknoten honoriert. »Ich mußte einen Logendiener bitten, mir beim Transport des Geldes zu helfen«, schrieb er später. »Wir kamen auf dem Weg zu meinem Hotel an einem Delikatessengeschäft vorbei, und um meinem freundlichen Begleiter etwas Gutes zu tun, gab ich die Hälfte des Honorars für ein Paar Würstchen aus. Am nächsten Tag entnahm ich der Morgenzeitung, daß ich für die andere Hälfte nicht einmal mehr ein einziges Würstchen bekommen hätte.«
Lebensmittel waren längst echte Währung, und nach George Grosz »drehten sich alle Gespräche damals ums Essen: beim Frühstück, Kohlrübenkaffee, mit Kunsthonig beschmierte, graugrüne Schrippe, sprach man vom Mittagessen und beim Mittagessen, Kohlrübenkoteletts, Muschelpudding und Kohlrübenkaffee, vom Abendbrot, Muschelwurst, graugrüne Schrippe mit Kunsthonig und kaltem Kohlrübenkaffee.« Und da Lebensmittel echte Währung geworden waren, machte sich ein neues Gewerbe breit – das der Hamsterer. Einer dieser Händler nahm Grosz mit zu seiner Niederlage, einer Wohnung in einem der alten Häuser des Berliner Westens, die voll war von Butter und Schmalz in Fässern, Säcken mit Zucker und Mehl und anderen begehrten Waren. »Aufgestapelt bis zur Decke lagerten Dosen mit russischem Kaviar«, erzählt George Grosz, »das heißt, soweit die Decke überhaupt zu sehen war, denn wie Früchte oder Stalaktiten hin-

gen da Hunderte von Würsten ... rote Zervelatwürste, Rügenwalder Mettwürste, Reihen ehrwürdiger Landjäger und kugeliger Zungenwürste, Hunderte von Speckseiten, alle Sorten Schinken, vom Lachsschinken bis zum übergroßen katengeräucherten Westfälischen ...«
Der Schwarzhändler, Speisekoch seines Zeichens, reichte Grosz ein handtellergroßes Stück eines Wunderschinkens und ein großes Glas, »der Geist, der dazu gehört«, klaren Wacholderschnaps: »Prost, mein Lieber, es lebe das Schlaraffenland!«
Auch Fremden erschien das Berlin von 1923 wie eine Wirklichkeit gewordene Breughelsche Vision. Der Kritiker Malcolm Cowley war nach Berlin gekommen, um seine Freunde Matthew Josephson und Harold Loeb zu besuchen, die hier ihr kleines Magazin *Broom* drukken ließen, weil es so viel weniger kostete. »Für einen Betrag von hundert Dollar im Monat«, berichtete Cowley, »lebte Josephson in einer Doppelwohnung mit zwei Hausmädchen, bezahlte davon Reitstunden für seine Frau, die Abendessen nur in teuersten Restaurants, gab davon dem Orchester reichliche Trinkgelder, sammelte Bilder und unterstützte bedürftige deutsche Schriftsteller – es war für Ausländer ein verrücktes Leben damals in Berlin, und doch wurde niemand von ihnen dabei eigentlich recht glücklich. Mit einem internationalen Expreß, dessen Fahrgäste nur Inflationsgewinnler waren, fuhren wir bald zurück nach Frankreich.«
Auf welche Weise immer, durch Tauschgeschäfte oder sonstige Manöver, schafften die Berliner es irgendwie, sie überlebten, und in manchen Fällen brachten sie es sogar zu Erfolg. Berthold Viertel zum Beispiel, damals ein junger hochbegabter Regisseur, der schon immer ein eigenes Theater leiten wollte, fand während der Inflation die Unterstützung eines Währungsspekulanten, der sich auch auf kulturellem Gebiet ein Prestige verschaffen wollte. Viertel, das Vorbild für den eigenwilligen Regisseur in Christopher Isherwoods *Praterveilchen*, stellte daraufhin das Theaterensemble *Die Truppe* zusammen und ließ sich von zwei Bauhaus-Schülern ein sensationell modernes Bühnenbild für den *Kaufmann von Venedig* entwerfen, in dem Fritz Kortner die Rolle des Shylock spielte. Die Schauspieler erhielten ein Mindestgehalt von neun Millionen Mark, dazu eine von Fall zu Fall steigende Gewinnbeteiligung, aber die Mark rannte ihnen davon. »Abend für Abend waren wir ausverkauft«, erzählt Viertels Frau Salka, »um erst am anderen Morgen an den Kursnotierungen in der Zeitung zu erkennen, daß wir wie eh und je pleite waren.«
Die noch lebenden Zeitgenossen jener Jahre sind heute imstande, über diese verrückte Zeit zu lächeln, aber natürlich brachte der wirtschaftliche Zusammenbruch schlimmstes Elend vor allem über die Armen und Hilflosen, und wenn auch durch die Inflation praktisch alle ver-

armten, so waren doch viele durch sie noch ärmer geworden als andere. Louis Lochner, zu dieser Zeit in Berlin, später Bürochef bei *Associated Press*, fiel als erstes auf, daß die Cafés von modisch aufgetakelten »Damen« bevölkert waren, aber gleich abseits der Hauptstraßen lernte er bald die andere Seite kennen. »Ich besuchte eine Fürsorgestelle für Jugendliche«, erzählte er. »Kinder, die man für acht oder neun Jahre alt hielt, waren in Wirklichkeit dreizehn. Ich erfuhr, daß es in Berlin 15 000 tuberkulöse Kinder gab und daß 23 Prozent der von den Gesundheitsbehörden erfaßten Jugendlichen unterernährt waren.« Den Älteren ging es nicht viel besser. Der Schriftsteller Maximilian Bern, zum Beispiel, konnte sich, als er eines Tages seine gesamten Ersparnisse in Höhe von 100 000 Mark abhob, dafür gerade noch eine Fahrkarte für die U-Bahn kaufen. Er leistete sich eine letzte Fahrt durch ganz Berlin, schloß sich dann in seiner Wohnung ein und verhungerte dort. George Grosz: »Wie ein brodelnder Kessel war die Hauptstadt unserer neuen Republik. Wer den Kessel heizte, sah man nicht; man sah ihn nur lustig brodeln und fühlte die immer stärker werdende Hitze. An allen Ecken standen Redner. Überall erschollen Haßgesänge. Alle wurden gehaßt: die Juden, die Kapitalisten, die Junker, die Kommunisten, das Militär, die Hausbesitzer, die Arbeiter, die Arbeitslosen, die Schwarze Reichswehr, die Kontrollkommissionen, die Politiker, die Warenhäuser und nochmals die Juden. Es war eine Orgie der Verhetzung, und die Republik war schwach, kaum wahrnehmbar. Das mußte in einem fürchterlichen Krach enden . . .

Es war eine völlig negative Welt, mit buntem Schaum obenauf, den viele für das wahre, das glückliche Deutschland . . . hielten. Fremde, die uns damals besuchten, ließen sich nur zu leicht durch das scheinbar sorglose, lustige, wirbelnde Leben an der Oberfläche täuschen, durch die Nachtlokale und die sogenannte Freiheit und Kunstblüte. Aber es war eben doch nur bunter Schaum, nichts weiter. Dicht unter dieser lebendigen Oberfläche, die so schön wie ein Sumpf schillerte und ganz kurzweilig war, lagen der Bruderhaß und die Zerrissenheit, und die Regimenter formierten sich für die endgültige Auseinandersetzung. Es war, als sei Deutschland in zwei Teile gespalten, und beide haßten sich wie in der Nibelungensage. Und das wußten wir, oder wir fingen an, es zu ahnen.«

Zugrunde lag diesen katastrophalen Verhältnissen die Tatsache, daß der Glaube an die Funktionsfähigkeit der Gesellschaft verlorengegangen war. Geld ist nicht nur als Zahlungsmittel wichtig, es ist auch ein Maßstab, an dem diese Gesellschaft unsere Arbeit und damit uns selber mißt. Wenn das Geld wertlos wird, verlieren auch die Regierung, die sie tragende Gesellschaft und alle sonstigen Maßstäbe ihren Wert.

Unter den wahnwitzigen Verhältnissen, die 1923 herrschten, war die Arbeit eines Handwerkers wertlos, die Ersparnisse einer Witwe waren wertlos, alles war wertlos. »Der Zusammenbruch der Währung bedeutete nicht nur das Ende allen Handels, den Bankrott der Geschäfte, den Mangel an Lebensmitteln in den Städten und Arbeitslosigkeit«, resümiert der Historiker Allan Bullock, »die Wirkung einer solchen wirtschaftlichen Katastrophe reicht weit, sie betrifft jedes einzelne Mitglied einer Gemeinschaft sehr viel stärker, als ein politisches Ereignis je dazu imstande wäre. Die Ersparnisse des Mittelstandes und der Arbeiterschicht wurden auf einen Schlag und mit einer solchen Unbarmherzigkeit entwertet, wie das eine Revolution nie zustande brächte ... Diese Inflation erschütterte die Grundlagen der deutschen Gesellschaft in einer Weise, wie das weder durch den Krieg noch durch die Novemberrevolution 1918 oder den Versailler Vertrag geschehen war. Die eigentliche Revolution in Deutschland war die Inflation.«

»Ja, die Inflation war in dieser Zeit das bei weitem folgenschwerste Ereignis«, bestätigt eine fünfundsiebzigjährige ehemalige Journalistin. Sie ist weißhaarig, und sie knabbert, während sie spricht, versonnen am Gebäck. »Die Inflation vernichtete die Ersparnisse des gesamten Mittelstandes, aber das sind nur Worte. Sie müssen sich einmal überlegen, was das bedeutete. Damals war es noch so, daß die Mädchen erst heirateten, wenn der Vater eine Mitgift aufbringen konnte. Selbst die Dienstmädchen haben nie einen Pfennig von ihrem Lohn ausgegeben, sie sparten und sparten, um einmal heiraten zu können. Als das Geld wertlos wurde, war es mit den Heiratsplänen vorbei, und vorbei war es auch mit der Sittsamkeit. Denn wozu jetzt noch bis zur Ehe keusch bleiben?
Die Reichen hielten sich ohnehin nicht an Moralvorschriften, und die Armen hatten ihre eigenen Maßstäbe, der Mittelstand aber richtete sich im großen und ganzen nach überkommenen Regeln. Nicht jedes Mädchen war, wenn sie heiratete, noch Jungfrau, aber man hegte doch allgemein die Einstellung, daß sie es eigentlich sein sollte. Mit der Inflation aber setzte sich bei den Mädchen die Ansicht durch, daß Keuschheit keine Rolle mehr spiele. Die Frauen wurden frei.«

Professor Fritz Bamberger zeichnet einen Berliner Stadtplan auf. Die horizontale Linie: Unter den Linden, die senkrecht von der der Friedrichstraße durchschnitten wird. Bamberger sitzt in seinem Arbeitszimmer auf der East Side Manhattans, wo die in Leder gebundenen Werke Spinozas und fast alle Sekundärliteratur stehen, und sorgfältig strichelt er mit einem Silberbleistift auf dem kleinen Blatt Papier herum. Er ist in den Siebzigern, mit einem eisgrauen Schnurrbart, und genießt seine Zigarre. Er erinnert sich noch sehr genau an die Zeit damals. »Hier im Norden«, und er tippt auf das Papier, »war eine Brücke, die Weidendammbrücke, von wo aus man in die Chausseestraße kam, und diese ganze Gegend war voll von kleinen Mädchen. Und auch von älteren, die sich auftakelten, als wären auch sie kleine Mädchen. Sie trugen Mini-Röcke und schwenkten ihre Handtaschen. Hier gab's überall Tanzlokale und billige Stundenhotels . . .«

»O ja, die Prostitution, das war eine große Sache hier in der Stadt«, bestätigt ein alter Berliner. »Alle Nutten waren bei der Polizei registriert, wo sie ärztliche Bescheinigungen vorweisen mußten, und wenn man sich bei ihnen was holte, konnte man sie wegen ›Körperverletzung‹ verklagen und sogar noch Geld dabei herausschlagen. Das war eine gute Sache.«

Sie klapperten die Friedrichstraße oder den Kurfürstendamm auf und ab, standen in der Tauentzienstraße nicht weit von der Kaiser-Wilhelm-Gedächtnis-Kirche beisammen, und manch einer erinnert sich noch an ihre mehr oder minder attraktive Aufmachung. Klaus Mann beschrieb diese Damen als »grimmige Matronen in strenggeschnittenen Kostümen, durch hohe Stiefel aus rotem oder grünem Lackleder auffallend. Es war eine dieser Gestiefelten, die mir zu meinem Entzücken zuflüsterte: ›Magste Sklave sein?‹, wozu sie auch noch eine Reitgerte an meiner Wange vorbei durch die Luft zischen ließ. ›Kostet nur sechs Billionen und eine Zigarette. Preiswert. Komm, Liebling!‹«

Josef von Sternberg, der Filmregisseur, bemerkte einen anderen Typ Mädchen, die mit wippenden Pferdeschwänzen und noch ihren Schulbüchern unter dem Arm auf und ab stolzierten und die, die auf sie ansprangen, mit gefletschten Zähnen und geballten Fäusten empfingen. Die amerikanische Schriftstellerin und Drehbuchautorin Anita Loos, von Hollywood in Berlin zu Besuch, meinte, bei jedem Berliner Straßenmädchen könne sich herausstellen, daß es in Wirklichkeit ein Mann sei: »Das schönste Mädchen war Conrad Veidt, der als Filmstar so hohe internationale Berühmtheit erlangte.«

Im Sommer dieses Jahres war Stefan Zweig wieder in Berlin: »Ich glaube Geschichte gründlich zu kennen, aber meines Wissens hat sie nie eine ähnliche Tollhauszeit in solchen riesigen Proportionen produziert. Alle Werte waren verändert und nicht nur im Materiellen; die Verordnungen des Staates wurden verlacht, keine Sitte, keine Moral respektiert, Berlin verwandelte sich in das Babel der Welt. Bars, Rummelplätze und Schnapsbuden schossen auf wie die Pilze. Was wir in Österreich gesehen, erwies sich nur als ein mildes und schüchternes Vorspiel dieses Hexensabbats, denn die Deutschen brachten ihre ganze Vehemenz und Systematik in die Perversion. Den Kurfürstendamm

entlang promenierten geschminkte Jungen mit künstlichen Taillen und nicht nur Professionelle; jeder Gymnasiast wollte sich etwas verdienen, und in den verdunkelten Bars sah man Staatssekretäre und hohe Finanzleute betrunkene Matrosen zärtlich hofieren. Selbst das Rom des Sueton hat keine solchen Orgien gekannt wie die Berliner Transvestitenbälle, wo Hunderte von Männern in Frauenkleidern und Frauen in Männerkleidung unter den wohlwollenden Augen der Polizei tanzten. Eine Art von Irrsinn ergriff im Sturz aller Werte gerade die bürgerlichen, in ihrer Ordnung bisher unerschütterlichen Kreise ... Aber das Widerlichste an dieser pathetischen Erotik war ihre grauenhafte Unechtheit. Im Grunde war die deutsche Orgiastik, die mit der Inflation ausbrach, nur fiebriges Nachäffertum ... Die ganze kriegsmüde Nation sehnte sich eigentlich nur nach Ordnung, Ruhe, nach ein bißchen Sicherheit und Bürgerlichkeit. Und im geheimen haßte sie die Republik, weil sie die Zügel zu locker in Händen hielt.
... Wer diese apokalyptischen Monate, diese Jahre miterlebte, selbst abgestoßen und erbittert, der fühlte: hier mußte ein Rückschlag kommen, eine grauenhafte Reaktion. Und lächelnd warteten im Hintergrund dieselben, die das deutsche Volk in dieses Chaos getrieben, mit der Uhr in der Hand: ›Je schlimmer im Land, desto besser für uns.‹ Sie wußten, daß ihre Stunde kommen würde. Um Ludendorff mehr noch als um den damals noch machtlosen Hitler kristallisierte sich schon ganz offenkundig die Gegenrevolution. Die Offiziere, denen man die Epauletten abgerissen, organisierten sich zu Geheimbünden, die Kleinbürger, die sich um ihre Ersparnisse betrogen sahen, rückten leise zusammen und stellten sich im voraus jeder Parole bereit, sofern sie nur Ordnung versprach. Nichts war so verhängnisvoll für die deutsche Republik wie ihr idealistischer Versuch, dem Volke und selbst ihren Feinden Freiheit zu lassen. Denn das deutsche Volk, ein Volk der Ordnung, wußte nichts mit seiner Freiheit anzufangen und blickte schon voll Ungeduld aus nach jenen, die sie ihm nehmen sollten.«

Auf den weitgeschwungenen, sanft ansteigenden Spiralrampen des New Yorker Guggenheim-Museums war vor einiger Zeit eine Ausstellung der Arbeiten von László Moholy-Nagy, 1923 bis 1928 einer der bedeutendsten Bauhaus-Lehrer, zu sehen. Die meisten der Bilder zeigten in einer gestrengen Folge geometrische Formen, Rechtecke, Kreise, Flächen, Linien, Kreuze und dreidimensionale Variationen, »Raum-Modulatoren« genannt. Ein Werk bildete eine Ausnahme. Es war eine Collage mit dem Titel *Pleitegeier:* ein großer Vogel schwebte bedrohlich über der angedeuteten Silhouette zweier Männer. Das Eindrucksvollste an dieser Collage war, daß sie sich ganz aus Banknoten

zusammensetzte. »In dem schrecklichen Winter 1922/23«, hieß es in einer erklärenden Katalognotiz von Moholy-Nagy, »hauste ich mit Kurt Schwitters in einem fast unheizbaren Atelier in der Spichernstraße in Berlin. Die deutsche Mark war inzwischen auf 25 Millionen pro Dollar gefallen. Wir hatten kein Geld, um Farben und Leinwand zu kaufen. So regte Kurt mich an, seinem Beispiel zu folgen und die ›Währung‹ jener Tage als Material für Collagen zu benutzen.«
Es gab damals allüberall – und jeder spürte es – solche bedrohlichen »Pleitegeier«, Leute, die Unheil über andere brachten oder es sich zunutze machten. Wirtschaftssysteme brechen nicht von selbst zusammen – oder so stellen wir es uns wenigstens vor –, also muß irgend jemand verantwortlich sein. In einer Zeit, in der an die Stelle der hektisch verfallenden Währung der hektische Tauschhandel getreten war, fanden selbst Kinder neue Möglichkeiten, sich zu bereichern. »Halbwüchsige Jungen«, schreibt Stefan Zweig in seinen ›Erinnerungen eines Europäers› *Die Welt von gestern*, »die eine Kiste Seife im Hafen vergessen gefunden, sausten monatelang in Autos herum und lebten wie Fürsten, indem sie jeden Tag ein Stück verkauften, während ihre Eltern, einstmals reiche Leute, als Bettler herumschlichen. Botenjungen spekulierten in allen Valuten.«
Ganz natürlich nutzten das Ausländer aus aller Welt, und der Fremdenhaß in Deutschland stieg dementsprechend. »Tausende von Wohnungen mußten geräumt werden«, es erbittert noch heute einen Berliner Geschäftsmann, dessen Schwiegervater auch durch die Inflation sein ganzes Vermögen einbüßte und darüber fast den Verstand verlor. »Und wer bekam sie? Leute aus Polen oder Holland, jeder, der fremdes Geld in der Hand hatte. Man konnte reihenweise Häuser, die fünfzigtausend Mark wert waren, für hundert Dollar kaufen. Es gab ganze Straßen, deren Häuser von Tschechen oder Franzosen oder Schweizern aufgekauft wurden. Ganz Berlin wurde aufgekauft und nicht nur Berlin.«
Auch für deutsche Unternehmer gab es freilich die Möglichkeit, sich fremde Währung zu beschaffen. Verleger, die einen Teil ihrer Zeitungs-, Zeitschriften- oder Buchauflagen beispielsweise in die Schweiz verkaufen konnten, hielten damit wenigstens ihren Betrieb aufrecht; ein Filmproduzent, der einen Film nach Hollywood verkaufte, wurde vom einen Tag zum andern ein reicher Mann. Abgesehen von solchen über das Ausland getätigten Gewinnen konnte jeder kreditwürdige Geschäftsmann mit geliehenem Geld Waren kaufen und wiederverkaufen und beglich dann nach der immer billigeren Entlöhnung seiner Angestellten seine Schulden und natürlich auch seine Steuern mit weiterhin entwerteter Währung.
Bekanntester unter den Großspekulanten wurde Hugo Stinnes. Er

brachte es am weitesten. Schon der Großvater hatte mit dem Kauf eines Kohlenbergwerks und eines Schleppkahnes, dann mit Erwerb mehrerer Zechen den Grundstock für ein beträchtliches Familienvermögen gelegt. Dennoch fing der Enkel als kleiner Angestellter an, arbeitete auch als Bergmann und begann 1893 selbst ein kleines Kohlenhandelsgeschäft. Bis zum Beginn der Inflation war er schon zum mächtigsten Mann in Deutschland emporgewachsen, einer Art von heimlichem Wirtschaftskaiser. Für die breiten Massen im In- und Ausland eine mythische Figur, wird er als ein Klingsor geschildert, für den allein auf dem steinigen Boden deutscher Wirtschaftstrümmer Zaubergärten wuchsen, ein Cagliostro, ein Alchimist, der aus Papier Gold für sich zu machen verstand – aus der Nähe gesehen stellte er sich dar als durchaus großen Formats, halb gerissener Geschäftsmann, halb Prophet, laut seine Meinung sagend, aber undurchsichtig für Freund wie Feind und daher unheimlich. Wie ein Fremdling unter seinen Kollegen vom Kohlenhandel und der Schwerindustrie soll er gewirkt haben, südländisch, schwarzbärtig, wie ein phönizischer Schiffskapitän, die Augen wie auf eine innere Vision richtend, stets in Bauernstiefeln, in Kleidern, die auf ihm hingen, als ob sie von der Stange gekauft wären, ja »proletarierhaft gekleidet«, immer umringt von einer zahlreichen Familie, die er überall hinter sich herzog – Graf Kessler bezeichnet ihn als eine Kreuzung zwischen Patriarch, Commis voyageur und Fliegendem Holländer, alles in allem vielleicht ein Besessener – ganz ohne andere Interessen, nichts als Unternehmer, Rathenau war nach einem Besuch bei ihm in Mülheim ganz entsetzt über die dort erlebte Unkultur zurückgekehrt.

»Er trug immer alles in den Taschen bei sich«, beschrieb ihn mir der Wirtschaftswissenschaftler Hans Staudinger und kramte zur Illustrierung auch allerlei Zettel und Papierstücke aus seinen eigenen Taschen hervor. »Dicke Packen von Kontoauszügen, lange Listen mit all den Namen der vielen Firmen, die er zu kaufen gedachte. Und er telefonierte Tag und Nacht mit den zahllosen Unternehmen seines riesigen Wirtschaftsimperiums. Er hatte eine hohe Stimme und sprach immer sehr langsam. Ich fragte ihn einmal, warum er immer so langsam spreche. Er antwortete: ›Weil die Leute nur langsam begreifen.‹ Sonderbarerweise glaubte er, die Inflation würde ewig anhalten, würde nie enden. Und so betrieb er weiter die Aufnahme riesenhafter Kredite, mit denen er immer neue Unternehmungen und Beteiligungen erwarb, um die Kredite dann weiterhin mit entwertetem Papiergeld zurückzuzahlen. Er besaß eine Bank in Holland, der deutsche Geschäftsleute ihr Geld aus Sicherheitsgründen anvertrauten, und dieses Geld benutzte Stinnes, um ihnen ihre eigenen Firmen abzukaufen. Er hat mir das selbst erzählt.«

Es waren vor allem Kohlengruben, durch die Hugo Stinnes zu seinem sagenhaften Vermögen kam. Mit Kohle ließ sich jede fremde Währung beschaffen, und dann brauchte es zum weiteren Ausbau des Imperiums nur Unternehmungslust und Wagemut. Stinnes kaufte alles, was irgend aufkaufbar war, Kohlenzechen und -handelsgesellschaften, Stahlwerke, Reedereien, verarbeitende Fabriken, Haus- und Grundbesitz, Papiermühlen und Zeitungen, Ölfelder und Baufirmen, Banken und Versicherungsgesellschaften, und baute so den größten Unternehmertrust auf, den es je in Europa gab. Kurz vor seinem Tode im Jahre 1924 verfügte er über 1535 Unternehmen mit 2888 Betrieben und Niederlassungen. Daher das Wort von den Zaubergärten auf dem steinigen Boden der deutschen Wirtschaftstrümmer.
Die Frage nach den Ursachen der Inflation und den treibenden Kräften ist kaum zu beantworten. Nationalistisch eingestellte Historiker haben die Schuld vor allem in den alliierten Reparationsforderungen gesehen, und es trifft natürlich auch zu, daß eine Währung Einbußen erleidet, wenn Volksvermögen und Sozialprodukt dazu herhalten müssen, internationale Verpflichtungen zu erfüllen. Weniger freundlich gesinnte Kritiker beschuldigen die deutsche Regierung selbst, sie habe ein gigantisches Betrugsmanöver in die Wege zu leiten versucht und, von Großindustriellen und Großgrundbesitzern gedrängt – so William Shirer in seinem Buch über den *Aufstieg und Fall des Dritten Reiches* –, vorsätzlich die Abwertung der Mark betrieben, um den Staat von seinen Schulden zu befreien und die Reparationsleistungen zu umgehen . . . Darüber hinaus habe die Entwertung es der deutschen Schwerindustrie ermöglicht, ihre Verschuldung zu tilgen, indem sie ihre Verpflichtungen in immer wertloseren Papiermarkbeträgen erfüllte.
Dies mag ebenfalls teilweise zutreffen, aber Behauptungen über historische Verschwörungen muß insbesondere dann mißtraut werden, wenn es möglich ist, die eigentlichen Motive ganz schlicht in fundamentaler Unkenntnis zu sehen. Es gibt wenige Dinge, über die wir auch heute noch so wenig wissen wie über den zyklischen Verlauf wirtschaftlicher und eben auch währungspolitischer Entwicklungen. Auch in den Vereinigten Staaten gelang es den republikanischen Verwaltungsbehörden in den zwanziger Jahren, von späteren Legislaturperioden gar nicht zu reden, nur bedingt, die wirtschaftliche Stabilität aufrechtzuerhalten. So war es vielleicht nur preußische Halsstarrigkeit und nicht so sehr haushälterische Planung, die den damaligen Reichsbankpräsidenten Rudolf Havenstein bewog, mehr und mehr Papiergeld drucken zu lassen.
»Heutzutage muß man zu Handschellen greifen, um den Druckern an den Maschinen das Handwerk zu legen«, bemerkte der britische

Botschafter Viscount D'Abernon erbost. »Als in der letzten Woche, wie von der Vorsehung herbeigeführt, die Drucker streikten und das weitere Drucken von Banknoten gewaltsam unterbrochen wurde, bot Havenstein sogar Streikbrecher auf, damit weitergedruckt wurde.« So geschehen im Sommer 1922; ein Jahr später rühmte sich Havenstein noch vor dem Reichsrat, daß sein Rund-um-die-Uhr-Betrieb in 150 Druckereien ihn in die Lage versetzte, täglich 46 Milliarden Mark für die Befriedigung des Notenbedarfs in Umlauf zu setzen. Niemand im Reichsrat erhob Einwände, lediglich der britische Botschafter war es, der feststellte, daß ein Bankpräsident, der so wenig von Geld verstünde, eigentlich aufgehängt werden müßte.

»Was Wirtschaftstheorie anbelangt, herrschte damals noch ein beträchtliches Maß an Ignoranz«, bestätigt uns Adolph Löwe, jetzt siebenundsiebzigjährig, sonnengebräunt und weißhaarig, unter seinem braunen Tweedjackett den grauen institutstypischen Pullover. Wir sitzen im dritten Stock der berühmten *New School for Social Research* im Herzen von Greenwich Village. In der Eingangshalle unten verteilen maoistische Studenten ihre Flugblätter, hier oben aber in Dr. Löwes kleinem Dienstzimmer ist es durchaus friedlich. Dr. Löwe, einstmals hoher Beamter im Reichswirtschaftsministerium, versucht die Quantitätstheorie des Geldes zu erklären. »Sie kennen diese Theorie? Daß das Preisniveau irgendwie von der Quantität des in Umlauf befindlichen Geldes abhängt. Heute ist natürlich jeder mit den Werken von Keynes vertraut, damals aber vertrat man in Deutschland noch die Theorie, daß die Preise von selber stiegen oder fielen und daß die Regierung den Geldbestand dem Geldbedarf *anzugleichen* habe.«

»Wie ist es aber möglich«, fragt ein Besucher, »daß sich sämtliche Wirtschaftsexperten eines Landes derart im Irrtum befinden?«

Dr. Löwe lächelt belustigt, in der Erinnerung aber an lange zurückliegende Diskussionen wird seine Stimme schärfer:

»Sie müssen bedenken, daß die deutschen Universitäten schon fünfzig Jahre vorher den Anschluß an die wirtschaftstheoretische Forschung verloren hatten«, versucht er zu erklären. »Sie entwickelten statt dessen eine ›historische Schule‹ der Nationalökonomie, deren Anschauungen die Universitätsausbildung beherrschten. In Deutschland gab es tatsächlich nur drei Volkswirtschaftler, die wirklich etwas von Wirtschaft verstanden, und zwei von ihnen waren nicht einmal ordentliche Professoren ihrer Fakultäten.«

»Aber irgend jemand müßte doch gemerkt und darauf hingewiesen haben, daß die bisherigen Wirtschaftstheorien nicht stimmten.«

»Ja, natürlich«, nickt Dr. Löwe, »aber die falsche Theorie war zwei einflußreichen Gruppen überaus willkommen. Die eine Gruppe bestand eben aus jenen, die keine Reparationen zahlen wollten und es für ihre patriotische Pflicht hielten, die Zahlungsfähigkeit Deutschlands zu blockieren. Die anderen waren die Großkapitalisten, Leute wie Stinnes, und er war nicht der einzige, die ihre riesigen Geschäfte mit riesigen Krediten finanzierten.

Selbst wenn dies zutreffen mag, so bleibt doch rätselhaft, wieso jedermann die Katastrophe als einen unvermeidlichen Schicksalsschlag hinzunehmen schien. Natürlich wirkte sich die Inflation anfänglich noch verhältnismäßig harmlos aus, gewiß weniger erschreckend als massive Steuererhöhungen, die zu ihrer Eindämmung notwendig gewesen wären. Der Umsatz in der Wirtschaft stieg ebenso, wie die Löhne der Arbeiter stiegen, und diese konstante Aufwärtsbewegung wurde allmählich als normal befunden. Es herrschte, wie man heute sagt, eine typische »Inflationspsychologie.«

In Regierungskreisen schien man es nur für natürlich zu halten, Bankiers und Geschäftsleute um Rat zu fragen, und die Prominentesten gaben, entweder aus Prinzip oder aus Gewinnsucht, die falschen Ratschläge. Und doch hatte die Regierung ihren Verpflichtungen nachzukommen – sie mußte nicht nur die Gehälter für den Beamtenapparat bezahlen, sondern jetzt auch die Kosten des passiven Widerstandes an der Ruhr, die auf seinem Höhepunkt täglich 40 Millionen Mark betrugen –, und obendrein waren die den Alliierten zu leistenden Reparationszahlungen aufzubringen. So handelte ein Reichskanzler nach dem anderen, wie man es ihm anriet – und ließ die Druckerpressen schneller rotieren.

Einmal indessen, gegen Ende 1922, holte der Reichskanzler Wirth den Rat internationaler Sachverständiger zu einer Stabilisierung der Mark ein. Auf seine Bitte kamen John Maynard Keynes und drei weitere Wirtschaftsexperten nach Berlin, befaßten sich eingehend mit dem Problem und boten auch eine Lösung an. Sie empfahlen unter anderem ein zweijähriges Moratorium für die Reparationszahlungen, eine Stabilisierung der Mark im Verhältnis dreitausend pro Dollar, eine radikale Beschränkung des Banknotendrucks und einen ausgewogenen Staatshaushalt. Die Hauptsorge bei dieser Radikalkur bestand darin, daß der Patient offenbar seinen Krankheitszustand diesem Heilungsprozeß vorzog, und so wurde der Keynes-Plan weder von den Deutschen noch von den Alliierten ernsthaft erwogen. »Währungsexperten – oder, um es genauer zu sagen, Leute, die sich in dieser Beziehung für Propheten halten – haben ein trauriges Schicksal«, bemerkte Lord D'Abernon. »Zu ihren Lebzeiten leeren sich alle Räume, in denen sie Reden halten, und schließlich enden sie im Irrenhaus.«

Der glücklose Dr. Cuno resignierte im August 1923 und trat zurück. Ebert berief jetzt den wohl nächst Rathenau außergewöhnlichsten Politiker, den die Weimarer Republik hervorgebracht hat. Dr. Gustav Stresemann, untersetzt, kahlköpfig, kam aus der Großindustrie und hatte schon seit 1907 als Nationalliberaler dem Reichstag angehört. Hier hatte er noch im Krieg die Annexionspolitik und den Ludendorffschen Kurs mit verfochten, war 1919 noch ein Anhänger der Monarchie gewesen. Erst in den darauffolgenden Jahren, in nüchterner Erkenntnis der politischen und wirtschaftlichen Realitäten, wandelte er sich, wenn man so sagen darf, zu einem »Vernunftrepublikaner« und blieb unter den wechselnden Regierungen des Weimarer Staates als Reichsaußenminister am längsten im Amt. Er hatte aus der Niederlage die Konsequenz gezogen, daß vor allem mit Frankreich eine Verständigung gefunden werden müsse. Selten ist ein Staatsmann so tief betrauert worden wie Stresemann, als er 1929 starb. Jetzt, unter den anarchischen Verhältnissen des Jahres 1923, bildete er auf breitestmöglicher Grundlage eine »Große Koalition«, der die Sozialdemokraten auf der Linken, die Demokraten, das Zentrum und seine eigene Deutsche Volkspartei angehörten.
Die Republik stand um diese Zeit vor der völligen Auflösung. Das Deutsche Reich existierte schließlich erst kaum ein halbes Jahrhundert, und war Preußen auch – es umfaßte mit einer entsprechenden Bevölkerungszahl etwa die Hälfte des Reichsgebietes – der beherrschende Staat, so verfügten die kleineren Staaten doch über ein beträchtliches Maß an Autonomie. Bayern und Württemberg zum Beispiel hatten noch als Monarchien am Weltkrieg teilgenommen, und bei ihnen, wie bei den anderen Staaten auch, standen z. B. das Justizwesen und die Kultur noch unter der eigenen Hoheit. Preußen, Geburtsland des deutschen Militarismus, war jetzt sozialdemokratisch regiert – der aus dem Buchdruckergewerbe hervorgegangene Parteifunktionär Otto Braun war nach dem Kapp-Putsch Ministerpräsident geworden, regierte nüchtern-praktischen Sinnes mit zielbewußter Energie und blieb bis 1932 im Amt. Aber wenn eine Vorrangstellung Preußens seit 1871 auch bestand, so war das jetzt nur noch bedingt der Fall, und einige der Länder begannen Vorteile in einer Loslösung von der zerrütteten Republik zu sehen.
Stresemanns erste wichtigste Amtshandlung – er hatte am 13. August 1923 neben dem Amt des Reichskanzlers auch das des Außenministers übernommen – bestand darin, daß er die Aufhebung des passiven Widerstandes an der Ruhr und eine Wiederaufnahme der Reparationslieferungen an Frankreich anordnete. Während die Krise in Politik und Wirtschaft sich noch auf dem Höhepunkt befindet, wachsen die separatistischen Bestrebungen in den Ländern. Die bayerische Staats-

regierung hatte den Regierungspräsidenten von Oberbayern, Gustav Ritter von Kahr – einen Mann unverhohlener monarchistischer und partikularistischer Richtung –, zum Generalstaatskommissar mit diktatorischen Vollmachten ernannt. Als Gegenmaßnahme verhängte der Reichspräsident über das gesamte Reichsgebiet den Ausnahmezustand und übertrug die vollziehende Gewalt auf den Reichswehrminister, zu dieser Zeit den Demokraten Otto Gessler.
Im Freistaat Sachsen hatte sich im Oktober eine Bewegung aufgetan, die den genauen Gegenkurs verfolgte. Der sozialdemokratische Ministerpräsident Dr. Erich Zeigner hatte zur Abwehr einer »großkapitalistischen Militärdiktatur« in seinem Lande eine »Regierung der republikanisch-proletarischen Verteidigung«, eine Art »Volksfront« gebildet, indem er zwei Kommunisten in sein Kabinett aufnahm. Hier marschierte im Gegensatz zu Bayern die Reichswehr ein, wurde ein Reichskommissar eingesetzt. Wenige Tage darauf kam es in Thüringen zu ähnlichen Maßnahmen, und in Hamburg kostete ein kommunistischer Aufstand fünfundsechzig Menschen das Leben. Und am 21. Oktober gipfelten mehrere französische Bestrebungen, das Rheinland unter Kontrolle zu halten, in der Mobilisierung von Separatisten, die zunächst in Aachen eine »Rheinische Republik« ausriefen – ein Versuch, der, hier und dort wiederholt, bald scheiterte.
Es blieb nur noch das Problem Bayern und – Adolf Hitler. Fünf Jahre waren vergangen, seit der Österreicher im Pasewalker Militärlazarett beschlossen hatte, »Politiker zu werden«. Er hatte 1920 in der bayerischen Hauptstadt, wo ihm die verworrenen Verhältnisse einiges zu versprechen schienen, das Programm der »Nationalsozialistischen Deutschen Arbeiterpartei« verkündet und eine gewisse Anhängerschaft gewonnen. Sie war bereits in »Sturmabteilungen« straff organisiert, und mit ihr unternahm er am 8. November nach einer Abendkundgebung im Münchner Bürgerbräukeller seinen Putschversuch mit dem Ziel, sowohl die bayerische Regierung wie die Reichsregierung abzusetzen und sich selber zum Kanzler einer deutschen nationalen Regierung aufzuschwingen. Ludendorff diente wiederum als Vorspann in dieser bierseligen Veranstaltung.
Nach der Rede Hitlers – ». . . Die Aufgabe der provisorischen deutschen Nationalregierung ist, mit der ganzen Kraft dieses Landes und der herbeigezogenen Kraft aller deutschen Gaue den Vormarsch anzutreten gegen das Sündenbabel Berlin . . . Der Morgen findet entweder in Deutschland eine deutsche nationale Regierung oder uns tot« – nahm der Exfeldherr das Wort:
»Ergriffen von der Größe des Augenblicks und überrascht stelle ich mich kraft eigenen Rechts der deutschen Nationalregierung zur Verfügung. Diese Stunde bedeutet einen Wendepunkt in unserer Ge-

schichte. Gehen wir in sie hinein mit tiefem sittlichem Ernst, überzeugt und durchdrungen von unserer schweren Verantwortung. Gehen wir mit dem übrigen Volk an unsere Arbeit. Wenn wir reinen Herzens diese Arbeit tun – deutsche Männer, ich zweifle nicht daran –, wird Gottes Segen mit uns sein, den wir herabflehen auf diese Stunde. Ohne Gottes Segen geschieht nichts. Ich bin überzeugt und zweifle nicht daran: der Herrgott im Himmel, wenn er sieht, daß endlich wieder deutsche Männer da sind, wird mit uns sein.«
Der Vormarsch auf das Sündenbabel Berlin fand nicht statt, der nächste Morgen weder eine deutsche nationale Regierung noch gar die Putschisten tot, der in der Weltgeschichte so oft bemühte Segen Gottes blieb aus: der Generalstaatskommissar Dr. von Kahr ließ, wiewohl von der gleichen Couleur, seine berittene Polizei einen Demonstrationszug auf dem Marsch zum Odeonsplatz vor der Feldherrnhalle stoppen, in dem Schußwechsel fielen sechzehn »Blutopfer der Bewegung«. Ludendorff ließ sich erhobenen Hauptes festnehmen, und auch Hitler gab nicht sein Leben hin, sondern konnte in dem Durcheinander fliehen, hielt sich zwei Tage verborgen, bis er in einem Landhaus in Uffing bei München in einem Kleiderschrank entdeckt und verhaftet wurde. Aus der Festungshaft, die dieser »Wendepunkt der deutschen Geschichte« ihm einbrachte, wurde er Ende 1924 schon wieder entlassen. Immerhin war ihm auf der Festung Landsberg die Zeit gewährt, sein Buch »Mein Kampf« zu schreiben. Ludendorff wurde freigesprochen.

Von einer Million Mark pro Dollar am 1. August 1923 sank die Mark bis zum 1. November auf 130 Milliarden und zwei Wochen später auf 1,3 Billionen. Philatelisten bestaunen noch heute damalige Briefmarken im Werte von 20 oder 50 Milliarden Mark, die nur bewiesen, daß Deutschland praktisch überhaupt keine Währung mehr hatte.
Normalerweise ist eine Währung durch Gold gedeckt, aber die Weimarer Republik besaß kein Gold, und so wurden alle möglichen Pläne diskutiert, eine von Stresemann versprochene Stabilisierung der Mark zu erreichen. An den Vorschlägen waren beteiligt der Reichsfinanzminister Dr. Rudolf Hilferding, Karl Helfferich und der Direktor der Darmstädter und Nationalbank Dr. Hjalmar Schacht. Zunächst einmal wurde die Notenpresse stillgelegt, am 26. September der teure Ruhrkampf eingestellt, eine radikale Reduzierung der Staatsausgaben vorgenommen.
Aller Grundbesitz, die Industrie, der Handel und die Banken wurden mit einer Hypothek in Höhe von 3200 Millionen »Rentenmark« belastet – diese Rentenmark als Zwischenwährung: dafür gab die neue »Deutsche Rentenbank« 2400 Millionen Rentenmarknoten aus, je

zur Hälfte an die Reichsregierung und die Banken, und damit allein mußte gewirtschaftet werden. Am 20. November wurde eine Relation zum Dollar hergestellt: eine Billion Papiermark wurde jetzt zu einer Goldmark. Härteste Sparmaßnahmen des Staates, vom darauffolgenden Kabinett des Zentrumsführers Dr. Wilhelm Marx mit dem parteilosen Finanzminister Dr. Luther und Schacht als Reichswährungskommissar und dann als Präsident der Reichsbank durchgesetzt, und bei dieser knappen Gelddecke radikale Reduzierung aller Lebensansprüche des Volkes ließen das Experiment glücken. Die gefährlichste Krise der jungen Republik war wie durch ein Wunder behoben, ein böser Traum wie verflogen.

Die schwersten Lasten hatten freilich das mittlere und das Kleinbürgertum, die kleineren Gewerbetreibenden und Geschäftsleute zu tragen. Am schwersten getroffen aber war der gesamte Vergnügungsbetrieb: die meisten der Vergnügungslokale und Nachtklubs mußten traurigen Herzens ihre Pforten schließen, und das älteste Gewerbe der Welt sank in seine sonstige Armseligkeit zurück – »wat hin is, is hin«. Als zehn Jahre nach der Revolution Carl von Ossietzky, der Herausgeber der *Weltbühne*, befragt wurde, was sich denn eigentlich geändert habe, gab er zur Antwort: die Geschäftsleute machten weiterhin ihre Geschäfte, die Generäle seien weiterhin Generäle – lediglich die deutschen Frauen hätten ihre Freiheit gewonnen.

KAPITEL VIII

»Wir fühlen jung und frei und rein.«
1924

Der Geist ist das Positive, das Schaffende. Das ist das Gute. *Der weiße befruchtende Strahl.*
Dieser weiße Strahl führt zur Evolution, zur Erhöhung... Es gibt ganze Epochen, die den Geist ableugnen, da die Augen der Menschen im allgemeinen zu solchen Zeiten den Geist nicht sehen können. So war es im 19. Jahrhundert, und so ist es im großen und ganzen noch heute.
Die Menschen werden verblendet.
Eine schwarze Hand legt sich auf ihre Augen. Die schwarze Hand gehört den Hassenden. Der Hassende versucht durch alle Mittel die Evolution, die Erhöhung zu bremsen.
Das ist das Negative, das Zerstörende. Das ist das Böse. *Die schwarze todbringende Hand.*

Wassily Kandinsky,
Über die Formfrage. 1912

Eine kalte Novembernacht in New York. Im zweiten Stock des Goethe-Hauses, in einem dunkelgetäfelten, mit Chrysanthemen geschmückten Saal hält ein untersetzter distinguierter Herr namens Richard Huelsenbeck einen Vortrag: »DADA oder der Sinn im Chaos.«
Das Thema – dazu noch in deutscher Sprache und bei so schlechtem Wetter – mutet im New York des Jahres 1970 etwas seltsam an, aber der Saal ist übervoll, und die Direktion hat sogar in einem Vorraum Klappstühle aufstellen lassen, damit Zuspätkommende im Dunkeln sitzen und den Vortrag über einen Lautsprecher noch mit anhören können. Wie zu erwarten, füllen den Raum hauptsächlich ältere Deutsche, die kamen, um Geschichten aus alten Tagen zu hören, man sieht aber auch viele junge Leute mit Bärten und Halsketten, denn im Zeitalter des Pop und der Happenings und der Jam Session scheint DADA eine Art von Renaissance zu erleben.
Der weißhaarige Richard Huelsenbeck trägt einen grauen Nadelstreifen-Anzug und macht den Eindruck eines Arztes, der seine Praxis aufgegeben hat – und dieser Eindruck trügt nicht, er ist tatsächlich Arzt gewesen. Seine lebhafte Art des Erzählens hat nichts Akademisches an sich. Er berichtet, wie er 1915 in Berlin Medizin studierte und nebenher malte und Gedichte schrieb. Damals lernte er den um

fünf Jahre älteren Hugo Ball kennen, dessen unabhängige geistige Haltung der seinen glich. Gemeinsam veranstalteten sie eine Kunstausstellung, bei der auch Poesie vorgetragen wurde, und diese Veranstaltung setzte – wie er erzählt – die »ersten Signale von DADA«. Huelsenbeck, in jenen Tagen gern monokelbewaffnet, schlug ungeniert eine Trommel, während er einen angeblich afrikanischen Singsang intonierte und den Rhythmus pathetisch und höchst wirkungsvoll mit »Umba-umba-umba« unterstrich.

Bald darauf wurde er zum Militär eingezogen, aber er konnte einen befreundeten Arzt überreden, ihn für »verrückt« zu erklären, und so traf er Anfang 1916 in Zürich ein. Auf einer Bank am See sitzend, erkannte er einen großen, schlaksigen Menschen wieder: es war Hugo Ball, der sich zunächst als Kellner und dann als Klavierspieler in einem Nachtcafé durchgeschlagen hatte, während seine Frau, Emmy Hennings, zu seiner Begleitung Lieder sang. Am 5. Februar 1916 aber hatte er ein satirisches Kabarett eröffnet, getauft auf den Namen Voltaires. Es lag im »Niederdorf«, in der Spiegelgasse 1, sehr nah einem Haus, in dem sich ein russischer Emigrant namens Uljanow alias Lenin bei einem Schusterehepaar eingemietet hatte. Ball war das Zentrum einer ganzen Gruppe junger Künstler, die sich leidenschaftlich gegen die konventionelle Gesellschaft und die herkömmliche Kunst und vor allem gegen den Krieg auflehnten. Tristan Tzara las Gedichte in Rumänisch vor, dann »Zufallslyrik«, mit willkürlich aus Zeitungsausschnitten zusammengesetzten Wortbildungen spielend, und schließlich ließ er »Simultangedichte« folgen, von mehreren Personen gleichzeitig in verschiedenen Sprachen vorgetragen. Der Bildhauer Hans Arp demonstrierte ein von ihm geschaffenes Kunstwerk: er hatte bunte Papierschnitzel auf ein Brett fallen lassen und daran festgeklebt, wie sie gerade lagen. Und nach den Darbietungen eines Balalaika-Orchesters produzierte sich dann der Hausherr selbst, in einem Pappkostüm mit angeklebten Flügeln, und rezitierte bürgerschreckend närrische »Klanggedichte«: »Gadji beri bimba / glandridi lauli loni cadori / gadjama bim beri glassala . . .«

Was dieser Bewegung noch fehlte, war ein passender Name für sie, die zumeist aus Emigranten bestand, und so kam es zu dieser inzwischen berühmten Szene: laut Huelsenbeck blätterte er mit Ball in einem französisch-deutschen Wörterbuch, um einen Bühnennamen für eine neue junge Chansonette zu finden. »Ich stand hinter Ball . . . während sein Finger die Seiten hinunterglitt und jeweils auf die ersten Buchstaben jedes Wortes deutete. Plötzlich rief ich: ›Halt!‹. Ich war faziniert von einem Wort, das ich nie zuvor gehört hatte, dem Wort DADA. ›DADA‹, las Ball und fügte dann hinzu: ›Es ist ein Kinderwort und bedeutet so viel wie ›Steckenpferd‹ oder auch ›Schaukelpferdchen‹. In diesem Augenblick verstand ich, welche Vorteile dieses Wort uns bot. ›Nehmen wir das Wort DADA‹, sagte ich. ›Es ist wie für unsere Zwecke geschaffen. Jeder erste Laut eines Kindes ist echte Primitivität, Beginn am Nullpunkt, und drückt auch das Neue in unserer Kunst aus.‹«

Dieser plausiblen Geschichte stehen andere Versionen gegenüber, aber Legenden wachsen aus eigener Kraft. Tristan Tzara behauptete, auch er habe dem historischen Moment beigewohnt und Ball habe gesagt: »Hier, meine Herren, haben wir den Ismus aller Ismusse – den Dadaismus!« Ball selbst beanspruchte die Entdeckung nie für sich, doch dann gab Tzara sogar vor, er habe selber das Wort DADA im Larousse entdeckt. Im Laufe späterer Differenzen innerhalb der Bewegung verbreiteten Tzaras Feinde in Paris schließlich das Gerücht, nicht er habe das Wort erfunden, sondern Hans Arp . . .

Gegen Kriegsende kehrten die Dadaisten nach und nach in ihre verschiedenen Heimatländer zurück. Sie stellten fest, daß ihre revolutionären Ideen in ganz Europa ein starkes Echo fanden, insbesondere in Paris, wo sich Tzara mit André Breton zusammentat: dort veranstalteten die Dadaisten turbulente Demonstrationen zugunsten . . . nun, des Unsinns. Bei einer solchen Kundgebung verlas Tzara laut einen Zeitungsartikel, während eine elektrische Glocke so schrill klingelte, daß nichts zu verstehen war. Francis Picabia zeichnete Bilder auf eine Wand, während André Breton, hinter ihm, sofort jede Spur davon wieder verlöschte. Zuschauer warfen Eier und Tomaten und sogar Kalbsschnitzel auf die Mitwirkenden. Ein Anti-DADA-Flugblatt, mit NON betitelt, schwebte nieder über sämtliche Teilnehmer. Was bedeutete das alles? »DADA hat keine Bedeutung«, verkündete Tzara in einem DADA-Manifest und fügte hinzu: »Ich bin prinzipiell gegen Manifeste, deshalb bin ich auch gegen Prinzipien.« Doch die Flut der Manifeste stieg an. Da hieß es: »Ordnung = Unordnung, ego = non-ego, Zustimmung = Verneinung . . . Kunst ist privat . . . Jedes Kunstwerk, das verstanden werden kann, ist das Produkt der Journaille.«

In Berlin, wo Huelsenbeck die neue Richtung aus Zürich eingeführt hatte, entwickelten die Dadaisten ein klareres Programm. Hugo Ball hatte sich inzwischen zurückgezogen, er widmete sich nicht mehr der Kunst, sondern in religiöser Verinnerlichung den Armen. Die Berliner Dadaisten kämpften für die jüngsten Richtungen der abstrakten Kunst, veranstalteten Ausstellungen von Klee und Kandinsky, für die Kunst des Zufalls, der Improvisation, des Schaffens aus dem Unbewußten. Und sie bekämpften alles, was mit dem Herkömmlichen und Bestehenden zusammenhing. Als unter Friedrich Ebert im Theater zu Weimar die Nationalversammlung tagte, um die neue Repu-

blik zu gründen, erhob sich der Ober-DADA von Berlin, ein langhaariger Architekt namens Johannes Baader, und begann eine Rede zu halten. Freilich war Baader als »unzurechnungsfähig« erklärt worden und also für seine Taten nicht verantwortlich. Als die Delegierten lauthals protestierten, erklärte Baader, die Gründung der Weimarer Republik sei bereits an sich eine »DADAistische Demonstration«, und ernannte sich selbst zu ihrem Präsidenten.
»Doch die DADA-Demonstrationen hatten durchaus einen Zweck«, sagte Huelsenbeck seiner Hörerschaft im Goethe-Haus in New York. »Wir waren gegen den Krieg. Wir waren gegen jede Ideologie, denn die Ideologie von Kant und Hegel und Fichte war mit dem Krieg verbunden. Wir waren gegen die Kultur, denn die Kultur von Schiller und Goethe war mit dem Krieg verbunden. Wir waren keine Politiker, sondern Künstler, Dichter und Maler, deshalb drückten wir unseren Protest mit künstlerischen Mitteln aus, obwohl wir sogar gegen Kunst waren. Das ist der fundamentale Widerspruch des DADAismus, der bis zum heutigen Tag nicht klar geworden ist.«

In Berlin wie in allen Großstädten Europas waren die Kaffeehäuser die intellektuellen und künstlerischen Mittelpunkte. Man las Zeitungen, traf Freunde, erzählte sich Klatschgeschichten, betrieb Geschäfte, schrieb Gedichte. Die berühmtesten Kaffeehäuser Berlins waren das Café des Westens, das Josty, das Reimann, das Monopol. Doch sie alle übertrumpfte das inzwischen legendäre Romanische Café, gegenüber der Gedächtniskirche, ein weiträumiges unschönes Etablissement. Wenn man hereinkam, saß rechts von der Drehtür altes und junges Malervolk an Max Slevogts Stammtisch, dicht gedrängt viel Journalistik, Kunsthandel, Literatur, Theater, Film, und auf dem Balkon, den die Schachspieler okkupierten, konnte man Emanuel Lasker begegnen, Schachweltmeister seit 27 Jahren.
Die jungen Künstler bemühten sich, die bereits Anerkannten zu schockieren. Laut einem Augenzeugenbericht versammelte sich dort »ein höchst kurioses Menschengemisch, Intellektuelle aus aller Welt, mit langem Haar oder rasierten Schädeln, in Lumpen oder in Pelzen . . . George Grosz war damals gleichzeitig Dadaist und Marxist, er erschien manchmal im Kostüm eines Cowboys, mit Stiefeln und mit Sporen . . .« Grosz war tatsächlich das Musterbeispiel eines jungen Künstlers, der voller Empörung aus dem Kriege heimgekehrt war. Ein anderer Chronist berichtet, Grosz sei durch die Straßen Berlins mit einem Totenkopf in der Hand stolziert, mit einem Plakat ›DADA DADA Über Alles‹. Grosz selbst schrieb später darüber: »Es waren wilde Jahre. Ich nahm am Leben teil, stürzte mich hinein, ja ich war ein Teil von ihm.«

Grosz, 1893 in Berlin geboren, wuchs auf in Stolp, wo sein Vater als Kastellan das dortige Freimaurerlogenhaus bewirtschaftete. Der Vater starb, als Grosz 7 Jahre alt war, und die Mutter zog für einige Zeit zurück nach Berlin, wo sie in den Armenvierteln leben mußte. Schließlich gab sie auf und kehrte zurück nach Pommern, wo sie ein Kasino für Husarenoffiziere leitete. Später, als Grosz bereits als der radikalste Karikaturist der deutschen Bourgeoisie und ihrer Militärclique galt, erklärte er, seine Haltung sei marxistisch fundiert. Aber die gesellschaftskritische Schärfe, die aus seinen Werken spricht, dürfte aus seinen Jugendjahren stammen, in denen er die Berliner Hinterhöfe kennenlernte oder mit ansehen mußte, wie arrogante, monokeltragende Offiziere seine Mutter wie eine Dienstmagd herumkommandierten.
Grosz selber hält ein anderes, freundlicheres Kindheitserlebnis für wesentlicher. Eines Nachts sei er auf eine Kiste gestiegen und habe heimlich in das Schlafzimmer einer Frau geblickt, die sich entkleidete. Gemächlich schälte sie sich aus Bluse und Rock und Korsett und Unterrock – den Hüllen, die den Körper einer Dame der Jahrhundertwende zu verbergen pflegten. Schließlich stand sie nackt, nur mit Strumpfbändern am Leib, vor dem Spiegel, löste den Dutt, zu dem ihr sehr langes Haar zusammengehalten war, und kämmte es – ohne zu ahnen, daß draußen vor dem Fenster ein Junge stand, der sie fasziniert beobachtete. »Dieser Anblick ging mir durch und durch«, schrieb Grosz später. »Es war ungeheuerlich! Ich habe bis heute diesen ersten Eindruck nicht überwunden. Ich wollte ihn auch gar nicht überwinden.«
Wie so viele seiner Generation meldete auch Grosz sich 1914 freiwillig, aber 1917 erlitt er einen Nervenzusammenbruch und kehrte aus einer Anstalt für Kriegsirre schließlich als zerrütteter Mann in die zerrüttete Stadt Berlin zurück. Berlin erschien ihm – was Johannes Baader vom ganzen Land behauptete – eine einzige große Manifestation von DADA. »Die Stadt glich einer grauen steinernen Leiche«, erinnerte Grosz sich später. »Es wimmelte von Arbeitslosen. Um sie zu beruhigen, gab man ihnen Schachspiele statt Arbeit ... Viele der Jüngeren hatten nie regelmäßige Arbeit gekannt ... sie bildeten kleine Orchester, die für paar Pfennige, die man ihnen in den Hut warf, eine Art verfälschten Jazz spielten ... Echte und unechte Kriegsinvaliden saßen an allen Straßenecken, dösten vor sich hin, bis ein Passant kam, dann verdrehten sie den Kopf und fingen an, sich krampfhaft zu schütteln. ›Schüttler‹ nannte man die ... Längst hatte man sich an alles Unheimliche und Ekelhafte gewöhnt ... Ich war unter denen, die aus dem absoluten Nichts herauswollten. Wir verlangten mehr. Was das ›Mehr‹ war, wußten wir so genau nicht zu sagen.«

Grosz lernte Huelsenbeck kennen, und der dichtende Mediziner hieß den Zeichner als Mitbegründer des Berliner DADA willkommen. Sie eröffneten einen Club DADA und begannen DADA-Publikationen herauszugeben: »Jeder Mann sein eigner Fußball«, »Das Bordell«, »Rosenrote Brillen« und »Bankrott«. Viele von ihnen wurden fast so rasch verboten, wie sie erschienen. Einmal beschlossen die Dadaisten, ihre Manifeste mit besonderem Aplomb zu verkaufen: sie zogen in Frack und Zylinder, mit einem Leichenwagen und einem Orchester durch die Straßen, und die Herausgeber priesen ihre neuesten Veröffentlichungen persönlich den gaffenden Passanten an. Sie wurden schließlich festgenommen, weil sie vor den Regierungsgebäuden der Wilhelmstraße respektlose Lieder sangen und die Wände mit Plakaten »Hurra DADA« beklebten. Bei anderen Gelegenheiten kündigten die Dadaisten Meetings über seriöse Themen an, und sobald sich eine wißbegierige Zuhörerschaft versammelt hatte, erschien Grosz auf der Bühne und schockte sie mit einer unflätigen Publikumsbeschimpfung.

Doch ebenso wie in Paris schienen die Leute von den jungen Künstlern, die sie doch nur begeiferten, fasziniert zu sein, und bald galt DADA als zwar radikal, aber schick. »Wenn DADA von den Massen auch nicht verstanden wurde«, bemerkt Grosz, »so diente es zumindest den reichen Playboys, die die Bewegung finanzierten, als emotionelles Ventil. Einer dieser wohlhabenden Freunde hatte tief unter seiner Grunewaldvilla einen fabelhaften Weinkeller mit ganzen Straßenzügen aus Fässern und Kisten voll der erlesensten Weine. Diese unterirdischen Weinstraßen hatte er nach seinen DADA-Kumpanen benannt (so lief zum Beispiel die G.-Grosz-Gasse zwischen den Sherry-Fässern hindurch) und fuhr in ihnen auf einem Motorrad mit Scheinwerfern spazieren ... Jeden Monat gab er dort ein großes Fest.«

Die DADA-Ausstellungen in Berlin zogen einige der begabtesten jungen Künstler Deutschlands an, so Max Ernst, dessen alptraumhafte Absurditäten zu den frühesten Dokumenten des Surrealismus gehören, und Kurt Schwitters, der gern Collagen aus alten Omnibusfahrscheinen, Garderobenzetteln, rostigen Schrotteilen, Pneufetzen und Bindfadenresten zusammenklebte. Das Spiel mit dem Zivilisationsmüll faszinierte ihn dermaßen, daß er zuerst die Außenwände seines Hauses mit Collagen bedeckte und dann die Zimmer mit verschiedensten ›freistehenden Objekten‹ zu füllen begann. Eine seiner frühen Collagen hatte er ›Merz-Bild‹ genannt, weil es durch die zweite Hälfte des aus einer Zeitungsüberschrift ausgeschnittenen Wortes KOMMERZ besonders charakterisiert war. Er machte sich nunmehr besessen daran, MERZ-Kunst und MERZ-Literatur vom Groteskgedicht bis zum »Kümmernisspiel« für die MERZ-Bühne zu produzieren. Schließlich nannte er sich selbst MERZ und sein Haus den MERZ-Bau. Mitte der zwanziger Jahre war es schließlich derart mit Plunder überfüllt, daß Schwitters es in verschiedene Grotten unterteilte, denen er phantastische Namen wie »Nibelunghort« und »Sexualmörder-Höhle« gab. Der angesammelte Abfall reichte vom Keller bis zum zweiten Stock, schob sich hinaus auf das Dach und rankte sich noch um den Schornstein.

Ungeachtet aller Narreteien propagierte DADA in Berlin – zum Unterschied von anderen Städten – zugleich eine radikal linksgerichtete Politik. »DADA ist deutscher Bolschewismus«, erklärte Huelsenbeck. In Paris hatte Tzara behauptet: »DADA hat keine Bedeutung«, »DADA ist Un-Sinn«, auf der Ersten Internationalen DADA-Messe in Berlin hingegen verkündeten Plakate: »DADA ist politisch« und »Nehmen Sie DADA ernst!«. Das sensationellste Ausstellungsstück war eine große Puppe in Offiziersuniform, der Kopf der eines Schweines, und sie schwebte mit dem Gesicht nach unten an der Decke des Hauptausstellungssaales.

Die Berliner Dadaisten waren eine bunte und streitbare Gruppe. Huelsenbeck, der Poet mit dem Monokel, setzte sich bald als Schiffsarzt ab. Baader, der geistesgestörte Architekt, war schließlich davon überzeugt, er sei Jesus Christus. Hanna Höch, ein munteres Mädchen, spezialisierte sich auf Collagen des Grauens. Der bedeutendste von ihnen war sicherlich George Grosz, dessen Identifikation mit DADA vor allem darin bestand, daß er jegliche Bindung an die überkommene Gesellschaft ablehnte und die gesamte formal akademische Kunst, wie man sie noch vor dem Krieg betrieben hatte, mit ätzender Verhöhnung strafte. Er war insofern auf Kubist, als er Bildgegenstände gern in verschiedenen Sichten gleichzeitig auf demselben Blatt festhielt, und schließlich noch Futurist: seine Großstadtlandschaften vermitteln dem Betrachter die furiose Dynamik komplexer gleichzeitiger Hektik. Doch besagt die Zugehörigkeit zu verschiedenen Richtungen nichts; sein Werk ähnelt in seiner eigenständigen Geschlossenheit keinem anderen vor ihm und neben ihm.

Trotz der unerbittlichen Schärfe und Härte seiner Bilder war er selber ein eher harmlos aussehender Mensch, der immer wieder an sich zweifelte und ständig unter düsteren Vorahnungen litt. Ein Selbstporträt aus jenen Tagen zeigt ihn als einen ziemlich plumpen Mann, der sich mutlos auf einen Stuhl fallen ließ. Eine Photographie aus der gleichen Zeit ist milder: man erkennt ein eher hübsches, wenn auch etwas gewöhnliches Gesicht, zurückweichendes Haar, großer Mund, scharfgeschnittenes Kinn, scharfgeschnittene Nase. Er sieht etwa wie ein Bankier aus oder wie ein junger Diplomat oder – paradoxer-

weise – wie ein Offizier. Das einzig Auffallende an ihm ist, daß er eine Maiskolbenpfeife raucht. Natürlich sitzt er mit Pinsel und Palette vor einem seiner bitterbösen Panoramen des damaligen Berlin, wie sie auch Rudolf Schlichter meisterlich gezeichnet hat.
Er war enorm produktiv und schuf Hunderte von eindrucksvollen Porträts der Stadt und ihrer Bürger; doch sind es ausnahmslos Darstellungen der Verrottung, der Ausschweifung, der Fäulnis und des Untergangs. Sie bieten alles andere als verständnisvolle Abbilder. Im Berlin des George Grosz scheint es Arbeiter nicht zu geben, keine Kinder, die brav zur Schule gehen, keine Parks, keine Bäume. Keine hübschen Mädchen, nur abgetakelte Dirnen, Frauen mit schlaffen Brüsten, die warten, daß ihre Ehemänner in Unterhosen endlich mit dem Zähnebürsten fertig werden. Es gibt eigentlich niemanden, der richtig jung und engagiert und sympathisch ist – wie etwa der Maler selbst. Nur beleibte kahlköpfige Geschäftemacher mit forschem Schnurrbart und dicker Zigarre; Offiziere mit brutalen Kinnladen, zumeist mit Monokel, oft ohne Hosen; und immer wieder Sexualverbrecher, wirkliche oder potentielle, Messer und Hackebeil schwingend. Sogar die Bauten Berlins sind auf Grosz' Zeichnungen böse: harte Steinblöcke, meist in drohenden Winkeln geneigt. Kaum je ist die Sonne zu sehen, das fahle Licht der Mondsichel erhellt die Mietskasernen nur schwach, läßt ahnen, was hinter den Mauern an Schrekkenstaten geschieht. Und doch, trotz aller Rücksichtslosigkeit, trotz der besessenen Wiederholung der Themen von Geilheit und Verdorbenheit sind die Porträts von Grosz erschreckend genau. Sie mögen nicht die Gesamtheit der Berliner repräsentieren, doch viele dieser Figurinen des Hasses bevölkerten in den zwanziger Jahren und den Tagen Hitlers in nur anderer Kostümierung die Straßen dieser Stadt. Daran braucht man nicht zu zweifeln, denn man kann sie noch heute in Berlin sehen.
1923 veröffentlichte Grosz im Malik-Verlag einen Auswahlband seiner Arbeiten unter dem Titel »Ecce Homo«. Er ist ein wichtiger Teil seines Lebenswerkes. In 16 Aquarellen und 84 Zeichnungen klagt er unvergeßlich die herrschende Klasse Deutschlands an, seine Schieber, seine Professoren, seine Offiziere, seine Frauen. Und diese herrschende Klasse, die es sich noch leisten mochte, die harmlosen Absurditäten von DADA zu ignorieren, konnte mit »Ecce Homo« nicht auch so verfahren. Schon vorher war ja Grosz beschuldigt worden, das Ansehen der Armee zu untergraben. Jetzt bedienten sich die Justiz-Behörden eines seit Jahrzehnten vergessenen Gesetzes und klagten ihn an, die öffentliche Moral zu verletzen, den angeborenen Sinn für Scham und Tugend im deutschen Volke zu gefährden und seine inneren Werte in den Schmutz zu ziehen. Er wurde zu einer Geldstrafe von

6000.– Mark verurteilt, und vierundzwanzig der hundert Druckplatten von »Ecco Homo« wurden konfisziert.
Inzwischen hatte sich Grosz von den Dadaisten getrennt. Trotz ihrer theoretischen Leistung schienen ihre Possen ihm kein geeignetes Heilmittel für ein Land, das einer Katastrophe zutaumelte. Tatsächlich befand sich die DADA-Bewegung bereits in Auflösung. Das Ende kam 1924 mit André Bretons Manifest, das ihr den Todesstoß versetzte und die neue Richtung des Surrealismus ankündigte. Unterdes hatte sich Grosz bereits den Kommunisten angeschlossen. »Heutzutage«, sagte er, »ist Kunst eine absolut zweitrangige Angelegenheit.«

Das Ende von DADA fiel mit dem einer anderen Bewegung zusammen, die – obwohl in Beziehung auf Ziel und Taktik völlig verschieden – mit DADA eins gemeinsam hatte: einen radikalen Optimismus in Hinsicht auf die Zukunft der Welt und die Möglichkeit, sie zu verändern. Diese Bewegung hatte ihren Ursprung in Dresden, wo 1905 Ernst Ludwig Kirchner mit Erich Heckel, Karl Schmidt-Rottluff und Fritz Bleyl eine Künstlergemeinschaft bildete, die sich »Die Brücke« nannte. 1906 traten Emil Nolde und Max Pechstein, später Otto Mueller hinzu. Fünf Jahre später hatte ihre Anregungskraft nach Berlin übergegriffen. Hier gab es seit 1906 eine aktive »Neue Sezession« und begann 1910 Herwarth Walden die erste expressionistische Zeitschrift »Der Sturm«, der 1912 eine Galerie gleichen Namens folgte. 1911 tauchte in einem Aufsatz des avantgardistischen »Sturm« zum erstenmal der Begriff »Expressionismus« auf, der dieser Kunstrichtung ihren endgültigen Namen gab.
Die Expressionisten betrachteten sich als das deutsche Pendant zu Matisse und den Fauves, aber sie wollten weiter vorstoßen und Kunst umformen in einen Ausdruck von Gefühlsregungen. Sie wollten den Geist von Revolution und Reform, die Sehnsucht nach der Ewigkeit und das Gefühl von Gottes Gegenwart manifestieren, nach ihrem eigenen Ausdruck den »geballten Schrei«. Das bedeutete vor allem Farbe – leidenschaftsgeladene Farbe – eine rote Sonne, einen orangefarbenen Himmel, hingeschleuderte Farbfetzen, um die sie bedrängenden Emotionen auszudrücken.
Es gibt freilich einen innerlichen Widerspruch zwischen den Deutschen und einer Kunst, die auf Leidenschaft und Farbe beruht. Vielleicht liegt es am Klima des Nordens, am grauen Himmel und den kälteren Winden. Vielleicht einfach an der Umwelt, nicht nur an der Widerlichkeit zigarrenpaffender Schiebertypen wie bei Grosz, sondern an der gesamten kulturellen Tradition der Nation. In allen Mittelmeerländern liegen Leidenschaft und Farbe in der Luft, wäh-

rend im Land der nordischen Kathedralen und des »Wohltemperierten Klaviers« die sinnlichen blauen und gelben Farben eines Matisse oder eines Bonnard einen etwas gekünstelten Eindruck machen, sie sind eher ein Produkt der Theorie als eins des Erlebens.
Der Expressionismus der frühen Jahre blieb der Natur verschwistert, und jedes bedeutendere deutsche Museum verfügt über »moderne« leuchtende Landschaftsbilder mit Kühen. Doch mit dem Ende des Krieges brach sich der bislang unterschwellige Wunsch der Expressionisten, die Welt zu verändern, Bahn. Sie stellten ihre Bilder auf den Berliner Bahnhöfen aus, um den Arbeitern auf ihrem Weg in die Fabriken die Möglichkeit zu bieten, ihre Kunstwerke zu betrachten. 1918 organisierte sich eine neue Bewegung, »Die Novembergruppe«, und gab ein Manifest heraus, das hochgemut idealistisch ihre Gesichtspunkte formulierte: »Wir halten es für unsere spezielle Pflicht, alle wertvollen Begabungen auf künstlerischem Gebiet zu sammeln und zum öffentlichen Wohle der Gesamtheit zuzuführen ... Jeder auf seinem Platze, in gemeinschaftlicher harter und nie ermüdender Arbeit aufzubauen ist unser Ziel ... unsere fleckenlose Liebe gehört dem jungen freien Deutschland, aus der heraus wir mutig und ohne Scheu mit allen uns zur Verfügung stehenden Kräften Rückstand und Reaktion bekämpfen wollen.«
Zusammen mit diesem Flugblatt versandten die Expressionisten der Novembergruppe einen Fragebogen, der Aufklärung über ungelöste künstlerische Probleme forderte. Da gab es dann solche Fragen: »Wie kann man das Volk wieder an totaler Kunst interessieren ... die die Ausstellungen in den Salons ersetzen soll?« Oder: »Harmonie mit dem Volk! Wie können die Bemühungen der modernen Künstler das Volk erreichen und mit ihm harmonisieren?«
Die Antworten auf diese Fragen waren entweder geistreich oder radikal oder beides. Walter Gropius zum Beispiel äußerte sich lapidar zu dem Problem, ob der Staat die Kunst unterstützen müsse: »Kunst und Staat sind miteinander unvereinbar.« Zur Frage der Kunstausstellungen bemerkte er: »Da die Kunst im Leben der zivilisierten Nationen gestorben ist, entwürdigte man sie in diesen grotesken Leichenschauhäusern und prostituierte sie dort.« Statt der Galerien forderte er unter anderem »wandernde Kunstausstellungen in buntbemalten Hütten«. Ein anderer junger Berliner Architekt, Bruno Taut, schlug vor, der Staat solle ein »monumentales Architekturprojekt« anpacken, »etwas so Gewaltiges, daß es ständig jedermanns Freizeit in Anspruch nehmen würde, eine umfassende Ausschmükkung der Erde ... Es ist langweilig, sich nur auf praktische Dinge zu konzentrieren. Gelangweilte Kinder raufen sich ... und gelangweilte Nationen führen Krieg.«

Die Novembergruppe veröffentlichte diese Antworten 1919 in Berlin in einem Sammelband »Ja! – Stimmen des Arbeitsrates für Kunst«. Aber nachdem die Künstler ausgesprochen hatten, was ihnen am Herzen lag, konnten sie kaum mehr tun, als ihrer ursprünglichen Berufung zu folgen. Expressionistische Maler fuhren fort, expressionistische Bilder zu malen oder – wie für das *Kabinett des Dr. Caligari* – Dekorationen für expressionistische Filme zu entwerfen. Eine wesentliche Möglichkeit für den Enthusiasmus der Expressionisten bot jetzt vor allem die Bühne. Es gab eine Unzahl von Theaterstücken, deren Figuren keine Namen trugen, sondern lediglich ihrer Funktion gemäß bezeichnet wurden – etwa »Der Vater« und »Der Sohn« – und die nach sehr realen Aktionen einem eher irrealen Schicksal entgegentrieben. Doch als die Jahre vergingen – die Jahre des Kapp-Putsches, des Rathenau-Mordes, des ersten Auftritts von Adolf Hitler und seiner Sturmabteilungen in München –, welche Bedeutung hatte es dann noch, wie die Expressionisten ihren eigenen seelischen Bedrückungen in Worten oder Farben Ausdruck verliehen?
Bereits 1923 begann der Direktor der Mannheimer Städtischen Kunsthalle Gustav F. Hartlaub Beweise dafür zu sammeln, daß die expressionistische Bewegung trotz ihrer so lärmenden, so vertrauensseligen Manifeste und Zurschaustellungen im Grunde überlebt sei. Im Sommer 1925 zeigte er sie der Öffentlichkeit und präsentierte völlig andersartige Richtungen, die er zusammenfassend »Die Neue Sachlichkeit« nannte. Er meinte damit nicht einfach Realismus – seine wichtigsten Ausstellungsstücke waren Werke von George Grosz, Otto Dix, Schlichter und Beckmann –, er wollte nachdrücklich auf die Tendenz vieler Künstler hinweisen, ein weniger verfälschendes Abbild ihrer dinglichen Umwelt zu schaffen: »Es liegt mir daran, repräsentative Werke derjenigen Künstler zu vereinigen, die in den letzten zehn Jahren weder impressionistisch aufgelöst noch expressionistisch abstrakt, weder rein sinnenhaft äußerlich noch rein konstruktiv innerlich gewesen sind. Diejenigen Künstler möchte ich zeigen, die der positiven greifbaren Wirklichkeit mit einem bekennerischen Zuge treu geblieben oder wieder treu geworden sind.«
Es gab auch wirtschaftliche Gründe für die neue Strömung. Der wilde Tumult der Nachkriegsjahre und der Wahnwitz der Inflation hatten mit der Stabilisierung der Mark geendet; das Resultat war ein gesundendes Land mit einer verständlichen Sehnsucht nach Ruhe und Ordnung und der Wiederherstellung besserer Lebensbedingungen. Der Reparations-Plan von 1924, den der amerikanische Bankier Charles Dawes entworfen hatte, setzte die noch zu erbringenden deutschen Wiedergutmachungsleistungen auf zweieinhalb Milliarden Mark pro Jahr fest, allerdings ohne zeitliche Begrenzung, und machte der Be-

setzung des Ruhrgebiets ein Ende. In der Folge strömten amerikanische Gelder in die wiedererstarkende deutsche Wirtschaft. Fabrikanten begannen die ersten Fließbänder zu montieren, die Steigerung der Produktion brachte dennoch eine beträchtliche Zunahme der Arbeitsplätze mit sich. Bargeld war allerdings noch knapp, und Geldknappheit pflegt die Menschen vorsichtig zu machen, nicht nur in bezug auf Geschäfte, sondern auch in bezug auf Kunst.
Daher bezeichnete der Ausdruck »Neue Sachlichkeit« letztlich nicht nur eine Kunstrichtung, sondern charakterisierte eine ganze Periode der Rückkehr zur Realität, zur Nüchternheit und Sparsamkeit. Die expressionistischen Theaterhelden, die lauthals ihren tyrannischen Vätern Rache geschworen hatten, wirkten plötzlich absurd – was sie wahrscheinlich schon von Anfang an gewesen waren. Und engagierte Filmemacher distanzierten sich nach und nach mehr von den verkitschenden Dekorationen der UFA-Ateliers, um sich hinaus auf die Straße zu begeben. Natürlich fand dieser Umschwung auch skeptische Kritiker. »Das Hauptmerkmal des neuen Realismus ist seine Scheu, Fragen zu stellen«, sagte einer von ihnen. »Die Realität wird nicht dargestellt, um aufgrund der Tatsachen ihre Bedeutung klarzumachen, sondern um alle Bedeutungen in einem Meer von Realitäten untergehen zu lassen.« Trotzdem erschien die neue Sachlichkeit vielen Künstlern als eine Art Befreiung. Carl Mayer, einer der beiden Drehbuch-Verfasser der expressionistischen Robert Wiene-Films *Das Kabinett des Dr. Caligari* ging daran, den Plan für einen Dokumentarfilm *Berlin – Symphonie einer Großstadt* zu entwerfen, den dann der Regisseur Walter Ruttmann und sein Kameramann Karl Freund verwirklichten. Freunds Absicht war nach seinen eigenen Worten, ». . . alles zu zeigen. Männer, die aufstehen, um an die Arbeit zu gehen, die frühstücken, die die Straßenbahn besteigen . . . Das Leben photographieren. Realismus. Ah, das ist Photographie in Reinkultur.«

Theorien von Kunstrichtungen erscheinen meist später als die Kunstwerke, die sie zu erläutern versuchen. Lange bevor es eine »Neue Sachlichkeit« gab, hatte Walter Gropius eine revolutionäre – oder eigentlich konterrevolutionäre – Idee von Objekten und Objektivität. Seine Idee war grandios einfach: da die Menschheit versäumt habe, die Macht der Maschine unter ihre Kontrolle zu bringen, sollte sie diese Kontrolle fortan mit allem Aufwand an Einfallsreichtum und Energie zurückerobern.
Die ärgsten wirtschaftlichen Konsequenzen des Maschinenzeitalters gehörten bereits der Vergangenheit an. In jedem Sektor, in dem die Maschine eine Ware billiger als menschliche Arbeitskraft erzeugen konnte, beherrschte sie bald den betreffenden Industriezweig. Der

Handwerker, ob ein Weber oder ein Wagenbauer, mußte entweder ans Fließband oder Hunger leiden. Die Folge war nicht bloß eine soziale Umschichtung, sondern eine wachsende Kluft zwischen den Menschen und den Dingen. Wenn jemand, der eine Ware herstellte, der Maschine weichen mußte, verlor die Herstellung des Objekts ihren Wert, und die Objekte wurden ständig abstrakter. Doch während die Ingenieure über die Maschinen geboten, wandten sich die Künstler vom Material, vom Werkstoff, ab, aus dem sie ehedem Gebrauchsgegenstände geschaffen hatten, und produzierten nur mehr Zierat für die guten Stuben der Reichen. Einst hatte Kunst jede Art des Bildens, Formens und Gestaltens eingeschlossen, nunmehr bezeichnete man mit »bildender Kunst« hauptsächlich die Malerei – und speziell das Malen von Porträts und Landschaften, immer noch in verzierte Goldrahmen eingeschlossen.

Als Reaktion forderten zu Ende des 19. Jahrhunderts Männer wie John Ruskin und William Morris die Rückkehr zu den alten Handwerkskünsten, zu handgearbeiteten Möbelstücken und handgewebten Teppichen. Doch die Ablehnung des Maschinellen war natürlich im Zeitalter der Maschine absurd. Gropius' neue Einsicht bestand darin, daß die Maschine eine gute Arbeit ebenso (und ebenso billig) wie eine schlechte verrichten könne. Daraus folgte, daß sie ebenso schöne Dinge wie häßliche herstellen konnte, und wenn die Ingenieure, die die Maschinen bedienten, den Unterschied nicht kannten, wolle er, Gropius, einen Weg finden, ihnen diesen Gegensatz beizubringen. Kurzum, der Künstler sollte – statt sie zu ignorieren oder zu bekämpfen – seinerseits versuchen, selbst ihre Kontrolle zu übernehmen.

Eine solche Idee schien Gropius angemessen, denn er war kein Künstler – im Sinne eines Landschaftsmalers –, sondern Architekt, und Architektur war stets eine praktische und der Allgemeinheit zugängliche Kunstform – die Kunst des Baumeisters verlangte von ihm sowohl technisches wie kaufmännisches Geschick und genaue Kenntnis sämtlicher Materialien. Ein Architekt mußte nicht nur die Tragfähigkeit einer Traverse berechnen können, sondern auch die Steuergesetze und die Bestimmungen der Baubehörden genauestens kennen, ja sogar wissen, wie man bestechliche Unternehmer für sich zu gewinnen hatte.

Auch die Architektur war gegen Ende des 19. Jahrhunderts dem täglichen Leben weitgehend entfremdet. Sie schuf öffentliche Gebäude in neo-klassizistischen Stilarten, während die neuen Fabriken von Ingenieuren entworfen wurden und die Wohnhäuser in den rasch wachsenden Städten in die Höhe schossen, ohne daß bei ihrer Planung irgendwelche künstlerischen Gesichtspunkte mitspielten. Gropius fand 1907 den Weg in das Berliner Atelier eines der Pioniere der industriellen Architektur des 20. Jahrhunderts. Es war Peter Behrens, der als Architekt der AEG eine Reihe von Werksgebäuden errichtet hatte, bei denen er Funktionalität mit ästhetischen Prinzipien zu vereinen versuchte. Unter seinen Assistenten befanden sich zwei, die weltweit berühmt werden sollten: Mies van der Rohe und Le Corbusier.

Gropius richtete seine erste Grundsatzerklärung über die Zusammenarbeit des Künstlers mit dem Techniker an den Begründer der AEG, Emil Rathenau, den Vater des späteren Außenministers. Er entwarf darin ein »Programm zur Industrialisierung des Hausbaues auf künstlerisch einheitlicher Grundlage«: »Durch das Bauspekulanten- und Unternehmertum ist das Hausbauwesen in den letzten Jahrzehnten in Hinsicht auf den Geschmack sowohl wie die Solidität derart heruntergekommen, daß das Publikum bewußt oder unbewußt unter diesen Zuständen leidet. Für jeden, der sich Empfinden für Gediegenheit bewahrt hat, muß der ganze marktschreierische, rein äußerliche Komfortanschein, den die Unternehmer aus Reklamezwecken, aber auf Kosten der Güte des Materials, der soliden Arbeit und der vornehmen Einfachheit in ihren Bauten anstreben, unerträglich sein. Überladenheit und falsche Romantik anstelle guter Proportionen und praktischer Einfachheit ist geradezu Tendenz der Zeit geworden.«

Damals bereits schlug er Fertigbauteile in günstigsten Normalgrößen vor: »Der Gedanke der Industrialisierung des Hausbaues findet darin seine Erfüllung, daß sich die einzelnen Bauteile in sämtlichen Entwürfen der Gesellschaft wiederholen und damit eine Massenherstellung ermöglichen, die Billigkeit und Rentabilität verspricht. Nur durch das Prinzip der Massenherstellung kann überhaupt ganz gute Ware geschaffen werden.«

Nach diesem Dokument vom April 1910 sah Gropius die Entwicklung des Bauens um Jahrzehnte voraus, vermochte aber den Industriellen Rathenau nicht zu überzeugen. So setzte er seine Ideen selbst in die Tat um. Noch im gleichen Jahr trennte er sich von Peter Behrens und eröffnete ein eigenes Atelier. Aus dieser Zeit stammen die ersten Konzeptionen und die ersten Realisationen dessen, was wir heute »moderne Architektur« nennen, klare kubische Bauten aus Stahl und Glas, auf der Grundlage des Werkmäßigen funktionell genau durchdacht, so völlig neuartig wie kühn zugleich.

Gropius betrachtete den Bau als das Endziel aller bildnerischen Tätigkeit; doch war seine Grundidee keine bloß architektonische, sondern die Überzeugung, daß es ein Mit- und Ineinanderwirken aller Formen schöpferischer Arbeit geben müsse: »Wollen, erdenken, erschaffen wir gemeinsam den neuen Bau der Zukunft, der alles in einer Gestalt sein wird: Architektur *und* Plastik *und* Malerei, der aus Millionen Händen der Handwerker einst gen Himmel steigen wird als kristallenes Sinnbild eines neuen kommenden Glaubens.«

Käthe Kollwitz: Deutschlands Kinder hungern

Das einzige Photo der militärischen deutsch-russischen Zusammenarbeit. Hindenburg begrüßt sowjetische Offiziere, links von Hindenburg Marschall Tuchatschewskij

Öffentliche Suppenküchen sollen die ärgste Not der hungernden Bevölkerung mildern

»Der Pleitegeier«, Collage von Laszlo Moholy-Nagy

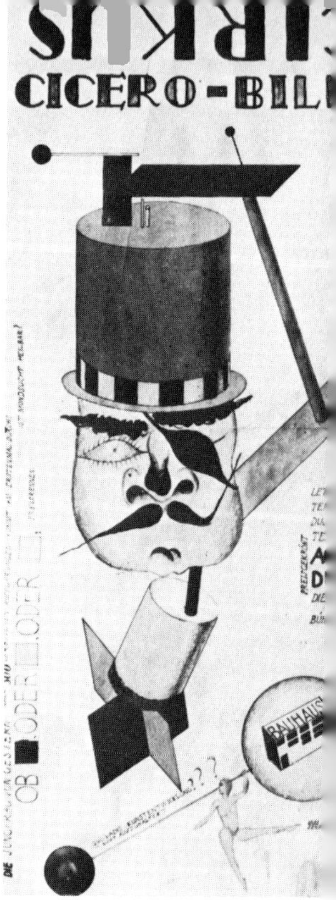

Links oben: George Grosz: Ebert als Hampelmann in den Händen des Inflationsgewinnlers Hugo Stinnes. – *Links unten*: Privatphoto von Noske und Ebert als Titelbild der Berliner Illustrirten Zeitung. Das war als Diffamierung gedacht und wirkte auch so. – *Oben*: Dadaistisches Plakat für ein Bauhaus-Fest

Rechte Seite: »Die Friedrichstraße« von George Grosz

PANOPTIC
PASSA
25

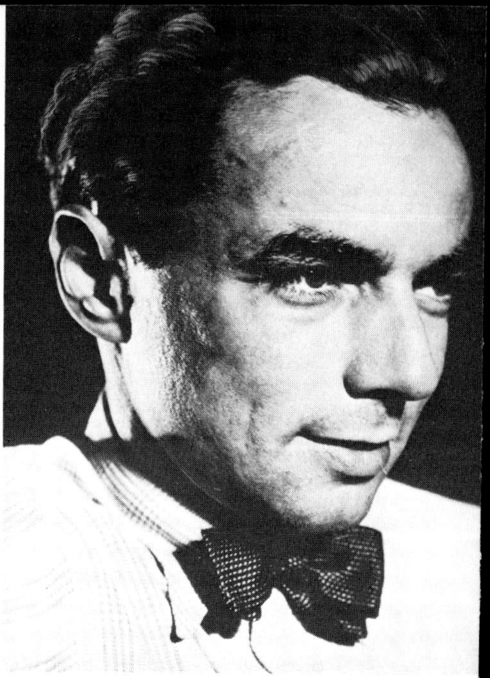

Links oben: Richard Huelsenbeck, Vorkämpfer des DADA. – *Links unten*: Carl Zuckmayer mit Emil Jannings. – *Oben*: Erich Kästner, Autor des »Fabian«

Rechte Seite: Das Romanische Café, Treffpunkt der Intellektuellen und der Künstler, photographiert vom Turm der Kaiser-Wilhelm-Gedächtniskirche

ROMANISCHES CAFE

Heinrich Zille:
Kriegsbeschädigter
Straßenverkäufer
mit Frau

Heinrich Zille, der das Volk und die Kinder der Berliner Hinterhöfe und Elendsviertel eindrucksvoll gezeichnet hat, im Jahre 1928

Schon während des Krieges hatte Gropius, angeregt vom Großherzog von Sachsen-Weimar, eine neue Konzeption zur Kunsterziehung erarbeitet mit dem Ziel, die von Henry van de Velde geleitete Weimarer Kunstgewerbeschule mit der dortigen Hochschule für Bildende Kunst zu vereinigen. Seine weit in die Zukunft vorausweisenden Gedanken konnte er 1919 mit der zusammenfassenden Gründung des Bauhauses, eines »Kunstzentrums zur Beratung von Industrie und Gewerbe«, realisieren.
Die ersten Lehrer, die Gropius gegen zahlreiche Widerstände und Intrigen neu berief, waren Lyonel Feininger, Johannes Itten und Gerhard Marcks. In den darauffolgenden Jahren kamen Georg Muche, Paul Klee (1921), Oskar Schlemmer, Wassily Kandinsky und Lásló Moholy-Nagy (1923) hinzu, später, als das Bauhaus sich seine eigenen »Meister« herangezogen hatte, weiterhin Marcel Breuer und Josef Albers.
Das Studium begann mit einer Vorlehre zur Erkenntnis und richtigen Einschätzung der individuellen Ausdrucksmittel. Ihr folgte eine dreijährige Werklehre als Vorbereitung zur Normarbeit, zur Schulung der Hand und des technischen Könnens, sie ist Mittel, nicht Selbstzweck: ihr Ziel ist Vielseitigkeit in der Ausbildung, nicht handwerkliche Eigenbrötelei. Die Verbindung mit Industriebetrieben wurde zu gegenseitiger Befruchtung bewußt gesucht. Es gab Werkstätten für Tischlerei und Glasmalerei und Töpferei, eine Metallwerkstatt und eine Weberei, eine Bühnenwerkstatt und eine für Wandmalerei und für Typographie und Buchgestaltung und schließlich die von Gropius selber geleitete Architekturabteilung – sein eigenes Architekturbüro in Berlin behielt er bei. Man erwartete von den Studenten, daß sie in diesen Werkstätten nicht isolierte Salonkunst, nicht bloß dekorative Kunst schufen, sondern Entwürfe für die praktische Durchführung, die Produktion in der Industrie.
Wenn wir heute auf die Schöpfungen des Bauhauses zurückblicken, müssen wir nicht nur den Einfallsreichtum von Walter Gropius anerkennen, sondern auch die Geschicklichkeit und die Energie, mit der er seine Pläne in die Tat umsetzte. Die Stahlrohrmöbel, wie sie heute allbekannt sind, der funktionsgerecht praktische Hausrat, mit dem wir leben, die gute Beleuchtung am Arbeitsplatz wie in der Wohnung, die klare Gestaltung von Wand und Bodenbelag, vor allem aber eine wahrhaftige, menschen- und lebensgerechte Architektur – all das und noch viel mehr entstand vor fünfzig Jahren kaum 100 Kilometer von Berlin. »Wir alle sind Schüler des Bauhauses«, sagte vor einiger Zeit sogar ein New Yorker Kunsthistoriker, »es gibt praktisch keinen anderen modernen Kunststil von Bedeutung.«
Unablässig hatte Gropius gegen negative Kritiken zu kämpfen. Es

begann mit den Attacken von Befürwortern der traditionellen Kunst. Wilhelm von Bode, bedeutender Kunsthistoriker schon unter Wilhelm II. und verdienstvoller Generaldirektor der Berliner Museen, die ihm Schätze wie die Nofretete und den Pergamon-Altar verdanken, schrieb an das Staatsministerium in Weimar, er sei auf's höchste schockiert, weil Gropius sein Regime mit der Berufung des »Kubisten Feininger« begonnen habe. In Weimar selbst weigerte sich eine Gruppe von Professoren der ehemaligen Großherzoglichen Kunstakademie, die Gründung des Bauhauses anzuerkennen; sie bestritten die Legalität der neuen Leitung und arbeiteten mit ihrer eigenen »sezessionistischen« Akademie in einem Seitenflügel des neuen Hauptquartiers.
Selbst innerhalb des Bauhauses stieß Gropius auf ernsthafte Opposition. Feininger sogar schrieb damals an seine Frau, daß er die Verbindung von Kunst und Technik als Mißdeutung der Kunst ablehne und für absurd ansehe. Führer dieser Opposition war Johannes Itten, ein begabter Maler und noch begabterer Pädagoge, der den wichtigen Vorkurs leitete. Er kam wohl her von den Naturwissenschaften und der Mathematik, doch glaubte er so wenig wie Feininger an diese Verbindung des Schöpferischen mit dem praktisch Erforderlichen. Er beschäftigte sich vornehmlich mit Fragen der Form und mit Problemen der Farbe. In der Diskussion mit Gropius über die Zukunft des Bauhauses blieb er unerbittlich heftig, und so schied er 1923 wieder aus. Gropius ersetzte ihn durch Moholy-Nagy und bestand auf der Durchsetzung seiner eigenen Grundideen.
Die gefährlichste Opposition jedoch bildeten die reaktionären politischen Kräfte in Weimar und im Land Thüringen. Die Bürger der Stadt wußten kaum etwas über die internen Probleme des Bauhauses, aber diesen Zustrom fremdstämmiger Elemente, Studenten aus den bösen Großstädten Berlin oder Hamburg mißbilligten sie. Es waren lärmende junge Leute, langmähnig, Sandalen an den Füßen, die auf dem Dach des gotischen Tempelherrenhauses Sonnenbäder nahmen und angeblich in ihren Schlafräumen die freie Liebe praktizierten. Die Studenten ihrerseits forderten die Bürgerschaft ständig heraus – sie veranstalteten Wettkämpfe im Drachensteigen, Feste mit mobiler Beleuchtung, Vorläufern der heutigen psychodelischen Darbietungen, und alle Arten von »happenings«. Es gab Jazzabende der Bauhaus-Band, die ihre Synkopen gern mit gelegentlichen Pistolenschüssen unterstrich.
In all dem war neben dem einfachen Übermut junger Menschen ein Einfluß von DADA zu spüren, aber auch der Instinkt von Gropius für organisierte Planung. Laut Frau Gropius war das Bauhaus intern ein durchaus revolutionäres Terrain, und wenn etwas falsch lief und ein

Konflikt sich zuspitzte, pflegte ihr Mann einfach wieder ein Fest vorzuschlagen. Das Fest war symbolisch gemeint, es sollte die Vorteile gemeinschaftlichen Zusammenwirkens aufzeigen. (Diesen Kommentar verdanken wir einem »Grope Fest«, das im Frühjahr 1970 in Cambridge, Mass. stattfand. Dort war Gropius gestorben, und er hatte testamentarisch verfügt, daß nicht eine Trauerfeier, sondern eine »fiesta à la Bauhaus« stattfinden sollte, mit Wein, Weib und Gesang. Die New York Times berichtete darüber: »Zwei nahezu nackte Frauen und ein Mann, von Kopf bis Fuß silbrig angemalt, schlängelten sich durch den Raum zu den Klängen gespenstischer elektronischer Musik, und grelles, intermittierendes Licht strich über weite, mit Silberpapier beklebte Flächen. Statuengleiche Frauen in bodenlangen metallisch glänzenden Gewändern und Männer in leichter silbriger Umhüllung sausten eine Gleitbahn hinunter, schnellten von Gummimatratzen wieder hoch und hüpften in eine aufgeblasene Plastikmulde, in der sie sich fröhlich mit kleinen weißen Kügelchen bewarfen.«)

Trotzdem war das Bauhaus schließlich eine öffentliche Institution, die vom Wohlwollen der Behörden und den Mitteln der öffentlichen Hand abhing. Von Anfang an standen ihm alle konservativen Kreise feindlich gegenüber und warfen ihm Leichtfertigkeit und Verschwendungssucht vor, aber Gropius als sein Leiter erwies sich als unermüdlicher Verfechter seiner eigenen Sache, und die Thüringische Landesregierung gewährte ihm schließlich ihre Unterstützung. Doch während der schlimmsten Notzeit, auf dem Höhepunkt der Inflation von 1923, als die Sozialdemokraten in Thüringen und Sachsen den Drohungen aller rechtsgerichteten Kreise mit einer Volksfront-Koalition gemeinsam mit den Kommunisten begegneten, verkündete die Regierung Stresemann den Ausnahmezustand und ließ Reichswehr in die größeren Städte einmarschieren. Gropius hatte stets betont, daß das Bauhaus unpolitisch sei, aber den Militärs wurde sehr bald zugetragen, daß die umstrittene Schule ein Nest von Umstürzlern sei. Gropius protestierte beim Militärbefehlshaber: er sei von einem Reichswehrsoldaten aus seinem Amtszimmer nach Hause geholt worden, weil ein Haussuchungsbefehl gegen ihn vorliege ... Er schäme sich für sein Land, weil er anscheinend trotz der Leistungen, auf die er hinweisen könne, in diesem seinem eigenen Land schutzlos sei, und das nur, weil Unverantwortliche die Reichswehr zu Bütteldiensten zu benutzen begännen. Darauf drohte der Kommandant, er werde Gropius belangen lassen, weil er die Reichswehr beschimpft und ihn persönlich beleidigt habe.

Der Konflikt spitzte sich im darauffolgenden Frühjahr zu, als Landtagswahlen der Rechten eine Mehrheit brachten. Die neue Regierung wurde sofort mit parlamentarischen Anfragen traktiert: Ob es richtig

sei, daß die Regierung bislang keine Schritte unternommen habe, sich einer so unrentablen Institution wie des Bauhauses zu entledigen.. . .? Ob es richtig sei, daß die moralischen Qualitäten des Bauhausleiters Gropius angezweifelt werden müßten? Gropius reagierte ärgerlich: das Bauhaus werde in seiner wichtigen Arbeit durch Unverstand und bösartige Verleumdung behindert . . . Das Bauhaus protestiere schärfstens gegen derartige Entwürdigung. Doch die Verteufelung nahm kein Ende. Schließlich wurden sämtliche Bauhausmeister behördlicherseits benachrichtigt, daß ihre Arbeitsverträge mit dem September 1924 beendet seien.
Im letzten Moment kam die Rettung. Dr. Fritz Hesse, der sozialdemokratische Bürgermeister der kleinen Industriestadt Dessau, lud Gropius ein, die gesamte Einrichtung des zur Auflösung gezwungenen Bauhauses nach Sachsen-Anhalt zu überführen. Er regte weiterhin Gropius an, ein eigenes Bauhaus-Gebäude sowie Wohnstätten für die Bauhaus-Meister selbst zu entwerfen, und versprach auch – was in Weimar so bitter gefehlt hatte – eine ausreichende Finanzierung und politische Unterstützung. Gropius akzeptierte beglückt, und 1926 wurde das Bauhaus im eigenen Heim neu eröffnet. Die Ideen und Pläne, von denen Gropius viele Jahre lang besessen war und die er in Weimar bloß in groben Zügen verwirklichen durfte, konnten nun in Dessau ausreifen und Früchte tragen.

Albert Einstein befand sich in einer ungewohnten Situation. Er inspizierte 1921 in Begleitung Erich Mendelsohns den eben vollendeten »Einsteinturm« in Potsdam: Mendelsohn war der Architekt, der ihn erbaut hatte. Der Turm wurde seinem Zweck vollkommen gerecht – die Kuppel, die ihn oben abschloß, diente als Observatorium, von welchem die kosmischen Strahlen in ein unterirdisches astrophysikalisches Laboratorium reflektiert wurden. Das Gebäude glich eher einem bedrohlichen Schiffskörper. Auf einem langgedehnten Fundament erhob sich ein voluminöser Betonturm mit vier Reihen tief zurückgesetzter Fenster. Einstein und Mendelsohn schritten kreuz und quer durch das weitläufige Haus, und während der Architekt auf ein Zeichen der Zustimmung wartete, hüllte sich Einstein in Schweigen. Erst Stunden später, während einer Sitzung des Bau-Ausschusses, soll Einstein Mendelsohn sein Urteil, das in einem einzigen Wort bestand, ins Ohr geflüstert haben: »Organisch!«
Etwa zur gleichen Zeit entwarf Mies van der Rohe eine Vision zweier Wolkenkratzer. Der eine war viereckig, der zweite zylindrisch. Keiner von beiden wurde je verwirklicht, obwohl der zweite zweifellos die Marina City in Chikago inspirierte.
Beide Turmbauten bestanden bis zu einer Höhe von über 20 Stock-

werken aus Glas. Die Gebäude sollten den Eindruck gigantischer Kristalle erwecken. Ein Fachmann kommentierte später: »Mit wenigen Federstrichen schuf Mies van der Rohe die Konzeption für alle großen Glas- und Metall-Wolkenkratzer, die uns heute umgeben.«

Mies van der Rohe und Mendelsohn repräsentieren extreme Gegensätze der modernen Architektur, doch die radikale Benützung neuen Materials war bezeichnend für die ungestüme Experimentierungsfreude im Berlin der Nachkriegsjahre. Beide hatten mit einem speziellen Problem zu kämpfen – der Tatsache, daß Architekten Baugrund benötigten. Die Meisterwerke von Christopher Wren waren nur durch den Brand von London möglich geworden, sie entstanden aus Schutt und Asche. Doch das Zentrum Berlins war bereits weitgehend verbaut und noch dazu, wie es schien, endgültig. Die großen Baumeister des 18. und frühen 19. Jahrhunderts – Schlüter, Knobelsdorff, Schinkel – hatten das Stadtschloß, die Oper und die Universität errichtet und die Promenade Unter den Linden in eine Prachtstraße verwandelt.

Das Bedürfnis nach Neubauten war in den zwanziger Jahren vor allem auf das nach neuen Wohnhäusern konzentriert. Die reichen Leute kauften Parzellen im Grunewald und am Havelufer, und es galt als schick, einen der jungen Architekten mit dem Entwurf neuer Villen zu beauftragen. Mies van der Rohe verzichtete zunächst auf hypothetische Wolkenkratzer, er baute sensationell weiträumige Vorortvillen; und die zahlreichen Villenbauten anderer setzten neue Maßstäbe nicht nur für ein nächstes Jahrhundert: so neben Mies van der Rohe und Gropius Bruno und Max Taut, Hugo Häring, die Gebrüder Luckhardt und Anker, der Schweizer Otto R. Salvisberg, Hans Scharoun, Emil Fahrenkamp, Otto Bartning. Doch die Architekten jener Jahre waren wie die meisten Intellektuellen politisch links orientiert, und sie hielten es für ihre Verpflichtung, nicht nur Millionärsrefugien zu schaffen, sondern auch vorbildliche Wohnstätten für die Massen. Gropius und Scharoun und Max Taut zum Beispiel arbeiteten an dem großzügigen Bauprojekt für die Arbeiter von Siemensstadt in Nord-Berlin mit. Und allmählich begann die Baukonjunktur der zwanziger Jahre das Stadtbild zu verändern.

Auch Erich Mendelsohn errichtete den Reichen von Berlin kubisch klare Häuser, aber das war nicht sein eigentlicher Ehrgeiz. In den Schützengräben der Westfront skizzierte er bereits die Gebäude, die er zu errichten gedachte. Einige dieser Skizzen sind winzig, messen kaum einen Zoll, aber sie manifestieren einen genauen Sinn für große Dimensionen. Und immer wieder erscheinen Maschinenmuster – Reihen von Zylindern, die an Automotoren denken lassen, und gigantische waagrechte Scheiben, »Warenhaus« oder »Güterbahnhof« betitelt. Das Modell, das einem Unterseeboot ähnelt, wurde zunächst als »Optische Fabrik« bezeichnet, dann als »Wolkenkratzer« – schließlich entstand daraus der Einsteinturm. Wie die anderen modernen Architekten Berlins war Mendelsohn intuitiv bestrebt, in seinen Bauten dem Geist des Maschinenzeitalters Ausdruck zu verleihen: er bestand für ihn nicht nur in kühlen Rechtecken, sondern in einem genauen Verhältnis von Baukörper und Maß, von Schwere und Leichtigkeit. Er war daher der ideale Architekt, um mittels der neuen Techniken attraktive Bauten der Industrie und des Handels zu errichten.

Die Warenhäuser von Berlin unterschieden sich von denen anderer Länder, denn die Hausfrauen betrachteten es – zumindest noch in den Vorkriegsjahren – als unter ihrer Würde, dort Gelegenheitseinkäufe zu tätigen. Die Unternehmer versuchten daher mit prächtigen Gebäuden anzulocken. Wertheim am Leipziger Platz, ein mächtiger Steinpalast Alfred Messels aus der Zeit der Jahrhundertwende, verfügte nicht nur über 3 (!) Rolltreppen, 83 Aufzüge und 3 Kilometer Rohrpost, sondern beeindruckte auch durch Marmorwände, Kristallkandelaber und Springbrunnen, deren Ornamente aus der Königlich Preußischen Manufaktur stammten.

Unweit von Wertheim in der Leipziger Straße baute Erich Mendelsohn den ersten seiner großen Kaufläden für das Pelzhaus Herpich. Die neue Architektur eignete sich tatsächlich besonders für kommerzielle Zwecke. Während Wertheim sich noch stolz seiner 100 000 elektrischen Birnen brüstete, die dieses jugendstilige Mausoleum beleuchteten, schuf Mendelsohn für Herpich eine Fassade fast ganz aus Glas. Und nachts pries – mittels einer bis dahin unbekannten Technik – ein Streifen indirekten Lichts die neuesten Warenangebote. Als der Architekt 1924 seine ersten Entwürfe vorlegte, versuchte der Oberbürgermeister Gustav Böß noch die Ausführung zu verhindern und nannte sie eine »Schande für die Straße«. Wenige Jahre später galt das Herpich-Haus als Sehenswürdigkeit und als ein Meisterwerk. Mendelsohns Erfolg in Berlin brachte ihm eine Reihe ähnlicher Aufträge ein. Er baute Warenhäuser in Nürnberg, Stuttgart, Chemnitz und Breslau. Er beschäftigte in seinem Atelier 40 Mitarbeiter und wurde einer der gefragtesten Architekten Europas. Der objektive Betrachter wird jedoch seine Bauten kaum als eindrucksvolle Kunstwerke schätzen, sie sind mit der kargen und unaufdringlichen Reinheit von Mies van der Rohes besten Arbeiten nicht zu vergleichen.

Unabhängig von der Bedeutung seiner Begabung repräsentierte Mendelsohn gewiß die neue Architektur in weitem Sinne und prägte der Stadt an so manchen Stellen seinen Stempel auf. Am Kurfürstendamm baute er einen Komplex, der das Universum-Kino enthielt, das Kabarett der Komiker, ein Apartmenthaus für Junggesellen, einen

Wohnhausblock und einen Seitenflügel für Läden. Auf einem dreieckigen Areal in der Nähe des Belle-Alliance-Platzes errichtete er das Hauptquartier der Deutschen Metallarbeitergewerkschaft, und am Potsdamer Platz baute er das Columbus-Haus, ein in der Fassade elegant geschwungenes Bürogebäude. Zwischen diesen großen Aufträgen – neben der klugen Verkleidung des Mossehaus-Eingangs – schuf er interessante kleinere Bauten, den Wannsee-Yachtklub und sein eigenes Haus am Ufer der Havel.

Doch kein einzelner Baumeister, auch keine Architekturrichtung vermag eine bereits fertiggebaute Stadt entscheidend zu verändern. Ein ironisches Schicksal zwang die avantgardistischen Baumeister von Berlin, ins Exil zu gehen, als Adolf Hitler, der seine eigenen Vorstellungen von Architektur besaß, an die Macht kam – und sie konnten erst zurückkehren, als Hitlers Träume weite Teile von Berlin in Ödland verwandelt hatten. Jetzt war der nötige Platz vorhanden, der in den zwanziger Jahren gefehlt hatte. Das Berlin von heute spiegelt eine Art Pyrrhussieg wider über die Architekten des »Tausendjährigen Reiches«. Aus den Ruinen des Hansa-Viertels erhebt sich eins von Gropius' bestgelungenen Wohnhäusern. Die neue Nationalgalerie hat Mies van der Rohe geschaffen. Tatsächlich wurden die radikalen Ideen der exilierten Meister im heutigen Westberlin Gemeingut. Erich Mendelsohn befand sich nicht unter denen, die heimkehrten, um am Wiederaufbau teilzunehmen; er verbrachte seine letzten Lebensjahre in Amerika und in Israel. Aber er sah die Ereignisse vom Beginn der Emigration an voraus, denn als er die baufälligen Straßen von Marseille erblickte, sagte er zu seiner Frau einen bezeichnenden Satz, der dem fundamentalen Bedürfnis eines Architekten drastisch Ausdruck verleiht: »Mein Gott, was ist hier noch alles zu tun! Das Gesicht unserer Welt darf nicht so bleiben.«

KAPITEL IX

»Der Vorrang deutscher Musik.« 1925

Sie müssen das ändern, Schönberg. Haben Ihre Schüler Dostojewskij gelesen, so ist das wichtiger als der Kontrapunkt.

Gustav Mahler

Wenn Sie Gelegenheit haben, zu beobachten, wie Mahler seine Krawatte bindet, erfahren Sie mehr über den Kontrapunkt, als Sie in drei Jahren Konservatorium lernen können.

Arnold Schönberg

Die rechten Kreise Deutschlands verziehen Friedrich Ebert niemals, was er während der Revolution getan, die linken Kreise niemals, was er nicht getan hatte. Vielen galt er als kleiner Mann, da er aus der Arbeiterklasse aufgestiegen war. Selbst George Grosz schrieb böse: »Ebert läßt sich den Bart stutzen, er sieht nunmehr wie ein Generaldirektor aus und vertauscht den demokratischen Schlapphut mit einem Zylinder.« Tucholsky verurteilte seine Politik gegen die äußerste Linke, warf ihm Mangel an Mut vor und Verrat an den Genossen. Oft, wenn er öffentlich auftrat, schlug ihm feindselige Ablehnung entgegen. Die Angriffe der Rechten, Verunglimpfungen und Beschimpfungen verschärften sich von Jahr zu Jahr, von Monat zu Monat. Nur selten gelang es dem Reichspräsidenten, eine Verurteilung dieser Gegner zu erwirken: weite Kreise der deutschen Justiz standen nicht auf der Seite der Republik.

Ein extremer Nationalist namens Emil Gansser fühlte sich ermutigt, in einem offenen Brief zu erklären, Ebert habe Landesverrat zugegeben und müsse zurücktreten.

Ein neues Verfahren zwang wohl Gansser, außer Landes zu gehen, aber seine Sache wurde von einem anderen Extremisten namens Rothardt aufgegriffen, der in der Nähe von Magdeburg eine kleine Zeitung redigierte. Rothardt druckte Ganssers offenen Brief und fügte seinerseits spöttisch hinzu: »Und jetzt, Herr Ebert, beweisen Sie, daß Sie wirklich kein Verräter sind.« Wieder wandte sich Ebert an das Gericht, wieder kam es zur Verhandlung in einer Provinzstadt. Nach zweiwöchiger Verhandlung verurteilte der Magdeburger Richter Rothardt zu drei Monaten Gefängnis, aber er fügte die Bemerkung hinzu, daß Ebert, wenn auch unter mildernden politischen Umständen, des Landesverrats

tatsächlich schuldig sei, da er am Tag, da die Monarchie stürzte, am Generalstreik teilgenommen habe.
So nannte ein Provinzrichter den Präsidenten der Republik einen »Verräter«, und während sich Ebert an höhere Instanzen wandte, durfte jeder nationalistische Demagoge erklären, es gebe eine Gerichtsentscheidung, die feststelle, daß Deutschland von verräterischen Novemberverbrechern regiert werde. Eberts Taktik, die schlimmsten Verleumder gerichtlich zu belangen, hatte ihn schließlich gegen Ende 1924 in rund 150 Prozesse gegen rechtsstehende Gegner verwickelt.
Zwei Wahlen im Jahre 1924 brachten den Deutschnationalen erhebliche Stimmengewinne. Sie errangen im Mai 103 Sitze im Reichstag und waren damit die zweitstärkste Partei. Die Sozialdemokraten erzielten nur 131 Mandate. Zum ersten Mal waren die Nationalsozialisten vertreten, mit bereits 31 Abgeordneten. Das Kabinett Dr. Luthers sah sich zu immer weitergehenden Konzessionen gegenüber der Rechten gezwungen. So befanden sich die Deutschnationalen in einer günstigen Position, um den sogenannten Barmat-Skandal – eine Korruptionsaffäre, in die auch einige führende Sozialdemokraten verwickelt waren oder hineingezogen wurden – für ihre agitatorischen Zwecke auszunutzen. Sie versuchten auch den Reichspräsidenten zu belasten oder zu verdächtigen.
Der Reichstag untersuchte den Skandal, ein von der preußischen Regierung gebildeter Ausschuß stellte Ermittlungen an, das Gericht prüfte die verworrenen und oft undurchsichtigen Beschuldigungen von Betrug, Schiebung und Bestechung, und die Republikgegner profitierten von jeder echten oder fiktiven Enthüllung. Warum, fragten sie, hatte sich die ganze Weimarer Republik in etwas verwandelt, was sie jetzt mit Vorliebe als »Barmat-Republik« bezeichneten? Die Strafverfolgung Julius Barmats und seiner Partner dauerte über zwei Jahre, erst Ende März 1927 kam es zu einem Urteil, das sich auf 545 Seiten um die Entwirrung der komplexen Affäre bemühte. Julius Barmat erhielt wegen erwiesener Bestechung eine Strafe von elf Monaten Gefängnis. Exkanzler Bauer war bereits gezwungen gewesen, seinen Sitz im Reichstag aufzugeben, ein Polizeipräsident Richter war entlassen worden.
Doch für Friedrich Ebert, der in die Machenschaften gar nicht verwickelt war, kam das Urteil bei weitem zu spät. In den ersten Monaten des Jahres 1925, als auch gegen ihn immer neue Anklagen des nationalen Flügels erhoben wurden, war er nur erfüllt von der Idee, er müsse seine Ehre verteidigen. Er litt unter den starken Schmerzen einer Blinddarmentzündung, schlug aber alle Empfehlungen der Ärzte, sich operieren zu lassen, in den Wind. »Es geht nicht«, erklärte er seinem alten Genossen Gustav Noske, »ich muß um meine Ehre kämpfen,

oder nein – um die Ehre des Staatsoberhauptes. Weißt du, was heute vor sich geht? Im Barmat-Ausschuß wollen sie heute feststellen, ob ich Beziehungen zu einer Maschinenschreiberin meines Büros gehabt habe ... Dieser Schmutz um mich herum! Ekelhaft!« Fünf Tage später war Ebert, im Alter von 54 Jahren, verstorben. Eine zusätzliche Bauchfellentzündung hatte dem in seiner Lebenskraft geschwächten ersten Präsidenten einer deutschen Republik ein frühes Ende gesetzt.

Rudolf Serkin scheint stets eine unsichtbare Tastatur mit sich zu führen. Ob er in einem Restaurant sitzt oder über den Rittenhouse Square in Philadelphia schlendert – stets vertritt er seinen Standpunkt mit ausdrucksvoll beweglichen Händen und Fingern, als ob sie über ein imaginäres Tasteninstrument glitten. Das Klavier ist nicht nur sein Beruf, sondern sein ganzes Leben. Er ist schlank mit kurzgeschnittenem grauem Haar, voll nervöser Energie. Wir essen miteinander eine Platte kalten Aufschnitt in einem ruhigen kleinen Klublokal dicht beim Curtis Institute of Music, das von Serkin geleitet wird. Er erzählt, wie er kurz nach der Novemberrevolution nach Berlin kam.
»Ja, wir hatten auch in Wien unsere Revolution gehabt, aber nur eine kleine. Wir besetzten die Hofburg und richteten dort ein Heim für Arbeiterkinder ein. Sie lebten dort, und ich gab ihnen Klavierunterricht. Ich war selbst erst sechzehn, hatte Tuberkulose und sollte mich in Paris behandeln lassen. Es gab einen speziellen Zug, der kranke Kinder nach Paris brachte – einen Tuberkulose-Zug. Ich konnte auf diese Weise zusammen mit Isidor Philipp am Conservatoire studieren. Freunde besorgten für mich auch einen Arbeitsplatz im Hôtel de l'Opéra – gibt's dort ein Hôtel de l'Opéra? Ja? dann war es das – und ich sollte dort auch üben dürfen.«
»Und was für eine Arbeit war das?«
»Keine Ahnung – ich fuhr gar nicht nach Paris. Ich war in Wien Adolf Busch begegnet, der dort eine Reihe von Violinkonzerten gab, und er schlug mir vor, nach Berlin zu gehen und bei Busoni zu studieren. Da ich nicht wußte, ob und wie ich mir das leisten könnte, stellte er mir sein ganzes Haus zur Verfügung. Also nahm ich den nächsten Zug nach Berlin.
Auf den Brief, den ich Busoni schrieb, gab er keine Antwort. Schließlich arrangierte einer seiner Schüler, Egon Petri, eine Zusammenkunft. Busoni war damals bereits sehr krank. Sein Herz.« Serkin griff sich an die Brust. »Er meinte, ich hätte keinen Unterricht mehr nötig.« Ich war siebzehn, und er sagte, ich sei alt genug, um meinen eigenen Stil zu entwickeln. Er riet mir, möglichst viele Konzerte zu besuchen – und wenn mir eins gefiele, würde ich auch daraus lernen. Und wenn mir eins mißfiele, könnte ich ebenfalls noch davon profitieren.«

»Was machten Sie daraufhin? Gingen Sie zu jemand anderem?«
»Nein, ich nahm diesen Rat an. Es gab auch keinen anderen gleichwertigen Lehrer. Ich übte täglich viele Stunden lang. Ich gab auch ein eigenes Konzert, in der Singakademie. Es kamen nicht mehr als zwanzig Zuhörer, aber unter ihnen Busoni, Artur Schnabel und Albert Einstein.«
»Und was haben Sie gespielt?«
»Die Goldberg-Variationen«, erwiderte Serkin prompt. Selbst nach 50 Jahren war ihm sein Debüt noch genau gegenwärtig.
»Haben Sie je mit Einstein zusammen gespielt?«
»O ja. Er war auch sehr nett zu mir.«
»Man erzählt sich aber, daß er ein ziemlich schlechter Geigenspieler gewesen sei?
»Gewiß, er spielte ohne jedes Vibrato. Aber er liebte halt das Geigenspiel.« Serkin lächelte.
»Als Busch nach Berlin zurückkam«, fuhr er fort, »ging er mit mir zu Busoni, und wir spielten ihm seine eigene Violinsonate vor. Ein sehr schönes Stück, ich liebe es. Als wir fertig waren, fragten wir ihn, ob das in etwa der Vorstellung entspräche, die er sich selbst gemacht habe. Er sagte: ›Nein.‹ Und wir fragten: ›Warum? Wie sollte sie denn dann gespielt werden?‹ Darauf sagte er: ›Das sage ich euch nicht, es würde eure Spontaneität verderben.‹ Erst später, als Busoni ein Arrangement für zwei Klaviere schuf und die Sonate zusammen mit Petri spielte, verstanden wir, was er gemeint hatte. Er spielte den letzten Satz ungefähr dreimal so schnell, wie wir es getan hatten. Wir hatten sie auf sehr deutsche Art gespielt, sehr seelenvoll – aber er wollte sie italienisch – so . . .!«
Serkins Hände bewegten sich über die Aufschnittplatte hin, und er spielte sehr rasch auf der unsichtbaren Tastatur, die er stets mit sich führt.

Ferruccio Busoni war eine legendäre Erscheinung. Schon 1894, erst 26jährig, war er nach Berlin gekommen und zählte bald zur Prominenz der musikliebenden Stadt. Für einen Pianisten hatte er ziemlich schmale Hände, was ihn dazu zwang, ununterbrochen zu üben, aber sein Spiel war phänomenal. Da er die aus dem 19. Jahrhundert überkommene Sentimentalität ablehnte, betrachtete man ihn als Begründer der modernen Klavierkunst. Als Komponist vertrat er eine durchaus persönliche Art von Neoklassizismus. Als Lehrer, Anreger und Förderer galt er am höchsten.
Seine Umsetzungen Bachscher Orgelmusik sind heute noch bei vielen Pianisten beliebt.
»Zu den schwierigsten Dingen gehört es«, bekannte Busoni einmal,

»zwischen gutem und schwachem Beethoven zu unterscheiden ... und zwanzig lange Jahre hindurch ragte in unerschütterlicher Größe, als Leuchtturm in stürmischer See, die Partitur des ›Figaro‹. Doch als ich sie vor einer Woche wieder durchsah, entdeckte ich zum ersten Mal auch schwache Stellen in ihr. Und doch spielte der große Virtuose, als er 1922 eine Reihe von Abschiedskonzerten gab, nichts als Mozart – zwölf Klavierkonzerte hintereinander.«

Er war ein Sonderling. »Busoni war der Größte – niemand ist mit ihm zu vergleichen«, behauptete Artur Schnabel. »Leider konnte ich ihn nicht so häufig sehen, wie ich gern gewollt hätte, weil er fast immer von Leuten umgeben war, die für mich – ich möchte sagen – Zeitverschwendung bedeuteten. Er hatte eine Schwäche für Exzentriker, empfand besondere Sympathie für sie. Täglich nach dem Mittagessen verbrachte er zwei bis drei Stunden mit solchen Gruppen – einem seltsamen Gemisch von Menschen, keineswegs immer begabten. Er war sehr gut zu ihnen. Doch es bereitete ihm auch diabolisches Vergnügen, ihnen über Musik die absurdesten Dinge zu erzählen, die er einfach erfand. Sie aber nahmen all seine Phantasien für bare Münze und verbreiteten sie nachher als die neuesten musikalischen Erkenntnisse ... Ich werde nie vergessen, als ich ihn das letzte Mal allein sah ... Es war ... kurz bevor er starb, er war sehr krank. Als ich ins Zimmer trat, sagte er zu mir: ›Schnabel, du beginnst ein Gesicht zu bekommen.‹ Es beeindruckte mich tief. Ich betrachtete das als ein großes Kompliment – obwohl es natürlich bedeutete, daß ich bis dahin dieses eigene Gesicht nicht hatte. Ich war immerhin schon vierzig Jahre alt.«

Den jüngeren Pianisten in Berlin – so Claudio Arrau, Wilhelm Backhaus oder Wladimir Horowitz – war Schnabel das Vorbild. »Er hatte den größten Einfluß auf uns«, erzählte Rudolf Serkin weiter, »und zwar in jeder Beziehung. Durch die Art, wie er spielte, daß er auch die gesamte moderne Musik spielte, daß er ein gastliches Haus führte, das für jedermann offenstand.« Der etwas vierschrötige, stämmige Schnabel war kein eigentlicher Virtuose, aber die Kraft und doch zugleich höchste Empfindsamkeit seines Spiels machten ihn zu einem der berühmtesten Interpreten von Bach und Beethoven.

Auch Schnabel hielt Hof und war immer von einem großen Schüleranhang umgeben. Rachmaninoff, der Schnabel nicht für einen bedeutenden Pianisten hielt, fragte einmal einen der Schüler ironisch: »Was macht eigentlich Ihr Freund, der große Adagio-Spieler?« Nicht alle Kollegen verstanden Schnabels Bedeutung, vor allem nicht sein Interesse und sein Verständnis für die aufkommende moderne Musik.

Einmal versammelte er in seiner Wohnung einige der besten Solisten Berlins für zwanzig Proben zu der ersten Nachkriegsaufführung von Arnold Schönbergs »Pierrot Lunaire«. Als Cellist spielte der junge,

halbverhungerte Emigrant Gregor Piatigorskij mit. Nachdem die Gruppe etwa eine Stunde musiziert hatte, unterbrach Schnabel die Probe und lud zu einem Tee ein. »Niemand außer mir hatte es so eilig, etwas zu essen und zu trinken«, erinnerte sich Piatigorskij später. »Ich wartete und hörte mit den anderen noch Schnabel zu, der sich über den ›Pierrot Lunaire‹, über den Kommunismus und andere interessante Themen verbreitete. Schließlich hatte ich das Gefühl, der Vortrag würde sich in die Länge ziehen, und stahl mich in ein anderes Zimmer, wo ich Sandwichs und verschiedene Kuchen auf einem Tisch serviert fand. Ich war allein. Es war, als hätte man Lämmer einem Wolf überlassen. Ich verschlang ein Sandwich nach dem andern. Als keins mehr übrig war, machte ich mich an die Süßigkeiten und andere Leckerbissen. Auch diese verschwanden rasch, und erst als nichts Eßbares mehr auf dem Tisch war, ging ich zu meinen Kollegen zurück, die immer noch Schnabel aufmerksam zuhörten.«
Als Schnabel 1898 aus Wien nach Berlin gekommen war, ». . . gab es nur ein Opernhaus, vielleicht drei Theater, drei Konzertsäle, ein Varieté und eine ›komische Oper‹ . . . Alle Aufführungen schienen für ein und dieselbe Gruppe von Hörern bestimmt zu sein, etwa 10 000, schätze ich . . .« Doch als die Bevölkerung von weniger als 2 Millionen um 1900 auf 4 Millionen in den zwanziger Jahren anstieg, wuchs auch das Bedürfnis nach Musik in ungeheurem Maß. Für Musikfreunde, die sich die Staatsoper Unter den Linden nicht leisten konnten, wurde 1912 das Deutsche Opernhaus eröffnet. Nach dem Krieg machte man aus dem Krolltheater am Rande des Tiergartens eine dritte Opernbühne. Erich Kleiber, damals knapp über dreißig, leitete die Staatsoper, Bruno Walter die Städtische Oper und Otto Klemperer die Kroll-Oper. Und als Arthur Nikisch 1922 starb, übernahm Wilhelm Furtwängler die Leitung der Berliner Philharmoniker. Der Wettstreit unter diesen Dirigenten und Dutzenden bedeutender Gastdirigenten führte dazu, daß das Angebot an Konzerten in Berlin reichhaltiger und vielseitiger war als irgendwo in Europa.
»Was Musik anbelangt, war Berlin immer noch eine Bastion des Traditionalismus«, meint Yehudi Menuhin. »Beethoven und Brahms waren die Götter und Furtwängler und Walter ihre Propheten; und Frau Louise Wolff, die Inhaberin der größten Konzertagentur Berlins, ihre Hohepriesterin. Ich erinnere mich noch gut an das Galadiner, das Frau Wolff am Tage meines Debüts nach der Generalprobe gab. Die Generalprobe war entscheidender als das Konzert selbst, weil dazu alle wichtigen Musiker erschienen. Am Diner nahmen mindestens vierzig Personen teil. Sie alle verbeugten sich voreinander und schüttelten sich die Hände: ›Mahlzeit‹ . . .«
Mehr als vierzig Jahre nach diesem Ereignis spielt Menuhin im Durch-

einander seines New Yorker Hotelzimmers die Szene nach. Er schüttelt die Hände imaginärer Prominenz und wiederholt die Aufforderung, zu speisen. »Dann aßen sie, bis sie nicht mehr weiter konnten. Schließlich erhoben sie sich und verbeugten sich wieder, so tief sie konnten – allerdings nicht mehr ganz so tief wie vor dem Essen: ›Mahlzeit, Mahlzeit‹. Diese Art, zu leben – repräsentiert durch Damastdecken auf jedem Tisch und Spitzendeckchen auf dem Damast –, wollte man unbedingt aufrechterhalten, so lange, wie man es irgend konnte.«

»Ich spreche speziell vom kulinarischen Musikgenuß, weil er im damaligen Berlin sehr wichtig war«, fährt Menuhin fort. »Dieses Musikleben ersetzte etwas, was in der Hauptstadt einer Weltmacht durch Kolonien oder sonst einen außenpolitischen Prunk repräsentiert werden mag. Alle Lust an Macht- und Prachtfreudigkeit, die in anderen Völkern durch die Staatsmacht befriedigt wird, wurde in Berlin auf die Opernbühnen und Konzertpodien transponiert.«

Hitler hat Berlin nie gemocht. Er mißtraute der kosmopolitischen Atmosphäre der Stadt, dem Witz und dem Sarkasmus ihrer Einwohner. Eines Tages, entschied er, werde er das gesamte Zentrum der Stadt niederreißen und neu erbauen lassen. Er werde den Anhalter und den Potsdamer Bahnhof abreißen lassen und sie südlich des Tempelhofer Flughafens placieren. Damit wäre Platz gewonnen für eine kilometerlange Prachtstraße von Tempelhof im Süden bis zum Reichstagsgebäude im Zentrum. Gleiches erdachte er sich zum Ausbau der Ost-West-Achse Berlins.

Der Plan für diese Avenue war natürlich von den Champs-Elysées inspiriert, doch sollte sie zweieinhalbmal so lang und – aus prinzipiellen Erwägungen – wesentlich breiter werden. Für das Nordende entwarf Hitler selber eine grausig-groteske Versammlungshalle in der Form eines Domes – sechzehnmal so groß wie die Peterskirche in Rom. Mehr als 150 000 Personen sollten in ihr Platz finden. Für das südliche Ende zeichnete er einen pompösen Triumphbogen, noch häßlicher als das Monstrum für Massenkundgebungen. Er sollte doppelt so hoch werden als der Arc de Triomphe, um in seine Granitwände die Namen der 1,8 Millionen deutschen Kriegsgefallenen einmeißeln zu können. Nach dem überhaupt ins Gigantische ausgeweiteten Wiederaufbau wollte Hitler der Stadt Berlin, als der Hauptstadt der Welt, einen neuen Namen geben: Germania.

Das Sonderbarste an diesen Plänen ist die Tatsache, daß er die Entwürfe für diese beiden Monsterbauten bereits im Jahre 1925 auf zwei schmalen Karten skizzierte – im gleichen Jahr, in dem er aus der Festung Landsberg entlassen wurde, seine Partei in einem Zustand schlimmer Desorientiertheit vorfand und seine politische Zukunft eigentlich als aussichtslos ansehen mußte. »Ich machte diese Zeichnungen vor mehr als zehn Jahren«, erklärte er, als er sie seinem Generalbauinspekteur für Berlin Albert Speer übergab. »Ich habe sie stets aufgehoben, denn ich zweifelte nie daran, daß ich eines Tages diese beiden Gebäude errichten würde ... Berlin ist eine große Stadt, aber keine richtige Metropole ... wir müssen Paris und Wien übertrumpfen.«

Beethoven und Brahms in allen Ehren – aber die Bedeutung eines musikalischen Zentrums hängt von seiner Fähigkeit ab, zu Neuem zu ermutigen und Neues willkommen zu heißen. Hans Heinsheimer, ein Musikverleger, der heute in New York im Hause G. Schirmer tätig ist, berichtet: »Berlin empfing alles, was jung, neu, kühn und anders war, mit offenen Armen.« Die Philharmoniker hatten es sich weitgehend zum Prinzip gemacht, zeitgenössische Komponisten ihre eigenen Werke dirigieren zu lassen, und so hatten die Berliner Gelegenheit, die Originalinterpretationen der gerade letzten Schöpfungen von Strawinsky, Ravel, Bartok oder Prokofieff zu hören.
Einer der interessantesten dieser Gaststars war Arnold Schönberg. Nach dem Tode Busonis lud man ihn ein, an der Staatlichen Hochschule für Musik die Meisterklasse für Kompositionslehre zu übernehmen. Im September 1925 kam Schönberg nach Berlin – der radikalste Extremist der modernen Musik. Er bezog eine Wohnung in der Nürnberger Straße, wo er ein Musikzimmer zunächst mit einem Klavier, einem Harmonium und einer Gitarre ausstattete. Ein weiterer Raum war ausschließlich für Tischtennis reserviert, das der Meister leidenschaftlich gern spielte. Schönberg unterrichtete nur ungern in den Räumen der Hochschule am Steinplatz, also kamen seine Studenten in seine Wohnung, um seinen Analysen zuzuhören – keineswegs über neue Musik, sondern über Bach und Mozart.
Zu dieser Zeit war Schönberg 51 Jahre, hager, kahlköpfig, asthmatisch, streng und überaus reizbar – viele Jahre lange giftige Feindseligkeiten hatten ihn, der seit 1908 in freier Atonalität komponierte, verbittert. Seit dem Beginn der zwanziger Jahre kämpfte er mit oft verzweifelter Energie um Verständnis, um Anerkennung und um die Durchsetzung seiner Zwölftonmusik als neuer Kompositionsart: »Ich habe etwas erfunden«, sagte er, »was der deutschen Musik für die nächsten hundert Jahre eine Vorrangstellung sichert.«
Diejenigen, die Schönberg genauer kannten, ließen sich von seiner scheinbaren Kälte und seiner Aggressivität nicht beirren. Die Schauspielerin Salka Viertel kannte Schönberg recht gut: ihr Bruder Eduard Steuermann, ein Pianist mit einer Vorliebe für moderne Musik, hatte Schönbergs erstes Klavierkonzert zum ersten Mal öffentlich gespielt.
»Schönberg war ein phantastischer Mensch«, berichtet Rudolf Serkin

weiter. »Ich liebte ihn. Aber ich konnte seine Musik nicht lieben. Ich sagte es ihm, und er hat es mir nie verziehen. Er meinte nur: ›Es ist Ihre Sache, zu entscheiden, auf welcher Seite der Barrikaden Sie stehen wollen.‹«

»Ich studierte eine Zeitlang Kompositionslehre bei ihm«, fährt Serkin fort. »Es ging ganz unförmlich zu, wir waren höchstens sechs oder sieben Schüler in der Klasse. Aber auch akademisch! Er lehrte uns den Kontrapunkt. Wir mußten Variationen über irgendein Thema schreiben. Einmal komponierte ich ein Rondo für Klavier. Er sah es an und sagte: ›Serkin, ich werde alle die Teile, die Ihnen am besten gefallen, streichen.‹« Serkin ahmte einen Mann nach, der eine riesige Schere handhabt. »Das tat er auch. Er strich alles Überflüssige, alles Dekorative weg. Er wollte nur das Essentielle. Für ihn war Komposition ein Handwerk, und jedes Einzelteil sollte möglichst gut gezimmert sein. Er pflegte Mendelssohns Trio in d-Moll als Beispiel eines schlecht geschriebenen Stücks anzuführen.

›Aber es ist so schön‹, protestierte ich. War er dagegen, weil es sentimental ist? Nein, wegen der Konstruktion. Er hielt das zweite Thema für falsch und einen Teil des Aufbaus für unproportioniert. Schönberg hatte eigentlich nichts gegen Gefühle. Er bemühte sich in all seinen Werken sogar um Emotion. Und ich glaube, er änderte schließlich auch seine Ansicht über Mendelssohn – ›gar nicht so schlecht‹.«

Schon 1914 war sein Schüler Alban Berg von einer Inszenierung des Georg Büchnerschen »Woyzeck«, einem für damalige Zeiten exzeptionellen Ereignis, zutiefst beeindruckt worden und beschäftigte sich seitdem mit einer Opernfassung, einer Umsetzung in Musik.

Aber selbst Schönberg hielt die »außerordentliche, die tragische Kraft des Stückes« nicht als für eine Umsetzung in Musik geeignet: Musik sollte sich nicht mit dem Alltag, sie sollte sich eher mit Engeln als mit Dienstboten beschäftigen . . .

1924, als Erich Kleiber Wien besuchte und Eduard Steuermann ihm eine Klavierversion der in einem Jahrzehnt gereiften Oper vorspielte, erklärte er spontan: »Es ist entschieden; ich werde die Oper in Berlin auf die Bühne bringen, auch wenn es mich meinen Posten kostet.«

Kleiber hielt sein Versprechen, trotz aller Widrigkeiten. Obwohl Berlin neuen Werken durchaus zugänglich war, gab es doch Grenzen für das, was ein Staatliches Opernhaus seinen Besuchern zumuten durfte. Die Sänger beklagten sich über die Schwierigkeiten von Bergs Partien, und die meisten Kritiker attackierten bereits die bloße Absicht, eine so »ultra-moderne« Oper aufzuführen. Kleiber forderte eine hohe Anzahl von Proben – 34 für das Orchester und weitere 14 für das gesamte Ensemble –, und bei der Premiere am 14. Dezember 1925 reagierte das Publikum mit ungewöhnlicher Heftigkeit.

»Als ich vorige Nacht aus der Staatsoper trat«, schrieb der Kritiker Paul Zschorlich in der *Deutschen Zeitung*, »hatte ich nicht das Gefühl, einen Musentempel zu verlassen, sondern ein Irrenhaus. Auf der Bühne, im Orchester, im Zuschauerraum – nichts als Verrückte. Das Werk eines Chinesen aus Wien . . . aufgelegter Schwindel. Fragmente, Fetzen, Geschluchze, Gerülpse . . . quälende, häßlich-klingende Laute. Ein Brunnenvergifter der deutschen Musik . . .« Doch ein anderer Kritiker, H. H. Stuckenschmidt, neben Heinrich Strobel der tapferste Fürsprecher moderner Musik, bezeugte das genaue Gegenteil: »Es fällt schwer, der neuartigen Aufführung und zugleich Einmaligkeit dieses Werkes Gerechtigkeit widerfahren zu lassen . . . Berg zeigt alle Merkmale eines Genies.«

Dazu Heinsheimer: »Wir wußten seinerzeit natürlich nicht, welches Schicksal uns und der Oper bevorstand . . . aber wir begriffen damals und dort, daß wir einem historischen Ereignis beigewohnt hatten.«

Bereits vor dem Kriege war, laut Eugen Szatmari, Berlin eine der bedeutendsten Musikstädte der Welt gewesen, aber seit dem Ende des Krieges hatte sich seine Bedeutung in dieser Hinsicht noch erheblich vergrößert. Berlin hatte einen großen Teil des musikalischen Lebens der Großstädte in der ehemaligen Donaumonarchie aufgesogen und war die größte Konzertstadt Europas und nach New York die lebendigste Musikstadt der Welt überhaupt. »Wie Berlin in fast jeder Hinsicht eine amerikanische Stadt in Europa geworden ist, so hat es sich auch als Musikstadt sozusagen amerikanisiert. Dies bezieht sich vor allem auf die geschäftliche Seite des Musiklebens, deren Bedeutung nicht zu unterschätzen ist. Die deutschen Manager sind heute mindestens so smart wie die Amerikaner, und auch im Musikleben hat sich jenes Starsystem ausgebildet, das man aus Amerika kennt. Für die bekanntesten und beliebtesten Musikfavoriten werden ungeheure Honorare bezahlt. Fritz Kreisler erhält heute für ein Konzert in Berlin 5000–8000 Mark, Richard Tauber oder Heinrich Schlusnus 2000–2500 Mark, und ein Pianist wie etwa Professor Schnabel bekommt mindestens das gleiche. Berühmte Ausländer haben noch viel mehr bekommen. Schaljapin hat für sein letztes Auftreten 24 000 Mark erhalten, und das Honorar von Gigli bezifferte sich auf 2000 Dollar.«

Friedrich Ebert erhielt eine imposante Trauerfeier. Orchester spielten, Politiker hielten Reden, die Massen marschierten mit schwarzen Armbinden stummergriffen, und Millionen fanden sich verwirrt der Tatsache konfrontiert, daß Deutschland führerlos geworden war.

Die Schöpfer der Weimarer Verfassung hatten gemeint, daß der Reichspräsident ein nationales Symbol sein müsse, jenseits von Partei- und Tagespolitik. Doch nunmehr gab es niemanden, der Ebert hätte ersetzen können. Unter den gemäßigten Politikern der sogenannten Weimarer Koalition schien noch Otto Gessler, der Führer der Demokratischen Partei, der geeignetste Kandidat zu sein. Er war zwar ein Liberaler, aber da er als Reichswehrminister nachdrücklich die Vorrechte der Armee vertreten hatte, hielt man ihn auch im Hinblick auf die Rechte für akzeptabel. Doch die Nationalisten hatten ehrgeizigere Pläne. Sie sabotierten Gessler, indem sie ihm eine »Affäre« mit einer Dame der Berliner Gesellschaft nachsagten, und als die Kandidatur schließlich scheiterte, stellte jede Fraktion einen eigenen Kandidaten auf.

Die Rechten waren für Karl Jarres, den ehemaligen Innenminister und Oberbürgermeister von Duisburg, die Gemäßigten gruppierten sich um den Exkanzler Wilhelm Marx, die Sozialdemokraten nominierten den preußischen Ministerpräsidenten Otto Braun, die Kommunisten ihren Parteichef Ernst Thälmann, die Nationalsozialisten Ludendorff. Ludendorff erhielt zwar nur klägliche 285 000 Stimmen, aber Jarres überraschenderweise 10,4 Millionen gegen 7,8 Millionen für Braun. Der erste Wahlgang endete also, wie vorauszusehen, ergebnislos. Für die Stichwahl genügte die einfache Majorität; die Gemäßigten und die Sozialisten einigten sich auf Wilhelm Marx, und ihre addierten Stimmen schienen ausreichend, um ihnen den Sieg zu sichern. Doch die Konservativen wollten keineswegs klein beigeben, und so suchten sie nach einem attraktiveren Kandidaten als Dr. Jarres. Sie entschieden sich raffinierterweise für jenen Kriegshelden, dessen Name nach wie vor magische Anziehungskraft besaß: für den ehemaligen Generalfeldmarschall Paul von Hindenburg.

Der greise Marschall lebte zurückgezogen in einer geräumigen Vorstadtvilla Hannovers – in einem Mausoleum voll von Kriegserinnerungen. Da gab es Fahnen aller Art, ein silbernes Schlachtbeil, bronzene Elche und eine beträchtliche Sammlung von Madonnenbildern. Nur selten noch fuhr der alte Herr nach Bayern, um in Dietramszell zu jagen und Trophäen heimzubringen, die dann die Wände dieses »Mausoleums« schmückten. Aber er war noch immer der Held der Nation. Millionen erinnerten sich nicht an die Niederlagen an der Westfront, sondern nur an den spektakulären Sieg von Tannenberg, den die meisten Militärfachleute allerdings Ludendorff zuschrieben. Und Millionen entsannen sich noch der riesigen Holzstatue von Hindenburg, die während des Krieges vor dem Reichstagsgebäude gestanden hatte: jeder, der eine Mark für das Rote Kreuz spendete, durfte dafür einen Nagel in das Standbild einschlagen.

Er war ein gewichtiger Mann von imponierender Größe, mit blauen Augen und einem großen Schnauzbart. Doch eine Eigenschaft, die die bewundernde Masse an ihm nicht vermutete, war seine Schlauheit. Er

spielte gern die Rolle des einfachen Soldaten – der er in vieler Beziehung auch war –, und kaum jemand zweifelte an dieser Pose. Doch Soldaten werden in der Regel nicht Feldmarschälle ohne ein gewisses Geschick, die Erfolge ihrer Untergebenen für sich auszumünzen, ohne jedoch die Verantwortung für ihre Mißerfolge auf sich zu nehmen. Ludendorffs Siege im Osten wurden zu Hindenburgs Triumphen, während Ludendorffs Niederlagen im Westen an ihm haftenblieben. Es war dem General Groener überlassen, den Kaiser zur Abdankung zu bewegen, und Matthias Erzberger, den Waffenstillstand zu unterzeichnen. In beiden Fällen, in denen einer der Militärs noch die folgenschwere Konsequenz hätte ziehen müssen, legte Hindenburg dem Opfer nur seine Hand auf die Schulter und drückte ihm tränenden Auges sein aufrichtiges Mitgefühl aus.
Der Generalfeldmarschall blieb – von den Ereignissen unberührt – die Vaterfigur seines Volkes. Als die Regierung 1919 einen Parlamentarischen Untersuchungsausschuß eingesetzt hatte, der die Ursachen des Zusammenbruchs erforschen sollte, war Hindenburg zum letzten Mal in Berlin gewesen. Er hatte einer jubelnden Menge gütig zugewinkt und im Untersuchungsausschuß eine vorbereitete Erklärung verlesen, die in drei so kurzen wie heimtückischen Sätzen gipfelte: »Ein englischer General sagte mit Recht, ›die deutsche Armee ist von hinten erdolcht worden‹. Den guten Kern des Heeres trifft keine Schuld . . . Wo die Schuld liegt, ist klar erwiesen.« Damit war die Dolchstoßlegende zum ersten Mal verkündet worden. »Ich wollte kraftvolle und freudige Mitarbeit und bekam Versagen und Schwäche . . . Die Sorge, ob die Heimat fest genug bliebe, bis der Krieg gewonnen sei, hat uns nie verlassen«, hatte er noch grollend behauptet.
Es ist leicht, Hindenburg als einen Heuchler zu verurteilen, aber man muß auch an sein patriarchalisches Alter denken. Er war bereits im Ruhestand, als der Erste Weltkrieg ausbrach. Alte Männer sind oft gerissen, aber – wichtiger noch – sie fühlen sich über der Parteien Zank und Hader erhaben. Als ihn 1925 eine Delegation nationalistischer Politiker dringend bat, für die Präsidentschaft zu kandidieren, war Hindenburg schon 77 Jahre alt und leidend. Er willigte nur aus Ehr- und Pflichtgefühl, »seine Dienste dem Vaterland nicht vorenthalten zu dürfen«, ein.
Das Ergebnis war so gut wie unvermeidlich. Die gemäßigte Mitte vom katholischen Zentrum bis zu den Sozialdemokraten hoffte immer noch auf Marx. Die Nationalsozialisten hatten Ludendorff fallengelassen und unterstützten jetzt Hindenburg. Die Kommunisten beharrten starrsinnig auf ihrem eigenen Parteiführer Thälmann.
Der 26. April war kalt und regnerisch, und als Graf Kessler zur Abstimmung ging, sah er nur wenige Wähler. »Der Sprühregen hielt die

Straßen leer«, notierte er ... »Ein feiner Regen leert die Straßen. Auf dem Potsdamer Platz nur einige Hakenkreuzjünglinge mit kräftigen Knüppeln, blond und dumm wie junge Kälber. In dieser Gegend wenig Fahnen und die wenigen ziemlich gleichmäßig auf Schwarz-Weiß-Rot und Schwarz-Rot-Gold verteilt.
Den Tag in besorgter Stimmung verbracht. Ich rechne, daß Marx und Hindenburg beide zwischen fünfzehn und sechzehn Millionen Stimmen bekommen werden und daß die Mehrheit von Marx günstigenfalls fünfhunderttausend bis eine Million Stimmen betragen kann ...
Niemand könnte aus dem Straßenbild entnehmen, daß eine lebenswichtige Entscheidung für Deutschland und Europa im Gange ist.«
Hindenburg erhielt 14,6 Millionen Stimmen, Marx nur 13,7 und Thälmann 1,9 Millionen. Später hat man oft bedauernd gemeint, daß mit auch nur der Hälfte der kommunistischen Stimmen für den Kandidaten der linken Mitte Deutschland nie den Tag erlebt hätte, an dem Hindenburg Adolf Hitler zum Reichskanzler machte. Doch die Tatsache bleibt bestehen, daß – vor die Wahl zwischen einem demokratischen Politiker und einem konservativen Militär gestellt – der Großteil der deutschen Wähler sich für die nationale Vaterfigur entschied.
Anfangs schien das Wahlergebnis sogar gewisse Vorteile mit sich zu bringen. »Heute bei der Eidesleistung Hindenburgs im Reichstag«, berichtet Graf Kessler am 12. Mai 1925, der ursprünglich das Wahlresultat als katastrophal für das deutsche Volk angesehen hatte, das ahnungslos in den Abgrund hineinrase. Jetzt beurteilte er die Situation optimistischer: »Die Tribünen im Reichstag schon um elf, eine Stunde vor der Eidesleistung, überfüllt. Der Saal war ziemlich sparsam ausgeschmückt. Hinter dem Präsidentenstuhl, auf einer Wandbespannung befestigt, die schwarzrotgoldene Reichspräsidentenstandarte und auf dem Präsidententisch ein schwarzrotgoldenes Fahnentuch, flankiert von blauen Hortensien; das war alles. Der frühere Staatssekretär Lewald sagte zu mir: ›Ein Saalschmuck wie bei der Einführung eines neuen Bürgermeisters in Kyritz an der Knatter!‹
Hindenburg leistet, auf der Stelle stehend, wo Rathenaus Sarg gestanden hat, den Eid, eingeklemmt rechts und links von Schwarz-Rot-Gold, und liest eine Erklärung von einem mit gewaltig großen Buchstaben beschriebenen Blatt; man hätte mit einem guten Glas die Buchstaben von der Tribüne aus lesen können. Trotzdem schien dem alten Herrn die Entzifferung Mühe zu machen; er las stockend und unsicher ...
Eindruck: eine etwas befangene, greisenhafte Generalsstimme, die Ungewohntes und Unverstandenes vorlesen muß; aber auffallend war doch der über Erwarten starke Nachdruck, den die Erklärung auf den *republikanischen* und *demokratischen* Charakter der Verfassung und insbesondere auf die *Volkssouveränität* legte. Darin zeigt sich die Tak-

tik an, die die klugen, hinter Hindenburg stehenden Monarchisten und Rechtspolitiker zunächst versuchen werden, eine Taktik, die auf die Gewinnung oder mindestens die Einschläferung der Republikaner hinausläuft, die aber nicht umhinkönnen wird, tatsächlich die Republik zu festigen.

Ein junger Diplomat bei der Gesandtschaft in Riga sagte mir beim Verlassen des Reichstags: ›Eben haben wir die *Geburt* der deutschen Republik erlebt.‹ In der Tat wird sie mit Hindenburg hoffähig, einschließlich Schwarz-Rot-Gold, das jetzt überall mit Hindenburg zusammen als seine persönliche Standartenfarbe erscheinen wird. Etwas von der Verehrung für ihn wird unvermeidlich darauf abfärben. Es wird den Hakenkreuzlern schwer werden, es wieder durch den Straßenkot zu schleifen. Schon heute ist es in der Beflaggung der Straßen im Zentrum viel sichtbarer als bisher. Die Wilhelmstraße, die sonst nur sehr bescheiden und notdürftig einige schwarzrotgoldene Fähnchen zu zeigen wagte, schwimmt heute in Schwarz-Rot-Gold. Wenn die Republikaner ihre Wachsamkeit und ihre Einigkeit nicht aufgeben, kann die Wahl Hindenburgs für die Republik und den Frieden sogar noch ganz nützlich werden.«

KAPITEL X

»Der Angriff beginnt am 4. Juli.«
1926

> Die Aufnahmefähigkeit der großen Masse ist sehr beschränkt, das Verständnis klein, dafür jedoch die Vergeßlichkeit groß. Aus diesen Tatsachen heraus hat sich jede wirkungsvolle Propaganda auf nur sehr wenige Punkte zu beschränken und diese schlagwortartig so lange zu verwerten, bis auch bestimmt der Letzte unter einem solchen Worte das Gewollte sich vorzustellen vermag.
>
> *Adolf Hitler*

»Schwer und grau lastet der Novemberabend über Berlin«, schrieb Dr. Joseph Goebbels, »als der D-Zug in den Potsdamer Bahnhof hineinkeucht. Kaum sind zwei Stunden vergangen, da stehe ich zum ersten Male auf jenem Podium, das so oft noch in der Folgezeit Ausgangspunkt unserer weiteren politischen Entwicklung werden sollte. Ich spreche vor der Berliner Partei.«

Es war eine Lüge. Weder sprach er am gleichen Abend in einer Parteiversammlung – das tat er erst nach einiger Zeit –, noch war es seine erste Reise nach Berlin. Er war eben ein chronischer Lügner. Oder – besser gesagt – so leidenschaftlich davon besessen, sich zu einer historisch bedeutenden Figur hochzuspielen, und seine Fähigkeit, zu glauben, was er glauben wollte, so groß, daß er zwischen Dichtung und Wahrheit nicht zu unterscheiden vermochte. Was er vor seinem geistigen Auge sah, als er seinen »Kampf um Berlin« 1934 niederschrieb, war das Bild seiner selbst, als er widerwillig und beklommen an einem kalten 9. November in der sphinxhaften Stadt eintraf.

Damals war er 29 Jahre alt, schlank, klein, leicht vornüber gebeugt; der Anzug war abgetragen und der Filzhut verblichen. Er hinkte: schon in seinen frühen Jahren hatte ein Anfall von Kinderlähmung sein linkes Bein verkürzt. Sein Handkoffer enthielt nur wenige Kleidungsstücke, aber ein signiertes Exemplar von Hitlers »Mein Kampf«: sein Idol hatte ihn gerade zum Gauleiter von Berlin ernannt.

Goebbels fürchtete seinen neuen Wirkungskreis. »Ich hasse Berlin«, hatte er zu Anfang des Jahres in sein Tagebuch geschrieben, und an anderer Stelle bezeichnete er die Metropole als ein »Stadtungeheuer aus Stein und Asphalt«. Er betrachtete sie als ein »dunkles und geheimnisvolles Etwas«. Er respektierte die Berliner zwar als »betriebsam und vital«, aber er fand, sie hätten mehr Witz als Humor, weniger Gemüt als Verstand, und neigten zu verbissenem Fanatismus, vor allem in politischen Dingen – eine etwas seltsame Beurteilung von seiten gerade eines solchen Kritikers. Hauptschuld dafür schrieb er »jenen nomadenhaft wurzellosen internationalen Juden« zu und speziell den großen Zeitungen von Ullstein und Mosse, die »das jüdische Gift in Millionen von Zeitungsexemplaren täglich in die Reichshauptstadt hineinspeien«.

Man erwartete von Dr. Goebbels, daß er als Gauleiter die feindselige Metropole irgendwie eroberte, aber die zu seiner Verfügung stehende Truppe bestand aus einem lächerlich kleinen Kreis Unzufriedener. »Was man damals in Berlin Partei nannte«, sagte Goebbels, »verdiente diesen Titel in keiner Weise. Es war ein wild durcheinander gewürfelter Haufen von einigen hundert nationalsozialistisch denkenden Menschen, von denen sich jeder seine eigene und private Meinung gebildet hatte: Prügeleien zwischen einzelnen Gruppen waren an der Tagesordnung . . . Diese Partei war nicht manövrierfähig.«

Und als er zum ersten Mal das Parteihauptquartier inspizierte, stellte er indigniert fest, daß es von äußerster Primitivität war: »Die Berliner Bewegung bewohnte eine Art verdrecktes Kellergewölbe in einem Hinterhaus in der Potsdamer Straße. Stapel von Papier und Zeitungen lagen in den Ecken herum. Im Vorzimmer standen debattierende Gruppen von arbeitslosen Parteigenossen, die sich die Zeit mit Rauchen und Fabrizieren von Latrinenparolen vertrieben. Wir nannten diese Geschäftsstelle die »Opiumhöhle«. Und diese Bezeichnung schien in der Tat absolut zutreffend zu sein. Sie war nur mit künstlichem Licht zu erhellen. Sobald man die Tür aufmachte, schlug einem der Schwaden von schlechter Luft, Zigarren-, Zigaretten- und Pfeifenqualm entgegen . . . Es herrschte hier ein heilloses Durcheinander. Eine Organisation war kaum vorhanden. Die Finanzen befanden sich in einem trostlosen Zustand. Der damalige Gau Berlin besaß nicht viel anderes als Schulden.

Ich gab die Parole aus: »Unter die Vergangenheit wird ein Strich gemacht und von vorne angefangen! Jeder, der nicht gewillt ist, für diese Parole mitzuarbeiten, wird ohne viel Federlesens aus der Bewegung ausgeschlossen. Wir verloren damit gleich beim ersten Auftreten ungefähr ein Fünftel des gesamten Parteibestandes in Berlin.«

Es war ein beschwerlicher Weg gewesen, der den jungen Gauleiter nach Berlin geführt hatte. Er stammte aus Rheydt im Rheinland, aus einer streng katholischen Kleinbürgerfamilie. Jeder der beiden Großväter war Handwerker gewesen, einer Schmied, einer Zimmermann, sein Vater Vorarbeiter in einer Fabrik. Auf Wunsch der Mutter sollte er Priester werden. Ein nicht sonderlich beliebter Einzelgänger, lernte er mit großem Fleiß, war in der Mittelschule fast der Beste seiner Klasse

und erhielt vom katholischen Albertus-Magnus-Verein ein zinsfreies Darlehen, um an der Universität zu studieren. Jahre später mußte die Institution den inzwischen berüchtigten Dr. Goebbels vor Gericht zitieren, um ihn zur Rückzahlung dieses Darlehens zu bewegen.
Wie so viele Studenten jener Jahre wechselte Goebbels häufig die Universitäten, ehe er an der achten promovierte: in Heidelberg, bei dem bedeutenden jüdischen Literaturhistoriker Friedrich Gundolf.
Die Armee hatte ihn als untauglich abgewiesen – eine Demütigung, die er später auszugleichen versuchte, indem er mit doppeltem Selbstbewußtsein neben vierschrötigen Kriegsveteranen und forschen Freikorpshelden in der NS-Bewegung seinen Mann stellte. Während einer Parade in Berlin marschierte er hinkend in den Reihen der SA-Männer, schrie: »Wir Kriegsversehrten ...!« 1921 machte er seinen Doktor mit der Absicht, Schriftsteller zu werden. Er schickte Artikel an das »Berliner Tageblatt«, eine Mosse-Zeitung, doch sie wurden sämtlich vom Chefredakteur Theodor Wolff abgelehnt. Er bewarb sich um einen Posten in der Redaktion, wurde aber ebenfalls zurückgewiesen. Man kann durchaus verstehen, daß sich eine Art Verfolgungswahn bei ihm zu bilden begann, zumal auch Theodor Wolff Jude war. Schon 1920, nach einem Streit mit seiner ersten Liebe, spielte Goebbels mit dem Gedanken an Selbstmord und verfaßte einen »letzten Willen«, in dem er seinen älteren Bruder zum »literarischen Nachlaßverwalter« ernannte – für sein »Werk« unveröffentlichter Gedichte und halbvollendeter Dramen. Eine andere Freundin verschaffte ihm schließlich bei einer Bank in Köln eine kleine Position, die er haßte. Später brachte er es so weit, an der Kölner Börse die Kurse von Aktien und Obligationen auszurufen. Wieder vermag man die Ursprünge seiner paranoiden Einstellung zu erkennen. Wenn es eine gesellschaftliche Gruppe gab, die Goebbels haßte wie die jüdischen Intellektuellen, waren es die »internationalen Kapitalisten«.
In gewissem Sinn hatte er nicht einmal unrecht: er war ein durchaus talentierter Schriftsteller und überdies ein brillanter Redner; sein Irrtum bestand nur darin, daß er sich als eine literarische Begabung betrachtete. Sein Talent bestand lediglich darin, eingängige Schlagworte zu prägen und politischer Hysterie vehementen Ausdruck zu verleihen. Sogar seine dichterischen Bemühungen beweisen das. Im Jahre seiner Promotion schrieb er den Roman »Michael«, das Tagebuch eines tapferen Soldaten, glühenden Liebhabers und begeisterten Revolutionärs. Dieser Roman wurde von den Verlagshäusern Ullstein und Mosse abgelehnt und erschien erst 1929 in dem der NSDAP gehörenden Verlag Franz Eher. Schon die ersten Sätze, die heute komisch anmuten mögen, geben eine Kostprobe für den Stil, der aus Goebbels einen Meister der NS-Propaganda machen sollte:

»Widmung
1918
Du standest, den zerschossenen Arm noch in der Binde, den grauen Helm auf dem verbeulten Kopf, die Brust voll von Kreuzen, vor behäbigen Bürgern, um das Maturum zu erwerben. Weil Du einige Zahlen nicht wußtest, dekretierte man, daß Du noch nicht reif seiest.
Unsere Antwort war: Revolution!
1920
Wir standen beide im Begriff, vor seelischem Zusammenbruch zu kapitulieren. Da richteten wir uns aneinander auf und strauchelten kaum.
Meine Antwort war: Trotz!
Du fordertest Dein Schicksal in die Schranken. Biegen oder Brechen!
1923
Noch war es zu früh. Deshalb wurdest Du Opfer.
Deine Antwort war: Tod!
1927
Ich stand an Deinem Grab; im glastenden Sonnenschein lag ein stiller grüner Hügel. Und predigte Vergänglichkeit.
Meine Antwort war: Auferstehung!«
Der heutige Leser studiert den Roman mit besonderem Interesse, um die Elemente des aufkeimenden Nationalsozialismus zu entdecken. Dabei stößt man auf die Haßtiraden gegen diejenigen, die den jungen Dichter abgelehnt hatten, obwohl eine Sequenz wie diese später eingefügt worden sein mag: »Der Jude ist für mich ein körperliches Ekel. Ich bekomme Übelkeitsanfälle bei seinem Anblick«.
Decouvrierender noch ist die Szene, in der Michael zu einer politischen Versammlung geht, um einen Redner zu hören. Sein Name wird nicht genannt, aber diese Zeilen geben in entwaffnend kitschiger Primitivität den Eindruck wieder, den Hitler auf Goebbels machte:
»27. April
Ich sitze in einem Saal, in dem ich noch nicht war. Mitten unter Menschen, die mir fremd sind. Arme, verhärmte Menschen. Arbeiter, Soldaten, Offiziere, Studenten. Das ist das deutsche Volk nach dem Kriege. Man sieht alte zerschlissene Uniformen, auf den Waffenröcken, schmutzig und zerfetzt, trauern die Zeichen des großen Krieges. Das alles schaue ich fast wie im Traum.
Ich merke kaum, wie plötzlich einer oben steht und zu reden beginnt. Stockend und schüchtern zunächst, als suchte er Worte für Dinge, die zu groß sind, als daß man sie in enge Formen presse.
Da, mit einem Male beginnt der Fluß der Rede sich zu entfesseln. Ich werde gefangen, ich horche auf. Der da oben gewinnt Tempo. Wie ein Licht leuchtet es über ihm.

Ehre? Arbeit? Fahne? Gibt es das noch in diesem Volk, von dem Gott seine segnende Hand gezogen? Die Menschen beginnen zu glühen. Auf den zerfetzten grauen Gesichtern leuchten Hoffnungsstrahlen. Da steht einer auf und hebt die geballte Faust hoch. Dem daneben wird der graue Kragen zu eng. Schweiß steht ihm auf der Stirne; er wischt ihn mit dem Rockärmel ab.
Am zweiten Platz links von mir sitzt ein alter Offizier und weint wie ein Kind.
Mir wird heiß und kalt.
Ich weiß nicht, was in mir vorgeht. Mir ist mit einem Mal, als hörte ich Kanonen donnern. Wie im Nebel sehe ich, daß ein paar Soldaten aufstehen und Hurra schreien. Nicht einer nimmt Notiz davon.
Offenbarung! Offenbarung!
Mitten unter den Trümmern steht einer und reißt die Fahne hoch.
Um mich herum sitzen mit einem Mal keine fremden Menschen mehr. Das sind ja alles Brüder. Der da, grau und zerschlissen, im alten Soldatenrock, lacht mir zu. Kamerad, sagt er ganz unmotiviert.
Mir ist, als müßte ich aufspringen und schreien: ›Wir sind ja alle Kameraden. Wir müssen zusammenstehen!‹
Ich halte kaum noch an mich.
Ich gehe, nein, ich werde getrieben bis an die Tribüne.
Da stehe ich lange und schaue diesem Einen ins Gesicht.
Das ist kein Redner, das ist ein Prophet!
Schweiß läuft ihm in Strömen von der Stirne. In diesem grauen bleichen Gesicht wettern zwei glühende Augensterne. Die Fäuste ballen sich ihm.
Wie das Jüngste Gericht donnert Wort um Wort und Satz um Satz.
Ich weiß nicht mehr, was ich tue.
Ich bin wie von Sinnen.
Ich schreie Hurra! Keiner verwundert sich darüber.
Der da oben schaut mich einen Augenblick an. Diese blauen Augensterne treffen mich wie Flammenstrahlen. Das ist Befehl! Von diesem Augenblick an bin ich neu geboren.
Es fällt wie Schlacke von mir herab.
Ich weiß, wohin mein Weg geht. Der Weg der Reife.
Nun höre ich nichts mehr. Ich bin wie berauscht.
Mit einem Male stehe ich hoch; auf einem Stuhl stehe ich über diesen Menschen und schreie: ›Kameraden! Freiheit!‹
Ich kann nicht sagen, was danach geschah.
Ich weiß nur noch: ich legte meine Hand in eine klopfende Männerhand. Das war ein Gelöbnis fürs Leben. Und meine Augen versanken in zwei großen blauen Sternen.«
Möglicherweise sind wir bei unseren Erinnerungen an die Hitlerzeit

durch die Gegenpropaganda beeinflußt, und es mag uns schwerfallen, uns den Eindruck einer Hitlerrede auf seine Zuhörer vorzustellen. Doch Plattenaufnahmen bestätigen unsere Meinung; die Stimme ist rauh, schrill, abstoßend und der Inhalt der Tiraden leere Rhetorik, eine ständige Wiederholung von Phrasen wie »Kampf« und »Wiedergeburt« und »Vaterland«.

Sie sind bezeichnend für die Person des Redners. Er war ein unscheinbarer Mensch, unbedeutend spießig. Wir sehen ihn mit dem kleinen Schnurrbart des subalternen Beamten vor uns, aber wenn wir versuchen, uns sein Gesicht ohne diesen Schnurrbart vorzustellen, sehen wir eigentlich gar nichts mehr. Er war ungebildet, konnte deutsch weder fehlerlos sprechen noch schreiben, und seine künstlerische Begabung, auf die er so stolz war, reichte nicht einmal aus, ihn die Aufnahmeprüfung für eine Kunstakademie bestehen zu lassen. Darüber hinaus war er im Grunde höchst langweilig. Nicht nur, daß seine Ideen Platitüden waren – seine Vorstellung vom guten Leben bestand darin, herumzusitzen, Süßigkeiten zu verschlingen und endlose Monologe über seine Kriegserfahrungen oder Kameradschaft zu halten. Nach den Berichten Albert Speers verbrachte er auch nach der Machtergreifung die Abende am liebsten mit dem Genuß von Filmoperetten – oft zwei hintereinander –, und wenn die Vorführung vorbei war, nahm er seine Monologe wieder auf.

Als politischem Führer fehlte es ihm sonderbarerweise auch an Entschlußkraft. Er war ein ängstlicher Mensch, drückte sich vor Entscheidungen, und die Streitigkeiten zwischen seinen Anhängern machten ihm Angst, vielleicht fürchtete er sogar seinen inneren Dämon. Doch wie so viele ängstliche Menschen war er schlau, er hatte eine Begabung, Feinde gegeneinander auszuspielen, und einen erstaunlichen Instinkt, Situationen durch geschicktes Hinhalten ausreifen zu lassen und dann, wenn der Moment gekommen war, in dem etwas unternommen werden mußte, blindwütig loszuschlagen. Diese Fähigkeit für Entscheidungen in letzter Minute und sein stetiger Hinweis darauf, daß solche Entscheidungen unerschütterlich oder, wie er gern sagte, »historisch« seien, überzeugten die Mitwelt vielfach, daß er, Adolf Hitler, den sicheren Weg in die Zukunft kannte.

Als Hitler 1924 amnestiert wurde und aus der Festung Landsberg entlassen wurde, mußte er die schwer angeschlagene Partei neu organisieren. Er schickte Gregor Strasser, der wegen seiner Teilnahme am Münchner Putsch ebenfalls verurteilt worden war, nach Norddeutschland, wo für Hitler ein Sprechverbot bestand. Strasser hatte unter anderem vor, eine nationalsozialistische Wochenschrift zu gründen, die sein Bruder Otto redigieren sollte, und die Strassers dachten, der junge Goebbels könne sich als Sekretär und Adlatus nützlich machen.

Bei einem ersten Gespräch mit Otto Strasser sprach Goebbels mit manischem Enthusiasmus. »Wir werden den deutschen Arbeiter für den Nationalsozialismus gewinnen«, sagte er. »Wir werden den Marxismus ausrotten. Und was den bürgerlichen Abschaum betrifft – wir werden ihn auf den Müll fegen.« Auf Otto Strasser machte das Eindruck.

Fast ein Jahr lang diente Goebbels nicht Hitler, sondern den Brüdern Strasser. Er war unermüdlich. Er hielt zahllose Reden und schrieb zahlreiche Artikel für Strassers »Berliner Arbeiter-Zeitung«; stets attackierte er das »System« der Weimarer Republik.

Trotz Strassers energischer Organisation gab es eine Kluft in der Partei, die sich schon im Wort »nationalsozialistisch« manifestierte. Für die Konservativen, speziell für Hitlers Hauptquartier in München, bestand die Hauptaufgabe der NSDAP in der Bekämpfung des Bolschewismus. Doch für den linken Flügel, speziell für die Brüder Strasser und Goebbels, die die Fabrikarbeiter Norddeutschlands mobilisieren sollten, bedeutete Nationalsozialismus eine sozialistische Bewegung, bestimmt, den Monopolkapitalismus zu bekämpfen. »Ich bin der Radikalste«, schrieb Goebbels, allerdings in sein privates Tagebuch: »Der Mensch als Revolutionär«. Und dann: ». . . besser mit dem Bolschewismus unterzugehen als in ewiger kapitalistischer Knechtschaft zu leben.«

Der Konflikt zwischen den beiden Flügeln trat bereits 1926 offen zutage. Ursache war eine Frage, die Deutschland sehr bewegte: sollten die Herrscherfamilien – Könige oder Fürsten – den Regierungen ihrer Länder ihren Besitz übereignen, und wenn ja, sollten sie dafür entschädigt werden? Die Arbeiterklasse des Nordens war durchweg der Ansicht, dieser Länderbesitz gehöre dem Volke, aber Hitler hielt es mit den fürstlichen Familien – sein persönliches Einkommen stammte damals zum größten Teil aus einer monatlichen Unterstützung durch die Herzogin von Sachsen-Anhalt. Gregor Strasser berief in Hannover eine Konferenz der norddeutschen Gauleiter ein, die ihn ausnahmslos unterstützten. Doch auch eine kleine Delegation aus München war anwesend, die vorsichtig darauf hinwies, die Annahme von Hitlers Ansicht sollte eine Sache der Parteidisziplin sein. Da erhob sich Joseph Goebbels und rief: »Unter diesen Umständen fordere ich, daß der Kleinbürger Adolf Hitler aus der nationalsozialistischen Arbeiterpartei ausgeschlossen wird.« (Das behaupten zumindest einige Geschichtsquellen. Nachweisbar ist dieser Vorgang nicht. Goebbels selbst erwähnt die Episode in seinen Tagebüchern nicht, und einige seiner Biographen schreiben den erstaunlichen Wutausbruch einem anderen Gefolgsmann Strassers zu.)

Hitler sah sich von einer Spaltung Nord gegen Süd bedroht und berief nun seinerseits eine Konferenz in Bamberg ein. Wohlweislich an einem Wochentag! Das erschwerte den mittellosen Gauleitern des Nordens die lange Anreise, und tatsächlich nahmen von den Norddeutschen nur Gregor Strasser und Goebbels teil. Die lange Debatte, die alle Aspekte der Parteipolitik betraf, zwang die Vertreter des sozialistischen Nordens infolge ihrer kläglichen Minderheit zum Nachgeben. Es heißt, Goebbels habe sich abermals erhoben und eine Rede gehalten – aber diesmal beteuert, daß er und Strasser sich geirrt hätten und daß das Parteivolk einig hinter Hitler stehen müsse. Das ist zumindest die Version des verbitterten Otto Strasser. Doch auch in diesem Punkt gehen die Quellenhinweise auseinander. Goebbels selbst erwähnt dieses Treuegelöbnis nicht, aber man findet in seinem Tagebuch einen noch plausibleren Bericht.
Hitler muß schnell begriffen haben, daß die Bindung an den charismatischen Führer für Goebbels wesentlich war. Während er Gregor Strasser für seine Loyalität materielle Vorteile anbot, bot er Goebbels etwas viel Wertvolleres – sich selbst. Er wußte, daß Goebbels Strassers Korruption an diesem Scheideweg mit Verachtung zur Kenntnis nahm – und lud nunmehr den kleinen Mann ein, sich mit den Siegern im Triumph zu sonnen. Er schenkte ihm rote Rosen. Der daraus resultierende Umschwung in Goebbels' Haltung läßt sich aus seinen Tagebüchern nachweisen. Eine Eintragung vom 23. April 1926 lautet: »Hitler . . . spricht drei Stunden. Brillant . . .«
Hitler traute den Brüdern Strasser nicht länger.
Um ihren Ehrgeiz zu zügeln, benötigte Hitler in Berlin einen neuen Mann von unerschütterlicher Loyalität, der, wie er später sagte: ». . . zwei Eigenschaften besitzen mußte, ohne die niemand die Schwierigkeiten in Berlin meistern konnte: Intelligenz und Rednergabe.« Also jemanden wie Joseph Goebbels! Mitte Oktober schrieb Goebbels: »Am 1. November fahre ich . . .«

»Berlin braucht seine Sensationen«, meinte Goebbels, »wie ein Fisch das Wasser.« Das gilt für jede Metropole. In dem Jahr, in dem der neue Gauleiter im Sündenbabel eintraf, gehörte zu den größten Sensationen der Weltstadt Gesang und Tanz eines jungen Negermädchens aus St. Louis.
Josephine Baker hatte in Paris Karriere gemacht, sie hatte die Zuschauer der Folies Bergère begeistert, als sie – nur mit einem Bananenkranz um die Hüften – einen tollen Charleston getanzt hatte. Sie lebt noch heute in Frankreich, verzweifelt bemüht, ein Heim für zwei Dutzend adoptierte Waisenkinder aller Rassen zu erhalten. In den zwanziger Jahren bot sie übermütige Erotik, und ihre alten Platten

lassen eine sinnliche Stimme von ungewöhnlichem Charme hören. Die Nachtklubbesucher im damaligen Berlin liebten die neue Jazzmusik, und Josephine Baker wurde zu einem Idol, das – wie ein Zeitgenosse sagte – »die Frauen von Berlin veränderte«.
Auch Graf Kessler berichtet von solchen Festivitäten. Eines Nachts wurde er, nachdem er seine Gäste verabschiedet hatte, überraschend von Max Reinhardt angerufen. »Josephine Baker war bei ihm, und der Rummel ging los.« Obwohl es ein Uhr morgens geworden war, fuhr er noch zum Pariser Platz. Die Party war in vollem Gang. Die Herren trugen Abendanzug, die Mädchen waren nackt. »Auch die Baker war nackt bis auf eine rosa Musselinschürze . . .«

Nachdem Dr. Goebbels den Parteiapparat erneuert hatte, hielt er den Zeitpunkt des Losschlagens für gekommen. Die Tage des Versteckspielens waren vorbei, er brauchte Publizität. Auf einer Parteiversammlung erklärte er: »Die Berliner mochten uns beschimpfen und verleumden, blutig niederschlagen und in die Gefängnisse werfen, das schien uns geradezu wünschenswert. Aber daß man über uns mit aufreizender Gleichgültigkeit hinwegsah und bestenfalls ein mitleidiges Lächeln für uns übrig hatte, das reizte uns bis aufs Blut.« Und dann: »Wer die Straße erobern kann, kann auch die Massen erobern, und wer die Massen erobert, der erobert damit den Staat.«
Die sozialdemokratische Parteiorganisation sah zunächst über den vorlauten Neuankömmling hinweg, was Goebbels durchaus recht war, denn er zog es vor, sich auf die Kommunisten zu konzentrieren. Aber auch sie waren eine politische Macht; bei den Präsidentschaftswahlen des Vorjahrs hatten sie zwei Millionen Stimmen für sich gewonnen, gegen nur 280 000 der Nationalsozialisten, und ihre uniformierte Kampftruppe »Rotfrontkämpferbund« schützte die Straßen Berlins vor jedem »Kassenfeind«. Erst zwei Monate nach Goebbels' Ankunft in Berlin nahmen die Kommunisten zur Kenntnis, daß ein kleiner, aber störender Gegner im »Roten Berlin« aufgetaucht war.
Bald erschienen auf allen Anschlagflächen blutrote Plakate: »Mit der verfaulten Republik geht es zu Ende. Ein neues Deutschland muß geschmiedet werden.« Die Plakate luden die Armen und Unzufriedenen ein, in ein Versammlungslokal im Wedding zu kommen und Dr. Goebbels über den »Zusammenbruch des bürgerlichen Klassenstaates« sprechen zu hören.
Der Wedding war ein stark kommunistisches Arbeiterviertel, die Pharussäle in der Müllerstraße bildeten eine Art Hauptquartier. All wöchentlich fanden dort kommunistische Treffen statt. Goebbels führte also seine knapp tausend Mann umfassende Kampftruppe mitten in das Zentrum des feindlichen Reservats. »Das war eine offene

Kampfansage«, schrieb Goebbels erregt, »von uns so gemeint und vom Gegner so verstanden.«
Die Kommunisten waren auf die Invasion vorbereitet. Laut Goebbels' Bericht wichen zunächst die SA-Männer der Gewalt, dann unternahmen sie einen Gegenangriff und trieben die Kommunisten aus dem Saal. In Wahrheit war es die Polizei, die schon vor Versammlungsbeginn das Lokal umzingelt hatte; sie stellte die Ordnung wieder her. Auf diese Weise wurde Goebbels ohne Heldentaten zum Sieger der Saalschlacht. Die Räume waren zwar von Trümmern und Glasscherben übersät, aber es herrschte Ruhe. Der triumphierende Gauleiter ließ zehn verletzte Parteigenossen auf das Podium schleppen, wo sie dekorative Wunden vorwiesen und stöhnten, während Goebbels vor den Kampfgefährten eine zündende Rede hielt. Er wies auf die Opfer hin, er sprach vom Heroismus des »unbekannten SA-Mannes« und schwor dem »roten Mob« Rache. Er hielt den dramatischen Effekt für so wirksam, daß er auf späteren Parteiversammlungen oft kerngesunde SA-Leute bandagiert und auf Bahren präsentierte.
Der nächste Tag brachte Goebbels genau die Schlagzeilen, die er sich ersehnt hatte. Er, Goebbels, hatte den Feind auf dessen eigenem Territorium herausgefordert. Er, Goebbels, hatte das Signal für den Kampf um die Straßen von Berlin gegeben. »Lärm zu schlagen«, sagte er, »ist ein wirksames Mittel der Opposition.« Und als gehässige Zeitungen ihn einen Banditen nannten, ließ Goebbels hochzufrieden neue Plakate kleben und ernannte sich stolz zum »Oberbanditen«.

»Gewiß, in jenen Tagen nahm auch ich an Straßenschlachten teil«, erinnert sich Peter Wallenberg. Er ist untersetzt, knapp über Sechzig, mit hellblauen Augen, grauem Haar, 15 Jahre lang hat er als UNO-Korrespondent für die »New York Daily News« gearbeitet. Sein Vater war für Ullstein tätig gewesen, als Redakteur der »BZ am Mittag« und des »Tempo«. Als Vierzehnjähriger war Peter Wallenberg ohne Einwilligung, ja ohne Kenntnis der Eltern, in die Jugendgruppe des republikanischen Wehrverbands, das »Reichsbanner« eingetreten.
»Es war herrlich«, erzählt er. »Man gab mir eine Armbinde mit den Farben der Republik – schwarz-rot-gold – und eine Uniform mit dazugehöriger Mütze.«
»Wer zahlte dafür?« wollte ich wissen.
»Man mußte alles selber bezahlen, aber es war nicht viel. Nun, ich nahm einige Bücher aus der Bibliothek meines Vaters – er hatte viele Bücher – und verkaufte sie, um das nötige Geld in die Hand zu bekommen. Und sie gaben mir außer der Uniform auch noch eine Waffe – einen Gummiknüppel. Manche Reichsbannermänner hatten Schlagringe und sogar Feuerwaffen, aber ich besaß immer nur einen

Gummiknüppel. Alle Waffen waren natürlich illegal, aber das Hauptquartier gab sie ohne Bedenken aus. Die Uniform kaufte man offiziell und die Waffen heimlich – man trug sie unter dem Hemd.«
»War mit dem Marschieren viel Ideologie verbunden?«
»Nicht allzuviel, aber ich fühlte, daß ich im Recht war – im Gegensatz zu den anderen. Ich meine, die anderen Jugendgruppen – die der Nazis und der Kommunisten – waren etwa gleichartig organisiert, doch mit dem großen Unterschied, daß wir auf der Seite der Regierung standen. Wir waren die ›Braven‹.«
»Was geschah dann? Wie begannen die Straßenschlachten?«
»An Feiertagen und bei anderen Anlässen marschierten wir eben. Ich pflegte die Schule zu schwänzen, um dabeizusein. Wir starteten in der Nähe des Halleschen Tors, beim Haus der ›Vorwärts‹-Druckerei, und marschierten zum Lustgarten oder in Richtung Unter den Linden oder sonstwohin. Sehr bald, bei einer Straßenkreuzung, kreuzten dann kommunistische Jugendgruppen auf und marschierten mit uns, und kurz darauf machten es junge Nazis ebenso. Gewöhnlich blieben wir in der Mitte der Straße, die Kommunisten hielten sich links von uns und die Nazis rechts. Früher oder später stieß einer eine Beschimpfung aus, Rede und Gegenrede folgten, und das Resultat war eine allgemeine Prügelei, bis die Polizei einschritt.«
»Gab es Tote?«
»Ich habe nie gesehen, daß jemand umgebracht wurde – das kam erst später. Aber natürlich gab es blutige Nasen und blutige Köpfe. Doch in jenen Tagen waren noch sehr viele auf der Seite der Republik, so daß wir immer in der Lage waren, uns gut zu verteidigen.«

An den höheren Stellen des Berliner Verwaltungsapparates war die Wahl Hindenburgs zum Reichspräsidenten nicht ohne Folgen geblieben. Obwohl der greise Generalfeldmarschall einigermaßen die Verfassung respektierte, war seine persönliche Überzeugung kein Geheimnis: er war Monarchist und konservativ, und die zahlreichen Beamten gleicher Weltanschauung witterten Morgenluft. Der kaum begonnene Prozeß der Demokratisierung in der Verwaltung, im Rechts- und im Unterrichtswesen geriet ins Stocken. Sieben Jahre lang hatte die aus der Kaiserzeit übernommene Administration den unter dem Reichspräsidenten Ebert begonnenen Reformen passiven Widerstand entgegengesetzt, jetzt begann man verstärkt zum alten Trott zurückzukehren.
Wichtiger noch war die Tatsache, daß die Loyalität der Armee nicht mehr länger in Frage gestellt wurde. Die Armee hielt – selbstverständlich – zu Hindenburg. Der geheimnisumwitterte Chef der Heeresleitung, Generaloberst von Seeckt, der eitel verkündete: »Die

Republikanisierung der Armee ist unmöglich, solange ich da bin«, hatte seine wichtigste politische Rolle ausgespielt.
Im Herbst 1926 kam es zu einer Krise, als man aus Pressenotizen erfuhr, Seeckt habe dem Wunsch des ältesten Kaiserenkels Prinz Wilhelm, an den jährlichen Manövern teilzunehmen, zugestimmt. Rückblickend mag der Anlaß trivial erscheinen, aber damals gab es in den Berliner Zeitungen Spekulationen darüber, ob die Armee die Hohenzollerndynastie durch einen Staatsstreich wieder inthronisieren wolle. Seeckt, selbstsicher und arrogant, hatte es nicht für nötig gehalten, seinen demokratisch gesinnten Vorgesetzten, den Reichswehrminister Gessler, zu informieren. Er konnte sich auch nicht vorstellen, daß einer seiner Untergebenen – der ehrgeizige Kurt von Schleicher – seinen Sturz geplant und diese Pressenotizen lanciert haben mochte. Außerdem unterschätzte er die Macht der Presse; Journalisten waren für ihn schäbige Zivilisten und Zeitungsschmierer. Er reagierte zuerst erstaunt, dann erschrocken, dann zornig. Schließlich mußte er am 6. Oktober 1926 seinen Abschied einreichen.
In diesen zwanziger Jahren war das Radio eine noch nicht voll erkannte Größe – die erste Rundfunkstation Berlins bestand erst seit 1923. Doch Goebbels ahnte die Kraft dieser »Wunderwaffe« voraus, »Radio!« schrieb er in sein Tagebuch. »Radio im Hause! Der Deutsche vergißt über Radio Beruf und Vaterland! Radio! Das moderne Verspießungsmittel! Alles zu Hause! Das Ideal des Spießers!«
Noch bevor die Nationalsozialisten die Technik des Rundfunks in ihrem Sinne meistern konnten, mußten sie sich als Meister der Redekunst beweisen. Goebbels trainierte für seine Ansprachen wie ein Boxer für den Kampf. Er verfügte über eine volltönende, kräftige Stimme. Den Text jeder wichtigen Rede konzipierte er handschriftlich und markierte am Rand des Manuskripts verschiedenfarbig die Stellen, an denen die Stimme besondere Gefühlswerte ausdrücken oder zu mitreißender Begeisterung gesteigert werden sollte. Die Wirkung probte er vor einem großen, dreiteiligen Spiegel, übte jede Bewegung – die Hände an die Hüften gestemmt oder die Arme hochgerissen.
Sein Erscheinen in einer Massenkundgebung verstand er zu einer imposanten Schau zu gestalten. Aufzüge der Parteiformationen leiteten die Versammlung ein, vertraute Militärmärsche dröhnten. Goebbels kam gern verspätet, inmitten einer Ehrengarde von SA humpelte er auf die Bühne. Nach einer der ersten Versammlungen, als Otto Strasser ihn zur Rede stellte, weil er die Zuhörer warten lasse und sich auf Parteikosten ein teures Taxi leiste, erwiderte Goebbels: »Sie scheinen von Propaganda nicht viel zu verstehen, lieber Doktor. Sie meinen, ich hätte nicht mit einem Taxi vorfahren sollen? Sie haben natürlich völlig recht, ich hätte mir zwei Taxis nehmen sollen, das andere für

meine Aktentasche! Es kommt immer darauf an, den richtigen Eindruck zu schinden, und was meine Verspätung betrifft, so kann ich Ihnen versichern, daß ich absichtlich zu spät kam. Ich tue das immer und grundsätzlich. Es ist gut, die Leute warten zu lassen, man setzt sich dadurch in Szene, und sie hören viel interessierter zu.«

Der einzige Redner, der Goebbels übertraf, war Hitler, aber der »Führer« durfte in Preußen nicht öffentlich sprechen. Um dieses Verbot zu umgehen, mietete Goebbels das große Berliner Tanzlokal »Clou« für eine »geschlossene Parteiversammlung«. Das war den Polizeibehörden zuviel, und aufgrund weiterer Provokationen wurde die NSDAP in Groß-Berlin verboten. Goebbels reagierte wütend: »Wir Nationalsozialisten weigern uns, das Verbot anzuerkennen.« Er tarnte seine Sturmtruppen als Sportvereine, Sparvereine und Kegelklubs, die SA-Männer, die keine Braunhemden mehr tragen durften, erschienen fortan in weißen Hemden. Ein Redeverbot traf Goebbels persönlich außerordentlich schwer. Er versuchte auch dies zu umgehen und veranstaltete verfassungsgemäß »Wahlversammlungen«, bei denen er als Debatten-Redner auftrat. Mehrfach wurde er verklagt und zu Geldstrafen verurteilt.

So reifte sein Entschluß, den Kampf durch Gründung einer eigenen Zeitung fortzusetzen. »Noch heute ist es mir lebhaft in der Erinnerung, wie wir eines Abends im kleinen Kreis brütend zusammensaßen und über den Titel der Zeitung nachdachten. Da schoß es mir plötzlich wie eine Erleuchtung durch den Kopf: unsere Zeitung konnte nur einen Titel tragen: ›Der Angriff‹! Dieser Name war propagandistisch wirksam, und er umschloß in der Tat alles, was wir wollten und wonach wir zielten.«

»Unser Ziel war nicht, zu informieren, sondern anzuspornen, anzufeuern, anzutreiben . . .«

Goebbels schickte seine Gefolgsleute mit Plakaten und Kleister auf die Straße. Die erste Ankündigung, in blutroten Lettern, lautete lakonisch kurz

DER ANGRIFF

?

Eine zweite Plakatserie sagte ein paar Tage später etwas mehr: »Der Angriff beginnt am 4. Juli.« Erst durch eine dritte Serie erfuhren die Berliner, daß es sich bei diesem »Angriff« um ein deutsches Montagsblatt von Dr. Joseph Goebbels handelte – für die Unterdrückten, gegen die Ausbeuter. »Warum Angriff?« fragte er in der ersten Nummer. Die Antwort bestand in einer hemmungslosen Beschimpfung sämtlicher Parteien, die »an der Beerdigung unseres Volkes verdienen . . . Weg mit diesen jämmerlichen Gebilden und Gestalten . . . Deutsche Zukunft in deutsche Hände!«

Hauptziel demagogischer Verleumdung war Dr. Bernhard Weiß, Polizeivizepräsident von Berlin, dem Goebbels die Verbote und die Verfolgungen der Nationalsozialisten anlastete. Weiß war ein ehrlicher Demokrat, aber wenn man heute seine Photographien betrachtet – randloser Kneifer, gestutztes Oberlippenbärtchen, hoher steifer Kragen –, blickt man in das Gesicht eines typischen Bürokraten. Weiß war zudem Jude, deshalb hatte es Goebbels auch speziell auf ihn abgesehen, und der »Angriff« nannte ihn kurzerhand »Isidor«. Goebbels erfand immer neue Verunglimpfungen gegen ihn, brachte ihn mit verrufenen Frauen in Verbindung, veröffentlichte Karikaturen von ihm, mit Hörnern auf der Stirn oder als Nero des dekadenten Berlin, togaumwallt. Erst später gab er zu, daß das alles kesse und unverfrorene Frechheit gewesen sei. Das System selbst attackierte er wie ein moderner Savonarola:

»Wer machte einst aus Deutschland das stolzeste und glücklichste Land der Erde? Wer opferte zwei Millionen unserer Besten auf fernen Schlachtfeldern? Wer kämpfte und hungerte und litt während des Krieges? Wir Deutschen . . .! Wer hat unsere Ehre besudelt und unser Geld gestohlen? Wer besitzt heute unsere Bergwerke und Eisenbahnen? Wer profitierte von unserem Elend, während wir litten und darbten? Unsere Feinde, die Juden und ihre Lakaien.«

Freilich waren Goebbels und sein »Angriff« in der Metropole anfangs nur ein kleines Ärgernis. Die NSDAP wurde kaum beachtet. Der »Angriff« hatte nur eine Auflage von 2000 Exemplaren. Sogar Otto Strassers »Berliner Arbeiter-Zeitung« wurde mehr gelesen, abgesehen vom »Völkischen Beobachter« aus München. Doch Goebbels war fest entschlossen, sein immer mehr verschuldetes Organ nicht aufzugeben. Er wetterte gegen das Parteiverbot und gegen die »Taktik des Schweigens«, die die Bewegung abwürgen wollte. Er schickte arbeitslose SA-Männer auf die Straße, sie sollten Abonnements verkaufen und Ladenbesitzer zur Insertion bewegen. Langsam, sehr langsam kam der »Angriff« hoch, bezahlt machte er sich erst 1929.

Goebbels war nicht der einzige Prophet, der der Bevölkerung Berlins ins Gewissen redete, ja, nicht einmal der sonderbarste. Im gleichen Jahr, in dem hier der neue Gauleiter auftauchte, trat in den Armenvierteln ein einundsiebzigjähriger Heilmagnetiseur und Gesundbeter in Erscheinung: Joseph Weissenberg. Der »Göttliche Meister« war ein großer, stämmiger Mann mit hängendem weißem Schnauzbart. Berufe hatte er viele ausgeübt, war Schäfer gewesen, Maurer, Kellner, Kutscher und dann Gastwirt: »Den Gastwirtsberuf mußte ich aufgeben, weil Jesus Christus es mir befahl.« Er gründete eine Sekte, die »Ev.-Johannische Kirche«, und hielt in einem Saal nahe dem Hacke-

schen Markt Versammlungen ab, bei denen sich eine Reihe von Wundern ereignete.
Die Versammlungen begannen friedlich, Weissenberg predigte auf einer Art Bühne, an einem Tisch zu seiner Seite saßen zwei Frauen. Die ältere der beiden, »Schwester Grete Müller«, pflegte dann in Trance zu fallen. Fremde Stimmen sprachen aus ihrem Mund, meist die von Bismarck. In solchen Momenten verließ Weissenberg das Podium und trat unter die Zuhörerschaft. Jetzt begannen auch andere »Brüder« und »Schwestern« Schreie auszustoßen und ebenfalls »in Zungen zu reden«. Weissenberg und die zweite Frau legten ausgesuchten Gemeindemitgliedern die Hand auf und geleiteten sie zum Podium, um an Grete Müllers Séance teilzunehmen. Auch aus ihrem Mund ertönten die Stimmen historischer Persönlichkeiten, meistens aus der Zeit Kaiser Wilhelms I. – man hörte den Prinzen Friedrich Karl oder Moltke oder den Kriegsminister Roon. Die Stimmen übersteigerten sich in patriotischem Rausch, sie forderten auf, dem Vaterland zu dienen, aber auch, die Weissenbergschen Bauvorhaben durch Spenden zu unterstützen.
Mit den gesammelten Geldern erbaute er südlich von Berlin, bei Trebbin, eine Siedlung; die weitläufigen Grundstücke hatte er bereits 1919 erworben. Er taufte sie »Friedensstadt« oder »Neu-Jerusalem«, nach einer Sekte, die er schon 26 Jahre vorher gegründet hatte, der »Union der Erforscher von Hier zum Jenseits«. Schließlich umfaßte die Gemeinde etwa 400 Personen, es gab ein Altersheim, zwei Häuserreihen, ein Verwaltungsgebäude, eine Garage, eine Wäscherei und eine große Andachtshalle. Der Meister hoffte, die Bevölkerung seiner Stadt würde auf 15000 anwachsen.
Einige Zeit lang kümmerten sich die Berliner Behörden nicht um Weissenberg, denn kein Gesetz verbot es, Bismarcks Geist zu beschwören oder Menschen zum Wohnen in einer neuen Siedlung zu überreden. Doch die Nachsicht schwand, als Weissenberg sich rühmte, Kranke zu heilen oder sogar Tote lebendig machen zu können. Abgesehen von Gebeten – bestand seine Kur darin, daß er Quark verschrieb. Ein eineinhalbjähriges Kind, das er derart behandelte, wurde blind; ein zuckerkranker Drogist verstarb. Weissenberg wurde zu sechs Monaten Gefängnis verurteilt. Doch seine Anhänger betrachteten ihn als Märtyrer und blieben ihm treu. Die Berufungsinstanz hob die Verurteilung auf, es kam zu einer neuen Verhandlung:
»Wo haben Sie Ihre medizinische Ausbildung genossen?« fragte der Richter.
»Ich handele nur nach den Anweisungen der Heiligen Schrift«, antwortete der Prophet.
»Aber in der Bibel steht nichts von Quark«, wandte der Richter ein.

»Sogar ich«, erklärte Weissenberg, »kann einem Mann, der keinen Glauben hat, nicht helfen.«
Der Richter resignierte seufzend. Der »Göttliche Meister« wurde freigesprochen. Erst sein Tod setzte der Gemeinde von »Neu-Jerusalem« ein Ende.

KAPITEL XI

»Gott würfelt nicht.«
1927

> Die politischen und militärischen Schrecken und der vollständige Zusammenbruch der Moral, den ich während meines Lebens gesehen habe, mag . . . eine unvermeidliche Konsequenz des Fortschritts der Wissenschaft gewesen sein . . . Wenn dem so ist, wird der Mensch seine Rolle als freies, verantwortliches Wesen bald ausgespielt haben.
>
> *Max Born*

Im Mai 1945, nach dem Zusammenbruch des Dritten Reiches, internierten die Sieger alle bedeutenden Physiker Deutschlands, deren sie habhaft werden konnten, und unterzogen sie langen Verhören, um ihre Kenntnisse über Kernwaffen zu erkunden. Zu ihrem Erstaunen – denn das böse Schreckgespenst einer nationalsozialistischen Atombombe hatte die Amerikaner veranlaßt, ihr eigenes Atombombenprojekt unter der Tarnbezeichnung »Manhattan Engineer District« voranzutreiben – stellten sie fest, daß ihre Gefangenen eigentlich nichts wußten. Vielleicht, weil die deutschen Forscher Hitler ablehnend gegenüberstanden, vielleicht einfach aus Mangel an Erfindungsgabe – sie hatten sich jedenfalls in keiner Weise bemüht, eine Atombombe zu entwickeln. Die westlichen Alliierten waren deshalb etwas ratlos; sie wußten nicht, was sie mit ihrer prominenten Beute anfangen sollten, aber da sie den Plan eines Angriffs auf Hiroshima strengstens geheimhielten und befürchteten, die deutschen Physiker könnten doch irgendwie davon erfahren, schafften sie sie nach England und hielten sie unweit von Cambridge in strengster Klausur.

Die zehn Gefangenen – drei Nobelpreisträger unter ihnen – waren noch verblüffter als ihre Bewacher.

Niemand verhörte sie mehr, ihre Lebensbedingungen in einem Herrenhaus aus dem 18. Jahrhundert waren mehr als angenehm, aber sie blieben vollständig isoliert und beschäftigten sich, so gut sie konnten. Carl Friedrich von Weizsäcker begann im Garten Rosen zu züchten, Max von Laue spazierte täglich fünfzig Mal rund um den Rosengarten herum, eine Zehn-Kilometer-Wanderung, und markierte die Anzahl seiner Runden mit Kreidestrichen an der Gartenmauer. Heisenberg stöberte in der Bibliothek und vertiefte sich in die gesammelten Werke des viktorianischen Humoristen Anthony Trollope. Abends saßen sie beisammen und diskutierten Fragen der Kernphysik, und

ihre Gespräche wurden von den Engländern heimlich abgehorcht und auf Band genommen. Am Nachmittag des 6. August 1945 hörte einer von ihnen im Radio, daß eine Atombombe auf Hiroshima abgeworfen worden war. Selbst Heisenberg mochte zunächst nicht daran glauben, er war überzeugt, daß die Konstruktion von Atombomben nicht realisierbare technische Mittel erfordern würde . . . Er fand es auch psychologisch wenig wahrscheinlich, daß Wissenschaftler, die er so gut kannte, ein solches Projekt vorbehaltlos unterstützen würden.
Doch weitere Radionachrichten beseitigten alle Zweifel der Deutschen. »Am tiefsten getroffen war begreiflicherweise Otto Hahn. Hahn zog sich erschüttert und verstört in sein Zimmer zurück, und wir waren ernstlich in Sorge, daß er sich etwas antun könnte. Von uns anderen wurde an diesem Abend wohl manches unüberlegte Wort gesprochen. Erst am nächsten Tag gelang es uns, unsere Gedanken zu ordnen und sorgfältig auf das einzugehen, was geschehen war.«
Otto Hahn mußte sich die entscheidenden Tage vor Weihnachten 1938 in Erinnerung gerufen haben, als er einen Bericht aus Paris gelesen hatte, wonach es Frédéric und Irène Joliot-Curie gelungen war, durch einen Neutronenbeschuß von Uran ein neues Element zu schaffen, das dem Lanthan ähnlich war. Er hatte das Experiment in Berlin nachvollzogen und festgestellt, daß es sich bei der neuen Substanz um Barium handelte, welches das halbe Atomgewicht von Uran hat. Er sandte einen Bericht darüber an seine inzwischen zunächst nach Kopenhagen emigrierte Mitarbeiterin Lise Meitner: Frau Meitner hatte jahrelang mit ihm an der Berliner Universität gearbeitet, in einem Kellergeschoß, weil Frauen in den Laboratorien nicht zugelassen waren. Als Jüdin mußte sie auswandern. Ihr Neffe lud sie zu einem Winterurlaub nach Kungalv ein, und dort erreichte sie Hahns Brief. Während sie hinter ihrem Neffen, ebenfalls ein Physiker, durch den Schnee stapfte, kam ihr blitzartig die Erleuchtung: die Nachricht aus Berlin besagte nicht weniger, als daß Hahn die Uranatomspaltung mit der Freisetzung ungeheurer Energiemengen gelungen war.

Am 14. Dezember 1900 erläuterte Planck, der den Lehrstuhl für klassische Physik an der Berliner Universität innehatte, bei einer Versammlung der deutschen Physikalischen Gesellschaft seine neue Theorie, die heute als Quantentheorie allgemein bekannt ist. Licht und andere Strahlen bewegen sich danach nicht in kontinuierlichen Wellen, sondern in einem Strom endlich großer Teile. Die Energie dieser Teilchen – auch Quanten genannt – kann nach der Formel Schwingungszahl multipliziert mit einer (Planckschen) »Konstante« berechnet werden.
Planck selbst fand zunächst die Idee, Licht könne in Form von Par-

tikeln gemessen werden, ziemlich abwegig, aber der junge Einstein war von ihr fasziniert. Planck holte Einstein nach Berlin, und dessen Forschungen führten folgerichtig zu dem Ergebnis, daß ein Zusammenhang zwischen Lichtgeschwindigkeit, Masse und Geschwindigkeit der Masse besteht. Sein berühmtes astronomisches Experiment während der Sonnenfinsternis von 1919 bewies, daß Lichtstrahlen abgelenkt werden, wenn sie in den Gravitationsbereich der Sonne geraten. Es gehört zu den Paradoxen der zwanziger Jahre, daß Einstein über Nacht berühmt wurde, obwohl – oder weil – fast niemand seine neue Relativitätstheorie verstand. Die Zeitungen schrieben nicht ohne Stolz, daß es auf der Welt vielleicht nur einige wenige Personen gebe, die Einsteins Konzeption vom gekrümmten Raum oder der Zeit als vierter Dimension begriffen. Mochte seine Theorie auch sehr schwer verständlich sein, die Presse beschäftigte sich um so intensiver mit dem Mann, der sie geschaffen hatte. Die Londoner *Times* bat ihn um einen autobiographischen Bericht. Einstein, der auf eine bittere Jugend zurückblickte – er hatte seine Schule in München verlassen müssen, als seine Familie nach Mailand auswanderte, und war schließlich nach Zürich weitergezogen –, schrieb darauf: »Heute gelte ich in Deutschland als deutscher Wissenschaftler und in England als Schweizer Jude. Sollte ich einmal zum Buhmann werden, werde ich für die Deutschen ein Schweizer Jude sein und für die Engländer ein deutscher Wissenschaftler.«

Das war typisch für Einstein, der Talent dafür bewies, sich durch Verachtung aller Publizität spezielle Publizität zu schaffen. Einstein war ironisch, aber nicht aggressiv, scharf, aber sachlich, und selbstkritisch, wenn auch nicht ohne Stolz. Für die Nationalisten repräsentierte er alles, was sie haßten – er war Jude, liberal, Pazifist und Weltbürger, ein Skeptiker und Erneuerer, ein Forscher, dessen Entdeckungen jeder mittelmäßigen Intelligenz verschlossen blieben.

In den zwanziger Jahren entwickelten sich die Grundlagen der Kernphysik – wesentlich ohne Einsteins Mitarbeit. Er hatte sich stets mehr auf die Gesetze des Universums konzentriert als auf die Struktur des Atoms; aber die jungen Physiker, die nach Deutschland geströmt waren und vornehmlich an der Universität Göttingen arbeiteten, waren davon überzeugt, daß die Natur des Universums am besten an Hand des Aufbaus seiner kleinsten Bausteine, der Atome, erklärt werden könne. Der geniale Däne Niels Bohr versuchte die Probleme der atomaren Struktur mit Hilfe der Planckschen Quantentheorie zu lösen.

Heisenberg, Schüler und Mitarbeiter von Niels Bohr, hatte versucht, die Umlaufbahnen von Elektronen um den Atomkern zu berechnen, und war zu der Erkenntnis gelangt, daß die Elektronen möglicherweise gar nicht in einer Umlaufbahn rotierten. Wer hatte sie je dabei beobachten können? In einer Vorlesung an der Berliner Universität schlug er vor, zu der bewährten Theorie zurückzukehren, nach welcher nur das, was wissenschaftlich beobachtet werden konnte, als wissenschaftliche Tatsache angesehen werden dürfe. Einstein, der sich unter den Zuhörern befand, war bestürzt, und das mit Recht. Denn der weitaus größte Teil der Atomtheorie war nichts als Theorie, und die Struktur des Universums, die Einstein so faszinierte, konnte noch viel weniger dem Experiment im Labor unterworfen werden.

»Sie sind doch nicht ernsthaft der Ansicht«, fragte Einstein den jungen Physiker nach dem Vortrag, »daß nur wahrnehmbare Größen in eine physikalische Theorie eingebaut werden dürfen?« »Ist das nicht genau das, was Sie mit der Relativität getan haben?« erwiderte Heisenberg. »Immerhin legten Sie Wert auf die Tatsache, daß man keinesfalls von absoluter Zeit sprechen könne, da absolute Zeit einfach nicht wahrnehmbar ist.«

»Trotzdem bleibt es unsinnig . . . Prinzipiell ist es falsch, eine Theorie ausschließlich auf wahrnehmbare Größen zu stützen. In Wirklichkeit ist es genau umgekehrt. Die Theorie entscheidet, was wir beobachten können.«

Das Ergebnis von Heisenbergs Überlegungen, das 1927 publiziert wurde, war das berühmte Prinzip der Unschärferelation.

Die Tragweite von Heisenbergs Prinzip der Unbestimmtheitsrelation war fundamental und nicht weniger radikal als Einsteins Relativitätstheorie. Wenn Einstein lehrte, alle Tatsachen seien relativ, so behauptete Heisenberg, alle Tatsachen seien lediglich momentane Wahrnehmungen von Möglichkeiten. Es bestehe kein Unterschied zwischen dem, was wir für Gesetz von Ursache und Wirkung halten, und dem bloßen Zufall.

Seltsamerweise war Einstein der leidenschaftlichste Gegner von Heisenberg: er glaubte fest daran, es sei die Hauptaufgabe des Wissenschaftlers, die Gesetze von Gottes Schöpfung zu enträtseln. Den Einwand, derartige Gesetze entzögen sich unserer Erkenntnis, konterte Einstein mit der Bemerkung: »Gott würfelt nicht.«

Die jüngeren Physiker, die in den zwanziger Jahren vor allem in Berlin und in Göttingen arbeiteten – Deutsche wie Hahn und Heisenberg, Ausländer wie J. Robert Oppenheimer und Edward Teller –, bildeten die wohl wichtigste Gruppe von Wissenschaftlern, die sich je versammelt hat – einmalige Elite hochbegabter Intellektueller. Ein Großteil der Jugend indessen war passiv, ungeistig, uninteressiert. Es waren Kinder ihrer Zeit, denen es wenig ausmachte, zehn Jahre später in Hitlers Fackelzügen mitzumarschieren und während des Zweiten Weltkriegs Panzer oder Gaskammern zu bedienen.

Wenn eine ganze Generation von Kindern falsch erzogen wurde, fragte man sich, wer dafür verantwortlich war. Bestand ein Zusammenhang zwischen der Tatsache, daß die junge Lise Meitner in den Laboratorien der Berliner Universitäts-Institute nicht arbeiten durfte, weil sie eine Frau war, und dem Zwang, später ihrer jüdischen Abstammung wegen ins Exil gehen zu müssen? Analogien mögen zu falschen Schlußfolgerungen führen – auch in Harvard unterrichten erst seit 1948 weibliche Lehrkräfte –, doch wahrscheinlich gibt es trotz allem einen gewissen Zusammenhang, und er dürfte im deutschen Schulsystem zu finden sein.

Einstein trat schon früh in Gegensatz zum Wilhelminischen Machtsystem und seiner das Freiheitsrecht der Jugend unterbindenden angemaßten Autorität. »Mir erscheint es als das Schlimmste«, schrieb er später, »wenn eine Schule prinzipiell mit den Methoden der Angst, der Gewalt und der künstlichen Autorität arbeitet. Solche Behandlungsmethoden zerstören die gesunden Gefühle, die Aufrichtigkeit und das Selbstvertrauen der Schüler. Damit produziert man den unterwürfigen Untertan.«

Der Gegensatz des deutschen Schulsystems zu manchem anderen war prinzipieller Natur. »Sie müssen bedenken, daß unsere Erziehung nicht auf eine Prägung des Intellekts abzielte«, sagte mir ein älterer Deutscher, »sondern auf die Bildung des Charakters. Ich erinnere mich zum Beispiel, daß wir eines Tages eine Kiste mit Äpfeln bekamen, und unsere Erzieherin zwang uns, die schlechten, die wurmigen zuerst zu essen, damit keine Äpfel vergeudet wurden. Da wir aber jeden Tag nur einen Apfel essen durften, wurden die guten Äpfel, während wir noch die schlechten aßen, inzwischen auch wurmig, und zu guter Letzt hatten wir fast nur wurmige Äpfel gegessen. Solche Methoden galten als geeignet für die Entwicklung eines starken, eines festen Charakters. Als mir meine Mandeln herausgenommen werden sollten, war von Anästhesie keine Rede. Der Arzt sah mir fest in die Augen und fragte: ›Bist du ein tapferer deutscher Junge oder ein Feigling, der schreit, wenn's ein bißchen weh tut?‹ Natürlich gelobte ich, ein tapferer deutscher Junge zu sein und kein Feigling, und er fuhr mir mit seiner langen Schere in den Mund und entfernte mir die Mandeln, und ich schrie nicht.«

Im Alter von zehn Jahren, nach der Grundschule, gingen die Kinder der gehobeneren Gesellschaftsschichten aufs Gymnasium, zusammen mit einigen wenigen Außenseitern – Stipendiaten aus minderbemittelten Kreisen. Ziel des Gymnasialunterrichts war eine humanistische Bildung, mit nachdrücklicher Betonung des Lateinischen und Griechischen. Daneben gab es mittlerweile die etwas praktischer ausgerichteten höheren Realschulen, die ein stärkeres Gewicht auf die Naturwissenschaften und auf moderne Sprachen legten – und deshalb erst den zweiten Rang einnahmen. In Berlin gab es dreißig Gymnasien, nach und nach allerdings einhundertzehn Realschulen.

Wer nach neun Jahren die Reifeprüfung abgelegt hatte, wurde zur Universität oder zu einer Hochschule vergleichbaren Ranges zugelassen – wenn er nicht gezwungen war, sich nach einer Stellung umzusehen. Als die Deutsche Studentenschaft 1927 in Preußen eine Umfrage veranstaltete, ob man in ihre Reihen auch jüdische Mitglieder aufnehmen solle, stimmten siebenundsiebzig Prozent dagegen: ein aufschlußreiches Zeugnis für die geistige und moralische Haltung dieser deutschen Studenten! Sie waren nicht nur in der Mehrzahl Antisemiten wie ihre Eltern, sondern sympathisierten darüber hinaus vielfach bereits mit den Nationalsozialisten.

Wie konnte es dazu kommen? Es gibt noch viele Berliner, die sich des Tages erinnern, an dem der Kaiser nach Holland floh, und die damals erkannten, was für eine Kluft sie von der Generation ihrer Eltern trennte. »Als mein Vater die Zeitungsjungen ausrufen hörte, daß der Kaiser abgedankt hatte, brach er in Tränen aus«, erzählte mir Friedrich Luft in der Cafeteria des Berliner Hilton-Hotels. »Er war Lehrer, also konservativ und national eingestellt ... nie zuvor hatte ich ihn weinen sehen.«

»Die Schule, die ich besuchte«, fährt er fort, »war das Friedenauer Gymnasium. Durch und durch nationalistisch. Und es war eigentlich ein Skandal, denn wir lebten schließlich in einer Republik. Der Direktor war Mitglied des preußischen Landtags, aber natürlich einer vom rechten Flügel. An einem 11. August, dem Tag der Weimarer Verfassung, sollte er uns laut Verfügung der obersten Schulbehörde im Rahmen einer Feierstunde einen kurzen Vortrag über die Verfassung halten. Er erklärte kurzerhand: ›Das tue ich nicht.‹ Daraufhin beorderte man uns in eine andere Schule, um dort der Feier beizuwohnen. Unser Direktor sagte uns daraufhin: ›Ich habe gehört, daß ihr am 11. August in eine andere Schule gehen sollt. Ich erwarte von euch, daß ihr alle miteinander am Abend des 10. August krank werdet, ich möchte von keinem von euch hören, daß er bei dieser Verfassungsfeier anwesend war.‹ Ich ging trotz allem hin, aber das taten nur wenige. Die meisten blieben zu Haus.«

Dr. Pächter ist heute ein Mann über sechzig, jetzt Geschichtsprofessor in New York. »Die Atmosphäre in einem Gymnasium war recht eigentümlich«, berichtet er. »In meinem zum Beispiel gab es keine Arbeiterkinder. Es war nicht nur eine Frage des Schulgeldes – 25 Reichsmark monatlich –, sondern auch die Arbeiter meinten, es habe wenig Zweck, daß ihre Kinder noch Latein und Griechisch lernten, bevor sie in die Fabrik gingen. Ich entsinne mich weiterhin eines Mitschülers, dessen Vater Kutscher war. Ein Lehrer schikanierte ihn mit allen Mitteln. So oft der Junge einen Fehler machte, höhnte der Studienrat: ›Natürlich, was kann man von einem Kutscherssohn auch anderes erwarten?‹ Nach etwa einem Jahr blieb der Junge weg und kam nicht wieder.

In der Abschlußklasse waren wir zwölf Achtzehnjährige. Zwei davon waren bereits in der SA, einer sympathisierte mit den Nazis. Zwei waren die Söhne getaufter Juden, doch wurden sie trotz ihrer treudeutschen Gesinnung nicht akzeptiert. Einer gehörte der Christlichen Wissenschaft an, war konservativ, aber unpolitisch. Zwei weitere sture Nationalisten. Die übrigen waren Mitglieder der Jugendbewegung, die ebenfalls keine Juden aufnahm, man muß sie also auch als rechtsstehend einstufen.«

»War die Jugendbewegung ernst zu nehmen? Kann man sie mit dem Radikalismus heutiger amerikanischer Studenten vergleichen?«

»Ja. Sie waren dem erschreckend ähnlich.«

»Wie kommt es aber, daß die heutigen Studenten meist linksradikal eingestellt sind, während sie in den zwanziger Jahren rechts standen?«

Dr. Pächter zuckt die Achseln: »Rechts oder links, der Unterschied ist nicht so groß. Auch die NS-Jugend sprach von ›Befreiung‹. Auch sie rebellierte gegen ihre Eltern und gegen das ›System‹. Auch die heutige Linke strebt nach der Macht – und Anbetung der Macht bedeutet Faschismus.«

Professor Richard Löwenthal, ebenfalls über sechzig, lebt in einer freundlichen Villa im Grunewald und schenkt mir Kaffee ein. »Sie können Deutschland nicht verstehen, wenn sie nicht zur Kenntnis nehmen, daß bis 1945 die Mehrheit in den gehobenen Berufsständen, die meisten Professoren, Lehrer, Ärzte und Anwälte rechts orientiert waren. Unter den Intellektuellen war die Demokratie nicht sonderlich geschätzt, in der Majorität verachteten sie die Weimarer Republik. Das gilt übrigens für beide Seiten, für die rechten und für die linken, aber die Aggressivität der rechten war heftiger.« Löwenthal erwähnt, daß er früher auch einmal Kommunist gewesen ist.

»Was waren die wesentlichen Strömungen im Berlin der zwanziger Jahre?«

»Vor allem der Marxismus und der Pazifismus, außerdem die Psychoanalyse – wir lebten hier wirklich mit Sigmund Freud. Dazu kamen das Theater, die Musik, die Kunst – und kühne Erziehungsexperimente ... Als ich mich 1926 an der Berliner Universität immatrikulierte, war ich bereits Mitglied der Kommunistischen Partei, 1928 Führer eines kommunistischen Jugendverbandes. Aber 1929 wurde ich ausgeschlossen, wegen ›rechter Abweichung‹.«

»Was bedeutet das?«

»Ich war gegen eine Spaltung der Gewerkschaftsbewegung und auch dagegen, die Sozialdemokraten als sogenannte ›Sozialfaschisten‹ zu behandeln. Ich hatte mir noch einen Rest von gesundem Menschenverstand bewahrt.«

Professor Löwenthal nippt an seiner Kaffeetasse. Er überlegt offensichtlich, mit welchen Worten er mir klarmachen könnte, was ihm am Herzen liegt.

»Die schöpferischen Intellektuellen – Brecht zum Beispiel – haben nie begriffen, was eigentlich los gewesen ist. Sehr wesentlich für die Weimarer Zeit – und vielleicht hätte ich schon von Anfang an darauf hinweisen sollen – war die große Kluft zwischen der kleinen Minderheit von Intellektuellen und der Bevölkerung draußen in den Provinzen. Es gibt natürlich immer Gegensätze zwischen Generationen und Klassen, zwischen Intellektuellen und Arbeitern, zwischen Land- und Stadtbevölkerung. Doch die einzelnen Gruppen bleiben nicht notwendigerweise isoliert, und oft übt eine Elitegruppe großen Einfluß auf Schichten aus, die eine Neigung haben, sich ihr anzuschließen. So war es mit der deutschen Jugendbewegung. Sie begann 1896 unauffällig in Steglitz, einem ruhigen bürgerlichen Stadtteil im Südwesten Berlins. Zwei Studenten, Hermann Hoffmann und Karl Fischer, organisierten eine kleine Gruppe Gleichgesinnter, die sich in der Kurzschriftpraxis weiterbilden wollten und nach Ende der Übungskurse Wanderungen durch den nahen Grunewald unternahmen. Hoffmann selbst reiste später in die Türkei und schied dann aus, doch zehn seiner Kameraden gründeten in einer Steglitzer Destille einen regelrechten Bund mit besonderen Statuten und nannten sich ›Wandervögel‹. Sie begrüßten einander mit ›Heil‹.«

Das war 1901. Innerhalb von zwölf Jahren hatte die Bewegung ganz Deutschland erfaßt, und im Oktober 1913 versammelten sich bei einer feierlichen Kundgebung der Deutschen Jugendbünde Zehntausende junger Menschen auf dem Hohen Meißner, einem Tafelberg südlich von Kassel. Sie entzündeten Lagerfeuer, sangen Lieder, rezitierten Goethe, priesen in Ansprachen den deutschen Geist und im Gelöbnis der Tat die wahre Vaterlandsliebe – alles mit dem ganzen Ernst begeisterter junger Menschen. Die Wandervögel bildeten an sich keine patriotisch politische Bewegung, aber die Ausrichtung ihrer Ideen war meist die gleiche (abgesehen davon, daß sie den Juden mißtrauten und mit den Mädchen nichts zu tun haben wollten). Ein Jahr später zogen sie mit gleicher Begeisterung singend auf die Schlachtfelder Belgiens und Frankreichs.

Nicht viele kehrten davon in die Heimat zurück, und die das Glück hatten, mußten zu ihrer Enttäuschung wahrnehmen, daß die neuen Führer der Jugendbewegung sie als »Muselmänner« und als belanglos ablehnten. Es gab immer wieder Forderungen, daß mehr als fünfundzwanzig oder dreißig Jahre alte Mitglieder automatisch ausgeschlossen werden sollten – Resolutionen, denen sich die betagteren Wandervögel verbissen widersetzten. Die Veteranen mußten zugleich feststellen, daß die Jugendbewegung ein politischer Faktor geworden war, von den gleichen politischen Leidenschaften zerrissen, die auch die gesamte Nation spalteten. Natürlich gab es daneben unpolitische Außenseiter: Anhänger des Zen-Buddhismus, des Taoismus, des indischen Weisen Rabindranath Tagore und Krishnamurtis und des Anthroposophen Rudolf Steiner. Es gab auch kämpferische Idealisten wie religiöse Sozialisten und Bruderschaften, die landreformerische »Gemeinden« aus urchristlichem Geiste gründeten. Aber auch unpolitisch zu sein, ist nach George Orwell schon ein politischer Akt.

Der erste größere Konflikt entspann sich zwischen prokommunistischen und demokratietreuen Jugendlichen. Die stärkste Gruppe war die »Freideutsche Jugend«, schon 1913 gegründet, ursprünglich ein Sammelbecken für zu alt gewordene Wandervögel. Doch auf einer Reihe von Tagungen zerstritten sich die einzelnen Fraktionen, weiterhin bildeten sich Splittergruppen, und schließlich, 1923, war es mit ihr zu Ende. Nunmehr geriet die Jugendbewegung immer nachhaltiger unter den Einfluß verschiedener rechtsgerichteter Kreise, die sich »Bünde« nannten. Diese Bünde waren stärker politisch orientiert als die einstigen Wandervögel, ihr Programm bestand nicht nur darin, sich vom deutschen Establishment abzusetzen: sie wollten eine Erneuerung von Grund auf, waren straff organisiert, und der Ausschluß von Juden und Mädchen wurde rigoros durchgeführt. Trotz allem umgab die Bünde noch ein Hauch von Mystik und Romantik – es war die Ära Stefan Georges.

Vielfach wurde später die Meinung vertreten, alle jungen Deutschen der zwanziger Jahre seien von George beeinflußt worden – »unabhängig davon, ob sie je seinen Namen gehört oder eine einzige Zeile von ihm gelesen hatten«. Wenn das stimmt, wäre das ein sonderbares Urteil über eine ganze Nation, denn George hatte nie die Absicht gehegt, irgend jemanden außerhalb eines Kreises für seine Ideen zu gewinnen – und dieser Kreis bestand aus einer auserlesenen Schar von »Jüngern«, die den »Meister« verehrten und unter die, wie bereits gesagt, Joseph Goebbels nicht aufgenommen worden war. Stefan George war reiner Dichter und ein Schöngeist priesterlicher Gebärden; in seinen »Blättern für die Kunst« versuchte er aus antiken und mittelalterlich-katholischen Elementen ein neues Menschenbild adliger Strenge zu bilden. Mochte er jedoch das Hakenkreuz und die Verachtung der Frau mit manchen Schwärmern in der NSDAP gemeinsam haben, so blickte er doch nicht nach Norden, sondern nach Süden,

nicht nach Walhall, sondern nach Griechenland und auf die mediterranen Kulturen, obwohl er sie nie mit eigenen Augen gesehen hatte. Er verabscheute Gewalttätigkeiten, und als man ihn in die Kulturhierarchie des Dritten Reiches einbeziehen wollte, floh der Poet in die Schweiz, wo er schon Ende 1933 im Tessin, in Minusio bei Locarno starb und auch begraben liegt.
Man kann die Wandervogelbewegung nicht als unmittelbaren Vorläufer der Hitlerjugend betrachten. Die HJ war in den zwanziger Jahren zunächst ziemlich einflußlos – nicht anders als die NSDAP selbst –, und Hitler benutzte das Wort »Wandervogel« gern als Schimpfwort. Als er an die Macht gelangte, löste er die Bünde auf und ließ mehrere ihrer Führer verhaften, wobei man nicht das Recht hat, die Gefangenen für die Missetaten ihrer Häscher verantwortlich zu machen, wenn man auch heute weiß, daß Hitler zwar die idealistischen Studenten ablehnte, diese aber nicht ihn. Und obwohl viele reaktionäre Lehrer das liberale Erziehungssystem mißbrauchten, beweist die Geschichte der Jugendbewegung, daß die jungen Leute auch ohne Lehrer durchaus imstande waren, sich gegenseitig zu verwirren und verderblich zu beeinflussen.
»In einer Großstadtuniversität wie Berlin standen etwa zwei Drittel der Studenten rechts«, fährt Professor Löwenthal fort. »Nur zwanzig bis fünfundzwanzig Prozent waren Liberale oder Sozialdemokraten. Blieben also etwa fünf Prozent Linksradikale. Aber wir waren nicht eigentlich radikal. Wir wären nie auf die Idee gekommen, eine Vorlesung zu stören oder einen Professor zu insultieren, wie es heute üblich ist. Die einzigen, die das taten, waren die Nationalsozialisten.«
»Haben Sie sie bekämpft?«
»Ja, aber sie konnten uns immer schlagen, sie waren uns immer überlegen. Wir mußten einmal sogar aus dem Fenster springen – es war gottlob nur im ersten Stock, also keine sehr aufregende Angelegenheit.«
Die Professoren dieser Universität sind zumeist die hervorragendsten Geister ihrer Zeit gewesen: Fichte und Hegel, die Brüder Grimm, Helmholtz, Ranke und Mommsen. Mark Twain berichtet fasziniert davon, wie die Studenten säbelschwingend den Historiker des alten Rom begeistert begrüßten. »Der ganze Saal flüsterte den erhabenen Namen: ›Mommsen‹, und alles sprang auf die Beine und klapperte und lärmte mit den Bierkrügen. Heute hängt Ulbrichts oder ein ihm entsprechendes Bild über dem Eingang, und rote Spruchbänder verkünden die jeweiligen Parolen der DDR.« Doch die Kluft zwischen einst und heut ist nicht so groß, wie sie auf den ersten Blick erscheinen mag, denn die Berliner Universität war stets obrigkeitstreu. Mommsen zum Beispiel verachtete wohl das Kaiserreich, aber wagte erst in

einem posthum veröffentlichten Manuskript, seiner Kritik Ausdruck zu verleihen. Während des Ersten Weltkrieges war Albert Einstein fast der einzige, der sich weigerte, ein kriegsbegeistertes Manifest zugunsten des Heeres zu unterzeichnen, und als nach Rathenaus Ermordung alle öffentlichen Institutionen schlossen, gehörte die Universität zu den wenigen, die – unter dem Vorwand technischer Schwierigkeiten – geöffnet blieben.

Die älteren Deutschen betrachteten das Problem der Jugenderziehung nicht als eine politische, sondern als eine moralische Frage. Sie fanden ihre Befürchtungen über den Verfall der Moral vollauf berechtigt, als sie aus den Zeitungen vom Fall Krantz erfuhren, dem großen Skandal des Jahres 1927.

Kein expressionistisches Melodram hätte die Wahrheit übertreffen können. Die achtzehnjährigen Klassenkameraden Paul Krantz und Günter Scheller besuchten das Mariendorfer Gymnasium. Schellers jüngere Schwester Hildegard war erst sechzehn, und als die Eltern Scheller nach Dänemark verreisten, ließen sie ihre Kinder ohne Aufsicht zurück. An einem Juniabend lagen Paul Krantz und Hilde Scheller miteinander im Bett, sie tauschten – wie Hilde später bezeugte – »sündige Küsse aus«. Auch Krantz' Aussage klingt heute ziemlich altmodisch; er sprach von »unkeuschen Zärtlichkeiten«. Aber nach seinen Angaben geschah »nichts Definitives . . .«

Am folgenden Abend wollte Krantz das Liebesspiel wiederholen, aber er mußte betroffen feststellen, daß Hilde bereits einen Nebenbuhler, den Kochlehrling Hans Stephan, eingeladen hatte, die Nacht mit ihr zu verbringen. Während Hilde sich mit ihm in einem Schlafzimmer der Schellerschen Wohnung eingeschlossen hatte, saß Krantz mit seinem Freunde Günter in der Küche; die beiden betranken sich mit Schnaps und überlegten, wie man die beiden Sünder bestrafen könnte. Zu vorgeschrittener Stunde schlossen sie im Rausch einen Selbstmordpakt: Scheller sollte Stephan und sich selber töten und Krantz seinerseits mit der ungetreuen Hilde abrechnen. Sie brachten ihren Plan sogar zu Papier, der Nachwelt zur Kenntnis, Krantz, mit einer Vorliebe für morbide Poesie, erklärte larmoyant, er sei »vom Leben ermordet worden«.

All das wäre eine Laune alkoholisierter Jugendlicher geblieben, wenn Krantz nicht einen Revolver besessen hätte. Er war ihm von einer Unterbezirksgruppe des »Jungdeutschen Ordens« anvertraut worden. Verschiedene Mitschüler trugen die Waffe in einem Turnus bei sich, und Krantz händigte sie Scheller aus. Betrunken und hysterisch gab Scheller einen Probeschuß ab und hätte seinen Freund fast getötet. Krantz wollte nun den Plan rückgängig machen.

Das Luftschiff »Graf Zeppelin« über dem Berliner Schloß und Dom

Lotte Lenya
vor einem
Brecht-Plakat

Oben: Begegnung im Studio, 1926, von links: Hanns Eisler, Paul Hindemith, Bertolt Brecht und die Rundfunkintendanten Ernst Hardt und Hans Flesch. – *Links*: Arnold Schönbergs Selbstporträt

Rechte Seite oben: 1930 begegneten sich in Berlin die Dirigenten (v. links) Bruno Walter, Arturo Toscanini, Erich Kleiber, Otto Klemperer und Wilhelm Furtwängler. – *Unten*: Gerhart Hauptmann, Helene Thimig, Max Reinhardt und General von Seeckt bei einer Festvorstellung im Großen Schauspielhaus in Berlin

Walter Gropius (rechts) mit Paul Klee, Georg Muche und Wassily Kandinsky mit Frau, entscheidende Initiatoren und Mitarbeiter des Bauhauses. – *Links unten*: Wassily Kandinsky, Porträt von Gabriele Münter. – *Rechts unten*: Bereits 1919 entwarf Mies van der Rohe dieses Hochhaus aus Glas und Stahl, das Jahrzehnte moderner Baukunst vorwegnimmt

Schlemmer brachte Bauhaus-Formen auf die Bühne; Bühnenbild für »Don Juan und Faust«, 1925.

Lyonel Feininger in seiner Bauhaus-Zeit

George Grosz im Jahre 1928

Links: Reichspräsident vo
Hindenburg leistet den Ei
auf die Verfassung. – *Unter*
Hans Poelzig (rechts), eine
der bahnbrechenden Arch
tekten, in einer Modellscha
(1931) mit Max Lieberman

Rechte Seite oben: Albe
Einstein und Max Planck.
Unten: Mitglieder der Pre
ßischen Dichter-Akadem
der zwanziger Jahre; vo
links: Mombert, Stucke
von Scholz, Loerke, Präs
dent von Molo, Fulda, Hei
rich Mann. Dahinter vo
links: Kellermann, Döblir
Thomas Mann, Halbe

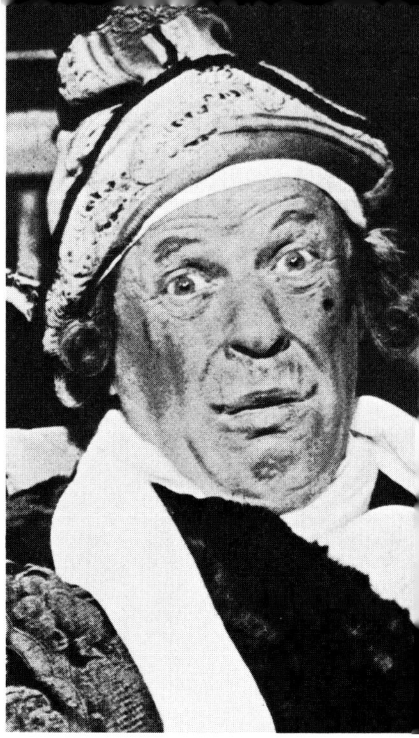

Marlene Dietrich als »tolle Lola« in »Der blaue Engel«

Max Pallenberg als Molières »Eingebildeter Kranker«

Zwischen 1921 und 1933 verkörperte Otto Gebühr den »Alten Fritz« in sieben Stummfilmen und drei Tonfilmen

Er versuchte – so behauptete er zumindest später –, dem anderen den Revolver wegzunehmen, aber Scheller schimpfte ihn einen Feigling und behielt die Waffe.
Am nächsten Morgen versuchte Hilde, die Situation zu überspielen. Sie verbarg Hans Stephan in einer Nische neben dem Kleiderschrank und kam aus ihrem Zimmer, als ob nichts geschehen sei. Krantz bezeugte: »... Sie war angezogen, als ob sie gerade zur Schule gehen wollte. Sie flüsterte mir zu: ›Hans ist nicht mehr da ...‹ ... Ihrem Bruder versuchte sie einzureden, er habe nur in seiner Trunkenheit jemanden zu hören oder zu sehen geglaubt; niemand sei in ihrem Zimmer gewesen. Sie ließ die Tür ostentativ offenstehen und schien völlig unbekümmert zu sein ... Es hatte erst den Anschein, als ob der Bruder ihr Glauben schenkte, doch sein Blick war sonderbar, halb überzeugt, halb mißtrauisch. Er ging in das Zimmer, langsam, wie beiläufig ... meiner Ansicht nach, um sich zu überzeugen, daß man ihn nicht anlog. Hilde hatte ihren Freund hinter einem Vorhang zwischen dem Kleiderschrank und der Wand versteckt. Einige Schüsse fielen ... Wir liefen ins Zimmer und fanden zwei Tote.«
Die Polizei verfügte zwar über zwei Leichen, aber über keinen Schuldigen. Die Eltern Scheller beschuldigten Paul Krantz, ihren Sohn samt Hans Stephan erschossen zu haben, aber die ballistischen Experten entkräfteten die Anschuldigung. Trotzdem wurde Krantz als Mitschuldiger verhaftet: man klagte ihn an, den Mordplan mit unterschrieben, die Mordwaffe geliefert und die Bluttat nicht verhindert zu haben. Die Verhandlung gegen den achtzehnjährigen Gymnasiasten wurde zur Sensation aufgebauscht. Korrespondenten aller europäischen Zeitungen, amerikanische Journalisten und eine Delegation japanischer Juristen versammelten sich in Berlin.
Richter Dust von der Zweiten Moabiter Strafkammer schien es, wie so viele deutsche Richter unter solchen Umständen, für seine Pflicht zu halten, Zeugen unbarmherzig auszufragen – als ob er der Staatsanwalt wäre. Er zwang vor allem Hilde Scheller, alle Einzelheiten über ihre sexuellen Beziehungen zu Krantz, Stephan und anderen preiszugeben. Sie weinte, log, rief nach ihren Eltern und fiel schließlich in Ohnmacht. Die Öffentlichkeit war empört, denn obwohl die ältere Generation voll lasziver Neugier auf die Bettgeheimnisse der Jugendlichen erpicht war, mochte sie Minderjährige wiederum nicht von einem Richter so brutal bloßgestellt sehen. Die Familie Krantz hatte einen der besten Strafverteidiger Deutschlands gewonnen, den eleganten Dr. Dr. Dr. Erich Frey, der nur mit Monokel vor Gericht auftrat. Frey gelang es mühelos, die haltlosen Anschuldigungen der Staatsanwaltschaft zu zerpflücken, dann kam es noch zu einem langwierigen Kleinkrieg zwischen ihm und dem Richter, aber schließlich endete das

Verfahren – wie vorauszusehen war – mit einem eklatanten völligen Freispruch für Paul Krantz.
Auf den Photographien jener Zeit sieht man einen unscheinbaren Jungen mit blassem Teint, vollen Lippen und pomadisiertem Haar. Bald nach dem Prozeß verließ er Berlin, fuhr nach Paris, versuchte sich als durchaus begabter Schriftsteller und emigrierte schließlich in die Vereinigten Staaten. Er arbeitete unter anderem Namen jahrelang für das Sendenetz der NBC, schließlich lehrte er an mehreren Universitäten klassische und moderne Literatur.
Es macht ihm heute nichts aus, sein Inkognito gelüftet zu wissen. Er ist nunmehr ein gesetzter, älterer Herr – das Haar ist etwas zurückgewichen. Er hat seine Erinnerungen geschrieben, deren Höhepunkt der Prozeß und der Freispruch bilden. ». . . Die Polizisten konnten mir nur mühselig und quälend langsam einen Weg durch die draußen wartende Menge bahnen. Sie jubelte mir tatsächlich zu. Das gellt mir bis heute widerlich in den Ohren; damals aber war es mir schier unerträglich, denn da hatte ich immer noch die Drohrufe in den Ohren, die mich acht Monate zuvor während des unerläßlichen Lokaltermins in der Steglitzer Wohnung umtost hatten . . . Man führte mich in ein nahe gelegenes Lokal, und dort mußte ich mich erbrechen. Im Spiegel des Waschraums sah ich mein Gesicht. Weit aufgerissene Augen, wachsweiße Haut, Züge weich wie Wachs, aus dem der leiseste Druck eines ungemeisterten Lebens Versager und Verlierer knetet . . .«

Während des Krantz-Prozesses hatte die Verteidigung verschiedene Sachverständige aufgeboten, die die geistige Reife und die sexuelle Normalität des Angeklagten bezeugen sollten. Der bemerkenswerteste dieser Experten war ein kleiner, zur Beleibtheit neigender Mann mit schlaffen Händen und eulengleichen Augen. »Seine Feinde«, berichtet Krantz, »verbreiteten Gerüchte über seine Neigungen, die leider nicht ganz unbegründet waren . . .«
Dr. Magnus Hirschfeld gehörte zu den zehn ersten Mitgliedern der »Berliner Psychoanalytischen Gesellschaft«, die 1910 gegründet wurde, und er schmeichelte sich, Freuds Mitarbeit an seiner »Zeitschrift für Sexualwissenschaft« gewonnen zu haben. Doch später distanzierte sich Freud, und man kann die Gründe erraten: Hirschfeld war vorwiegend nicht an der Psychoanalyse interessiert, sondern an seiner Materialsammlung über sexuelle Zwischenstufen. Obwohl die Homosexualität sein Spezialgebiet war, informieren seine dreibändige »Sexualpathologie« und die fünfbändige »Geschlechtskunde« über sämtliche sexuellen Sonderarten und erotischen Abweichungen. Es war umstritten, ob Hirschfeld ernsthaft wissenschaftliche Ziele verfolgte, und die Meinungen über sein Lebenswerk sind auch heute geteilt, aber in

jenen Jahren galten seine Bücher als Musterbeispiele für wissenschaftlich getarnte Pornographie.
In der Kaiserzeit waren solche Probleme natürlich völlig inexistent, aber in der Republik sprach man freimütig von der Notwendigkeit einer »Sexualreform«, und jeder, der sich als Sexualforscher ausgab, konnte nicht nur eines Schülerkreises sicher sein, sondern auch gewisser Förderung von Regierungsseite. Ein Chronist berichtet: ». . . es gab eine Vielzahl von Sexualreformern verschiedenster Art . . . für und gegen vielerlei . . . für Nacktkultur . . . für die Duldung der Homosexualität . . . oder, wenn sie damit nicht Erfolg hatten, für die Bestrafung der Lesbierinnen . . . für freiwillige Sterilisation . . . für eine Sexualerziehung der Schulkinder . . . für kosmetische Chirurgie wie für kostenlose psychoanalytische Behandlung in entsprechenden Kliniken . . .«
Dr. Magnus Hirschfeld verstand die Gunst der Stunde zu nutzen, und es gelang ihm, mit Hilfe einer staatlichen Subvention am Rande des Tiergartens sein »Institut für Sexualwissenschaft« zu etablieren. Er trat in zahllosen Veröffentlichungen unermüdlich für sexuelle Toleranz ein, vor allem für die gerechte Beurteilung und Behandlung von Homophilen. Er gehörte zu den spektakulärsten Berühmtheiten von Berlin, »eine faszinierende, aber doch etwas unheimliche Persönlichkeit«.
Als Paul Krantz freigesprochen wurde, lud Hirschfeld den verwirrten und richtungslosen Neunzehnjährigen ein, sein Schüler zu werden. »Ich besuchte ihn mehrmals in seinem geräumigen und recht luxuriösen Institut, das ein beträchtliches Eckgelände in der Tiergartenprunkstraße In den Zelten einnahm, und durfte an seinen Privatvorlesungen und Seminaren teilnehmen, denen ich schon rein intellektuell nicht gewachsen war . . . Ich kann mich auch heute immer noch nicht dazu verstehen, in jedem Kirchturm ein Phallussymbol zu erblikken . . .«
Krantz wich bald darauf nach Paris aus, und er sah Dr. Hirschfeld erst 1933 wieder. Im Mai hatte Goebbels sogenannte »zersetzende« Literatur öffentlich verbrennen lassen. Zusätzlich ließ er noch eine bronzene Büste Hirschfelds aus dem mittlerweile polizeilich versiegelten Institut holen und ebenfalls auf den Scheiterhaufen werfen. Dr. Hirschfeld war es gelungen, in die Schweiz zu fliehen, auch ins Tessin, nach Ascona. »Aber obwohl er glücklich aus Deutschland entkommen war«, berichtet Krantz, »fürchtete er, völlig verstört, noch immer um sein Leben . . .«

Sexualforschung ist eine ungefährliche Wissenschaft und ihre Subvention eine durchaus segensreiche Nutzung öffentlicher Gelder. Leider

richtet sich das wissenschaftliche Interesse fast aller Regierungen der Welt lieber auf eine Weiterentwicklung der Waffentechnik.
Als man in Deutschland in den zwanziger Jahren daranging, aufzurüsten, konzentrierte man sich auf ein Instrument der Kriegsführung, das bereits veraltet war, bevor es noch gebaut wurde – auf den sogenannten Taschenkreuzer.
Die deutschen Generäle hatten die Rüstungsbeschränkungen des Versailler Vertrags nie akzeptiert. Sie mußten tatenlos zusehen, als die Franzosen das Rheinland besetzten, und lebten in ständiger Furcht vor einer Attacke aus dem Osten. Um ihr zuvorzukommen, hatte General v. Seeckt insgeheim jene sogenannte »Schwarze Reichswehr« zum Schutz der Ostgrenze geschaffen. Er tauschte seine Offiziere zu Lehrgängen mit Sowjetrußland aus, wo sie in modernster Kriegsführung ausgebildet wurden, und bezog Waffen aus neutralen Ländern wie Spanien und Schweden.
Zu ihrer Rechtfertigung führte die deutsche Generalität an, daß im Vertrag von Versailles eine allgemeine europäische Abrüstung vorgesehen sei, daß jedoch die Nachbarn Deutschlands keine Anstalten unternähmen, ihre eigenen Armeen zu reduzieren. Außenminister Stresemann deckte die Generalität, indem er den Alliierten immer wieder beteuerte, Deutschland wünsche nichts als den Frieden, bis sie schließlich selbst davon überzeugt waren. Als die Reichsregierung 1926 die Aufnahme in den Völkerbund erreichte, wurde gleichzeitig die Zurückziehung der Interalliierten Militärkommission vereinbart, die zur Kontrolle der deutschen Rüstungen geschaffen worden war. Die Militärkommission erklärte zwar in ihrem letzten Bericht, Deutschland habe »niemals abgerüstet und auch nie eine solche Absicht gehabt«, aber Stresemanns Diplomatie war erfolgreich gewesen, und die Kontrolle ging auf einen »Investigationsausschuß« des Völkerbundes über.
Die heimlichen Pläne der Generäle kosteten Geld, und ihre finanziellen Forderungen erwiesen sich als unersättlich. Von 1924 bis 1928 stieg der Reichswehretat von 490 auf 872 Millionen Mark. Darüber hinaus verstanden die Generäle sich Geld auf anderen Wegen zu beschaffen. Ministerien, die mit dem Reichswehrministerium nichts zu tun hatten, trugen beträchtlich zu seinem Etat bei. Es begann seine Fühler in die Wirtschaft auszustrecken und investierte Geld in kommerzielle Unternehmungen bis hin in die Filmindustrie: so subventionierte es insgeheim die »Phoebus-Film« mit 3 Millionen, doch als die Firma 1927 Bankrott anmeldete, brachte das Gerichtsverfahren diese Praxis des Reichswehrministeriums an den Tag. Die Öffentlichkeit reagierte mit Empörung, und der Reichswehrminister mußte demissionieren.

Hindenburg ersetzte ihn durch seinen alten Freund General Wilhelm Groener, der von 1914 bis 1916 Chef des Feldeisenbahnwesens und von 1920 bis 1923 Reichsverkehrsminister war. Groener kündigte das Ende aller finanziellen Tarnmannöver an: wenn Deutschland die Beschränkungen des Versailler Vertrags umgehen wollte, dann sollte es das offen tun, indem es Möglichkeiten ausnützte, die die Alliierten nicht vorgesehen hatten und daher nicht kontrollieren konnten. So entstand jene Idee des Taschenkreuzers.

Laut Versailler Vertrag durfte Deutschland nur Kriegsschiffe bis zu 10 000 Tonnen bauen, aber deutsche Techniker planten, derartige Kreuzer mit unverhältnismäßig großen Geschützen zu bestücken und so der Admiralität Schiffe zur Verfügung zu stellen, die nach ihren Worten »jedem stärkeren davonfahren und jedes, das es einholen würde, vernichten könnten«.

So verlangte Groener für sein Budget 9 Millionen, um mit dem Bau des Taschenkreuzers zu beginnen. Diesem Antrag widersetzten sich die Sozialdemokraten mit dem Slogan »Wir wollen keine Taschenkreuzer, sondern Brot für unsere Kinder«, doch Hindenburg zwang zum Nachgeben. Die nächsten vier Jahre brachten nur finanzielle Krisen, die Arbeitslosigkeit bedrohte das wirtschaftliche Gefüge, und jeder Kanzler mußte scheitern – doch jeder forderte und erhielt immer höhere Summen für das nationale Lieblingsprojekt. Als die Taschenkreuzer schließlich im Zweiten Weltkrieg auf hohe See geschickt wurde, erwiesen sich als so gut wie wertlos.

Dr. Walter Dornberger, nachmaliger Vizepräsident der »Bell Aerosystems Company«, war schon als junger Militärtechniker im Reichswehrministerium phantasiebegabter als seine Kollegen. Viele Jahre später bekannte er in seinem Buch »V 2 – Der Schuß ins Weltall. Geschichte einer großen Erfindung« mit so erstaunlicher wie naiver Offenheit:

»Der Versailler Vertrag hatte Deutschlands Freizügigkeit in allen Rüstungsfragen eingeschränkt. Nur eine bestimmte Anzahl von Truppen mit Waffen, deren Kaliber festgesetzt worden war, durfte unterhalten werden. Die Waffenfabriken blieben strengen Beschränkungen unterworfen. So war also das Heereswaffenamt begreiflicherweise auf der Suche nach neuen, die Bestimmungen des Vertrages nicht verletzenden Waffenentwicklungen, welche geeignet waren, die Kampfkraft der wenigen Verbände zu erhöhen . . .

Weder die Industrie noch irgendeine Hochschule befaßte sich mit der Entwicklung von Hochleistungsraketenantrieben. Es gab nur einzelne Erfinder, die gemeinsam mit mehr oder minder tüchtigen Mitarbeitern ohne finanziellen Rückhalt werkelten . . .

Das Heereswaffenamt sah sich zunächst gezwungen, mit den einzelnen

Erfindergruppen Verbindung aufzunehmen, sie finanziell zu unterstützen und abzuwarten, ob sich etwas daraus ergäbe . . .
Dazu trat die Gefahr, daß, durch unbedachte Schwatzhaftigkeit, das Heereswaffenamt als Geldgeber für Raketenentwicklung bekannt werden konnte . . .
Wir mußten deshalb andere Wege beschreiten. Da es nicht gelang, die Großindustrie zu interessieren, blieb nichts anderes übrig, als auf dem Versuchsplatz des Heereswaffenamtes in Kummersdorf nahe Berlin eine eigene Versuchsstelle für Flüssigkeitsraketen zu errichten . . .
Wir hatten die Nase voll von der phantasievollen Projektemacherei für Weltraumfahrt.«
Es war allerdings diese »phantasievolle Projektemacherei«, die eine Gruppe junger Berliner bewog, 1927 eine »Gesellschaft für Raumfahrt« zu gründen. Sie versammelten sich in einem stillgelegten Arsenal im nördlichen Vorort Reinickendorf, tauften ihr kleines Versuchsfeld »Raketenflughafen« und schossen Miniaturgeschosse in Richtung Mond. Einer der eifrigsten »Raketenschützen« war ein achtzehnjähriger Student namens Wernher von Braun. Er hatte in einer Zeitschrift, an deren Namen er sich nicht mehr entsinnt, einen Artikel über einen imaginären Flug zum Mond gelesen, und seit diesem Moment ließ ihn die Idee interplanetarischer Expeditionen nicht mehr los, sie führte ihn über Peenemünde bis an die Spitze der NASA. Den Mitgliedern der »Gesellschaft für Raumfahrt« fehlte es an Geld für ihre Experimente, aber sie brachten verschiedene Fabrikanten dazu, ihnen Material zum Selbstkostenpreis zu überlassen, und sie bezahlten Hilfsarbeiter, indem sie sie im Arsenal mietfrei wohnen ließen. Nachrichten von ihren Experimenten kamen schließlich dem Reichswehrministerium zu Ohren, und eines Tages fuhr vor dem Raketenflughafen eine schwarze Limousine vor, der Walter Dornberger mit zwei Assistenten entstieg.
Die Energie und das erstaunliche theoretische Wissen des jungen Wernher von Braun beeindruckte Dornberger, der nicht ahnen konnte, daß er eines Tages als Generalmajor der Chef für Hitlers Raketenprogramm werden würde. Im Herbst 1932, vor Hitlers Machtergreifung und als von einer Kriegsgefahr keine Rede war, beauftragte Dornberger den Dreiundzwanzigjährigen, Raketen für die deutsche Wehrmacht zu konstruieren.
Die erste wurde in den Fichtenwäldern Kummersdorfs abgeschossen; sie lenkte nach wenigen zwanzig Metern senkrechten Aufstiegs scharf in die Horizontale um und ging im nahen Wald zu Bruch. Doch Ende 1932 wurde eine von Dornberger bestellte Abschußplattform aus Beton fertiggestellt, und Wernher von Braun benützte einen Becher mit Benzin am Ende einer fast 4 m langen Stange als Riesenstreichholz,

um die Rakete zu starten. Es gab eine tolle Explosion, Dornberger berichtet: »Rauchwolken. Eine Flamme leckte kurz hoch und verschwand. Kabel, Bretter, Blech, Stahltrümmer und Aluminium wirbelten pfeifend durch die Luft. Die Scheinwerfer verlöschten. In der Grube des plötzlich dunklen Versuchsraumes brannte mit zuckenden Flammen und Flämmchen, die zuweilen wie Feuerwerk krachten und knallten, eine milchige und schleimige Mischung aus Alkohol und Sauerstoff. Dampf zischte. Kabel brannten an hundert Stellen. Schwarzer stechender Qualm von brennendem Gummi füllte die Luft. Von Braun und ich blickten uns groß an. Uns war nichts geschehen.«

Nach knapp sechs Wochen hieß der neue Reichskanzler Adolf Hitler, der spätere »Oberste Kriegsherr« auch der Raketentechniker. Doch die Ereignisse in der Reichskanzlei beeindruckten die von ihrer Aufgabe besessenen Pioniere kaum – Dornberger sagt in seinem Bericht nicht einmal, daß die Nationalsozialisten an die Macht kamen. Weitere zwei Jahre vergingen, bis die erste Rakete die Höhe von 2 Kilometern überflog. Damit war die Waffe entwickelt, die heute das weltweite Gleichgewicht des Schreckens herstellt. Dazu sagt Dornberger: »Wir haben die Tore geöffnet, den Weg in die Zukunft gewiesen.«

Die Musikwelt konzentrierte sich 1927 auf die Hundertjahrfeier von Beethovens Geburtstag. Artur Schnabel spielte als erster Pianist sämtliche 32 Klaviersonaten. Er trug sie an sieben aufeinanderfolgenden Sonntagen vor, in keinem Konzertsaal, sondern in der »Volksbühne« in einem nördlichen Berliner Arbeiterviertel, auch nicht im Frack, sondern im Straßenanzug.

Unter den zweitausend Berlinern, die an jedem Sonntag seinem Spiel lauschten, befand sich auch Käthe Kollwitz, deren anklagende Graphiken vom Elend der Armen sie weit über Deutschlands Grenzen hinaus berühmt gemacht hatten. Ein Jahr zuvor hatte sie die kleine belgische Stadt Roggevelde aufgesucht, wo zu Anfang des Krieges ihr damals achtzehnjähriger Sohn Peter gefallen war. Sie fand sogar die letzte Ruhestatt, obwohl die Hälfte der Gräber die lapidare Inschrift trug: »Allemand inconnu.«

»An dieser Stelle allein«, schrieb sie ihrem zweiten Sohn Hans, »sollen die Deutschen 200 000 Menschen im Laufe der vier Jahre verloren haben . . . Heut nacht träumte ich, es wäre wieder Krieg, ein neuer Krieg drohte auszubrechen. Und im Traum bildete ich mir ein, wenn ich nur meine andere Arbeit ganz ließe und nur mit anderen zusammen alle Kraft aufs Reden dagegen legte, könnten wir es hindern.«

Wie kaum anders zu erwarten, irrte Frau Professor Käthe Kollwitz. Der Ausbruch des neuen Krieges lag zwar noch in einiger Ferne, doch als es soweit war, hätte ihn keine Gruppe besorgter Künstler abwenden können. Kein Pazifismus vermag Kriege zu unterbinden. Kunst kann höchstens die noch Überlebenden davon überzeugen, daß militärische Siege und Niederlagen keineswegs Grundwerte des menschlichen Daseins sind und weniger bedeuten als bleibende Kunstwerke. Dieser Überzeugung verlieh Käthe Kollwitz Ausdruck, als sie nach Schnabels letztem Konzert zutiefst erschüttert in ihr Tagebuch schrieb:

»Er spielte die Beethoven-Sonate c-Moll Opus 111. Wie bei Opus 106 konnte ich wieder folgen. Die seltsamen Flimmertöne ergaben Flammen – eine Entrückung in Sphären, fast wie in der Neunten öffnete sich der Himmel. Dann ein Zurückfinden. Aber ein Zurückfinden, nachdem man des Himmels sicher ist. Klar – getrost – gut sind die Töne. Danke, Schnabel!«

KAPITEL XII

»Das Schauspiel kann beginnen.«
1928

Kurzum, das Theater muß etwas völlig Überflüssiges bleiben, obwohl das auch bedeutet, daß wir für das Überflüssige leben. Nichts braucht mehr Rechtfertigung als das Vergnügen.

Bertolt Brecht

In einem der erfolgreichsten Theaterstücke des Expressionismus, in Georg Kaisers *Von Morgens bis Mitternacht* verliebt sich als namenloser Antiheld ein Bankkassierer in eine attraktive Kundin und unterschlägt sechzigtausend Mark, um ihre Gunst zu gewinnen. Als die Dame ihn abweist, durchwandert er die Stadt und vergeudet in einer Art selbstmörderischen Hochgefühls das gestohlene Geld. Das Sechstagerennen im Sportpalast, das er zum erstenmal erlebt, erscheint ihm zunächst als kindisch, dann fasziniert ihn das heulende Getöse als fabelhafter Blödsinn:
»Hinaufgeschaut! Oben entblößt sich der Zauber. In dreifach übereinandergelegten Ringen – vollgepfropft mit Zuschauern – tobt Wirkung. Im ersten Rang – anscheinend das bessere Publikum tut sich noch Zwang an. Nur Blicke, aber weit – rund – stierend. Höher schon Leiber in Bewegung. Schon Ausrufe. Mittlerer Rang! – Ganz oben fallen die letzten Hüllen. Fanatisiertes Geschrei. Brüllende Nacktheit. Die Galerie der Leidenschaft!«
Und als der deutsche Champion der Radfahrer aufrückt: »Der erste Rang rast. Der Kerl hat den Kontakt geschaffen. Die Beherrschung ist zum Teufel. Die Fräcke beben. Die Hemden reißen. Knöpfe prasseln in alle Richtungen. Bärte verschoben von zersprengten Lippen, Gebisse klappern. Oben und unten und mitten vermischt. Ein Heulen aus allen Ringen – unterschiedslos. Unterschiedslos. Das ist erreicht!«
Michael Josselson, alter russischer Emigrant, der noch Vladimir Nabokov als Tennislehrer in Berlin gekannt hat, sitzt auf seinem Sofa in Genf und bestätigt es mir aus seiner Erinnerung: »Wir standen stundenlang um die billigsten Plätze an und hielten dann die ganze Nacht durch, geschlafen wurde am Tag. Die Stimmung war einfach großartig. Es war ein richtiges Volksfest. Und es war einmalig dramatisch.« Um diese Zeit rückte durch eine Umfrage der von Willy Haas herausgegebenen *Literarischen Welt* ein junger Dichter provozierend beunruhigender Sprache in den Vordergrund des Interesses – gegen rund fünfhundert Einsender, die in der Nachfolge Rilkes und Stefan

Georges nichts als sentimentale, unaufrichtige und weltferne Nachahmung geboten hatten:

»Ich, Bertolt Brecht, bin aus den schwarzen Wäldern.
Meine Mutter trug mich in die Städte hinein
Als ich in ihrem Leibe lag. Und die Kälte der Wälder
Wird in mir bis zu meinem Absterben sein.
In der Asphaltstadt bin ich daheim. Von allem Anfang
Versehen mit jedem Sterbsakrament.«

Und, geschrieben schon 1922, hatte er sein Gedicht mit einer faszinierenden Prophetie geschlossen:

»Von diesen Städten wird bleiben: der durch sie hindurchging, der Wind!
Fröhlich machet das Haus den Esser: er leert es.
Wir wissen, daß wir Vorläufige sind
Und nach uns wird kommen: nichts Nennenswertes.«

Brecht, damals sehr schmal, etwas linkisch, von einem Exilrussen mit einer aus einer kümmerlichen Klarinette gepurzelten Note verglichen, wurde am 10. Februar 1898 in Augsburg geboren, in kleinbürgerlichem Milieu: der Vater war Angestellter in der Haindl'schen Papierfabrik, 1900 anvancierte er zum Prokuristen. Seit 1908 besuchte der Junge das Königliche Bayerische Realgymnasium seiner Heimatstadt, und seit 1911 ist Klassenkamerad der auch für den Brechtschen Aufführungsstil bestimmend wichtige »größte Bühnenbauer unserer Zeit« Caspar Neher. Dem Notabitur 1917 folgt die Immatrikulation an der Münchner Universität, jedoch kein geregeltes Studium der Medizin, Sanitätsdienst in einem Augsburger Lazarett. 1920 fährt er zum erstenmal nach Berlin, 1924 siedelte er endgültig dorthin über.

»Man konnte«, erinnert sich Carl Zuckmayer, »seine Gedichte, Lieder, Balladen nur wirklich kennen, wenn man ihn selbst zur Laute singen hörte. Er beherrschte das Instrument und liebte komplizierte, schwer greifbare Akkorde: cis-Moll oder Es-Dur. Sein Gesang war rauh und schneidend, manchmal bänkelsängerisch krud, mit unverkennbar augsburgerischem Sprachklang, manchmal fast schön, schwebend ohne Gefühlsvibration, und in jeder Silbe, in jedem halben Ton ganz klar und deutlich. Man kann über seine Stimme, wenn er sang, das gleiche sagen, was Herbert Ihering über die Sprache seiner Frühwerke geschrieben hat: ›Sie ist brutal sinnlich und melancholisch zart. Gemeinheit ist in ihr, abgründige Trauer. Grimmiger Witz und klagende Lyrik.‹

Wenn er zur Laute griff, verstummte das Gewirr der Gespräche, die Schleifschritte der sich in schlechter beleuchteten Ecken herumschiebenden Tangotänzer hörten auf, alles hockte um ihn her, wie in einen magischen Bann geschlagen . . .

Wir gingen allein nach Haus. Ich sehe ihn noch, wie er mit der losen Lederjacke, unter der er damals gern sehr schöne weiße Hemden trug, die Ledermütze in die Stirn geschoben, die Schultern gerundet und vornübergeneigt, so daß er kleiner wirkte, als er war, durch die leeren Straßen neben mir hertrabte. Wir hatten billige schwarze Zigarrenstummel im Mund ... Es war eine schöne Nacht, sternenklar, Mitte Oktober, es roch nach fallendem Laub. ›Dieser Herrbscht 1923‹, sagte Brecht, ›ist ein überaus wohlgelungener Herrbscht.‹ Das war seine Art, sich über die Natur auszulassen ... Daß ich dem Genie begegnet war, wußte ich beim ersten Zusammentreffen, oder zum mindesten einer genialischen Persönlichkeit, wie ich sie noch nie gekannt hatte. Ich konnte nicht wissen, mit welcher zielbestimmten Hartnäckigkeit er sein Talent zur Größe emportreiben werde ... Herbert Ihering, der an seinem Enthusiasmus für Brecht fast selbst zum Dichter wurde, hat in seinem ersten Aufsatz über ihn, bei der Verleihung des Kleist-Preises 1922, gesagt: ›Ein Poet, der scheinbar die Verwesung gestaltet und mit dieser Gestaltung Licht verbreitet. Der scheinbar zynisch ist und mit seinem Zynismus erschüttert. Der jung ist und schon in alle Tiefen gesehen hat.‹ ... Die Legende will heute aus dem frühen Brecht gern einen feurig-idealischen Jüngling machen, einen dunkeläugigen Erzengel mit Flammenschwert oder wenigstens eine Art von potentiellem Bombenwerfer. Das alles ist Literatur. Was von ihm ausging, wie er wirklich erschien: das war ein Rattenfänger, ein musikantischer Erzzigeuner, wenn auch mit den Zügen eines Jesuitenschülers, eines Schwarzwälder Landstreichers und eines Lastwagenchauffeurs. Dabei sehe ich eine tiefe Verwandtschaft zwischen dem vertrackten, verteufelten Reiz seines Scholarengesichts in der Jugend und der ergreifenden, klaren Römer-Schönheit seiner Totenmaske.«

Trommeln in der Nacht wurde als erstes der Brechtschen Stücke aufgeführt, ein »Heimkehrerstück«. Andreas Kragler kommt aus dem Krieg zurück, seine Braut hat ihn betrogen, der zukünftige Schwiegervater wütet gegen die Spartakistenrevolte draußen auf den Straßen. Kragler aber schließt sich nicht dem Aufstand an – eine sonderbare Entscheidung im Hinblick auf Brechts spätere Proklamationen:

»Der Dudelsack pfeift, die Leute sterben im Zeitungsviertel, die Häuser fallen auf sie, der Morgen graut, sie liegen wie ersäufte Katzen auf dem Asphalt, ich bin ein Schwein und das Schwein geht heim. (Er zieht den Atem ein.) Ich ziehe ein frisches Hemd an, meinen Hut habe ich noch, meinen Rock ziehe ich aus, meine Stiefel fette ich ein. (Lacht bösartig.) Das Geschrei ist alles vorbei, morgen früh, aber ich liege im Bett morgen früh und vervielfältige mich, daß ich nicht aussterbe. (Trommel.) Glotzt nicht so romantisch! Ihr Wucherer! (Trommel.) Ihr Halsabschneider. (Aus vollem Halse lachend, fast erstickend.) Ihr blutdürstigen Feiglinge, ihr! (Sein Gelächter bleibt stecken im Hals, er kann nicht mehr, er torkelt, betrunken, herum, schmeißt die Trommel nach dem Mond, der ein Lampion war, und die Trommel und der Mond fallen in den Fluß, der kein Wasser hat.) Besoffenheit und Kinderei.« Vor die Wahl gestellt zwischen politischem Aufbegehren und geschlechtlicher Befriedigung, entscheidet er sich für das letztere: »Jetzt kommt das Bett«, ermuntert er seine treulose Anna, »das große, weiße, breite Bett, komm!«

Das Stück wurde in München uraufgeführt, 1922, und der Kritiker Herbert Ihering, deswegen von Berlin angereist, schrieb danach: »Der vierundzwanzigjährige Dichter Bert Brecht hat über Nacht das dichterische Antlitz Deutschlands verändert. Mit Brecht ist ein neuer Ton, eine neue Melodie, eine neue Vision in der Zeit ... Brecht ist in seinen Nerven, in seinem Blut vom Grauen der Zeit durchdrungen. Dieses Grauen ist als fahle Luft und halbes Licht um Menschen und Räume ... Brecht empfindet das Chaos und die Verwesung körperlich. Daher die beispiellose Bildkraft seiner Sprache ... Er läßt die nackten Menschen reden, aber mit einer Sprachgewalt, die seit Jahrzehnten unerhört ist. Beim ersten Worte seines Dramas weiß man: Tragödie hat begonnen.« Aufgrund dieses Erfolges erreichte der Dichter die Aufführung zweier weiterer Stücke – sein *Baal* mußte allerdings am Alten Theater in Leipzig abgesetzt werden, ihm folgte dann die phantastische Tragödie vom Kampf zweier Menschen gegeneinander in Chikago, *Im Dickicht der Städte*.

Von Brechts frühen Stücken sollte man nicht allzuviel hermachen. Sie sind keineswegs gut, im Gegenteil, eher nachlässig und ungestaltet, dürftig im Aufbau und ohne Sorgfalt ausgeführt – den *Baal* schrieb er in vier Tagen. Aber wenn sie auch in den frühen zwanziger Jahren um ihrer dichterischen Ausdruckskraft willen bewundert wurden, so sehen wir heute in ihnen doch nur Vorläufer der *Dreigroschenoper*, von *Mahagonny* und der *Mutter Courage*.

Berlin war für Brecht das eigentliche Spielfeld, die Hauptstadt, die Weltstadt; seit 1924 lebte er dort, Dramaturg an Max Reinhardts Deutschem Theater im Norden, in der Schumannstraße, in der Spichernstraße, nahe am Kurfürstendamm, wohnte er. »Fünf Etagen mußte man erklimmen, über eine halsbrecherische Treppe, eine schwere eiserne Tür aufstoßen, einen langen Korridor sich vortasten, um zu seiner kleinen Wohnung unter dem Dach zu gelangen. Durch die großen Fenster hatte man einen weiten Blick auf die Stadt. Dieses Dächermeer vor Augen, setzte Brecht zur Eroberung der Hauptstadt an.«

Viele Emigranten in den USA erinnern sich noch an die großen Ereignisse im damaligen Theaterleben Berlins, an die leidenschaftlich geführten Diskussionen, die sie auslösten, an die bedeutenden Kritiker, eben an Herbert Ihering und Alfred Kerr als die gefürchtetsten, an Julius Bab und Arthur Eloesser, an Oskar Bie und Monty Jacobs – eine so eigenwillige wie selbstbewußte Prominenz, die den Meinungsstreit des theaterfreudigen Publikums anführte.
Bedeutende Theaterleiter und Regisseure spielten sich nach vorn, auch mit aufsehenerregenden Inszenierungen der Klassiker. Einer der berühmtesten war Leopold Jessner, seit 1919 Generalintendant der Preußischen Staatstheater. Einer der Bahnbrecher des Expressionismus auf der Bühne, eröffnete er seine »Ära« mit *Wilhelm Tell*. Und wieder sei Herbert Ihering als Augenzeuge zitiert:
»Geheiligte Güter der Nation pflegen von denen, die sie verschandelt haben, am lautesten in Schutz genommen zu werden. So demonstrierte gestern im Staatlichen Schauspielhaus am Gendarmenmarkt eine lümmelhafte Clique, die den Dekorationsschund und die Opernregie der früheren Jahre vermißte, gegen die großflächige, lineare Inszenierung Jessners. Aber wenn man den Demonstranten nur Dummheit zuspricht, tut man ihnen zuviel Ehre an. Je weiter die Vorstellung fortschritt, desto deutlicher wurden Plan und Anlage des Krakeels. Man wollte die Schauspieler durch Unterbrechung irritieren, die Aufführung nicht zu Ende gelangen lassen und den Intendanten bei seiner ersten Regieleistung stürzen. Man begleitete die Reden der Söldner am Hut mit ironischen Zwischenrufen (weil die Szenerie nur Treppen, schwarzen Hintergrund und den Hut auf der Stange gab). Man lachte in Bassermanns Erzählung von der Sturmfahrt über den See. Man schnitt den Monolog nach den ersten Worten ›Durch diese hohle Gasse muß er kommen‹ durch wüsten Radau ab, aus dem sich eine Stimme erkennbar hob: ›Wo ist die Bank von Stein?‹ (Die Szenerie gab wieder nur Treppen und im schwarzen Hintergrund einen Spalt.) Bassermann ging ab, der Vorhang schloß sich. Kritiker und Publikum forderten zum Hinauswurf des Gesindels auf. Bab sprang auf einen Sessel. Tosender Lärm. Die Radaubrüder waren nicht zu finden. Bassermann trat an die Rampe und verlangte die Entfernung der ›bezahlten Lümmels‹. Neues Toben. Scheinbarer Hinauswurf. Ruhiges Spiel bis zum Schluß.
Durch diese Lieblichkeiten wurde die Vorstellung bis nach 11 Uhr hinausgezögert. Tolle Sitten haben sich in Berlin eingeschlichen. Nächstens wird jeder Straßenbengel die Dekoration anschreien, wenn sie ihm nicht gefällt, und den Schauspieler zur Rede stellen, wie er zu spielen habe. Gibt es keinen Schutz gegen das Pack? Keine Abwehr gegen die Verpöbelung?

Über die Berechtigung der Jessnerschen Inszenierung muß in Ruhe gesprochen werden. Aber wie man über diese Aufführung denken mag, die den *Tell* auf der Guckkastenbühne wie auf einer riesigen Tribüne inszeniert, wie fürs Große Schauspielhaus, das eine ist sicher: seit länger als einem Jahrzehnt hat man im Schauspielhaus am Gendarmenmarkt keine so durchgearbeitete Vorstellung gesehen.«

Meister all der vielen Zauberer und Verzauberer auf den Bühnenbrettern war Max Reinhardt, ein Wiener, zunächst Schauspieler und als solcher, einundzwanzigjährig, schon 1894 nach Berlin gekommen. Er gehörte dem Ensemble Otto Brahms an, der als Geburtshelfer des deutschen Naturalismus einen neuen, realistischen Aufführungsstil schuf. Elf Jahre später folgte er Brahm in der Ensembleleitung als ein Revolutionär von Grund auf. Für ihn war das Theater weder eine moralische noch eine literarische Anstalt, vielmehr ein Schauplatz faszinierend prächtiger Darbietung und ungebändigten Vergnügens. Die Drehbühne war die Spezialität dieses großen Magiers, auf raffinierte Lichteffekte verstand er sich wie kein anderer, und über jegliche Konventionen setzte er sich mit einem unerschöpflichen Einfallsreichtum hinweg. Vor dem Kriege bereits berühmt durch seine Inszenierung des *Ödipus Rex*, von *Was ihr wollt* und *Turandot*, wurde er nach 1920 ein weltweit bewunderter und anregender Schöpfer einer nicht nur für diese Jahrzehnte einmaligen Theaterkultur. Inwieweit seine Inspirationen das dichterisch-dramatische Schaffen seiner Zeit beflügelt haben, ist bisher noch nicht untersucht worden. Unmittelbar neben dem Deutschen Theater dienten die Kammerspiele dem Experiment und eine mit besten Kräften besetzte Schauspielschule der sorgfältigen Erziehung des Nachwuchses. In seiner Leidenschaft zu weiten Entfaltungsmöglichkeiten übernahm er auch einen einstigen Berliner Zirkusbau, der nach der völligen Umgestaltung durch den Architekten Hans Poelzig als Großes Schauspielhaus dreitausend Zuschauer faßte: es wurde mit einer wahrhaft gigantischen Inszenierung der *Orestie* von Äschylos eröffnet. Es ist immer wieder erstaunlich, Iherings genau registrierende Analysen zu lesen:
»Als Reinhardt das Große Schauspielhaus plante, hatte er von einer den Raum füllenden Schauspielkunst bestimmt keine Vorstellung, weil sie noch nicht sichtbar war und, wo sie sich andeutete, seiner Regie widersprach. Aber mit dem genialen Instinkt, der dieses alle szenischen Möglichkeiten durchdringende Bühnentemperament zu epochaler Bedeutung führte, ahnte er auch hier etwas Zukünftiges voraus, ohne es rein zu gestalten und künstlerisch abzugrenzen. Historisierende Gedanken (das Theater der Griechen), geschäftliche Aussichten (die Anzahl der Plätze), theatralischer Cäsarenwahn (die Dimen-

sion, drei Bühnen) verwirrten den geistigen Grundriß des neuen Theaters und ließen ein Mischunternehmen entstehen, das, wo es Volkstheater sein sollte, geschäftliche Berechnung, wo es neue Bühnenform sein sollte, archaisierender Ästhetizismus wurde. Aber der Raum war da und gestaltete sich selbst über alle Mißverständnisse hinweg. Er löschte den Darsteller aus, der ihn als Hindernis sah, das durch Stimmaufwand zu nehmen sei. Er bestätigte den, der ihn als Förderung der Körpersprache empfand. Der Raum wurde produktiv für den Schauspieler.«

Um die schwierigen finanziellen und kaufmännischen Probleme, die mit all dem zusammenhingen, kümmerte sich mit großer Geschicklichkeit Eduard Reinhardt, der ganz und gar in der Erfüllung der hochfliegenden Pläne seines Bruders aufging. Ein Schwarm von Regieassistenten und mehr oder minder versierten künstlerischen Beratern umgab ständig den Meister. Salka Viertel, die in der *Orestie* eine trojanische Sklavin spielte, sah ihn immer nur von fern, während der Probenarbeit im dunklen Zuschauerraum kaum wahrnehmbar. »Nur seine Stimme war zu hören. Seine Regieanweisungen gaben zwei der Assistenten an den Chor und das riesige Statistenaufgebot durch Megaphone weiter. Wenn er im Vestibül erschien, war er stets von einer so undurchdringlichen Mauer von Verehrern und Anbeterinnen umgeben, daß ich, wie es wagemutigere Schauspielerinnen gelegentlich taten, zu seinen Füßen hätte in Ohnmacht fallen müssen, um von ihm überhaupt bemerkt zu werden.«

»Der eigenen Schauspielschule widmete er wenig Aufmerksamkeit«, erzählt Walter Slezak, während er zigarrerauchend sich auf der Terrasse seiner Villa über Lugano sonnt. »Aber Sie können einen Reinhardtschüler immer an seiner Ausdruckssprache erkennen. Sie verstehen: wie er die Hand aufs Herz legt. Während der Probenarbeit dämpfte er seine Schauspieler ständig. Und er gab sich auch niemals sonderlich viel mit den Details seiner eigenen Inszenierungen ab. Er beteiligte sich auch nur bis höchstens zur sechsten Probe daran, dann konnte er tagelang herumsitzen, ohne ein Wort zu sagen, was uns alle sehr nervös machte. Plötzlich aber griff er wieder ein: ›Ich würde das so oder so machen‹ oder ›ich würde diesen Satz so oder so sprechen‹. Und sofort hatte er die Inszenierung wieder fest in der Hand. Das war so seine Methode.«

Ein genialer Verschwender des Theaters wurde in Max Reinhardt gesehen, ein Genießer seiner Wirkungen, ein Nachschmecker seiner Reize: die farbigste Theaterbegabung aller Zeiten, intuitiv, zwanglos improvisierend, Anregungen aufnehmend, Anregungen ausstreuend, spielte er für Menschen, die Theater als Luxus empfanden, als Kostbarkeit, als den schönsten Schmuck des Daseins.

Im Gegensatz zu ihm, dem – wieder nach Herbert Ihering – genialen Vollender des großbürgerlichen Theaters, vergleichslos in seinen Leistungen, unerschöpflich in seiner künstlerischen Wandelbarkeit – bot Erwin Piscator politisches Theater, proletarisches Theater. Als er aus dem Kriege heimkehrte, in den er schon als Pazifist hatte ausziehen müssen, kam er zunächst nach Berlin, erlebte das wilde Durcheinander, die gewaltigen Demonstrationen des Januar 1919, hörte noch Karl Liebknecht sprechen: »Eine Rede nahe den Ereignissen, geladen mit Argumenten, durchzittert mit Selbsterlebtem. In meiner Erinnerung steht sie über seinem Leichnam wie eine lebendige lohende Flamme, die auch mit Blut nicht gelöscht werden kann. Abends knallten die Schüsse. In Berlin sah ich Wieland Herzfelde wieder, er brachte mich mit seinem Kreis zusammen: seinem Bruder Hellmut (der spätere John Heartfield), George Grosz, Walter Mehring, Richard Huelsenbeck, Franz Jung, Raoul Hausmann usw. Die meisten von ihnen gehörten zu DADA. Es wurde ungeheuer viel über Kunst und dabei nur im Hinblick auf die Politik diskutiert. Wobei wir feststellten, daß diese Kunst nur Mittel im Klassenkampf sein könne, wenn sie überhaupt einen Wert haben solle. Voll von den Erinnerungen, die hinter uns lagen, enttäuscht in unseren Hoffnungen vom Leben, sahen wir die Rettung der Welt nur in der äußersten Konsequenz: organisierter Kampf des Proletariats, Ergreifung der Macht, Diktatur, Weltrevolution, Rußland unser Ideal. Und um so stärker wurde dieses Gefühl, mit um so röterer Farbe schrieben wir auf unsere Fahnen der Kunst das Wort *Tat*, als wir statt des erhofften Sieges eine Niederlage des Proletariats nach der anderen erlebten.«

Im Winter 1919/20 eröffnete Piscator zunächst in Königsberg ein eigenes Theater, das bezeichnenderweise »Das Tribunal« genannt wurde, sie spielten Strindberg, Wedekind und Sternheim, Ernst Tollers *Wandlung* wurde vorbereitet. Doch unter dem Druck der Opposition, bürgerlicher und studentischer Kreise und der mobilisierten Presse, mußte das Theater geschlossen werden.

Wieder in Berlin, inszenierte Piscator bevorzugt radikale Autoren wie Maxim Gorki und Upton Sinclair, und Arbeitslose waren zunächst seine Schauspieler. Er verachtete die Bühnen des vornehmen Westens und zeigte seine Aufführungen in den Sälen der Arbeiterviertel. Die Gegebenheiten waren natürlich primitiv, aber zugleich auch interessante Provokationen. »Stile werden aus Notwendigkeiten geboren«, sagte Piscator. So entstand als Bühne der revolutionären Arbeiter Groß-Berlins das »Proletarische Theater« als eine feste Organisation.

Als eines der ersten Stücke wurde in Kliems Festsälen in Neukölln *Der Krüppel* gezeigt – das Bühnenbild von John Heartfield: »Ihr

seht den *Krüppel.* Der Krieg der Kapitalisten, mit denen Proletarier Arbeitsgemeinschaft bildeten und bilden, hat Millionen zerschlagen, Millionen als Bettler auf die Straße geworfen. Wer hilft? Etwa die Bürger, die in ihren verschiedenen Typen leichtfertig, gemein, von Wohltätigkeit triefend, an dem Krüppel vorbeiziehen, die ihr Gewissen durch Schimpfen über das ›arbeitsscheue Gesindel‹ betäuben wollen und nach dem Staate rufen, der solches öffentliche Ärgernis aus dem Wege räumen soll? Fühl du mit dem rasenden Krüppel! Das bist du. Du – Arbeiter, der du morgen einen Tritt vom Unternehmer erhalten kannst. Du – Arbeitsloser, den man auf die Straße trieb, weil der Profit nicht mehr da ist. Du – Arbeiter: Solidarität mit den arbeitslosen Genossen! Du – Arbeitsloser: revolutionäre Einheitsorganisation der Arbeitslosen! Wählt eure politischen Arbeitslosenräte! Nur ihr selber könnt euch helfen. Entweder Sozialismus – oder Untergang in der Barbarei.«
Das Experiment – mit nur 5000 Mitgliedern in den Besucherorganisationen – scheiterte bald, die zeitgenössische Dramatik hinkte hinter dem Vorstoß des Theaters her, ideologisch wie formal, war noch im Nach-Expressionismus befangen, und auch die ideologische Zielsetzung fand nicht die erhoffte Resonanz: die Abendkasse ergab oft nicht einmal die Deckung der fixen Unkosten.
Piscator mußte wieder von vorn beginnen und entwickelte ein neues Konzept, ähnlich dem, wie es dem »epischen Theater« Brechts zugrunde lag. Es bestand aus folgenden grundsätzlichen Forderungen: es verlangte politische, das hieß: radikale Texte, hob die aristotelische Forderung nach Einheit des Ortes, der Zeit und der Handlung auf, führte technische Neuerungen ein, und das Wichtigste: das epische Theater sollte das Publikum lehren, wie es zu denken und nicht wie es zu fühlen habe: »Für uns, als revolutionäre Marxisten, kann sich die Aufgabe nicht darin erschöpfen, die Wirklichkeit kritiklos nachzuzeichnen, das Theater nur als ›Spiegel der Zeit‹ aufzufassen. Das ist so wenig seine Aufgabe, wie es seine Aufgabe ist, diesen Zustand allein mit theatralischen Mitteln zu überwinden, die Disharmonie durch eine Verschleierung aufzuheben, den Menschen als Erscheinung in erhabener Größe darzustellen in einer Epoche, die ihn in Wirklichkeit gesellschaftlich verzerrt, mit einem Worte, idealistisch zu wirken. Die Aufgabe des revolutionären Theaters besteht darin, die Wirklichkeit zum *Ausgangspunkt* zu nehmen, *die gesellschaftliche Diskrepanz zu einem Element der Anklage, des Umsturzes und der Neuordnung zu steigern.*« Die Arbeiterschaft jedoch mit ihren Festsälen und Vereinslokalen, die mit verblichenem Fahnenschmuck drapiert und von Kohlgeruch erfüllt waren, bierdunst- und rauchgeschwängert, wünschte es offensichtlich nicht, sie wollte Zirkus – Ablenkung, Jux,

leichte Unterhaltung. »Das proletarische Theater«, sagte die Witwe Erwin Piscators, »kümmerte den Proletarier nicht.«
In den nächsten Jahren suchte dieser besessene Theatermann nach einer Lösung, die politische Erkenntnis und Einsicht mit unumgänglichen Gegebenheiten verband. Trotz aller Theorie konnten und durften wirtschaftliche Notwendigkeiten nicht außer acht gelassen werden. Es ergab sich auch eine Zusammenarbeit mit der »Volksbühne«, dieser bedeutenden, 1889 für die breiten Schichten gegründeten Besucherorganisation, um für Gerhart Hauptmann, Ibsen, Tolstoj, Strindberg und viele andere das neue, gesellschaftskritisch realistische und naturalistische Drama durchzusetzen. Sie verfügte 30 Jahre später, mit 30 000 Mitgliedern, über ein eigenes Haus, und die Aufführungen dort gehörten zu den besten Berlins, waren jedoch bei diesen Klassikern der Moderne, zu denen sie mittlerweile gereift, stehengeblieben. Um diese nicht mehr ganz zeitgemäße Institution zu aktualisieren, inszenierte Piscator dort die *Fahnen* von Alfons Paquet, 1918 entstanden, eine aufwühlende Bilderfolge aus den achtziger Jahren Chikagos um einen Anarchistenprozeß, der damals in der gesamten zivilisierten Welt einen Sturm der Entrüstung entfacht hatte, und Ehm Welks *Gewitter über Gottland*, eine revolutionäre Handlung aus dem 14. Jahrhundert, aber vom Regisseur mit dem durch ihn berühmten Einsatz filmischer Mittel bis in die jüngste Gegenwart vorgetrieben. Die Kritik verzeichnete »Unvergeßliches«, »Sturm von unten hinauf bis zu den Rängen, ohne Beispiel – aus dem Bewußtsein, nie Gesehenes erlebt zu haben«. »Wir müssen mit Piscator wollen, wir können uns ihm nicht entziehen. Es vergeht uns die Lust, mit ihm theoretisch zu rechten. Wir staunen nur . . .« So hieß es selbst in der sozialdemokratischen Parteipresse. Doch war das zu viel für die vorsichtige Leitung der »Volksbühne«: sie stellte ausdrücklich fest, daß die Auswertung des Werkes zu einer einseitigen politischen Propaganda ohne ihr Wissen erfolgt sei und daß diese Art der Inszenierung im Widerspruch stehe mit der grundsätzlichen politischen Neutralität der Volksbühne, die zu wahren sie verpflichtet sei – sie habe bereits Maßnahmen getroffen, um ihrer Auffassung von den Aufgaben der Volksbühne die notwendige Geltung zu sichern. Und so trennte sich denn der unbequeme Regisseur wieder von seinen so wenig wagemutigen Auftraggebern.
1927 eröffnete er im Theater am Nollendorfplatz die erste Spielzeit seiner eigenen Piscator-Bühne, mit einem zu geringen Fassungsraum und einem technisch verwahrlosten Bühnenapparat, aber immerhin einigermaßen brauchbar. Hier spielte er nach den Worten seiner Witwe die Stücke, die er spielen wollte, Stücke aktiven Protests, eines trotzigen »Ich klage an« in Reportage und Montage, Mahnung und

Warnung zugleich, Geschichte auf dem Marsch nach vorn, scharfe politische Satire und ätzende Ironie: diese Zeit im Gerichtsverhör, zielbewußt schockierend.
Die erste Aufführung im neuen Haus war Ernst Tollers *Hoppla, wir leben!* – eine Revue, die einen für acht Jahre ins Irrenhaus eingesperrten Revolutionär mit der Welt von 1927 konfrontierte. Der junge Dichter, dessen Dramen *Die Wandlung*, *Masse Mensch* und *Die Maschinenstürmer* bereits große Erfolge gewesen waren, hatte gerade selbst fünf Jahre Festungshaft hinter sich gebracht – als Belohnung dafür, daß er in den Münchner Revolutionstagen an der Spitze einer schon verlorenen Sache das Schlimmste verhindert hatte.
An diesem Stück konnte Piscator alle Kunstgriffe des »epischen Theaters«, wie er es anstrebte, exemplifizieren. Es bot die Möglichkeit zu einem sozialen und politischen Aufriß einer ganzen Epoche. »Man kann nichts gegen die bürgerliche Weltordnung beweisen, wenn die Beweise nicht stimmen, und sie stimmen nicht, wenn das Gefühl den Ausschlag gibt ... Für den Zweck unseres Theaters muß auch das Gefühl klar eingeordnet, von allen Seiten sichtbar wie unter einer Glasglocke, dem Zuschauer bewußt gemacht sein ... Der philosophisch-pädagogische Dichter bespiegelt in seinem Werk nicht mehr sich selbst, die Zeiten der Ich-Kunst sind vorbei. Eine unpersönliche, sachliche Beziehung zwischen dem Autor und seinen Figuren ermöglicht erst die Klarlegung ihrer geistigen Struktur, ihrer Bedeutung, ihres Wertes.« Piscator schuf eine Bühnenform, die diese Gedanken präzisierte und sichtbar machte: einen Etagenbau mit vielen verschiedenen Spielplätzen über- und nebeneinander, und von dramaturgisch-funktioneller Bedeutung war in starkem Maß wieder der Film: neun Jahre mußten gezeigt werden mit all ihren Schrecken, Torheiten, Belanglosigkeiten, ein Begriff mußte gegeben werden von der Ungeheuerlichkeit dieses Zeitraums.
Allein für diesen Zwischenfilm entstand ein Manuskript, das gegen vierhundert Daten der Politik, Wirtschaft und Kultur, Gesellschaft, Sport, Mode usw. umfaßte. Zum Stück selbst wurde ein regelrechtes Filmmanuskript hergestellt, das eine wochenlange historische Vorarbeit erforderte. Aufgrund dieser Manuskripte, die im dramaturgischen Büro ausgearbeitet wurden, entstanden wiederum richtige Drehbücher von Curt Oertel, der die Filmarbeit zu *Hoppla* leitete. Etwa 3000 Meter Film wurden gedreht, von denen natürlich nur ein kleiner Teil Verwendung fand. Der Hof des Theaters, die Straße und der Platz davor waren für zwei Wochen Schauplatz dieser Filmaufnahmen. In den Tagen vor der Premiere erfüllten noch bis drei Uhr nachts die Jupiterlampen den ganzen Gebäudekomplex mit gleißender Helligkeit. Szenen in einem Obdachlosenasyl, ein Gang von

Fabrik zu Fabrik wurden hier, eine Übergabe von Panzerschiffen an den Arbeiter- und Soldatenrat auf dem Dach des Theaters gedreht. Daneben war eine kleine Kolonne ständig in den Archiven der großen Filmgesellschaften auf der Suche nach authentischen Metern aus den letzten zehn Jahren. Eine der film- und spieltechnisch interessantesten Szenen war die in einem Hotel: hier waren Lautsprechermeldung, Schauspielertext und Filmbild zusammengekoppelt, der Film mußte mit beiden, wie wir heute sagen, synchronisiert werden. Das Röntgenbild eines schlagenden Herzens ging zurück auf den damals sensationellen Versuch einer radiotelegraphischen Herzdiagnose, die über Bordfunk eines Ozeandampfers vorgenommen worden war. Neben dem dokumentarischen Film schließlich sollte auch der gegenstandslose zur Anwendung kommen: anstelle einer Musik der Töne eine »Musik der Bewegung«.

»An diesem Abend«, faßte Piscator zusammen, »hatte sich das politische Theater durchgesetzt, und mit dem Gefühle einer grenzenlosen Entspannung gingen wir nach Hause, um endlich auszuschlafen, nach vier langen, höllischen Wochen.«

Die Kritik von links bescheinigte der mitreißenden Aufführung ungewöhnliche Kraft und Mut zu neuen Wegen, sie sei eine große Leistung, ein von phänomenaler technischer Phantasie geschaffenes Wunder. In der Kritik von rechts hingegen hieß es: »Die wahnwitzige Hetze Piscators gegen alles, was den Deutschen ehrwürdig und heilig ist – wir sehen sie sogar bei seinen *Räubern* im Staatstheater, stärker noch bei dem *Gewitter über Gottland* in der Volksbühne. Herr Piscator schafft sich aber seine Einlagen, er richtet sich sein kommunistisches Aufpeitschungskino ein, und nun er sein eigenes Theater hat, kann er ja tun und lassen, was er will. Kein Wunder, daß es da am Sonnabend so toll bei ihm herging, daß es kaum noch zu überbieten war.« Und: »Die Eröffnung der Piscator-Bühne hat das drängende Problem unserer unseligen kulturellen Entwicklung lawinenartig ins Rollen gebracht. Begriffe der Sittlichkeit, der Religion, der inneren Erhebung, der Ästhetik, der seelischen Vertiefung scheinen überhaupt kein Empfinden mehr zu wecken . . . Nicht ruhen darf die Aufklärung und die Gegenwehr gegen die Unterminierung unseres Kulturlebens. Eine wichtige Rolle spielt dabei die christliche Erziehung unserer Jugend, und es ist erfreulich, daß immer mehr Stimmen auch aus dem anfangs sehr kritischen volksparteilichen Lager die große Bedeutung des Keudellschen Schulgesetz-Entwurfes erkennen.«

Es war dies der erste von vielen ärgerniserregenden Erfolgen im Theater am Nollendorfplatz. Von allen Aufführungen dieser Spielzeit hatte das *Rasputin*-Drama von Alexej Tolstoj das stärkste Echo, die eindeutigste Wirkung – brachte aber auch zwei Prozesse ein: ein

Generalkonsul Dimitri Rubinstein und der Ex-Kaiser Wilhelm II. hatten wegen »falscher Charakterisierung« und »karikaturistischer Verzerrung« einstweilige Verfügungen erwirkt. Piscator verlor zwar diese Prozesse, aber er verlor sie gern: »Als Geschäftsführer der GmbH bin ich noch lange Zeit sowohl von Rubinsteins wie von Wilhelms Gerichtsvollziehern wegen der Gerichtskosten heimgesucht worden.«

In Piscators Inszenierung einer Bühnenfassung des Romans *Die Abenteuer des braven Soldaten Schwejk* von Jaroslaw Hašek, an der auch Brecht mitgearbeitet hatte, spielte vor den Bühnenbildern von George Grosz Max Pallenberg die Titelrolle – und seine Darstellung ist legendär geworden: »Schauspielerischer Mittelpunkt ist Pallenbergs Schwejk, die wunderbare Gestaltung einer Volksfigur, von der suggestive Wirkung ausgeht, als hätte sie tatsächlich in Prag existiert; er hat etwas von einem unschuldig leidenden, guten Tier, das nicht weiß, nicht wissen kann, weshalb es so viel Ungemach ernten muß. Im Blick, in der Stimme zuweilen etwas von unendlicher Demut und Traurigkeit, ein armer Bursch von Schlemihls Gnaden aus dem Geschlecht der Candide und Eulenspiegel zugleich. Es spricht für Piscator, daß ein so einzigartiger Schauspieler wie Pallenberg zu ihm gefunden hat, es spricht noch mehr für ihn, daß Pallenberg sich einfügt, sich beherrscht.« Für den Regisseur war er der ideale Schwejk, kein anderer in Deutschland war in Betracht gekommen: »Er war bei uns ganz und gar nicht der ›Star‹ im üblichen Sinne. Es bedurfte für ihn, der seine entscheidende Prägung in der Schule Reinhardts erfahren hatte, einer gewaltigen inneren Anstrengung, um dieser neuen mathematischen Art des Theaterspiels gerecht zu werden. Er vollzog diese Umstellung mit erstaunlicher Leichtigkeit und Elastizität und gestaltete vom Schauspielerischen her eine Figur, die man ohne Übertreibung zu den unsterblichen Figuren der Theatergeschichte rechnen kann.«

Es war freilich etwas fast grotesk Widersinniges in diesem späten Triumph des linksorientierten Theaters. Piscators jährliches Aufführungsbudget von einer halben Million Mark war ihm von einer berühmten, mit einem steinreichen Kunsthändler verheirateten Schauspielerin garantiert worden, die zu gegebener Zeit eine Rolle ihrer Wahl in einer seiner Inszenierungen erhalten sollte, und wenn Piscators Frau von ihres Mannes neuem Erfolg erzählt, vermerkt sie frei von Ironie, daß die juwelenbehängten Neureichen unerhörte Summen für ihre Premierenkarten zahlten.

Piscator träumte noch weitere Träume. Er führte Verhandlungen über den Kauf eines Grundstücks nahe dem Halleschen Tor, dem Schauplatz wütendster Kämpfe während des Spartakus-Aufstandes, und beauftragte Walter Gropius mit den Entwürfen zu einem Neubau, den sie das »Totaltheater« nannten. Es gibt diese Pläne noch und Gropius' Bericht dazu: »der einbruch der neuen baugesinnung in die räumliche welt des theaters ist bis heute nur spärlich bemerkbar geworden ... als erwin piscator mir die planung seines neuen theaters übergab, stellte er mit der kühnen selbstverständlichkeit seines ungebrochenen temperaments eine fülle utopisch erscheinender forderungen auf, die darauf abzielten, ein technisch hochentwickeltes, variables theaterinstrument zu schaffen, das den veränderlichen anforderungen verschiedener spielleiter genüge und das in hohem grade die möglichkeit biete, die zuschauer aktiv an dem szenischen geschehen teilnehmen zu lassen, um es für sie wirksamer zu machen. dieses bühnenraumproblem hatte mich und meine freunde am bauhaus seit langem beschäftigt. der willkommene auftrag piscators und die hartnäckigkeit seiner forderungen brachte die endliche lösung, die nun vor ihrer bauverwirklichung steht. mein ›totaltheater‹ (d. r. p. a.) ermöglicht es dem jeweiligen spielleiter mit hilfe sinnreicher technischer einrichtungen innerhalb derselben vorstellung auf der tiefenbühne oder auf dem proscenium oder auf der rundarena bzw. auf mehreren dieser bühnen zugleich zu spielen. das ovale zuschauerhaus ruht auf zwölf schlanken säulen. hinter drei säulenintervallen einer ovalspitze ist die dreiteilige tiefenbühne angeordnet, die zangenartig die vorgeschobenen zuschauerreihen umfaßt, ein doppelreihiges horizontales paternosterwerk fahrbarer bühnenwagen ermöglicht einen sehr schnellen, sehr häufigen wechsel der scenerien unter vermeidung der nachteile einer drehbühne ... eine vollständige verwandlung des hauses tritt aber ein, wenn die große parkettscheibe um ihren mittelpunkt um 180 grad gedreht wird! dann liegt die in ihr eingebettete, versenkbare kleine scheibe als allseitig von ansteigenden zuschauerreihen umgebene rundarena zentrisch in der mitte des hauses! auch während der vorstellung kann diese drehung maschinell vollzogen werden! ... die mechanisch-maschinellen mittel zur verwandlung der spielebenen werden wirksam ergänzt durch das mittel der lichtprojektion. piscator hat sich in genialer weise bei seinen inscenierungen des films bedient, um die illusion scenischer darstellungen zu verstärken. seiner forderung, allenthalben projektionsebenen und filmapparate einzuordnen, habe ich besonderes interesse entgegengebracht, da ich im vorgang der lichtprojektion das einfachste und wirksamste mittel moderner bühnenscenerie erblickte. denn in dem neutrum des verdunkelten bühnenraums kann man mit licht bauen und mit abstrakten oder gegenständlichen lichtbildmitteln – im standbild oder im bewegten bild – scenische illusion schaffen, durch die sich das reale theaterrequisit und die kulisse zum größtenteil erübrigt ... ich kann auch den gesamten zuschauerraum – wände und decken – unter film setzen (d. r. p. a.). zwischen den zwölf tragsäulen werden zu diesem zweck projektionsschirme ausgespannt, auf deren transparenten flächen aus zwölf filmkameras zu gleicher zeit von rückwärts gefilmt wird, so daß sich die zuschauerschaft z. b. mitten im wogenden meer befindet oder allseitig menschenmassen auf sie zulaufen ... das ziel dieses theaters besteht also nicht in der materiellen anhäufung raffinierter technischer einrichtungen und tricks, sondern sie alle sind lediglich mittel und zweck, zu erreichen, daß der zuschauer mitten in das scenische geschehen hineingerissen wird, seinem schauplatz räumlich zugehört und ihm nicht hinter den vorhang entrinnen kann ... es ist die große raummaschine, mit der der leiter des spiels je nach seiner schöpferischen kraft sein persönliches werk gestalten kann.«

Piscator, nunmehr fünfunddreißig, war eine Berühmtheit geworden. Gewiß erinnerte er sich beim Studium der Gropiusschen Pläne an seine Anfänge in den übelriechenden Bierlokalen der Arbeiterviertel. Der Kapitalismus hat freilich auch seine Gesetze, und Piscator vermochte niemals genügend Geld aufzubringen, um die von ihm und Gropius entworfene spektakulär neue Theaterform zu verwirklichen.

Brechts Vorstellung vom idealen Theater war etwas anders. So wünschte er sich den Zuschauerraum hell erleuchtet, das Publikum sollte frei herumgehen und jedermann seine Zigarre rauchen dürfen. Sein »Verfremdungseffekt« sollte das Bewußtsein, in einem Theater zu sitzen und eine Vorführung zu beobachten, wach erhalten und vor einer Anteilnahme an einer simulierten Wirklichkeit bewahren. Marshall McLuhan vorwegnehmend, wünschte er sich das Theater »kühl«. Die Schauspieler sollten keine Charaktere »darstellen«, sondern sie nur »vorführen«, ohne eigene Beteiligung. Es sollte wieder ein Volksfest werden, wie der Zirkus oder wie ein Pferderennen oder der Boxkampf vor allem. Wir sind heute von Ausscheidungskämpfen etwas übersättigt, wir kennen die Namen der großen erfolgreichen Schwergewichtler und einiger Mittelgewichtler und vergessen darüber, daß das Boxen früher einmal verboten war und den Reiz des Verbotenen hatte. George Bernard Shaw stellte – 1886 – einen Preisboxer mit der »Widerstandsfähigkeit eines Stiers und der Grausamkeit eines Schlächters« in den Mittelpunkt eines satirischen Romans, Hemingway beschrieb eindrucksvoll zwei Prostituierte, die sich darüber streiten, wer mit dem großen Stanley Ketchel geschlafen hat, und in seiner »epischen Oper« Mahagonny stellt Brecht das Boxen bei der Katalogisierung der dortigen Laster fast an die Spitze seiner Liste sinnlicher Zügellosigkeiten.

In Berlin scheint diese Art roher Gewalt vor dem Ersten Weltkrieg noch nicht sonderlich bekannt gewesen zu sein – die Deutschen zogen indirekte Kämpfe vor, Turnen, Schwimmen, Leichtathletik. Als aber regelrechte Boxwettkämpfe aufkamen, wurde diese Kombination von Gewandtheit und Gewalt sehr rasch populär. Zuerst fanden sie im Zirkus Busch statt und dann im Sportpalast, und sie waren weniger ein Spektakel für das Volk als ein stimulierendes Schauspiel. Der Kronprinz wohnte ihnen regelmäßig bei, umgeben von Theatervolk, und wenn der Kunsthändler Alfred Flechtheim, führend auf dem Gebiet der Moderne, eine neue Ausstellung eröffnete, rahmte er sie gern mit ein oder zwei prominenten Champions ein. Hans Breitensträter, einst ein erfolgreicher Mittelgewichtler und bis heute von den Berlinern geliebt, weiß noch, wie Flechtheim anläßlich seiner ersten Picasso-Ausstellung ihm empfahl: »Hänschen, kauf dir eins von diesen Bildern und bewahr's gut auf – du wirst damit ein reicher Mann werden.«

Es war die Ära der Jack Dempsey und Gene Tunney, und Berlin war von ihrem Furor noch nicht vollends ergriffen. Dafür gab es auf Rummelplätzen und in Vergnügungsparks um so mehr Volksbelustigungen sportlicher Art, doch nicht alles war provinziell. Walter Slezak schmeckt der Name »Caracciola« wie Honigseim auf den Lippen: »Caracciola war der große Mercedes-Fahrer, er machte die Marke Mercedes weltberühmt, ich habe ihn noch als Sieger auf der Avus erlebt. Jetzt haben sie ihm zu Ehren ein Museum in Indianapolis errichtet, und seine Witwe, die hier in der Nähe lebt, war zur Eröffnung drüben. Und dann war ich dabei, als Max Schmeling den Meisterschaftstitel damals noch im Mittelgewicht gewann, im Luna-Park. Keiner von uns ahnte, daß er einmal Weltmeister im Schwergewicht werden könnte.«

»Berlin hatte seine Fassade aufgeputzt und frisch gestrichen. Das Angefressene und Abbröckelnde, das viele Häuserfronten in der Nachkriegszeit noch an sich hatten, war verschwunden. Alles wirkte ganz neu – ein wenig zu neu vielleicht, wie just von der Stange gekauft, aber flott und schnieke.

Es gab eine neue ›Kurfürstendamm-Gesellschaft‹, deren Partys protziger und exklusiver waren als die der guten alten Haifische von 1920 und sich dafür in einem noch krasser aufgetragenen Zynismus gefielen. ›Der Moissi? Mit dem hab ich geschlafen, alte Schule‹, hörte ich die Tochter des Hauses bei einer Tanzgesellschaft sagen, zu der ich eingeladen war. Dort war, als Spruchband, in großen Lettern um die Wände herum ein Satz angemalt: ›Liebe ist die sinnlose Überschätzung des minimalen Unterschieds zwischen einem Geschlechtsobjekt und dem andern.‹ Die Mädchen, die zum Servieren der Getränke engagiert waren, gingen nackt, mit seidegestickten Höschen immerhin.

Sie waren nicht wie die ›Bunnies‹ in modern-amerikanischen Animierlokalen nur zum Anschauen und Aufreizen da, sondern auch zum Anfassen, das war mitbezahlt.«

So, leicht zynisch, Carl Zuckmayer, der eben in die Hauptstadt zurückgekehrt war. »Brecht sagte, wir müssen nach Berlin. Nur dort wird die Theaterschlacht geschlagen.« In diesem Jahr inszenierte Max Reinhardt die *Heilige Johanna* von Shaw, mit Elisabeth Bergner – es war die Uraufführung, einige Tage vor der Londoner Premiere –, und Pirandellos *Sechs Personen suchen einen Autor*, mit Pallenberg als Theaterdirektor.

»Viele große Schauspieler Berlins standen da auf der Bühne, und ich saß auf den Proben – erregt, gefesselt, fasziniert – und sah ihm beim ›Zaubern‹ zu . . . Auf dem ehrwürdigen Alt-Berliner Pflasterhof vor den beiden Theatern, der damals noch durch eine Häuserfront und durch zwei tunnelartige Ein- und Ausfahrten von der eng bewohnten Schumannstraße getrennt war, standen immer Gruppen und Grüppchen von Schauspielern herum, ganz großen und ganz kleinen, von Stars und Anfängern, Prominenten von gestern und morgen, von Regisseuren und Bühnenmalern, Dramatikern oder deren Larven und Embryos. Hier wurde debattiert und gestritten, gespottet, geschimpft, gelacht, wurden neue Stücke besprochen – hier in diesem Hof und in dem stallähnlichen Eingang zu den Garderoben, der auch nach Stall roch, wehte Theaterluft, ein Hauch von jener vergangenen Komödiantengesellschaft, vor der man die Wäsche weghängt. Hübsche Frauen schritten vorüber, mancher Liebeshandel nahm hier seinen Anfang, mancher Freundschaftsbund wurde hier geschlossen.

Ich traf hier zum erstenmal mit Heinz Hilpert zusammen, der einmal Lehrer gewesen war und den wir schon vorher, in Berthold Viertels ›Truppe‹, als Schauspieler gesehen hatten, mit rohrspatzenfrech vorspringender Nase und einem auf Berliner Weise immer etwas schief gequetschten Mund. Auf dem Hof des Deutschen Theaters bot ich ihm damals eine bei einem wohlhabenden Verwandten frisch geklaute Havanna an – wir rauchten sie abwechselnd, denn ich hatte nur die eine –, noch nicht ahnend, daß dies eine symbolische Verbrüderungszigarre war, die ein Leben lang nicht mehr ausgehen werde.«

1928 war auch das Jahr, in dem Brechts *Dreigroschenoper* uraufgeführt wurde, in Ernst Josef Aufrichts Theater am Schiffbauerdamm. Aufricht hatte Brecht im Restaurant Schlichter getroffen und dabei erfahren, daß *Mahagonny* im Entstehen sei, daß aber sechs Szenen nach einem frühen englischen Singspiel vorlägen. Brechts Sekretärin Elisabeth Hauptmann, die besser als er die englische Sprache beherrschte, versorgte ihn ständig mit Informationen über die wichtigsten Literatur- und Theaterereignisse in England und in Amerika, und so hatte sie auch registriert, daß Anfang der zwanziger Jahre in London die *Bettleroper* des John Gay, eine scharfe Zeitsatire aus dem 18. Jahrhundert, eine erfolgreiche Wiederauferstehung gefunden habe. Sie bedrängte Brecht, den Text zu lesen, und übersetzte ihm einige Szenen, aus denen er ersehen konnte, wie nah dieses Werk seinen eigenen Intentionen kam. So machte er sich an eine modernisierte Fassung.

Am nächsten Tag ließ Aufricht das bisherige Manuskript, nur wenige Seiten, aus Brechts Wohnung abholen, las es und entschied sich sofort zu einer Annahme des Stücks – er wollte es noch im August des gleichen Jahres herausbringen. Brecht und Kurt Weill, ein bis dahin relativ unbekannter Komponist der Avantgarde, meinten die Arbeit nur fern von Berlin beenden zu können, mieteten für sich, ihre Frauen und Brechts kleinen Sohn Stefan ein Haus an der französischen Riviera. »Und die beiden schrieben und schrieben wie die Wilden, Tag und Nacht«, laut Lotte Lenya, »nur daß sie rasch einmal zum Schwimmen gingen.«

»Nein, daran erinnere ich mich nicht mehr«, schüttelt Stefan Brecht den Kopf. Jetzt Mitte Vierzig, lebt er in einem Haus in Greenwich Village: ein schmaler schlanker Typ, sehr leise, die Augen tief eingesunken, das Haar dicht und kräftig, er trägt einen taubenblauen Pullover und graue Wildlederschuhe. Ihn beschäftigt die Arbeit an einem Buch über Karl Marx. Er spielt auch an einem kleinen Theater des Off-Off-Broadway die Rolle eines Hermaphroditen, der sich mit sich selbst verheiratet. Wie sein Vater raucht er unentwegt Zigarren, aber jede sonstige Fortsetzung einer Tradition weist er achselzuckend zurück. »Ich bin auch kein Brecht-Experte«, betont er. Unser Gespräch treibt auf die Frage hin nach Brechts politischer Doppeldeutigkeit – der Doppeldeutigkeit beispielsweise eines Marxisten, der seinen Lebensunterhalt in Hollywood zu verdienen versucht – Brecht hatte gedichtet:

> Jeden Morgen, mein Brot zu verdienen
> Gehe ich auf den Markt, wo Lügen gekauft werden.
> Hoffnungsvoll
> Reihe ich mich ein zwischen die Verkäufer.

Der Doppeldeutigkeit auch des Marxisten, der vor dem Ausschuß zur Untersuchung antiamerikanischer Umtriebe Ende 1947 seine Aussagen machen mußte. »Mr. Brecht, waren Sie jemals oder sind Sie Mitglied der Kommunistischen Partei?« hatte ihn der Vorsitzende des Untersuchungsausschusses gefragt. »Nein«, hatte Brecht gesagt, und einen Moment lang herrschte daraufhin Schweigen. Und dann hatte Brecht noch hinzugesetzt, daß er niemals einer politischen Partei angehört habe, »und dem Vorsitzenden blieb nichts anderes übrig, als Brecht dafür zu danken, daß er sich als ›guter Zeuge‹ zur Verfügung gestellt habe«.

Und auch der Doppeldeutigkeit, die aus dem *Jasager* (1929) einen *Neinsager* (1930) werden ließ – aus einem Preislied auf die Disziplin einen leidenschaftlichen Protest gegen starre Traditionen:

»Die Antwort, die ich gegeben habe, war falsch, aber eure Frage war falscher. Wer a sagt, der muß nicht b sagen. Er kann auch erkennen, daß a falsch war . . . Und was den alten Brauch betrifft, so sehe ich keine Vernunft an ihm. Ich brauche vielmehr einen neuen, großen Brauch, den wir sofort einführen müssen, nämlich den Brauch, in jeder neuen Lage neu nachzudenken . . .«

»Ja, ich glaube, ich verstehe das«, nickt Stefan Brecht. »Die Heuchelei ist gemeint, ein Nein zu denken, aber ein Ja zu tun. Und wie viele Leute machen's so! Tragen ein blütenweißes Hemd und eine Krawatte dazu. So tun sie ihr Ja. Aber trotzdem meine ich die Geschichte zu verstehen.« Stefan Brecht lächelt unbestimmt. »Obwohl das vereinbar mit Nichtverständnis wäre. Vielleicht ist die Geschichte eigentlich humoristisch gemeint, so etwas wie ein Spiel. Vielleicht wird gar keine Meinung vorausgesetzt. Einzige Aufgabe einer Dichtung ist einfach die, eine Komplexität auszudrücken. Das sind Hegelsche Situationen, Gegensätze, die einander bedingen.«

»Kehren wir zum spezifischen Fall zurück. Als Ihr Vater nach Kriegsende nach Deutschland zurückkehrte – warum wählte er den Osten lieber als den Westen?«

»Gab's eine andere Wahl?«

»Doch, durchaus.«

»Ich denke darüber anders.«

»Warum?«

»Weil es keine Wahl gab. Wenn Leute meinen, sie hätten eine Wahl, so irren sie sich.«

»Aber es gibt immer Alternativen, und Sie können immer die eine oder die andere wählen.«

»Das ist doch alles Metaphysik«, entgegnet der Sohn Bertolt Brechts mir heftig, »und ich spreche aus Erfahrung. Wenn Sie nicht verstehen können, was ich sage, kann ich nichts dazu tun.«

Unten in der Küche ist Mrs. Brecht mit der Suppe beschäftigt, brät Hammelfleisch und röstet Zwiebeln und Bohnen mit Butter und Kräutern, und zwei kleine Kinder streichen herum und mischen sich einen Nachtisch nach einem Geheimrezept, wie sie sagen. Ein Geräusch im oberen Stock, und Mrs. Brecht verschwindet für einen Moment und kommt dann mit einer mächtigen Gans im Arm zurück, nicht mit einem Stofftier, sondern mit einer echten Gans, die ihren langen wei-

ßen Hals erschrocken hin und her dreht. Mrs. Brecht setzt sie bei der Küchentür ab und entläßt sie in den Garten. »Die Kinder haben sie in die Schule mitgenommen, als sie noch ganz klein war«, erklärte Stefan Brecht, »sie haben sie großgezogen.«
Die Dreigroschenoper wurde zu einem der stärksten und nachhaltigsten Erfolge der zwanziger Jahre. Über ein Jahr lang wurde sie allabendlich im Schiffbauerdammtheater vor ausverkauftem Haus gespielt und trat dann ihren Siegeszug an um die Welt. In New York stand sie ab 1954 sieben Jahre lang ununterbrochen auf dem Spielplan des Theatre de Lys und schlug mit weit mehr als 2200 Aufführungen alle bisherigen Rekorde dieser Art. Allerdings darf eine Kritik zu Recht danach fragen, ob das verehrliche Publikum sich jemals der satirischen Absicht, der Verhöhnung der Sentimentalität in den Liebesduetten, der proudhonistischen Gleichsetzung von Eigentum und Diebstahl, Kapitalismus und Straßenräuberei bewußt wird . . . Einer der Premierenbesucher, noch den frenetischen Applaus in den Ohren, hatte auf dem Heimweg zu seiner Frau gesagt, das lasse ihn an die erste Aufführung von Beaumarchais' *Hochzeit des Figaro* drei Jahre vor Ausbruch der französischen Revolution denken: »Natürlich habe ich das Lied der Seeräuber-Jenny nie vergessen. Aber wenn jemand sagte, daß das Kulturbolschewismus sei, so könnte ich nicht behaupten, daß er so ganz unrecht hätte.«

Ironischerweise auch erfreuten sich gerade in diesem Jahr 1928, als Brecht und andere Radikale wider die Sünden der Weimarer Republik agitierten, die Deutschen eines solchen Maßes an Freiheit und wirtschaftlichem Gedeihen, wie sie es während des vergangenen Jahrzehnts nicht gekannt hatten. Die Reichstagswahl zeigte einen leichten Trend nach links, und die Sozialdemokraten traten unter der Kanzlerschaft ihres Vorsitzenden Hermann Müller zum erstenmal wieder seit 1923 in die Regierung ein. Die Nationalsozialisten errangen statt bisher 14 nur noch 12 der insgesamt 500 Mandate. Eines von ihnen war an Dr. Joseph Goebbels gefallen, und er sah darin den Anfang einer neuen Art von Drama: er betrachte sich nicht als nur irgendein Volksvertreter, der damit einen Freifahrschein auf der Eisenbahn und die parlamentarische Immunität genieße. Er führe den Kampf weiter, sagte er, und die Worte klingen seltsam ähnlich denen aus dem Munde Brechts, als eines Mannes, der die Wahrheit ausspricht: »Er unterscheidet sich von den übrigen Sterblichen dadurch, daß ihm erlaubt ist, laut zu denken. Er kann einen Scheißhaufen einen Scheißhaufen nennen, und braucht nicht zu verhehlen, daß damit der Staat gemeint ist. Aber dies ist erst ein Vorspiel. Sie werden eine Menge Freude an uns haben. Das Schauspiel kann beginnen.«

Das war zunächst leere Großmannssucht. Die Reichstragsfraktion der NSDAP bildete nur erst ein jämmerliches Häufchen, und eine sonderliche Gefahr schien sie kaum zu sein. Im gleichen Jahr beendete der einstige britische Botschafter in Berlin, Viscount D'Abernon, seine Memoiren, und der diplomatische Korrespondent des Londoner *Daily Telegraph* versah sie mit erläuternden Anmerkungen. Der Erwähnung eines »Herrn Hitler« war eine Fußnote angefügt: »Hitler, Adolf ... Fand 1922 Beachtung, kurz vor dem Staatsstreich Mussolinis in Italien, durch die Gründung der sogenannten Nationalsozialistischen Deutschen Arbeiterpartei, in geschickter Ausnutzung antisemitischer und antibolschewistischer Strömungen ... Im Sommer 1923 gemeinsam mit General von Ludendorff Anführer des Aufstandes in Bayern, aber bald darauf verhaftet ... Wurde nach sechs Monaten auf Ehrenwort wieder freigelassen, danach in Vergessenheit geraten.«

KAPITEL XIII

»So schön wird es nie wieder sein ...«
1929

Man sprach von Berlin ... wie von einer sehr begehrenswerten Frau ...
Wir nannten sie arrogant, versnobt, parvenühaft, kulturlos, ordinär. Insgeheim aber sah sie jeder als das Ziel seiner Wünsche: der eine füllig, mit hohem Busen in Spitzenwäsche, der andere schlank mit Pagenbeinen in schwarzer Seide, Unmäßige sahen beides, und der Ruf ihrer Grausamkeit reizte erst recht zum Angriff ... Wer Berlin hatte, dem gehörte die Welt.

Carl Zuckmayer

Josef von Sternberg – in Wien noch ohne Adelsprädikat geboren – kam auf dem Umweg über Hollywood nach Berlin. An einem Augusttag des Jahres 1929 stieg er am Bahnhof Zoo aus dem Zug; er war nach Deutschland gekommen, um einen UFA-Film zu inszenieren. Unter den Filmleuten, die sich zur Begrüßung auf dem Bahnsteig versammelt hatten, befand sich auch sein Star – Emil Jannings. Während der Dreharbeiten für ihren gemeinsamen Film »Der letzte Befehl« in Hollywood waren sie sich derart in die Haare geraten, daß sie geschworen hatten, nie wieder miteinander zu arbeiten. »Ich mache keinen Film mehr mit Ihnen, Jannings«, hatte Sternberg erklärt, »und wenn Sie der letzte überlebende Schauspieler der Welt wären!« Doch seitdem waren zwei Jahre vergangen, und Jannings, in größten Ängsten vor diesem seinem ersten Tonfilm, hatte Sternberg telegrafisch gebeten, die Regie zu übernehmen. Und Sternberg, geschmeichelt, hatte zugesagt, ohne zu wissen, welchen Stoff man projektierte. Erst nach seiner Ankunft erfuhr er, daß es sich um die Rasputin-Story handle. Aus nie ganz geklärten Gründen wies Sternberg das Projekt zurück und schickte sich an, nach Amerika zurückzukehren. Jannings und die übrigen protestierten heftig und versprachen, einen anderen ihm zusagenden Stoff zu finden. Was sein eigenes Verhalten während der Dreharbeiten anbelangte, so versprach der Star, »daß diesmal alles anders sein werde«.

Der Glanz des Namens Jannings ist heute etwas verblichen, und die Filmchronisten pflegen einen Charlie Chaplin und eine Greta Garbo als die besonderen Publikumsfavoriten der zwanziger Jahre zu nennen, doch Jannings stand durchaus auch in der ersten Reihe. Wer ihn in Ernst Lubitschs »Madame Dubarry« als Ludwig XV. oder in

F. W. Murnaus »Faust« als Mephisto gesehen hat, behielt ihn als einen der großen Filmschauspieler unserer Zeit im Gedächtnis. Als die Paramount ihn 1926 nach Hollywood engagierte, zahlte sie ihm nicht nur die außerordentliche Jahresgage von 400 000 Dollar, sondern stellte ihm auch ein repräsentatives Haus samt Dienerschaft zur Verfügung. Er hatte ständig einen Kreis von ausgewanderten Europäern um sich und inszenierte viele Feste, bei denen er seine Gäste mit Schweinebraten, Schokoladetörtchen und Champagner traktierte. Für seine Rolle in »Der Weg allen Fleisches« gewann er zwar den ersten Oscar, der je einem Schauspieler verliehen wurde, aber er gehörte auch zu den ersten Opfern des aufkommenden Tonfilms – nicht etwa seiner Stimme wegen, sondern weil er nicht Englisch konnte oder nicht lernen wollte. Er kehrte heim und triumphierte nun auch auf der sprechenden Leinwand, doch im Laufe der Jahre fiel er seiner eigenen Selbstherrlichkeit zum Opfer. Versprechungen und Schmeicheleien der Nationalsozialisten verlockten den eitlen Mann, der ideologisch gar kein Nazi war, als »arischer« Künstler in der Filmhierarchie des Dritten Reiches eine erste Rolle zu spielen. Nach Kriegsende glaubte man seinen einfältigen Entschuldigungen nicht, und als er bald darauf starb, trauerte kaum jemand um den Schauspieler, der zwei Jahrzehnte lang nur von Bewunderern umdrängt gewesen war.

Jannings bemühte sich einen Stoff zu finden, der ihn und auch Sternberg begeistern könnte. Die Wahl fiel auf Heinrich Manns Roman »Professor Unrat«, aus dem Jahr 1905, die Geschichte eines älteren, sittenstrengen Provinzschulmeisters, der den Reizen einer Tingeltangelsängerin zum Opfer fällt.

Sternberg akzeptierte den Stoff, aber wollte den Schluß geändert wissen; er unterbreitete Heinrich Mann seine Vorschläge, und dieser stimmte zu. Dann begann die Drehbucharbeit. Sternberg behauptet heute, er selber habe das Manuskript diktiert. Natürlich stellte jedoch die UFA eine Reihe prominenter Autoren zur Verfügung, darunter Carl Zuckmayer. Zuckmayer erklärte später, das Drehbuch stamme eigentlich aus seiner Feder, was Sternberg kategorisch in Abrede stellt – Zuckmayers Beitrag sei kaum erwähnenswert. Wie dem auch sei, die besten UFA-Ausstatter begannen Kostüme und Dekorationen zu entwerfen, und Friedrich Holländer machte sich an die Komposition der Songs, die die verführerische »Rosa Fröhlich« im Film zu singen hatte. Im Roman trägt sie zwar diesen Namen, aber die Filmgewaltigen beschlossen, sie – in Anlehnung an Wedekinds »Lulu« – Lola zu taufen.

Sternberg sah sich Hunderte möglicher Darstellerinnen an, aber keine fand Gnade vor seinen Augen. Als der Drehbeginn immer näher rückte und noch immer keine Partnerin für Jannings gefunden war, verbreitete sich allgemeine Nervosität; man argwöhnte, daß es die von Sternberg gesuchte Frau gar nicht gebe. Sternberg selbst berichtet, daß ihn beim Durchblättern eines Schauspielerkatalogs eine Photographie einen Moment lang stutzig machte; als er aber seinen Assistenten nach dieser jungen Marlene Dietrich fragte, habe dieser achselzuckend gesagt: »Der Popo ist nicht schlecht, aber brauchen wir nicht auch ein Gesicht?« Zufällig sah der Regisseur kurz danach Marlene Dietrich auf der Bühne in dem Revuestück Georg Kaisers »Zwei Krawatten«, mit der Musik von Mischa Spoliansky. In seinen Memoiren schreibt Sternberg: »Hier war das Gesicht, das ich suchte!«

Marlene Dietrich liebt es heute nicht, noch als Filmstar angesehen zu werden. Seit langem filmt sie nicht mehr, sondern ist der Star ihrer eigenen Bühnenshow. »Das ewige Geschwätz über die legendäre Marlene und die legendären Filme Sternbergs langweilt mich«, bekennt sie. »Das war das Schöne auf meiner Rußlandtournee – niemand verlangte Lieder aus dem ›Blauen Engel‹, weil der ›Blaue Engel‹ dort noch nie gespielt worden ist. Die Filme von damals waren ihrer Zeit angemessen, sie waren in Ordnung, aber man soll ihre Bedeutung nicht hochspielen.«

Doch was sie auch sagen mag, sie ist eine legendäre Figur geblieben – ein Mythos der Filmgeschichte, auch wenn man den Vamp von ehedem in der Siebzigjährigen auf den ersten Blick nicht gleich erkennen mag. Sie stammte aus einer preußischen Beamtenfamilie und beschloß während der Ausbildung zur Konzertgeigerin, Schauspielerin zu werden, änderte ihren Namen Maria Magdalena Lasch in Marlene Dietrich und versuchte in die Reinhardtschule aufgenommen zu werden, wurde jedoch abgewiesen. Aber sie gab nicht auf, arbeitete eine Zeitlang als Revuegirl, eine Gelegenheit, ihre schönen Beine zu zeigen, und schließlich gelang es ihr, doch bei Reinhardt unterzukommen, sie spielte dann sogar die Hippolyta im »Sommernachtstraum«. Im Film hatte man ihr bis dahin jahrelang kleine Rollen gegeben; erst in einem der letzten Stummfilme, in Kurt Bernhardts »Frau, nach der man sich sehnt«, spielte sie mit dem populären Harry Liedtke eine Hauptrolle, ebenso in »Ich küsse Ihre Hand, Madame«. Etwa zur gleichen Zeit trat sie in musikalischen Revuen auf wie in »Es liegt in der Luft« und jenen »Zwei Krawatten«. Sie war also schon arriviert, wenn auch noch kein erklärter Publikumsliebling, als sie Josef von Sternberg faszinierte.

Obwohl man ihm von allen Seiten erklärte, die Dietrich könne nicht spielen, bestellte Sternberg sie zu einem Gespräch. Sie schien keineswegs darauf versessen zu sein, die Rolle zu bekommen, sie war gewitzt genug, sich gegen Enttäuschungen zu wappnen; ihre Indifferenz und die sichtliche Verachtung, mit der sie auf den »Filmbetrieb«

herabsah, beeindruckte den Regisseur besonders. Jetzt erst merkte er auch, daß er es mit einer erfahrenen Schauspielerin zu tun hatte, die sich nur widerwillig der üblichen Routine unterwarf. Für Sternberg stand damit bereits fest, daß diese Frau die ideale Interpretin der »tollen Lola« war.

Wie in der gesamten westlichen Welt war auch für Berlin 1929 das Jahr einer euphorischen Prosperität. Seit die Mark sechs Jahre zuvor stabilisiert worden war, hatte das Geld nicht so locker gesessen. Deutsche Unternehmen erbauten mit Krediten neue Fabriken, die Länder und die großen Städte legten Anleihen auf, um Opernhäuser und Theater zu subventionieren, und die Kirchen errichteten mit geliehenem Geld neue Gotteshäuser. Als Mies van der Rohe den deutschen Pavillon auf der Weltausstellung 1929 in Barcelona aus Travertin, Onyx und chromverkleideten Säulen bauen wollte, nahm niemand daran Anstoß, daß er nicht für die Ewigkeit, sondern bloß für einige Monate Dauer bestimmt war. Die Reichsregierung borgte in Amerika, um an Frankreich fällige Reparationszahlungen leisten zu können. Die deutschen Löhne stiegen zwischen 1925 und 1928 um 20%, aber die Lebenshaltungskosten hielten mit ihnen Schritt. Wenn der Stand der Arbeitslosigkeit mit 650 000 auch noch nicht bedrohlich war, so erklomm die deutsche Auslandsschuld doch steile Höhen – bis zu 7 Milliarden Dollar.

Die deutsche Regierung sah sich nicht mehr imstande, ihren Reparationszahlungen nachzukommen. Während der ganzen zwanziger Jahre beherrschte die Frage der Reparationszahlungen die internationale Diplomatie; seit 1924 hatten die Deutschen nach dem Dawes-Plan an die Alliierten jährlich zweieinhalb Milliarden Mark zu zahlen und dafür eine Teilkontrolle ihrer Eisenbahnen eingeräumt, ferner die Steuereinnahmen für Tabak, Zucker und Spirituosen abgetreten. Erst 1929 trat der Young-Plan in Kraft; die Deutschen erhielten die volle Kontrolle über ihre Wirtschaft zurück und hatten nur mehr 2 Milliarden jährlich zu zahlen – allerdings für die Dauer von 59 Jahren.

Die internationalen Konferenzen und ihre günstigeren Ergebnisse machten zwar Schlagzeilen in den Zeitungen, aber den Durchschnittsbürger interessierten sie kaum. Nach jahrelangen Entbehrungen konnte die Bevölkerung einen neuen Wohlstand genießen; die Berliner saßen zufrieden auf Kaffeehausterrassen, kampierten an den Ufern von Wannsee und Müggelsee und tranken ihr Lieblingsgetränk, die »Weiße mit Schuß«. Doch nicht nur für Brot, auch für Spiele war gesorgt. Neben den Sechstagerennen mit den populären Figuren des »Heubodens« liebten die Berliner vor allem die Autorennen auf der

neuen Avus, die vom verlängerten Kurfürstendamm fast 20 Kilometer lang durch den Grunewald führte.
Die Errungenschaften der modernen Technik faszinierten die Berliner. Der Transatlantikflug Lindberghs hielt zwar die ganze Welt in Atem, aber in Berlin fand er seinen künstlerischen Niederschlag; Brecht schrieb ein Hörspiel über ihn, *Ozeanflug*, und Kurt Weill und Paul Hindemith komponierten die Musik dazu. Und nichts konnte die Berliner mehr begeistern als die Heldentaten Dr. Hugo Eckeners und der Flug seiner Zeppeline.
Seit der »Hindenburg« 1937 in Lakehurst verbrannte, nehmen wir Zeppeline nicht mehr ernst: seit jenem gräßlichen Unglück hat kein zahlender Passagier mehr ein solches Fahrzeug bestiegen. Damals verbrannten von den 97 Personen, die sich an Bord befanden, 35, darunter 13 Passagiere. Heute mögen diese Zahlen nicht mehr erschrekkend anmuten, aber in jenen Jahren war das Publikum noch nicht gewohnt, von Katastrophen in der Luft zu lesen, die weit mehr Opfer fordern.
Im Ersten Weltkrieg, als Kampfflugzeuge noch keine langen Strecken zurücklegen konnten, flogen Zeppeline bereits nach London und warfen Bomben ab. Nach Kriegsende verlangten die Alliierten die Auslieferung dieser Zeppeline, doch die Deutschen vernichteten sie. Daraufhin wurde ein allgemeines Konstruktionsverbot verhängt, und die Zeppelinwerft in Friedrichshafen begann Aluminiumkochtöpfe zu fabrizieren. Doch Dr. Eckener, schon seit 1905 Mitarbeiter des Grafen Zeppelin, gab nicht auf und schloß mit Washington ein Abkommen, für die amerikanische Marine einen neuen Zeppelin zu bauen. 1924 machte er mit einem neuen LZ-126 eine viertägige Tour durch Deutschland und flog dann nach New Jersey. Er wurde begeistert willkommen geheißen und vom Präsidenten Coolidge empfangen.
Ein Jahr darauf wurde das Konstruktionsverbot der Alliierten aufgehoben, und Eckener ging daran, seinen Traum vom Transatlantikverkehr in der Luft – für die damalige Zeit eine Utopie – in die Tat umzusetzen. Er appellierte an das gesamte deutsche Volk, die Herstellung eines neuen deutschen Luftschiffes zu ermöglichen, und es kam genügend Geld zusammen, um den »Graf Zeppelin« zu bauen, der mit 20 Passagieren über den Ozean fuhr. Obwohl es während dieser Fahrt zu einer Krisensituation kam und Eckeners Sohn Knud mit drei Freiwilligen über der stürmischen See ein beschädigtes Leitwerk ausbessern mußte, wagte Eckener 1929 eine Reise um die Welt, die er in 21 Tagen zu einem glücklichen Ende brachte. Daraufhin nannte ihn der New Yorker Bürgermeister Jimmy Walker einen der größten Männer unserer Zeit, und in Deutschland dachte man ernsthaft daran, ihn als Reichspräsidentschaftskandidaten aufzustellen.

Heute wissen wir, daß ein Zeppelin mit Helium gefüllt sein muß, um sicher fliegen zu können, und es ist bezeichnend für den überschwenglichen Optimismus der Deutschen, daß sie mit einem riesigen Ballon, mit dem höchst feuergefährlichen Wasserstoff gefüllt, um die Erde flogen. Die Gefahr, in der sie schwebten, war durchaus kein Geheimnis: während des Krieges hatten englische Techniker Brandgeschosse konstruiert, mit denen sie auf die Zeppeline schossen, und wenn ein solches traf, gab es meist keine Überlebenden. Doch angesichts der imponierenden Größe der Luftschiffe und der ununterbrochenen Erfolgsserie hielt man sie für unzerstörbar: und im Jahr der Euphorie 1929 galt nichts als unmöglich.

Wäre sonst denkbar gewesen, daß die Reichsregierung die Siegermächte mit Milliarden bezahlen zu können glaubte, die sie sich von eben diesen auslieh, und daß sie diese Manipulation jahrzehntelang fortsetzen wollte? Wer so etwas plausibel machen wollte, mußte schon ein überzeugender Redner sein, und das war Dr. Gustav Stresemann in hohem Maß.

Stresemann, aus der Großindustrie kommend, ursprünglich Nationalist und Anhänger Ludendorffs, hatte 1918 die liberale Deutsche Volkspartei gegründet und trat seit 1923 als Außenminister unbeirrt und geduldig für Demokratie und Frieden ein. Er wurde von rechts wie links befehdet; die Linken warfen ihm vor, die heimliche Aufrüstung der Reichswehr zu tolerieren, die Rechten beschuldigten ihn, die deutschen Interessen zu verschachern. Krönung seiner politischen Arbeit war die Aussöhnung mit Frankreich: mit seinem dortigen Amtskollegen Aristide Briand verband ihn eine echte Freundschaft, und 1926 erhielten die beiden Außenminister gemeinsam den Friedensnobelpreis.

Stresemann starb im Oktober 1929 an einer Nierenkrankheit und wurde wohl mit allen Ehren bestattet, doch der hinterhältige Widerstand gegen seine Politik der Versöhnung und des Ausgleichs hielt an. Hauptorganisator dieses Widerstandes war der dreiundsechzigjährige Industrielle Alfred Hugenberg, seit 1928 Vorsitzender der Deutschnationalen Volkspartei. Mit seinem Schnauzbart und seinem Stehkragen war er ein typischer Vertreter der wilhelminischen Großbourgeoisie, und tatsächlich hatte er seit 1909 als Vorsitzender des Finanzdirektoriums von Krupp gewirkt. Seit damals schon Millionär, aber während der Inflation noch reicher geworden, investierte er einen Großteil seines Vermögens in Zeitungsverlage, durch die er die Deutschen in seinem reaktionären Sinn beeinflussen zu können hoffte. Durch seine Beziehungen zur Großindustrie und zum Reichsbankpräsidenten Dr. Hjalmar Schacht standen ihm enorme Geldmittel zur Verfügung; der Hugenberg-Konzern umfaßte u. a. den Scherl-Verlag, mit sehr auflagenstarken Presse-Organen, die Telegraphen-Union und die UFA.

Wie alle Magnaten der deutschen Wirtschaft bekämpfte Hugenberg energisch den Versailler Vertrag und die aus ihm resultierenden Reparationszahlungen, und er beschloß, das neue Zahlungsabkommen durch einen Volksentscheid zu vereiteln. Er gebot wohl über Macht und Geld und einen bedeutenden Propagandaapparat, doch was ihm fehlte, war ein volkstümlicher Redner, der die Massen zu elektrisieren verstand. Man empfahl ihm einen vielversprechenden Agitator aus Bayern, und so kam es in Berlin zu einer ersten Begegnung zwischen dem alternden Konservativen und dem damals vierzigjährigen Adolf Hitler.

Hitler forderte für sich unbeschränkte finanzielle Unterstützung und volle Bewegungsfreiheit, aber Hugenberg war kein einfacher Verhandlungspartner und gab nichts so leicht aus der Hand, und erst nach längeren Verhandlungen einigten sich die beiden darauf, ein »Gesetz gegen die Versklavung des deutschen Volkes« in Vorschlag zu bringen, das sämtliche im Young-Plan vorgesehenen Kriegsentschädigungen verwerfen sollte.

Hitler half den Deutschnationalen durch eine intensive Kampagne, dieses Gesetz vor den Reichstag zu bringen, der es prompt ablehnte. Auch die Bemühungen, einen Volksentscheid gegen diesen Young-Plan durchzusetzen, scheiterten: von 40 Millionen stimmten 6 Millionen für die »Nationale Front«, und im März 1930 wurde die Annahme des Young-Plans vom Reichstag beschlossen und von Hindenburg unterzeichnet. Die erfolglose Kampagne kostete Hugenberg viel Geld und letztlich auch Prestige, aber im Gegensatz zu ihm hatte Hitler dank der Mitwirkung der Scherl-Presse beträchtliches Ansehen gewonnen und wurde zum erstenmal als Politiker ernst genommen, vor allem in den Kreisen der Großindustrie. Damit hatte Hitler sein taktisches Ziel voll erreicht, er machte Hugenberg für die Niederlage verantwortlich und brach mit den Deutschnationalen, um seinen eigenen Weg mit fanatischer Konsequenz fortzusetzen.

Doch die wenigsten Berliner scherten sich damals schon um den österreichischen Desperado mit dem komischen kleinen Bärtchen. Ihr Interesse galt weniger der Politik als dem Vergnügen. Touristen, die in dieser Zeit zum ersten Male nach Berlin kamen und erwarteten, ein arbeitsam verbissenes und langweiliges Volk vorzufinden, mußten zu ihrer Überraschung feststellen, daß sie sich inmitten einer Nation von Hedonisten befanden. Der populäre Schlager »Wochenend und Sonnenschein«, der überall gesungen wurde, war typisch für diese Zeit. Die Weekend-Bewegung hatte Deutschland erobert, und der letzte Modetrend war Nacktkultur.

In jenen Jahren lebte in Berlin jener arme junge Emigrant aus Rußland, der später als Autor von »Lolita« weltberühmt wurde – Vladimir Nabokov. Er erzählt die amüsante Geschichte von einem Sonnenanbeter, dem die Kleider gestohlen werden und der gezwungen ist, ohne Textilien durch Berlin zu irren. Als er sich an einen Polizisten wendet, weist ihn dieser streng zurecht: »Ob sie beraubt wurden oder nicht, es ist verboten, nackt auf der Straße herumzulaufen.«

Die Vergnügungsetablissements in Berlin wurden immer größer und aufwendiger. Das »Haus Vaterland« am Potsdamer Platz hatte unter einem Dach Gaststätten aus aller Welt, und im mehrstöckigen Tanzpalast »Femina« in der Nürnberger Straße spielten gleichzeitig mehrere Musikkapellen, während Rohrpost und Tischtelefone die Anknüpfung von Bekanntschaften erleichterten. Die Stimmung einer Stadt wird auch durch die Lieder charakterisiert, die sie singt. Bezeichnend für den Übermut der Zeit waren die sogenannten Blödel-Lieder. Ein Höchstmaß an Popularität erreichten Schlager wie »Ausgerechnet Bananen« und »Wer hat denn den Käse zum Bahnhof gerollt«, »Schatz, laß mich dein Badewasser schlürfen« oder »Mein Papagei frißt keine hart gekochten Eier« – eine Berliner Hausfrau soll ihr Dienstmädchen verklagt haben, weil es den Wellensittich der Familie aufgrund des Liedes tatsächlich mit harten Eiern zu Tode gefüttert hatte. Große Erfolge erzielten auch die aggressiven, die sozialkritischen Songs von Bert Brecht und Kurt Tucholsky und dann natürlich die sentimentalen Schlager wie »Ich küsse Ihre Hand, Madame«, schließlich Melodien der beliebtesten Lehár-Operetten, »Die lustige Witwe«, »Paganini«, »Zarewitsch«, »Das Land des Lächelns«. Wenn Richard Tauber mit zärtlichem Schmelz »O Mädchen, mein Mädchen, wie lieb' ich dich« sang, blieb kaum ein Herz ungerührt.
Die mehr als dreißig Theater Berlins waren zumeist ausverkauft und auch die Varietés Abend für Abend überfüllt. Im »Wintergarten« steppten die Tiller-Girls, in der »Scala« zeigte der »Hellseher« Erik Jan Hanussen seine Tricks, den die Nazis bald nach der Machtübernahme ermordeten, obwohl er ihren Triumph vorhergesagt hatte; Scala-Mädchen mit langen, schwarzen Seidenstrümpfen trugen zwischen den Darbietungen die Nummerntafeln über die Rampe. Im Großen Schauspielhaus entfesselten die »Drei Musketiere« und »Zum Weißen Rössl« Beifallsstürme, und Max Reinhardt gestaltete die »Schöne Helena« und »Hoffmanns Erzählungen« zu prächtigsten Monsterschauen.
Die scharfen Glossen, die mit oder ohne Musik auf den Kleinkunstbühnen dargeboten wurden, begeisterten die Zuhörer im »Tingeltangel«, in der »Katakombe« und in Willi Schaeffers' »Kabarett der

Komiker« am Lehniner Platz. Elegantes Kurfürstendammpublikum zog es aber auch in das populäre Rose-Theater oder in die »Lachbühne« im proletarischen Osten der Stadt, um dort den einzigartigen Volkskomiker Erich Carow zu bewundern und sich über seine skurrilen Späße zu amüsieren.

Wenn die Theater auch Tausende anlockten, so war die große Masse der Berliner doch vor allem kinonärrisch. Der Rundfunk war erst noch im Kommen, das Fernsehen noch nicht geboren: das »Theater des kleinen Mannes«, sein Lieblingsvergnügen war der »Kintopp«.

Heute wissen nur mehr Filmhistoriker, daß in den zwanziger Jahren der deutsche Film der Hollywoodproduktion überlegen und zudem künstlerisch richtunggebend gewesen ist. Vom »Kabinett des Dr. Caligari« reicht die Reihe der Meisterwerke über F. W. Murnaus »Letzten Mann« zu Fritz Langs »M – eine Stadt sucht einen Mörder«. Mit hochdotierten Verträgen lockten die großen amerikanischen Firmen deutsche Filmkünstler über den Ozean, Regisseure wie Murnau und Ernst Lubitsch, Schauspieler wie Emil Jannings und Conrad Veidt und Schauspielerinnen wie Pola Negri und Lya de Putti. Das Gros des Publikums interessierte sich freilich weniger für avantgardistische Ausdrucksformen als für simple Unterhaltung: es lachte über Verwechslungskomödien und Militärschwänke und vergoß Tränen über den Seelenschmerz des edlen Studentenprinzen in »Alt-Heidelberg«. Doch unbestrittenes Idol des Kinopublikums war Fridericus Rex.

Populäre Filmtypen sind meist Ausdruck einer nationalen Mythologie. Dem Ideal des amerikanischen Westernhelden entsprach in Deutschland Friedrich der Große, der in seiner Jugend gegen den allmächtigen Vater rebelliert hatte, sich später seiner Autorität unterwarf und zu einem großen König emporstilisiert wurde.

Der unbedeutende Schauspieler Otto Gebühr wies eine so frappante Ähnlichkeit mit dem »Alten Fritz« auf, daß er zwei Jahrzehnte lang fast ununterbrochen engagiert war, um in Sanssouci Flöte zu spielen oder mit dem Krückstock über ein Schlachtfeld zu humpeln. Psychologen vertraten die Ansicht, die Darstellung glorreicher preußischer Vergangenheit sollte den durch die Kriegsniederlage bedingten Minderwertigkeitskomplex des deutschen Volkes kompensieren. Wie dem auch sei, die Kassen klingelten, man drehte »Fridericus Rex« in 4 Teilen, »Zopf und Schwert« in 2 Teilen, und wenn ähnliche Titel wie »Der Müller von Sanssouci« oder »Der Choral von Leuthen« angekündigt wurden, standen die Menschen Schlange. Während der Inflation war der deutsche Filmabsatzmarkt praktisch uninteressant gewesen, und ein Auslandsverkauf selbst in ein kleines Land – etwa die Schweiz – genügte, um die Produktionskosten zu decken. Mit der Stabilisierung der Mark 1923 änderte sich die Lage. Der deutsche

Markt gewann eine europäische Vorrangstellung, und die Berliner Filmproduzenten verfügten über reiche Geldmittel, mit denen sie verschwenderisch umgingen. Jetzt revanchierten sie sich für den Verlust vieler ihrer Künstler und engagierten auch Hollywoodstars – lange vor Josef von Sternberg kam die schöne Louise Brooks nach Berlin, um in G. W. Pabsts »Büchse der Pandora« die Lulu zu spielen, und Richard Eichberg holte die attraktive Chinesin Anna May-Wong vor die Kamera.

Die deutsche Filmwirtschaft, statt um Exporte zu kämpfen, mußte sich gegen Importe wehren. Die Amerikaner waren finanziell stärker, sie überschwemmten die deutschen Kinos mit ihren Produktionen, und als sie Absatzschwierigkeiten bekamen, kauften sie ganze Kinoketten in Deutschland, um sich günstige Aufführungsmöglichkeiten zu sichern. Die UFA, als größte Filmgesellschaft mit den höchsten Investitionen, war dem wirtschaftlichen Druck am stärksten ausgesetzt, 1927 befand sie sich am Rand des Bankrotts, und es kam der Moment, in dem die Gläubiger – egal welcher politischen Couleur – zufrieden sein mußten, daß Hugenberg die Sanierung und die rigorose Kontrolle der Gesellschaft übernahm.

Schon zwei Jahre später erforderten technische Umstellungen gewaltige Investitionen. Die Ära des Tonfilms begann. Die Studios brauchten neue Einrichtungen, und die großen Berliner Kinos entließen ihre nunmehr überflüssigen berühmten Orchester, um Tonapparaturen anzuschaffen.

Während die ersten Tonfilme Massen von Besuchern anlockten, begannen in den UFA-Ateliers die Aufnahmen zu »Professor Unrat«, der später als »Der blaue Engel« lief. Noch vor der Premiere wurde Marlene Dietrich von der Paramount nach Hollywood engagiert, wo sie unter Sternbergs Regie fast ein halbes Dutzend Filme drehte.

Am 1. April 1930 wurde »Der blaue Engel« im Gloria-Palast am Kurfürstendamm uraufgeführt – mit einem Erfolg ohnegleichen. In derselben Nacht bestieg die plötzlich zu einem Weltstar avancierte Schauspielerin am nahen Bahnhof Zoo den Zug, der sie aus Deutschland entführte. Aber ihre Stimme blieb: vergessen waren die Schlager der zwanziger Jahre, musikalisch wurde das neue Jahrzehnt von der sinnlich heiseren Stimme Marlenes eingeleitet, ihren Songs »Ich bin von Kopf bis Fuß auf Liebe eingestellt« und »Ich bin die tolle Lola«.

Damals, im Frühjahr 1930, glaubte die Mehrzahl der Berliner, eine Filmpremiere sei das Wichtigste der Welt, und betrachtete politische und wirtschaftliche Ereignisse nur als Randerscheinungen. Dabei hatten sich seit einiger Zeit erste Anzeichen einer Wende bemerkbar

gemacht, die Krise in der Landwirtschaft hatte einen besorgniserregenden Grad erreicht, Fabriken sahen sich gezwungen zu schließen, und die Zahl der Arbeitslosen stieg stetig an. Der große New Yorker Börsenkrach vom Herbst 1929 hatte einen unmißverständlichen Umschwung der Konjunktur angezeigt. Doch man weigerte sich, das Menetekel wahrzunehmen, wollte nicht glauben, daß Kurseinbrüche in der fernen Wall Street das Ende der goldenen Jahre einleiteten.
Die Menschen sahen den Abgrund nicht, der sich vor ihnen auftat und erst Berlin und Deutschland und dann Europa und die ganze zivilisierte Welt zu verschlingen drohte.
Ein Berliner bekannte mir offen, als er wehmütig der schönen Zeit von damals gedachte: »... trotz allem fühlten wir, daß der Höhepunkt überschritten war. Wir wußten: so schön wird es nie wieder sein ...«

KAPITEL XIV

»Köpfe werden rollen.«
1930

»Wir waren einfach, weil das Volk einfach ist. Wir dachten primitiv, weil das Volk primitiv denkt. Wir waren aggressiv, weil das Volk radikal ist.«

Joseph Goebbels

»Wir sind siebzigtausend Arbeiter in den Lennoxschen Fleischfabriken und wir können keinen Tag mehr mit so kleinen Löhnen weiterleben«, rief der Chor in Brechts *Heiliger Johanna der Schlachthöfe.*

»Gestern wurde wieder hurtig der Lohn gesenkt
Und heut hängt schon wieder die Tafel aus:
Jeder kann weggehen, der
mit unseren Löhnen nicht zufrieden ist . . .
. . . Aber jetzt
Kann man grad so gut weggehn und
Das trockene Brot verdienen und
Die billigste Hose. Jetzt
Kann man grad so gut weggehn und
Schon gleich verrecken.«

Brecht verlegt die Handlung seines Stücks in die Schlachthöfe von Chikago, aber mit den Arbeitslosen meint er natürlich die Arbeiter von Berlin. Mit dem Wall-Street-Zusammenbruch von 1929 hatte binnen weniger Monate eine weltweite Depression begonnen, und kein Land wurde von den Handels- und Kreditschrumpfungen so betroffen wie Deutschland. Ausländische Kapitalanlagen wurden eiligst zurückgezogen, und Deutsche brachten ihr Geld außer Landes in Sicherheit. Die Unternehmer mußten Arbeiter entlassen oder ihre Betriebe ganz schließen. Allein im Januar 1930 stieg in Deutschland die Zahl der Arbeitslosen von 1,5 auf fast 2,5 Millionen, und Monat für Monat kletterten die Zahlen weiter. Der Durchschnittslohn eines Bergarbeiters von 200 Reichsmark monatlich sank 1931 auf nur 130 Reichsmark. Ungezählt blieben die Millionen, die ihre Halbtagsbeschäftigung verloren, die Bauern, die ihre Ernte nicht mehr verkaufen konnten, die Studenten, die ihr Examen hinter sich brachten und dann keine geeigneten Arbeitsplätze fanden.

Die Zeitungen, je nach ihrer politischen Orientierung, wußten eine Menge Gründe aufzuführen, die an der Katastrophe schuld sein sollten. So wollte die Berliner *Deutsche Allgemeine Zeitung* eine Verdoppelung der Kundenzahl in den Städtischen Leihhäusern beobachtet haben, und da jeder Kunde einen Beschäftigungsnachweis erbringen mußte, lasse sich daraus ersehen, daß die Mehrzahl (29,1 Prozent) selbständige Kleingewerbetreibende seien; arbeitslose Frauen waren mit 25 Prozent vertreten. Annoncen wie diese und ähnliche erschienen in allen Zeitungen: »Kredit für jedermann. 6 Prozent. Liegenschaft oder Mobiliar als Sicherheiten bevorzugt.« Geschichten wie diese: »Der Berliner Bankier Max Cunow wurde am Montag früh in seinem Schlafzimmer tot aufgefunden. Der Tod wurde durch einen Kopfschuß verursacht. Nach Angaben der Polizei handelt es sich um Selbstmord. In einem hinterlassenen Brief werden als Motiv finanzielle Schwierigkeiten angegeben.« Innerhalb einer Woche allein gab es fünf Fälle, in denen bankrotte Geschäftsleute Selbstmord begingen. Und die Arbeitslosen hockten in öffentlichen Asylen zusammen, um sich aufzuwärmen. In der Ackerstraße im Norden und in anderen Heimen kam es immer wieder zu Schlägereien, und die Polizei mußte »von ihren Gummiknüppeln Gebrauch machen«.

»Wie war den Arbeitslosen tatsächlich zumute?« wiederholt Dr. Hans-Joachim Kausch die Frage. Er ist Direktor für Public Relations bei der Springerpresse, dreiundsechzigjährig, grauhaarig. Früher war er Berlinkorrespondent für Hamburger und Breslauer Zeitungen. »Sie spielten Karten, sie demonstrierten, einige von ihnen wurden straffällig. Eine üble Zeit. Man selbst ging zur Arbeit, und überall in den Straßen standen junge Männer und junge Mädchen herum, lungerten einfach nur herum. Allein in der Viermillionenstadt Berlin gab es 750 000 Arbeitslose. Sie tranken hier und da ein Bier, sie gingen in den Wäldern spazieren, sie hatten Hunger.«

In den Wäldern rings um Berlin errichteten die Arbeitslosen Zeltlager, wo sie vom Frühjahr bis zum ersten Frost kampierten. Besucher priesen die peinliche Ordnung in den Camps und die Ruhe in der freien Natur. Die Zeltkolonien hatten ihre eigenen »Bürgermeister« und »Gemeindevertreter«, ihre Gemeinschaftsküchen und ihre kollektive Müllabfuhr. Die Straßen waren wie mit dem Lineal gezogen und mit Schildern markiert. Die Frauen putzten Rüben, die Kinder spielten auf eigens angelegten Spielplätzen, die Männer saßen dumpf brütend herum. Nicht alle Arbeitslosen waren indessen so fügsam. Auf den näher gelegenen Feldern hielten die Bauern Wache, um marodierende Banden davon abzuhalten, ihre Kartoffeln auszugraben.

Diese Wirtschaftskrise gefährdete das Koalitionskabinett des sozialdemokratischen Reichskanzlers Hermann Müller aufs höchste. Auch eine optimistischste Kalkulation konnte nicht verschleiern, daß allein die Arbeitslosenunterstützung ein Defizit von rund 500 Millionen ergab. Die Konservativen verlangten Lohneinschränkungen für die

Armen, die Linke Steuererhöhungen für die Reicheren. Die katholische Zentrumspartei, mit Dr. Heinrich Brüning an der Spitze, erarbeitete einen Kompromiß, der beiden Seiten Opfer abverlangte, aber solchen Abweichungen von ihrer Strategie durften die Sozialdemokraten nicht zustimmen. Ihr Reichskanzler war zu zermürbt, zu müde und zu krank, um den Kampf fortzusetzen. Zehn Jahre waren vergangen, seit er, kurz nach dem Kapp-Putsch, ein erstes Mal das schwere Amt innegehabt hatte, zehn Jahre, in denen sämtliche Wahlen mit einem noch stärker zersplitterten Reichstag geendet hatten, zehn Jahre mühsam zustandegekommener internationaler Verträge und Abkommen, von zynischen Gegnern als *Kuhhandel* bezeichnet. Als er erfahren mußte, daß der Reichspräsident nach einem neuen Kanzler verlangte, dankte er ab. Und mit dieser Abdankung trat die letzte echt parlamentarische Regierung der Weimarer Republik am 27. März 1930 zurück.

Hermann Müller wurde im nächsten Frühjahr, an einem langjährigen Leberleiden verstorben, zu Grabe getragen. Die nur mehr von Äußerlichkeiten geprägten offiziellen Beerdigungen fanden auch ihren literarischen Niederschlag: Christopher Isherwood läßt in seinen *Berlin Stories* das mondäne Pärchen Sally und Clive all jene typischen Floskeln über das Erlebnis einer »würdigen« Beisetzung äußern, die man damals anbrachte, wenn man »in« sein wollte. Am Ende dieses Dialogs steht auf Clives makabre Frage, wer da eigentlich zu Grabe getragen worden sei, die Antwort einer gähnend gelangweilten Sally: »Gott weiß wer!«

In einigen von Christopher Isherwoods Romanen, Bühnenstücken und Sketches spiegelt sich für uns Amerikaner ein treffendes Gesamtbild Berlins in den zwanziger Jahren. Ein Broadway-Autor machte sich noch 1951 die Eingangssätze aus einem von Isherwoods Romanen zu eigen: »Ich bin eine Kamera mit offener Blende; völlig passiv, ohne zu denken, nehme ich Bilder auf. Ich nehme auf, wie drüben am Fenster ein Mann sich rasiert und eine Frau im Morgenrock sich ihr Haar wäscht. Eines Tages wird das alles sorgfältig entwickelt, abgezogen, fixiert werden.«

Unter dem Titel *Ich bin eine Kamera* entstand später ein erfolgreicher Film und daraus, durch Songs ergänzt, das sehr populäre Musical *Cabaret*. Im Verlauf dieser Bearbeitungen geschah etwas Seltsames: Figuren wurden zu »typischen Berlinern«, die es entweder von Geburt her nicht waren oder als Außenseiter in dieser Stadt lebten. Isherwood selbst sagte dazu, er habe seine Figuren eigentlich *Die Verlorenen* nennen wollen oder *Die Verschmähten*, Menschen, vor denen sich die Gesellschaft zurückzog, weil sie Angst hatte.

Paradoxerweise erreichte Isherwood gerade damit, daß er seine Kamera auf diese Verlorenen und diese Verschmähten richtete, ein besonders stimmiges Bild der Stadt Berlin. Die Broadway-Autoren von *Cabaret* entschieden sich jedoch dafür, aus den eigenartigen Charakteren Typen und damit Karikaturen zu machen. Die gequälte selbst-zerstörerische Grundstimmung Berlins wurde zu einem rauschenden Chor verfälscht: »Das Leben ist ein Kabarett.«
Der junge englische Dichter W. H. Auden kommt nach Berlin, weil seine Eltern ihm erlaubten, nach dem Oxford-Examen für ein Jahr ins Ausland zu gehen. Und »weil sonst alle Welt nach Paris ging«, entschied er sich für Berlin. Von Rilke, Brecht und dem deutschen Schlager beeindruckt, schreibt er in deutscher Sprache Gedichte. Daß er in Berlin bleibt, begründet er mit dem ausgezeichneten Klima dieser Stadt. Isherwood, der dem Freunde nachfolgt, will mehr erleben als nur die Vorzüge einer guten Luft. Er will erleben, wovor eine wohlmeinende Verwandtschaft ihn warnt: eine orgiastische Stadt, deren Vielfalt an sinnenbetörenden Abenteuern selbst die Geschichten aus *Tausendundeine Nacht* in den Schatten stellen soll.
Als er in einem bescheidenen Zimmer als Untermieter lebt und sich von Pferdefleisch und billigem Lungenhaschee ernährt, um sein zweites Buch zu beenden, dämmert ihm allmählich die Erkenntnis, wieviel weniger verrucht Berlin in Wirklichkeit ist. In den Figuren des Romans *Das Denkmal* und in seinen Dialogen dokumentiert sich die Tragik dieses kargen Lebens ebenso wie die schwelende politische Unruhe: Armut, Arbeitslosigkeit, Verzweiflung, Kriminalität und Prostitution auf der einen Seite, »Deutschland erwache!« auf der anderen.
Heute blickt Isherwood, Ende Sechzig, auf dieses Berlin und den Erfolg seiner Geschichten mit einer milden Gelassenheit. »Damals war ich der einzige englisch sprechende Autor, der über diese Zeit ein Buch schreiben wollte. Eins von vielen. Es war zuerst kein großer Erfolg – die Kritiken waren nicht schlecht, aber der Erscheinungstermin lag ungünstig, so kurz vor Kriegsausbruch. Was ich geschrieben habe, wurde nie sofort ein Erfolg, ich meine, es war kein ausgesprochener Bestseller dabei. Aber aus den Geschichten erstand eine eigene Welt. Die Menschen möchten genau beobachten, wie die Menschen in einer anderen Welt leben, als ob sie in einem Aquarium lebten.«
Über seinen Eindruck von Berlin nach dem Krieg befragt – er besuchte die Stadt wieder im Jahre 1952 –, meinte er:
»Der Geist der Stadt war fast noch der alte, beherrscht noch immer von der gleichen Energie. Die Menschen waren kurz angebunden, aber jammerten nicht über ihr Schicksal. Nach der Arbeit meldeten sie sich freiwillig zu den Räumkommandos, die den Schutt beseitigten.«

Isherwood bewunderte die Initiative, mit der über den Trümmerbergen Grünanlagen mit Rodelbahnen und Gartenrestaurants entstanden, aber auch die düstere Schönheit des dem Gerippe eines riesenhaften Walfisches ähnelnden Stahlgerüsts eines ausgebrannten Bahnhofs. Sogar seine alte Zimmervermieterin sah er wieder. Auch sie war ungebrochen genug, um ihm mit Gelassenheit und Ironie über die Bombenangriffe und über die sowjetische Besetzung berichten zu können.

Da der in viele Parteien zersplitterte Reichstag unfähig war, sich für eine neue Regierung oder für ein Programm zur Bekämpfung der sich rasch verschlimmernden Wirtschaftskrise zu entscheiden, ging die Staatsgewalt immer mehr in die Hände des Reichspräsidenten über. Da Hindenburg jedoch, inzwischen dreiundachtzig, bereits unter geistigen Ausfallerscheinungen litt, übte dies in zunehmendem Maß seine »Palastwache« aus. Sie bestand aus drei Schlüsselfiguren: Hindenburgs korruptem und unfähigem Sohn Oskar, dem Staatssekretär Otto Meissner, einem Chamäleon von solch einmaliger Anpassungsfähigkeit, daß er es fertigbrachte, dieselbe Funktion von Friedrich Ebert bis zu Adolf Hitler beizubehalten, und schließlich dem Mächtigsten von allen, dem Chef des Ministeramtes im Reichswehrministerium, General Kurt von Schleicher.
Noch bevor Hermann Müller gestürzt war, hatte Schleicher schon einen Kandidaten für seine Nachfolge vorgesehen: Dr. Heinrich Brüning. Als parlamentarischer Führer der katholischen Zentrumspartei, die nicht einmal ein Fünftel der Sitze im Reichstag einnahm, durfte Brüning kaum darauf hoffen, von einer hinreichenden Mehrheit unterstützt zu werden, wohl aber, aus verschiedenen Gründen, von Schleicher und Hindenburg. Brüning, hager, asketisch, war damals vierundvierzig, sah jedoch wesentlich älter aus; seine Erlebnisse als Kommandeur einer Maschinengewehr-Scharfschützen-Abteilung im Krieg hatten ihn geprägt. Es war ein Himmelfahrtskommando gewesen. Brünings kleine Einheit hatte die Aufgabe, uneinnehmbare Stellungen zu erobern und unhaltbare Vorposten zu verteidigen. Mehrmals verwundet, hatte er für sich ein fast unmenschliches Maß an Pflichtgefühl und Opferbereitschaft entwickelt, das ihn die »nationale Sache« über alles stellen ließ. »Von Anfang an«, so berichtete einer seiner Mitarbeiter, »beobachtete ich an ihm eine Eigentümlichkeit, die mit den Jahren immer deutlicher hervortrat. Er sprach nicht nur außergewöhnlich leise, sondern blickte auch ständig um sich, wie einer, der sich vor unbefugten Zuhörern fürchtet.« Da die Massen des Volkes bittere Not litten, mußte ein so gewissenhafter und nachdenklicher Mann wie er mitleiden, denn das nationale Schicksal betraf

jeden. Seine Gegner sollten ihn bald als den »Hungerkanzler« verleumden.
Gegen diesen Namen kämpfte er bis ans Ende seiner Tage. Viele Jahre lehrte er in Harvard, ein trockener, zurückhaltender, kühler alter Herr mit Stahlbrille und schütterem weißem Haar, der mit monotoner Stimme seine Vorlesungen absolvierte und sich dann wieder in seine klösterlich kargen Räume in einem Studentenheim zurückzog, wo die Jalousien immer geschlossen blieben. Schließlich lebte er in einem Landhaus bei Hannover, New Hampshire, um an seinen Memoiren zu arbeiten, durch die – nach seinem Tode 1970 – seine Version über den Zusammenbruch der Weimarer Republik bekannt werden sollte. »Er war von der Zwangsidee besessen, die Menschheit davon überzeugen zu müssen, daß er an Hitlers Machtergreifung unschuldig sei«, erzählt einer seiner Kollegen. »Das war insofern etwas absurd, als der Nationalsozialismus einerseits wie eine Sturmflut hereinbrach, die niemand aufhalten konnte, Brüning aber andererseits tatsächlich einen Teil der Verantwortung für diese Entwicklung trug.«
Brüning übernahm einige Minister aus dem bisherigen Kabinett, stellte innerhalb von drei Tagen eine neue Regierung zusammen, die am 30. März ihre Arbeit begann, und drohte dem Reichstag sogleich mit drastischen Maßnahmen: es werde der *letzte* Versuch sein, mit *diesem* Reichstag zu einer Übereinkunft zu gelangen. Die Sozialisten konterten augenblicklich mit einem »Mißtrauensantrag«, aber sie konnten den Kanzler nicht überstimmen. Im Hinblick auf die immer weiter steigenden Defizite durch die wachsende Arbeitslosigkeit – seit Jahresbeginn hatte sich die Zahl verdoppelt – kündigte Brüning ein Sparprogramm an, wonach die Beiträge für die Arbeitslosenversicherung erhöht und die Reichszuschüsse reduziert werden sollten; weiterhin war eine Erhöhung der Einkommensteuern und eine Kürzung der Beamtengehälter vorgesehen.
Als der Reichstag dieses Programm mehrheitlich ablehnte, griff Brüning zu einem Mittel, dessen Einsatz er offensichtlich von Anfang an geplant hatte. Der Artikel 48 der Weimarer Verfassung gab dem Reichspräsidenten das Instrument des Notverordnungsrechts in die Hand.
So ließ Brüning mit Hindenburgs Unterschrift ein Gesetzbündel als Notverordnung »zur Behebung finanzieller, wirtschaftlicher und sozialer Notstände« in Kraft treten. Die Mehrheit des Reichstags (SPD, KPD, NSDAP und Teile der DNVP) lehnte sie ab und verlangte ihre Aufhebung. Auf Brünings Rat löste Hindenburg daraufhin den Reichstag auf.

Es gab vorausblickende Ratgeber, die Brüning den selbstmörderischen Charakter seines Planes klarzumachen versuchten, weil er nicht darauf hoffen durfte, mit einem Notverordnungsprogramm Stimmen zu gewinnen, und weil jede Wahl in einer Zeit der Massen-Arbeitslosigkeit nur mit einem Sieg der Extremisten enden konnte. »Ich bemühte mich nach Kräften, den Kanzler von dem schicksalsschweren Schritt einer Parlamentsauflösung abzuhalten«, berichtete der Außenminister Julius Curtius. Aber Brüning fühlte sich, wie er sagt, »verpflichtet, die Autorität des Reichspräsidenten zu wahren, die durch die Ablehnung seiner Verordnung ins Wanken geraten war«.
Rückblickend scheint dies ein unzureichender Anlaß gewesen zu sein, mitten in der tiefsten Depression Neuwahlen anzusetzen, die antiparlamentarische Tendenz des vereinigten Hindenburg-Brüning-Kurses kam damit aber offen zum Ausdruck.
Die Neuwahlen wurden bis zum spätestmöglichen Termin, dem 14. September, hinausgezögert, und während des Sommers gelang wohl eine Preissenkungsaktion und das Rheinland wurde endgültig geräumt, aber im Bewußtsein der Masse der Bevölkerung wirkte sich das nicht aus.

Die Mitgliederzahl der Nazi-Partei hatte noch 1926 nur 17 000 betragen, im Sommer 1929 bereits 176 000, im März darauf 210 000. 1931 konnte Hitler sich mit einer Million Mitglieder brüsten. Und mit ihrem Anwachsen wurde die Partei zunehmend bedeutungsvoll für Deutschlands Industrielle. Der Stahlmagnat Fritz Thyssen schätzte die jüngsten Zuwendungen der Schwerindustrie an die NSDAP vorsichtig auf 2 Milliarden Mark jährlich; aus geheimgehaltenen Quellen floß vermutlich wesentlich mehr.
Einer der Nazi-Größen, die von Thyssen persönlich unterstützt wurden, war Hermann Göring. Erst als Hindenburg im Herbst 1927 eine allgemeine politische Amnestie erlassen hatte, tauchte er in Berlin auf und wurde eine Art Lobbyist für verschiedene Luftfahrtgesellschaften, zu denen Heinkel, die Bayerischen Motorenwerke und, inoffiziell, die Lufthansa gehörten. Er hatte seine Frau in Schweden zurückgelassen und führte zunächst ein bescheidenes Leben. Als er anfing, von Thyssens Geld zu leben, rief Göring seine Frau nach Berlin und richtete sich ein aufwendiges Heim in der Badenschen Straße ein. Durch seinen Einfluß kam einer der jüngeren Kaisersöhne, Prinz August Wilhelm, 1930 zu den Nazis.
Die NSDAP blieb gespalten in einen rechten und linken Flügel, und Adolf Hitler tat sein Bestes, beide Seiten glauben zu machen, sie seien seine Favoriten.
Joseph Goebbels, der zum linken Flügel der Partei gehörte, erzählte

einige Jahre später einem Mitarbeiter, auf seine Karriere zurückblikkend, er habe der Sache der Nazis durch vier grundlegende Aktionen geholfen: indem er den Sozialismus einer Gruppe des Mittelstandes nahebrachte, indem er »Berlin eroberte«, indem er das Zeremoniell der öffentlichen Parteiveranstaltungen ausarbeitete und indem er »den Hitler-Mythos schuf, Hitler die Gloriole der Unfehlbarkeit verlieh«. Goebbels blieb im Kampf um die Kontrolle der Nazibewegung in Berlin Otto Strasser offensichtlich überlegen. Vom Frühjahr 1930 an vertrieb er systematisch alle Anhänger Strassers aus der Organisation. Strasser verlangte ein Parteitreffen, um über einen dieser Ausschlüsse zu verhandeln. Goebbels stimmte zwar zu, aber als Strasser erschien, ließ man ihn nicht in den Saal. Danach trat Strasser aus der Partei aus. Sein Bruder Gregor weigerte sich, ihm zu folgen, und sagte nur: »Schön und gut, (aber) ich muß bleiben.« Otto Strasser versuchte daraufhin, eine nationalsozialistische Konkurrenzpartei zu gründen, die er *Die schwarze Front* nannte.

Der Fall der Gebrüder Barmat, die in den frühen zwanziger Jahren Sozialdemokraten bestochen hatten, fand noch eine Fortsetzung. Die Gebrüder Sklarek betrieben in Berlin eine Tuchfabrik, die Uniformen für Polizisten, Feuerwehrmänner und andere städtische Beamte anfertigte. Das Geschäft der Sklareks blühte. Die Sklareks veranstalteten Pferderennen. Die Sklareks bewirteten führende Männer der Stadt. Die Sklareks waren mit dem Oberbürgermeister von Berlin, Gustav Böß, befreundet, einem hochangesehenen Beamten, der 1921 in das Rathaus eingezogen war. Die Sklareks schenkten Frau Böß einen Pelzmantel. Sie beschafften sich nach einem raffinierten System Quittungen für Uniformen, die nie geliefert wurden. Das brachte ihnen mehr als acht Millionen Reichsmark ein.
Als die Sache aufflog, befand sich Oberbürgermeister Böß auf der Reise in den Vereinigten Staaten. Bei seiner Rückkehr wurde er auf dem Bahnhof von aufgebrachten Nazis empfangen, die jüdische Geschäftsleute und korrupte Beamte beschimpften. Der Oberbürgermeister trat sofort zurück und leitete eine amtliche Untersuchung gegen sich selbst ein, die die Nazis fast über das ganze Jahr 1930 hinzogen. Schließlich wurde Böß zu einer Geldbuße verurteilt, und die Sklareks gingen in Konkurs, aber der politische Schaden war irreparabel. Genau das aber war es, was die Nazis erreichen wollten, wie Goebbels sagte: eine Erschütterung des »Systems«.

Die Wahlkampagne dieses Sommers 1930, die Dr. Brüning mit hochgesteckten Zielen begonnen hatte, wurde von Hitler als brutalster Machtkampf geführt.

Emil Jannings als Professor Unrat in »Der blaue Engel«, 1929

Linke Seite oben: Luigi Pirandello (mit Spitzbart) auf dem Presseball in Berlin, 1929. Vorne v. links: Marlene Dietrich, Maria Paudler, Liane Haid, dahinter Max Hansen, Anita Ahlers und Theodor Däubler. – *Mitte*: Presseball Berlin 1933. Vorne von rechts: Richard Tauber, Gitta Alpar, Marcel Wittrisch und Frau, dahinter Gustav Fröhlich. – *Unten*: Atelierfest Berliner Künstler mit Damen von Welt und Halbwelt

Rechts: Bei der Uraufführung des Remarque-Films »Im Westen nichts Neues« kam es 1930 trotz großen Polizeiaufgebots zum Skandal, der zum Verbot des Films führte. – *Unten*: Max Reinhardt, vierter von links bei einem Empfang mit (v. links) dem Theaterkritiker Alfred Kerr, Tristan Bernard (?), dahinter: Alexander Moissi, und Kulturminister Prof. C. H. Becker, dahinter: Helene Thimig

Continental
Rüffährt Allreit
Brennabor das beste Rad der Welt
TORPEDO
Wright
Polack-Pneumatic

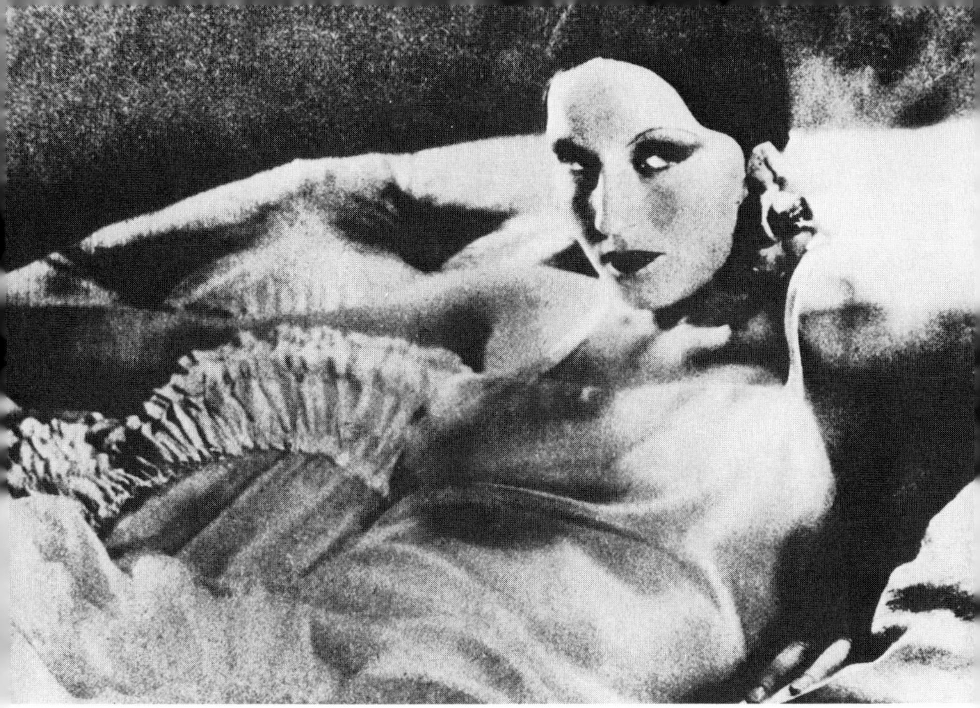

Brigitte Helm in »Alraune«, 1928

Linke Seite links: »Krücke« beherrschte den »Heuboden« im Berliner Sportpalast bei den Sechstagerennen mit Gassenhauern und Sprechchören. – *Rechts*: Trude Hesterberg in der Haller-Revue »An und Aus«, 1926. – *Unten*: Berliner Sechstagerennen

Peter Lorre als pathologischer Mörder in dem Film »M«, 1932

Carl von Ossietzky vor Gericht, 1931

Ringverein »Weiße Rose«, 1929

Joseph Goebbels spricht

Okkultistische Sitzung
in der Hausbar
des Hellsehers Hanussen

Öffentliche Bücherverbrennung auf dem Opernplatz in Berlin durch deutsche Studenten, 1933

In der Ausstellung »Entartete Kunst« (1937) werden alle modernen Künstler diffamiert. Im Bild: Emil Noldes »Das Leben Christi«

Die Wirtschaftskrise hatte ihm auch das günstigste politische Klima geliefert, das er sich wünschen konnte. Mit jeder Woche verloren weitere Tausende ihre Arbeit und, was das Schlimmste war, ihre Selbstachtung. Viele Stunden lang standen sie Schlange, zweimal wöchentlich, um ihre Unterstützung zu empfangen, und danach lungerten sie auf den Straßen herum oder saßen in den Kneipen. Diesen outcasts wurde nun die braune Uniform der SA angeboten.
Sie versammelten sich in ihren Verkehrslokalen, in der Regel in Hinterzimmern verläßlicher Destillen. Oder sie marschierten durch die Straßen von Berlin, singend, Parolen brüllend, aggressiv. Die Kommunisten hatten ihren Rotfrontkämpferbund ebenso fanatisiert, ebenso zur Gewalttat indoktriniert, und wo immer die feindlichen Trupps aufeinandertrafen, drohte Schlägerei, die nur allzu oft in einem Blutbad endete.
Die bestimmenden Elemente in der SA waren von professionellen Gangstern kaum zu unterscheiden. Der »berühmteste« ihrer »Märtyrer« aus jenen Straßenschlachten wurde ein einundzwanzigjähriger »Student« namens Horst Wessel, Sohn eines protestantischen Militärgeistlichen. Er hatte sich mit seiner Familie überworfen und sein Studium aufgegeben. Er lebte zusammen mit einer Prostituierten in einem Berliner Armenviertel in der Nähe des Alexanderplatzes und ließ sich von ihr aushalten. Sein dreistrophiges Lied »Die Fahne hoch!« wurde zur Parteihymne deklariert. 1930 wurde Wessel von einem der Kommunistischen Partei anhängenden konkurrierenden Zuhälter namens Ali Höhler, der vor ihm für Fräulein Jännicke »gesorgt« und gerade eine Gefängnisstrafe abgesessen hatte, erschossen. Goebbels stellte die Schießerei als einen infamen Akt von politischem Terror hin und inszenierte eine kolossale Beerdigungsfeier: »Wenn später einmal in einem deutschen Deutschland Arbeiter und Studenten zusammen marschieren, dann werden sie sein Lied singen, und er wird mitten unter ihnen sein. Er schrieb es hin in einem Rausch, in einer Eingebung, wie aus einem Guß, dieses Lied, das aus dem Leben geboren ward und dazu, wieder Leben zu zeugen. Schon singen es landauf, landab die braunen Soldaten. In zehn Jahren werden es die Kinder in den Schulen, die Arbeiter in den Fabriken, die Soldaten auf den Landstraßen singen. Sein Lied machte ihn unsterblich! So hat er gelebt, so ist er dahingegangen. Ein Wanderer zwischen zwei Welten: zwischen dem Gestern und dem Morgen, dem Gewesenen und dem Kommenden. Ein Soldat der deutschen Revolution! Wie er so manchmal, die Hand am Gurt, stolz und aufrecht, mit dem Lachen der Jugend auf den roten Lippen seinen Kameraden voranschritt, immer bereit, sein Leben einzusetzen, so wird er mitten unter uns bleiben.

Ich sehe im Geist Kolonnen marschieren, endlos, endlos. Ein gedemütigtes Volk steht auf und setzt sich in Bewegung. Das erwachende Deutschland fordert sein Recht: Freiheit und Brot! Hinter den Standarten marschiert er mit, in Schritt und Tritt. Vielleicht kennen ihn dann die Kameraden nicht mehr wieder. Viele gingen dahin, wo er jetzt ist. Neue kamen und kamen. Er aber schreitet stumm und wissend mit. Die Banner wehen, die Trommeln dröhnen, die Pfeifen jubilieren; und aus Millionen Kehlen klingt es auf, das Lied der deutschen Revolution: ›Die Fahne hoch!‹«

Ali Höhler wurde zu einer lebenslänglichen Freiheitsstrafe verurteilt. Nachdem aber die Nazis an die Macht gekommen waren, holte die Gestapo Höhler aus dem Gefängnis und fuhr ihn in ein einsames Mecklenburger Waldgebiet, wo er erschossen wurde.

Die Preußische Regierung verbot 1930 sämtliche Aufmärsche und Veranstaltungen unter freiem Himmel, im ganzen Land. Der Reichstag verabschiedete ein Gesetz zum Schutze der Republik, um politische Ausschreitungen zu unterbinden. Die Maßnahmen hatten nicht den geringsten Effekt.

Christopher Isherwood berichtet, daß der Haß damals plötzlich explodierte, ohne Vorwarnung, aus dem Nichts. Messer, Totschläger, Bierkrüge, Stuhlbeine dienten als Waffe. Auf Anschlagsäulen wurde wildwütig eingedroschen, Plakate wurden heruntergerissen. Wenige Sekunden später war niemand mehr zu sehen. Die Zeitungen jener Tage sind voll von Berichten dieser Art.

Neukölln im Südosten war ein Arbeiterviertel seit Generationen. Dort stand man politisch immer links, und es gab ständig Gewalttätigkeiten. Für den Maifeiertag 1929 kündigten die Kommunisten einen Marsch durch diesen Bezirk an. Die Polizei verbot ihn, die Kommunisten marschierten trotzdem. Die Polizei schoß, angeblich in Notwehr, und tötete einunddreißig Menschen.

»Haben Sie solche Kämpfe selbst mit angesehen«? fragte ich den Professor der Philosophie Dr. Bamberger, dessen Bücherregale mit Spinoza-Literatur gefüllt sind.

»O ja«, sagt Dr. Bamberger, »auch in Neukölln.« Und er berichtet:

»Neukölln war weitgehend kommunistisch. Der Bezirk litt bitterste Not, aber seine Erziehungsexperimente waren damals hochinteressant. Ich erinnere mich, wie ein Freund mir die städtische Karl-Marx-Schule Fritz Karsens zeigte. Die Schüler durften tun, was sie wollten, einen Stundenplan gab es nicht.«

»Und wie funktionierte das?«

»Auf einigen Gebieten ausgezeichnet, vor allem in der sogenannten freien Ausdruckslehre. Die Kinder stellten in fabelbunten Bildern ihr eigenes Leben dar oder sie gestalteten ihre Wunschträume. Eine Elfjährige erzählte, wie sie zu Hause saß, die kleine Schwester betreute und auf ihre Mutter wartete, die um sieben heimkommen sollte; die Art, wie sie das beschrieb, erzeugte echte Spannung – die Kinder schauen auf die Uhr, hören Schritte auf der Treppe, aber es ist jemand anderes, das Kleine fängt an zu schreien, sie haben nichts mehr zu essen, weil die Mutter erst auf dem Heimweg von der Arbeit einkaufen kann. Endlich kommt sie: sie mußte länger bleiben, um ihren Lohn zu bekommen oder irgend so etwas. Mehr kam darin nicht vor, aber ich habe es nie vergessen können.«

»Ein Vater wurde in diesen Geschichten kaum erwähnt«, fährt Dr. Bamberger fort. »Oft gab es in diesen Geschichten überhaupt keinen Vater. Die Kinder sprachen höchstens von ›Onkels‹ – und meinten damit Zuhälter. Und die Bilder, die sie malten, waren äußerst realistisch. Sie stellten die Prostituierten aus ihrem Viertel dar, wie sie wirklich ausgesehen haben, mit kleinen Schirmen und Stöckelschuhen, den Attributen ihres Gewerbes. Die Kinder beobachteten sehr genau.«

»Und wie war es mit den Straßenkämpfen?«

»Nun ja«, sagt Dr. Bamberger, »man marschierte so nah wie möglich an die Barrikaden heran, aber wenn das Knattern der Gewehre anfing, hielt man sich lieber zurück.«

Abram Chasins, ein Pianist, meint dazu, man habe die Straßenkämpfe gar nicht zu sehen brauchen, um zu wissen, daß etwas nicht stimmte. Man wußte, daß es eine Art von Hitler-underground gab, daß die Parteidressur bereits bei den Kindern begann, daß demokratische Lehrer gefeuert wurden, daß die Nazis besser organisiert waren, als die Zeitungen zugaben.

Bert Brecht besuchte einen Freund im dritten Stock eines Mietshauses in der Koblanckstraße, als unten eine Schlägerei begann. Sie sahen vom Fenster aus zu. Der Freund berichtet, Brecht habe gesehen, wie die Demonstranten von der Polizei auseinandergetrieben und verfolgt wurden. »Soviel wir gesehen haben, waren sie nicht bewaffnet. Aber die Polizei schoß immer wieder. Zuerst dachten wir, es seien Warnschüsse. Aber dann sahen wir, daß einige der Demonstranten zu Boden stürzten und dann weggetragen wurden ... Als Brecht sah, daß man Menschen tötete, wurde er so bleich, wie ich ihn noch nie gesehen hatte ... Ich glaube, daß dieses Erlebnis keinen geringen Einfluß auf seine immer engere Bindung an den Kommunismus hatte.«

1930 entstand Brechts Theaterstück, das ihn dem Kommunismus zutiefst ergeben zeigt. Erstaunlicherweise ist es eines seiner bewegendsten Stücke und, was weniger überrascht, ein Stück, mit dem die Kommunisten selbst nie einverstanden waren: *Die Maßnahme*. Es ist ein

Bericht von vier Agitatoren, die von Rußland nach China reisen, um die Arbeiter zu organisieren. Unterwegs treffen sie einen »jungen Genossen«, der sie um Hilfe bittet:

». . . Unsere Lokomotiven sind in Bruch gefahren. Habt ihr Lokomotiven mitgebracht?«

»Nein.«

». . . Dabei haben wir nichts, um unsere Äcker zu bestellen. Habt ihr Saatgut mitgebracht?«

»Nein.«

»So wollt ihr uns selber helfen?«

»Nein.«

Die vier Agitatoren, die ihre Erlebnisse nachträglich erzählen, nahmen den jungen Genossen mit zu ihrer Mission über die Grenze, aber zuvor mußten alle »ihre Gesichter auslöschen«. Der Leiter des Parteihauses sagt ihnen:

»Dann seid ihr nicht mehr ihr selber . . . sondern allesamt ohne Namen und Mutter, leere Blätter, auf welche die Revolution ihre Anweisung schreibt.« Dann versucht der junge Genosse in einer Reihe von Episoden, die beschworene Selbstverleugnung durchzuführen – aber vergebens. Als er sieht, wie Kulis mißhandelt werden, versucht er mitleidig ihnen zu helfen. Um die Fabrikarbeiter zu organisieren, ruft er sie zum Streik auf. Und als seine sämtlichen Versuche, Gutes zu tun, nur die Mission der Agitatoren gefährden, beschließen sie, ihn zu erschießen und in eine Kalkgrube zu werfen. Der junge Genosse selbst akzeptiert sein Schicksal »im Interesse des Kommunismus . . . ja sagend zur Revolutionierung der Welt«. Und der »Kontrollchor«, dem die vier Agitatoren ihre Geschichte erzählen, lobt die vier Mörder:

Und eure Arbeit war glücklich.
Ihr habt verbreitet
Die Lehre der Klassiker
Das Abc des Kommunismus . . .
Und die Revolution marschiert auch dort . . .
Wir sind einverstanden mit euch.

Begreiflicherweise waren jedoch die Kommunisten nicht einverstanden mit dieser Brechtschen Interpretation des Kommunismus, und sie konnten keinen Gefallen an einem prophetischen Spiel finden, in dem die Partei ihre eigenen Genossen umbringt – noch dazu ihre besten Mitglieder. Brechts Spiel aber entstand aus der Passion, die ihn am meisten bestimmte: der der Leidenschaftslosigkeit, der der Nichtigkeit. Schon in seinem »Choral vom Großen Baal« begegnet man zwei Grundelementen Brechtscher Dichtung: Himmel und Wasser als den schrankenlosen Räumlichkeiten, wo man Frieden finden kann. In den »Exerzitien der Hauspostille« heißt es:

Man muß nicht schwimmen, nein, nur so tun, als
Gehöre man einfach zu Schottermassen.
Man soll den Himmel anschaun und so tun,
Als ob einen ein Weib trägt, und es stimmt.
Ganz ohne großen Umtrieb, wie der liebe Gott tut,
Wenn er am Abend noch in seinen Flüssen schwimmt.

In der »Chronik« Erinnerung an die Maria A. kann sich der Dichter nicht einmal an das Mädchen erinnern, das er küßte, nur an eine sehr weiße Wolke im schönen Sommerhimmel, ungeheuer oben:

Die Pflaumenbäume blühn vielleicht noch immer,
und jene Frau hat jetzt vielleicht das siebte Kind.
Doch jene Wolke blühte nur Minuten,
und als ich aufsah, schwand sie schon im Wind.

Sich diesen weiten Meeren droben und drunten auszuliefern, heißt sterben. Aber Sterben ist, so gesehen, ein geringeres Unglück als die Rückkehr in das Nicht-Sein, aus dem man hervorging. So heißt es vom ertrunkenen Mädchen in den »Kleinen Tagzeiten der Abgestorbenen«:

Als sie ertrunken war und hinunterschwamm
von den Bächen in die größeren Flüsse,
schien der Opal des Himmels sehr wundersam,
als ob er die Leiche begütigen müsse.

Und für die *Mahagonny-Oper* schrieb Brecht ein Liebesduett, das Auden eines der schönsten Liebesgedichte, die je geschrieben wurden, nennt – auch hier eine Metapher des Himmels:

Sieh jene Kraniche im großen Bogen!
Die Wolken, welche ihnen beigegeben
Zogen mit ihnen schon, als sie entflogen
Aus einem Leben in ein andres Leben.

Man darf annehmen, daß Brecht nicht aufgrund der Straßenunruhen vom Kommunismus angezogen wurde, nicht, weil die Rechtsradikalen sich brüsteten, das einzig konkrete Programm zu besitzen, um mit der Wirtschaftskrise fertig zu werden, sondern weil der Kommunismus die absolute Unterwerfung des Einzelnen unter die Organisation der Partei verlangte und weil viele Intellektuelle durch einen solchen Akt der Unterwerfung eine seltsame Art von Befriedigung erfahren. Von der frühen Tragödie *Im Dickicht der Städte* bis zur *Maßnahme*, zum *Galilei* und zur *Mutter Courage* stellte Brecht, der so Radikale, nie die Revolte dar, sondern Stoizismus und Unterwerfung.
Trotzdem glaubt Brecht offiziell an die marxistische Doktrin, die eine aggressive Hinwendung zur Welt verlangt, und als er beobachten muß, wie erfolgreich seine *Dreigroschenoper* in merkantiler Hinsicht

wird, steigt seine Unzufriedenheit. Vielleicht wurde ihm in diesem Zusammenhang klar, daß Weills Musik die Grundstimmung des Stükkes beträchtlich verändert hatte, vielleicht trafen ihn auch solche Vorwürfe wie die eines linksorientierten Kritikers, wonach Brechts Opus weit weniger radikal sei als das Originalstück von John Gay. Indessen, als eine Filmgesellschaft, die Nero-Film, die Verfilmungsrechte erwerben wollte, verkaufte Brecht sie für vierzigtausend Mark, behielt sich jedoch die Rechte zu seiner eigenen Filmfassung für weitere vierzehntausend Mark vor und machte sich dann daran, das gesamte Werk marxistisch linientreu zu überarbeiten. Unter anderem ließ er den Gangsterboß Macheath als erfolgreichen Bankier enden. Die Filmgesellschaft, die lediglich den Bühnenerfolg auf die Leinwand übertragen wollte, stritt sich eine Weile mit ihm herum und produzierte dann nach ihren eigenen Vorstellungen unter der Regie von G. W. Pabst und einem für die damalige Zeit immensen Aufwand von 800 000 Mark. Die Gesellschaft bot Brecht an, ihn voll auszuzahlen, aber der Dichter erreichte mit einer Klage einen Stop der Dreharbeiten. Die Gerichtsverhandlung im Oktober 1930 war ein großes Ereignis. Im Berliner Gerichtssaal drängten sich die Film- und die Theatergrößen, um dabeizusein, wenn der berühmte Autor seine Sache verfocht, und Brecht lieferte ihnen all die Melodramatik, die sie erwarteten. Einmal verlangte er eine Entschädigung von 25 000 Mark, ein andermal boykottierte er das Gericht. Die Verteidiger der Filmgesellschaft wandten indessen mit Erfolg ein, daß Brecht an seinem Skript so gut wie nichts getan habe, daß er zu keinerlei Kompromissen bereit gewesen sei, ja daß man nicht einmal mit ihm habe verhandeln können. Das Gericht wies die Klage zurück, was Brecht als ein Beispiel kapitalistischer Zwangsherrschaft anprangerte, als aber die Filmgesellschaft sich dennoch erbot, weitere sechzehntausend Mark zu zahlen, schon um den Weg in die zweite Instanz zu vermeiden, folgte er seinem gesunden Instinkt und akzeptierte das Geld. Zu seiner Entschuldigung erklärte er: »Die Öffentlichkeit sollte sehen, wie wir uns um Gerechtigkeit bemühten.«

Die Wahl vom 14. September 1930 brachte eine Katastrophe. Die Nationalsozialisten, die bisher im Reichstag 12 Sitze hielten, hatten auf ungefähr 50 Sitze gehofft. Statt dessen gewannen sie 107, was sie plötzlich zur zweitgrößten Partei Deutschlands machte. Ihre Wählerstimmen waren von 810 000 auf 6,5 Millionen gestiegen. Stärkste Partei blieben immer noch die Sozialdemokraten, mit 143 von insgesamt 577 Sitzen, aber sie hatten 10 verloren und mußten einen bedeutenden Machtzuwachs der Kommunisten hinnehmen, die auf 77 Sitze kamen. Die gemäßigten Parteien schnitten schlecht ab.

Wie die meisten Berliner verbrachte auch Bruno Walter, damals Generalmusikdirektor der Städtischen Oper, diesen Abend am Radio. Sein Gast war der berühmte Cellist Emanuel Feuermann. Bruno Walter erzählt: »Alle paar Minuten berichtete der Ansager mit triumphierender Stimme vom Ausgang der Wahl. Gegen drei Uhr morgens wußten wir, daß Hitler etwa 6,5 Millionen Stimmen erhalten hatte . . . Der sonst so fröhliche Feuermann verließ uns mit den Worten: ›Jetzt ist es aus mit Deutschland, aus mit Europa.‹«
Manche Beobachter versuchten das Unglück aus rein technischen Ursachen wie dem deutschen System der Verhältniswahl zu erklären. Hätte man in Deutschland das amerikanische System angewendet, wonach jeder Sitz demjenigen Kandidaten zufällt, der innerhalb eines bestimmten Bezirks die meisten Stimmen gewinnt, wäre die NSDAP auf kaum mehr als zwanzig Sitze gekommen. Nachträglich ist es müßig, darüber zu streiten, ob ein anderes Wahlsystem nötig gewesen wäre. Mit einer Masse Unzufriedener verschiedenster Parteienprovenienz hatte Hitler ein ganzes Heer neuer Anhänger gefunden. Die Bauern im nördlichen Schleswig-Holstein hatten ihm mehr als 25 Prozent ihrer Stimmen gegeben. Die Arbeitslosen, inzwischen mehr als drei Millionen, bekannten sich in immer größeren Scharen zum Nationalsozialismus. Ebenso bisher Konservative, die mit der Deutschnationalen Volkspartei Alfred Hugenbergs nicht mehr einverstanden waren. Und die Frauen, die allgemein dazu neigen, der Rechten ihre Stimme zu geben. Am verhängnisvollsten aber wirkte sich wohl aus, daß die Jugend, stets bereit, aggressiv gegen ein beharrendes Establishment anzugehen, die NSDAP als eine Partei der Jugend wie der Revolte ansah. 1930 gab es 4,6 Millionen Jungwähler – Kinder noch während des Krieges, herangewachsen in den Wirrnissen der zwanziger Jahre, wurzellos, empfindsam, nunmehr arbeitslos. Ihnen mußte der einundvierzigjährige Hitler als Garant für eine grundlegende Erneuerung erscheinen.
Oder gab es noch tiefere Ursachen, einen uneingestandenen Glauben an das nationalsozialistische Bekenntnis zur Gewalt, womöglich einen prophetischen Sinn für kollektive Selbstzerstörung? Dr. Franz Alexander, erster Schüler am Berliner Institut für Psychoanalyse, späterer Direktor des entsprechenden Instituts in Chikago, glaubt die Antwort bei einigen seiner Patienten gefunden zu haben: »Die zuweilen offene, meist geheime Verachtung und spöttische Überheblichkeit, die viele meiner deutschen Patienten für das Weimarer Regime übrig hatten, trat zu deutlich zutage, als daß man sie übersehen konnte . . . Die nationalsozialistische Bewegung war – zumindest teilweise eine Rebellion . . . gegen den wachsend kosmopolitischen, international ausgleichenden, antinationalistischen Trend . . . ein neuroti-

scher Verteidigungsakt gegen den Identitätsverlust auf nationaler Ebene. Man empfand die Weimarer Verfassung als einen Zwang, den die Westmächte Deutschland auferlegt hatten – um Deutschland der übrigen westlichen Kultur anzupassen – was der rassistisch-nationalsozialistisch bestimmten Tradition der Deutschen zuwiderlief ... kosmopolitisch und vernunftgemäß ›erzogen‹ zu werden, war in Deutschlands Geschichte noch nicht vorgekommen.«

Andere Psychoanalytiker versuchten auf ihre Weise, das Phänomen zu erklären. Erich Fromm schreibt den Aufstieg des Nationalsozialismus dem Hang zum Autoritären zu, der typisch sei für die deutsche Mittelklasse. Wilhelm Reich hingegen erscheint es absurd, irgendeine Klasse oder eine Nation für den Nationalsozialismus verantwortlich zu machen. Seiner Ansicht nach ist diese Bewegung der organisierte politische Ausdruck für die Mentalität des Durchschnittsmenschen gewesen, denn »es gibt keinen Menschen, der nicht die Elemente faschistischen Denkens und Fühlens in sich trüge ... In seiner reinsten Form ist der Faschismus die Summe aller *irrationalen* Reaktionen des durchschnittlichen menschlichen Charakters.«

Es mag indessen eine allzu große Vereinfachung sein, ein ganzes Volk psychoanalytisch zu deuten. Umfassenderes hat vielleicht ein Mann dazu zu sagen, der sich während eines langen Lebens damit befaßte, das Unterbewußte und das Irrationale zu ergründen: Dr. Sándor Radó. Auf die Frage, weshalb so viele Deutsche sich für den Nationalsozialismus entschieden, antwortet der Achtzigjährige, der in New York lebt: »Sie stellen mir da eine nicht leicht zu beantwortende Frage.« Und dann, nach langem Nachdenken, sagt er sehr langsam, sehr behutsam: »Ich weiß es nicht.«

Der neue Reichstag trat am 13. Oktober 1930 zusammen, und die Nationalsozialisten demonstrierten sogleich, wie sie ihren Sieg zu nutzen gedachten. Tausende von Parteigenossen drängten sich um das Reichstagsgebäude, wo normalerweise jede politische Kundgebung untersagt war. Drinnen beschlossen die NS-Abgeordneten, in SA-Uniformen aufzutreten. Da die preußischen Behörden jegliche Parteiinsignien verboten hatten, schmuggelten sie ihre braunen Uniformen insgeheim ein und zogen sich in den Waschräumen um. Erst einmal im Hause der gesetzgebenden Körperschaft, erfreuten sich die Eindringlinge im Braunhemd ihrer parlamentarischen Immunität, und jede der Debatten wurde ein Szenarium für lauthals gebrüllte Beschimpfungen, dröhnende Kampflieder und mordlüsterne Tiraden. Draußen verlegten die NS-Organisatoren an dem ersten Tag, nachdem es der Polizei gelungen war, wenigstens die neutrale Zone um den Reichstag zu räumen, ihren Aufmarsch in die nahe Leipziger Straße, wo sie die

Schaufenster jüdischer Warenhäuser und Geschäfte einschlugen und jeden mißhandelten, den sie für einen Juden hielten.
Der Sieg war jedoch keineswegs vollständig, und je stärker der Machtrausch der Nationalsozialisten anschwoll, um so gewalttätiger wurden ihre Kampfmaßnahmen. Kurz vor der Wahl war es bei der Berliner SA zu einem regelrechten Aufruhr gekommen. Die arbeitslosen SA-Männer waren unzufrieden mit ihren Zuteilungen an Bier und Würstchen.
Sie verlangten einen regelrechten Sold und zerschlugen in einem spontanen Wutausbruch ihre eigenen Sammelquartiere. Gauleiter Goebbels fürchtete sich vor seinen eigenen Soldaten. Er rief die Berliner Polizei, die er so sehr verachtete, zu Hilfe und ließ die SA-Lokale »ausheben«. Dann rief er Hitler zu Hilfe, der nach Berlin eilte und eine lange Nacht damit verbrachte, durch die Hinterzimmer von Bierkneipen zu ziehen, schreiend, flehend, besänftigend, aufgebrachten Männern seiner SA die Erfüllung ihrer Forderungen versprechend. Er entließ Salomon von Pfeffer, den unfähigen SA-Führer und Ex-Hauptmann, und nahm einen alten Kumpan, den Hauptmann Ernst Röhm, der nach dem mißglückten Münchener Putsch nach Südamerika geflohen war und der bolivianischen Armee als Militärischer Berater gedient hatte, in Gnaden wieder auf. Unter Röhm wurde die SA in den nächsten drei Jahren zur größten bewaffneten Macht in Deutschland.
Röhm, ein vierschrötiger Mann mit rotem, narbenbedecktem Gesicht, besaß keinen Funken politisches Verständnis. Er wollte nichts anderes als einfacher Soldat sein, und was Furchtlosigkeit und sture Einsatzbereitschaft betraf, war er es wohl auch. Sein Ehrgeiz – und er war sehr ehrgeizig – zielte darauf hin, die verlotternden Truppen der SA zu einer regelrechten Armee zu organisieren und sie unter Umständen mit der Reichswehr zu vereinigen, natürlich unter seiner Führung. Er schuf einen obersten Führungsstab der SA und richtete in München eine Schulungsstätte für höhere SA-Führer ein. Innerhalb von neun Monaten wurden aus 70 000 SA-Männern 170 000, fast doppelt soviel wie die Soldaten der Reichswehr. Um in eine Führungsposition zu gelangen, bedurfte es freilich noch einer besonderen Qualifikation, denn der ungehobelte nunmehrige »Stabschef der SA« war homosexuell veranlagt und schätzte es, sich in der Führungsspitze mit ebenso Veranlagten zu umgeben. So übertrug er das Kommando der Berliner SA dem etwas liederlichen Grafen Helldorf und stellte ihm Karl Ernst, auch einen jungen Homosexuellen, zur Seite.
Für den Psychiater mag der Zusammenhang zwischen Gewalt und Perversion von klinischem Interesse sein. Dem demokratischen Reichswehrminister Gröner und den Reichswehrgenerälen ging es jedoch

vordringlich um die SA als gegnerische Macht, und Hitler hatte sich nach dem Scheitern des Münchener Putsches geschworen, nie wieder etwas gegen die Armee zu unternehmen. Jetzt, da er erkannte, wie er allein durch Wahlen die Macht gewinnen konnte, verkündete er, es läge ihm nicht das geringste daran, seine unruhigen Truppen zur Rebellion gegen die Weimarer Republik aufzustacheln.
In krassem Widerspruch dazu stand die Verhandlung gegen drei junge Offiziere der Reichswehr, Richard Scheringer, Hans Ludin und Hans-Friedrich Wendt, die angeklagt wurden, revolutionäre NS-Propaganda verbreitet zu haben, was innerhalb der Reichswehr ausdrücklich untersagt war. Der Verteidiger, Hans Frank, der später als Generalgouverneur von Polen traurige Berühmtheit erlangte, lud Hitler als Zeugen vor, und der »Führer« sagte aus, keiner sei daran interessiert, die Armee zu verdrängen. Andererseits erklärte er, wenn die NSDAP erst an die Macht gekommen sei, solle aus der jetzigen Reichswehr eine große deutsche Volksarmee werden. Dies aber, so betonte er, werde legal, nach den Gesetzen der Weimarer Verfassung vor sich gehen. Doch, so schwor er zugleich, die Revolution vom November 1918 werde gerächt werden und Köpfe würden rollen. Die drei jungen Leutnants wurden zwar zu 18 Monaten Gefängnis verurteilt, aber die Schaulustigen bei der Verhandlung vor dem Reichsgericht in Leipzig begrüßten Hitlers Prophetien mit tosendem Beifall. Und die Armee hörte sie.
So gingen die Willkürakte weiter. In Berlin hatte der großartige amerikanische Film *Im Westen nichts Neues* Premiere, mit Genehmigung der zuständigen Filmzensurbehörde; die Nazis jedoch empörten sich über die angeblich als lasch und defaitistisch dargestellte Haltung der deutschen Soldaten im Großen Krieg. Goebbels schickte ganze Banden von SA-Männern in das Lichtspieltheater, die jeden, der den Film sehen wollte, bedrohten und einschüchterten. Als der Film trotzdem weiterlief, drangen sie in den Berliner Mozartsaal ein und störten die Vorstellung durch unausgesetzte Tumulte. Sie brachten Kästen voll weißer Mäuse mit, die sie während der Vorstellung laufen ließen, und warfen Stinkbomben. Dem Reichspräsidenten kamen solche Ausschreitungen durchaus gelegen: er bezeichnete sie als »Protest der nationalgesinnten Jugend«, und als eine starke Gruppe von Altkriegervereinen sich dafür einsetzte, daß der Film verboten wurde, zog ihn die Verleihfirma freiwillig zurück.

In dieser Atmosphäre brachten Brecht und Weill ihre *Mahagonny-Oper* auf die Bühne, jene bittere Parabel von der »Stadt ohne Direktion«, wo alles erlaubt ist, solange einer das Geld hat, den Preis dafür zu bezahlen, jene Stadt, die, wie ein Kritiker es auslegt, die Unfähigkeit des Menschen widerspiegelt, Freiheit zu verstehen, und damit, sie zu verdienen. Die Berliner reisten in Scharen zu den Aufführungen nach Leipzig. Hans Heinsheimer, der Musikverleger, erzählt: »Vielenorts rotteten sich die Braunhemden in der Stadt zusammen, mit Fahnen und Plakaten, die mit rüdem Gebrüll gegen das neue Stück protestierten. Die Spannung während der Probenarbeit, dann am Vortag, war anders, als wir es sonst gewohnt waren. Am Premierenabend brauchten wir nicht lange zu warten, bis die Demonstrationen im Zuschauerraum losgingen. Zuerst noch etwas unsicher, vielleicht nur Versuche, dann Lärm, Zwischenrufe, schließlich ein vielseitiges Protestgeheul. Ein paar Schauspieler unterbrachen ihren Part, liefen an die Rampe, schrien zurück.«

Lotte Lenya erinnert sich: »Die Vorstellung war schon eine Weile im Gange, als ich aus meiner Versunkenheit gerissen wurde. Um uns herum herrschte eine fast greifbare Spannung, beklemmend, feindlich. Die Demonstration ging los, als die Oper sich schon ihrem Ende näherte. Pfiffe, Buh-Rufe. Am Schluß der letzten Szene brach eine wilde Schlägerei aus, der Zuschauerraum war eine schreiende Masse Mensch, bald griff der Tumult auch auf die Bühne über, verängstigte Zuschauer versuchten, nach draußen zu gelangen, und erst das Eingreifen einer starken Polizeieinheit machte es schließlich möglich, das Theater zu räumen ... Die zweite Vorstellung ging bei voller Beleuchtung über die Bühne, und Polizisten säumten die Wände des Zuschauerraumes.«

John Gutman, der im *Berliner Börsenkurier* über die Uraufführung berichtete, schrieb: »Die Hölle brach mitten im letzten Akt los, in der Szene, wo Gott tatsächlich auf die Bühne kommt und aussieht wie ein deutscher Kapitalist, mit dickem Pelzmantel, Hut, Zigarre – da wurde das Pfeifen und Johlen zu einem ohrenbetäubenden Konzert. Und als Gott sprach: Gehet alle zur Hölle! – gab ihnen das den Rest.«

Brecht aber hatte dies alles mit den letzten Zeilen des Chors vorweggenommen, die nicht nur die Oper, sondern eine ganze Ära beschließen:

> ... Können uns und euch und niemand helfen.

KAPITEL XV

»Ich konnte mich nicht mehr beherrschen.« 1931

Und ich war glücklich; je mehr ich mich in Schmutz und Niedertracht suhlte, desto stärker entflammte meine Imagination in Lust.

Marquis de Sade

»Etwas zwingt mich, unaufhörlich über die Straßen zu wandern, und immer ist einer hinter mir. Ich selber bin es, manchmal ist mir, als sei ich selbst hinter mir her, und doch kann ich mir nicht entrinnen . . . Ich will davonlaufen – ich muß davonlaufen. Die Gespenster verfolgen mich ohne Unterlaß und geben mir keine Ruhe – bis ich es getan habe.«

Wer Fritz Langs großartigen Film *M* gesehen hat, wird wohl nie die Schlußszene vergessen, in der der Kindermörder jammernd und schluchzend sich vor seinen kriminellen Kumpanen, die über ihn zu Gericht sitzen, zu rechtfertigen versucht, weil er besessen sei von dem Zwang, kleine Mädchen zu töten. »Ich hasse es – aber ich muß – hasse es – aber muß – ich kann nicht mehr.« Der Film war einer der größten Erfolge, nicht nur des Jahres 31, und er machte den kleinen Schauspieler Peter Lorre zum großen Star. Die Produktion wäre jedoch beinahe nicht zustande gekommen.

Lang hatte die Presse vorausinformiert, daß sein nächster Film *Die Mörder sind unter uns* heißen werde, und erhielt daraufhin zahlreiche anonyme Drohbriefe, die ihn vor der Durchführung dieses Filmprojekts warnten. Damit noch nicht genug, verweigerte man ihm auch noch die Benutzung der großen Ateliers im Berliner Vorort Staaken. Der Regisseur verlangte eine Aussprache mit dem Aufnahmeleiter, und es kam zu einer heftigen Auseinandersetzung. Es fielen Andeutungen, verschiedene Leute seien gegen das Filmprojekt.

»Aber was soll diese Verschwörung gegen einen Film über den Düsseldorfer Massenmörder Kürten?« schrie Lang und packte den Aufnahmeleiter am Rockaufschlag.

»Ach so«, sagte der und lächelte erleichtert.

Auch Lang hatte begriffen. Auf der Unterseite des Revers hatte er das nationalsozialistische Parteiabzeichen bemerkt: »Das also war es: die Partei hatte gefürchtet, daß ein Film dieses Titels ihre eigenen Untaten aufdecken werde. Erst an diesem Tage«, fügte Lang hinzu, »bin ich politisch volljährig geworden.«

In der Tat ein merkwürdiges Mißverständnis, zumal es im eigentlichen Sinne nicht einmal ein Mißverständnis war. In der folgenden NS-Ära sollte sich nämlich erweisen, daß nicht die stiefelknarrenden Schlägertypen die schlimmsten waren, sondern diese Peter-Lorre-Typen, nach außen ruhig und anständig, bürgerlich-brav, gelegentlich sogar etwas feminin, aber besessen von ihren Triebvorstellungen. In diesem Zusammenhang ist es interessant, kurz darauf einzugehen, wie es mit dem Verbrechen in Deutschland aussah, bevor es zu solcher Entartung kam. Gerade in der Weimarer Republik war die Justiz alles andere als ohne Fehl. Während Angeklagte, die der politischen Rechten angehörten, fast immer mit milden Strafen rechnen konnten, mußten die der Linken oft auf ein sehr viel unnachsichtigeres Urteil gefaßt sein. Und Mord war durchaus nicht stets gleich Mord.
Unabhängig von den politischen Zusammenhängen versteht es sich, daß tatsächlich nicht ein Mord ist wie der andere. Äußere Anlässe und innere Motive variieren von Volk zu Volk und je nach dem Sog der Zeiten. Zu leicht schreibt man diese Varianten einem grundsätzlichen Hang des Menschen zur Gewalt zu; wahr ist jedoch, daß das Verbrechen einiges über die Gesellschaftsstruktur aussagt. Und da Mord das böseste aller Verbrechen ist, vermittelt die Persönlichkeit des Mörders auch ein Bild der Gesellschaft, aus der er hervorgeht. Im Deutschland der zwanziger Jahre, einer Nation, die allein zwei Millionen eigene Tote des verlorenen Krieges noch nicht verwunden hatte, in Zeitumständen, in denen Leben und Lebenswert noch arg relativiert waren und die alte Moral nur noch wenig galt, gehörte der Mord ohnehin zur Tagesordnung, und nur exorbitante Fälle erregten noch Aufsehen. Karl Denke zum Beispiel war ein kleiner Ladenbesitzer in Münsterberg bei Breslau, ein angesehener Bürger, der sogar in der evangelischen Gemeinde des Ortes ein Amt innehatte. Kurz vor Weihnachten 1924 hörten Nachbarn Geräusche aus Denkes Wohnung, und als sie dem nachgingen, fanden sie Denke in einem Handgemenge mit einem jungen Arbeiter. Denke behauptete, der andere habe ihn angegriffen, aber bei der Hausdurchsuchung fand die Polizei verdächtige Vorräte an Rauchfleisch und übelriechende Töpfe mit Fett. Während der Hungerjahre, als die Dorfbewohner sich daran gewöhnten, auch Hunde und Katzen zu braten, hatte Denke mit dem Verkauf von »Geselchtem« gute Geschäfte gemacht. Während die Dorfbewohner noch von gräßlichem Verdacht geplagt waren, erhängte sich Denke und hinterließ ein Notizbuch, in dem säuberlich über 30 Morde an Männern, Frauen und Mädchen Buch geführt war. Dank dieser präzisen Aufzeichnungen konnte ein anderer freigelassen werden, der bereits wegen eines dieser Morde sechzehn Jahre unschuldig im Gefängnis gesessen hatte.

Eine solche Schreckenstat muß man durchaus als Einzelfall betrachten – ein Wahnsinniger sicherlich –, aber es sollte noch zu mehreren ähnlichen Schreckenstaten kommen. Außerdem war Deutschland kein Land, in dem man die Tat eines einzelnen von welchen Motiven immer Besessenen übersehen konnte. Die Deutschen hatten sich einst als *Volk der Dichter und Denker* angesehen, und während dieser zwanziger Jahre wurden gern Wortspiele mit diesem alten Ausspruch getrieben. Tucholsky bezeichnete Deutschland jetzt als *Land der Richter und Henker*, und Brecht ersetzte *Denker*: »Deutschland ist das Land der Denkes!«
Berlin selbst hatte seinen Typ des Massenmörders in einem Wilhelm Großmann, von Beruf Metzger, der sich aber nach dem Krieg als Hausierer durchschlug. Jeden Morgen machte er sich von seiner Mietwohnung am Schlesischen Bahnhof auf, bei sich ein abgeschabtes Köfferchen mit Schnürsenkeln, Kämmen, Spiegeln und Haarnadeln. Abends ging er manchmal zum Bahnhof, weil dort ein Strom von Bauernmädchen aus dem Osten eintraf, die in der Stadt Arbeit suchten. In den meisten Fällen waren sie hilflos und mittellos, und Großmann vertrat wohl den väterlichen Typ. Er stellte sie als Hausmädchen ein. Bisweilen nahm er sie auch mit auf einen nahe gelegenen Rummelplatz, wo er sie zum Karussellfahren einlud. Wie viele solcher Hausmädchen er insgesamt anheuerte, wurde nie bekannt; die eine oder andere lief ihm schließlich weg. Insgesamt müssen es aber mehr als zwanzig gewesen sein. Ihr Schicksal entschied sich, wenn Großmann, wie er später aussagte, »sich nicht mehr beherrschen konnte«.
Großmann verweigerte lange jedes Geständnis. Wegen der fachmännisch zerlegten Leichenteile zahlreicher Frauen, die man in seiner Küche und in der nahen Spree gefunden hatte, bekundete er weder Teilnahme noch Reue. Das einzige, was ihn zu berühren schien, war die Nachricht, daß sein Zeisig sich nach ihm sehne. Er erklärte sich zu einer Aussage bereit, wenn man ihm seinen Vogel brächte, und daraufhin holte tatsächlich ein Polizist Hänsekens Käfig. Man nahm Großmann die Handschellen ab und gab ihm eine Stunde Zeit, mit seinem Vogel Zwiesprache zu halten. Dann plauderte der Kriminalkommissar mit Großmann über den Vogel, und endlich gestand Großmann. Er vollendete sein Geständnis, das eines gequälten Erotomanen, indem er sich mit einem zusammengedrehten Bettuch in seiner Zelle erhängte.
Aber auch der Fall Großmann war nur einer von ähnlichen. Für Berlin war der des mysteriösen Barons Winterfeld charakteristischer, zumal er sich mitten im Kugelregen während des Spartakus-Aufstandes abspielte. Dieser Winterfeld, ein großer, schlanker Mann mit schwarzem Spitzbart, war mit einem Taxi vor dem berühmtesten Hotel

Unter den Linden, dem »Adlon«, vorgefahren. Er schien niemanden in Berlin zu kennen, aber eines Tages erhielt er eine Postanweisung, und der Geldbriefträger, der sie auf sein Zimmer brachte, war hocherfreut, in diesen Hungerzeiten mit einem Paket Schinkenbrote und einer Zigarre entlohnt zu werden.

Auch für Lorenz und Louis Adlon, die Besitzer des Hotels, brachte der Bote einen Brief, der die Warnung enthielt, die Spartakisten planten, am 4. Januar die Regierung zu stürzen und die Banken zu besetzen. Es sei ratsam, sämtliche Sparguthaben sofort abzuheben. Viele wohlhabende Berliner erhielten Briefe gleichen Inhalts, und einer davon wurde in der *BZ am Mittag* veröffentlicht, die daran die Vermutung knüpfte, daß die Briefe auch als krimineller Trick dienen könnten.

An dem Tag, an dem der Spartakus-Aufstand erneut losbrach, herrschten im »Adlon« chaotische Verhältnisse; es wurde abwechselnd von Spartakisten und Angehörigen des Freikorps besetzt – beide ließen es sich nicht nehmen, den berühmten Weinkeller des Hotels zu inspizieren –, aber trotz der Schüsse, die Unter den Linden knallten, machten die Postboten getreulich ihre Runde. Einer von ihnen, ein fünfzigjähriger Beamter namens Lange, versorgte seit einem Jahrzehnt das »Adlon«, und als er mit einer Nachnahmesendung für Baron Winterfeld eintraf, bestand er darauf, zu ihm aufs Zimmer zu gehen – er erinnerte sich nur zu gern der Schinkenstullen, die ihm der Baron spendiert hatte.

Während Lange die Treppen zum ersten Stock hinaufstieg, gab es draußen eine lang anhaltende Schießerei, und keiner dachte mehr an den Geldboten, bis das Postamt am Nachmittag anrief und sich erkundigte, ob dem Beamten etwas zugestoßen sei. Er hatte einundvierzig Wertbriefe bei sich gehabt, die insgesamt über 270 000,– Mark enthielten. Die Kriminalbeamten, die sofort gerufen wurden, fanden Lange in einem Zimmer des ersten Stockwerks, an einen Stuhl gefesselt. Er war mit einer Vorhangschnur erwürgt worden. Die Trägertasche war natürlich leer und der Baron Winterfeld, der das Zimmer bewohnt hatte, verschwunden.

Es dauerte drei Jahre, bis in Dresden ein Mann namens Blume festgenommen wurde, weil er versucht hatte, einen Geldbriefträger zu überfallen. Weitere Nachforschungen der Polizei ergaben, daß Blume nicht nur den Mord im »Adlon« begangen, sondern noch einen Postboten der Berliner Innenstadt umgebracht hatte. Das war an sich nicht sonderlich überraschend, weil jeder Verbrecher dazu neigt, seine Tat im Erfolgsfalle zu wiederholen. Ungewöhnlich war die Tatsache, daß der Mörder sich als erfolgreicher Bühnenautor entpuppte. Wenige Monate vor seiner Festnahme hatte das Neustädter Schauspielhaus in

Dresden ein elegantes Lustspiel von ihm erfolgreich aufgeführt, und nach diesem Erfolg schickte er dem Theater ein weiteres Stück mit dem Titel *Der Fluch der Vergeltung*, ein Melodrama über den Mord an dem Geldbriefträger im Berliner »Adlon«.

Im Lauf der Vernehmung fragte ihn der berühmte Berliner Polizeikommissar Gennat: »Haben Sie das wirklich geschrieben?«

»Haben Sie es gelesen?« fragte Blume stolz und brach in emphatische Begeisterung aus: »Ist das nicht großartig? Ich habe nur den einen Wunsch, daß es noch vor meiner Hinrichtung zur Aufführung kommt. Wenn es ein Erfolg wird, dann scheide ich gern. Dann war mein Leben wert, gelebt zu werden.«

Auch Blume beging noch vor der Gerichtsverhandlung in seiner Zelle Selbstmord.

Von allen Massenmorden war der Fall Haarmann derjenige, der während der zwanziger Jahre am meisten Beachtung fand. Dieser Georg Haarmann war ein sanfter Typ mit leiser Stimme, »Privatdetektiv«, als Polizeispitzel auch für Bagatell-Diebe eingesetzt. Wie Großmann trieb er sich gern auf Bahnhöfen herum und suchte sich seine Opfer unter der Landjugend, die nach Hannover kam. Im Gegensatz zu Großmann mißbrauchte er nur junge Männer. Er bot ihnen belegte Brote, Bier und sonstige Hilfe an. Wenn er einen seiner neuen Freunde nach Hause gelockt und ins Bett gebracht hatte, durchbiß er ihm die Kehle. Wie er später noch aussagte, konnte er sich nie an eine solche Szene erinnern. Zuerst überkam ihn, wie er sagte, eine Art von Wut, und dann sei alles schwarz um ihn geworden, bis er am anderen Morgen erwachte und in seinem Zimmer abermals einen toten jungen Mann entdeckte.

Kinder hatten am Leineufer einen Schädel gefunden, und ein paar Tage später wurde ein zweiter Schädel angeschwemmt. Als die Polizei den Fluß ausbaggerte, fand sie genügend Knochen, um daraus vierundzwanzig bis sechsundzwanzig Opfer zu rekonstruieren. Niemand brachte sie mit Haarmann in Verbindung, bis die Mutter eines vermißten Jungen die Jacke ihres Sohnes an einem anderen wiedererkannte, und dieser Junge erwies sich als der Sohn von Haarmanns Wirtin. Haarmann, so stellte sich heraus, trieb nicht nur mit den Kleidern seiner Opfer einen schwunghaften Handel.

Seine Verbrechen erregten natürlich das ganze Volk. Ihn selber schienen weder seine Taten noch die drohende Hinrichtung ernstlich zu berühren. Ein Psychiater setzte sich nachdrücklich dafür ein, ihn für unzurechnungsfähig zu erklären, aber das Gericht verurteilte ihn zum Tode. Die Hinrichtung selbst wurde, nach der Schilderung Arthur Koestlers, zu einer Demonstration der zunehmenden NS-Macht. »Jahrelang hatten sämtliche Ullstein-Zeitungen eine heftige Kampagne

geführt gegen die Todesstrafe«, sagt Koestler, der damals als Außenpolitiker der *BZ am Mittag* bei Ullstein wirkte. »Dank der starken Strömung gegen die Todesstrafe, die von den liberalen Schichten der Bevölkerung ausging, hatte es jahrelang keine Hinrichtungen mehr gegeben. Jetzt, 1931, wurde die Affäre Haarmann zu einem Testfall ... Der Chef vom Dienst bezeichnete Haarmann als einen verabscheuungswürdigen Charakter, und sich für eine Umwandlung seiner Strafe einzusetzen, bedeute, der öffentlichen Meinung entgegenzuwirken, ›was wir uns in diesen Zeiten nicht leisten können‹. Die meisten Redakteure wagten nicht zu protestieren. Ich erinnere mich, etwas gemurmelt zu haben, daß es unter Mördern kaum anziehende Charaktere gäbe ... aber das wurde mit höflichem Schweigen quittiert. So endete innerhalb einer Stunde eine Kampagne im Sande, für die wir uns jahrelang mit echter Überzeugung eingesetzt hatten. Es war nur eine von vielen Kapitulationen, aber um so einschneidender, als sie nicht einmal politische Hintergründe hatte. Wir kapitulierten vor der ständig anwachsenden Brutalisierung der Massen.«
Haarmann wurde also hingerichtet, und in jenen Tagen sangen die Berliner Schulkinder, in Abwandlung eines gerade gängigen Schlagers, fröhlich:

Warte, warte nur ein Weilchen,
Bald kommt Haarmann auch zu dir.
Mit dem kleinen Hackebeilchen
Macht er Pökelfleisch aus dir.

»Brutalität wird respektiert«, sagte Hitler. »Das Volk braucht ein gesundes Maß an Furcht ... Habt ihr nicht überall gesehen, daß diejenigen, die bei den Schlägereien in den Kundgebungsstätten unterlagen, die ersten waren, die sich als neue Parteimitglieder aufnehmen ließen? Was soll das Geschwätz über Brutalität und die Empfindlichkeit gegen Quälereien? Die Massen wollen es so. Sie brauchen etwas, was ihnen Angstschauer über den Rücken jagt.«
In der Art, wie Fritz Lang in seinem Film Polizei und Unterwelt gleichermaßen mobilisierte, um den Mörder zu jagen, steckte eine Art nihilistischer Ironie. »Durch kunstverständiges Schneiden war das Milieu der Polizei mit dem der Unterwelt in eins verwoben«, bemerkt Siegfried Kracauer. »Während die Bandenführer ihre Pläne miteinander besprachen, hielten auch die polizeilichen Sachverständigen eine Konferenz ab, und wie das Bild zwischen diesen zwei Sitzungen hin- und herblendete, so waren auch viele andere Szenen durch ständigen Wechsel in beziehungsvoll andeutenden Zusammenhang gebracht.« Mit anderen Worten: Lang porträtierte, wie Brecht in der *Dreigroschenoper*, die Organisation der Gesetzeshüter und der Gesetzesbrecher als mehr oder minder die gleiche. Durch das Ineinander der

Szenen ergab sich der sozialkritische Kommentar von selbst; indessen mochte es manchem unglaubhaft erscheinen, daß offizielle Verbrechervereinigungen mehr sein könnten als ein etwas übertriebener kinematographischer Einfall. In Wirklichkeit jedoch gab es solche Vereinigungen in Berlin tatsächlich.

»Ein anderer Schriftsteller und ich gründeten damals ein surrealistisches Restaurant«, erzählt Ludwig Wronkow, früher Cartoonist, jetzt Herausgeber der deutschsprachigen New Yorker Zeitung *Aufbau*. Er ist ein kleiner, untersetzter, überaus gewinnender Mann, um die siebzig, mit buschigem weißem Haar. »Wir nannten es Topp-Keller; es war in der Schwerinstraße, dicht beim Nollendorfplatz. Pop art an sämtlichen Wänden. Was wir da taten? Blödsinn, nichts als Blödsinn. Die ganze Zeit machten wir Dadaismus. Und oft hatten wir Schwierigkeiten mit den *Ringvereinen*. Das waren alles Burschen, die so einige Jahre Gefängnis hinter sich hatten. Aus diesem Club mußte ich die Kellner auswählen.«

»Wieso, was wäre passiert, wenn Sie sich geweigert hätten?«

»Dann hätten sie mir alles leergetrunken, ohne zu bezahlen.«

»Haben sie denn wenigstens gesagt, daß sie vorbestraft waren?«

»Kaum einer. Vielleicht drei oder vier davon –«

»Haben diese Kellner, die Sie einstellen mußten, denn wenigstens etwas getan? Haben sie gearbeitet?«

»Nun ja.« Wronkow zuckt die Achseln und schaut aus dem Fenster. »Das Essen war ohnehin miserabel, und es galt als schick, dorthin zu gehen, wo das Essen schlecht war, wo die Kellner – na ja, Sie verstehen.«

»Wie lange hatten Sie das Lokal?«

»Drei Monate. Dann kam ein Verrückter und wollte es unbedingt kaufen, und so verkauften wir es.«

Die *Ringvereine* genossen den Schutz der Behörden, und die Polizei gestattete und unterstützte sogar die Bildung einer Gruppe, die sich Reichsvereinigung ehemaliger Strafgefangener nannte. Binnen kurzem gab es in Berlin und in anderen Städten mehr als fünfzig solcher Organisationen, die sich wiederum zu größeren Interessengruppen, zu *Ringen* zusammenschlossen. Offiziell hatten sich diese Gruppen für die Rehabilitierung von Strafgefangenen einzusetzen. Sie gaben sich wohlklingende Namen wie »Deutsche Kraft« oder »Immertreu«, und ihre Satzungen und Statuten sprachen (wie die der SA, als sie verboten war) von Sportbetätigung, Sparbereitschaft und geselligen Zusammenkünften. Die »Deutsche Kraft« zum Beispiel hielt ihre regelmäßigen Treffen im Restaurant Rheingold am Potsdamer Platz ab, mit bekannten Strafverteidigern und hohen Polizeibeamten als Ehrengästen. Demnach ist auch der Kanonen-Song, den der Polizeichef Tiger Brown gemeinsam mit Macky Messer in der *Dreigroschenoper* singt, weit realistischer, als man meinen möchte. Ein Zuschauer berichtet: »Es war der Höhepunkt des Abends, als einer der Polizeibeamten den Taktstock ergriff und das Orchester dirigierte.«

Die *Ringvereine* waren wohlhabend. Sie verlangten von ihren Mitgliedern horrende Eintrittsgelder und baten sie für Zuwiderhandlungen gegen die Satzungen zur Kasse, so für Kartenspiele während einer *Ringvereins*-Trauerfeier. In ihren Verkehrslokalen stellten sie stolz ihre Sporttrophäen aus und Gruppenaufnahmen von harmlos fröhlichen Gesellschaften beim Picknick im Grunewald. Die Mitglieder trugen besondere Ringe und Nadeln aus Gold und waren stolz auf ihre oft recht kostbaren, silberdurchwirkten Vereinsstandarten. Die Satzungen waren doppeldeutig. So hieß es zum Beispiel: »Jedes Mitglied ist in Fällen von Krankheit oder anderen außergewöhnlichen Situationen zur Hilfe verpflichtet.« In der Praxis mußte danach der Ringverein, sobald eins der Mitglieder verhaftet wurde, einen Anwalt stellen, die Familie des Gefangenen unterhalten und gegebenenfalls etwaige Belastungszeugen einschüchtern. Fast in all den Jahren nach 1920 tolerierte die Berliner Polizei diese Gangsterorganisationen mit der Begründung, daß man auf diese Weise verdächtige Charaktere gut unter Kontrolle behalte. Aber die *Ringvereine* wurden – wie man behauptet, unter dem Einfluß amerikanischer Gangsterfilme – dann immer bedrohlicher. Einmal geschah es, daß ein *Ringverein* zwei abtrünnige Mitglieder ganz offiziell zum Tode verurteilte, ihnen den Bescheid schriftlich zustellte und sie dann auf der Straße niederschoß.

Die dramatischste Gegenaktion der Polizei erfolgte gegen einen gefährlichen *Ringverein*, der seinen Sommersitz nach Schmöckwitz verlegt hatte, auf eine hügelige Halbinsel im Südosten Berlins, wo zwei Flüsse und zwei Seen zusammenstoßen. Die Gangster hatten sich, unter dem Motto, ihre Organisation sei besonders am Wassersport interessiert, in einer Gruppe von Bootshäusern eingenistet, die um einen Gasthof herum angelegt waren. Der Gasthof war auch nur übers Wasser zu erreichen, und die Gangster kontrollierten vorsorglich den gesamten Bootsverkehr von und zum Ausflugslokal. Die Polizei bildete, um die Aktion möglichst unverdächtig zu starten, eine Organisation, einen Gesangverein, und der kündigte schriftlich an, daß er in dem Gasthof ein Chorkonzert geben wolle. Die Gangster zeigten sich erfreut über die Aussicht auf eine kulturelle Veranstaltung. Als die Polizisten, in Zivil, mit ihrem eigenen Dampfer erschienen, begrüßten die Gangster sie herzlich. Die Polizisten bildeten eine lange Reihe, öffneten ihre Liederbücher und begannen mit einem Chorfavoriten: »Wer hat dich, du schöner Wald . . .« Danach, während die Gangster noch fröhlich applaudierten, zogen sämtliche Polizisten ihre

Pistolen, nahmen im Saale sämtliche Teilnehmer fest und transportierten sie mit ihrem Dampfer ins Polizeipräsidium.

Gewalttaten gehören zum Bild jeder Großstadt. In Berlin gehörten sie auch zum Alltag. »Immer wieder wurden Leichen aus dem Landwehrkanal gefischt«, erzählt der UN-Korrespondent Peter Wallenberg. »Wer das war? Ich weiß es nicht. Leichen eben. Wir hatten dafür sogar ein Lied.«

Er singt es vor, ein fröhlicher Gassenhauer im Marschrhythmus:

Es schwimmt eine Leiche im Landwehrkanal,
reich se mir mal her,
aber quetsch se nich so sehr.

»Damit sie nicht auseinanderfällt«, ergänzt er lachend und schenkt sich eine neue Tasse Kaffee ein.

Wenn Denke, Großmann, Haarmann und die Ringvereine genannt werden, darf der Name des Massenmörders Kürten nicht fehlen, der damals eng mit der Polizei zusammenarbeitete und eine ganze Reihe auch von Sexualmorden beging, bis er gefaßt wurde. Ebensowenig der der Gebrüder Sass, die in Berlin so etwas wie Volkshelden waren, weil sie die Polizei so raffiniert zum Narren hielten. Sie schlugen am Wittenbergplatz als Straßenarbeiter ein Zelt auf und trieben an einem Wochenende einen Stollen bis unter die Bankfiliale vor, in die sie eindringen wollten. Dieses Brüderpaar, dem man ein »goldenes Berliner Herz« nachsagte, wurde erst 1934 oder 1935 in Dänemark gefaßt und an Deutschland ausgeliefert. Bereits einmal »aus Mangel an Beweisen« freigesprochen, machte man ihnen erneut den Prozeß, und diesmal lautete das Urteil auf Sicherheitsverwahrung. Wenig später brachen sie erneut aus. Sie wurden dann von den Nazis »auf der Flucht erschossen«.

Zu erwähnen sind jedoch auch ganz andere Formen der Kriminalität. Carl Zuckmayer, als erst angehender Schriftsteller, war völlig mittellos, als er zum ersten Male nach Berlin kam. In einer zugespitzten Notsituation verdingte er sich als Schlepper für einige Nachtlokale in der Friedrichstadt. »Ich stand vor dem Tauben-Casino oder hinterm Restaurant Rheingold«, erinnert er sich, »und flüsterte den Herrn in ihren dicken Ulstern zu: ›Vielleicht noch ein nettes kleines Nachtlokal gefällig? Intimer Betrieb, solide Preise . . .‹ und so weiter.«

An einem winterlichen Abend erschien plötzlich Zuckmayers ›Chef‹, nahm ihn in einem Taxi mit zur Tauentzienstraße und füllte im Wagen seine Manteltaschen mit Zigarren- und Zigarettenpackungen, vor allem aber mit flachen weißen Faltpäckchen, die ein weißes Pulver enthielten. Er befahl Zuckmayer, die Tauentzienstraße auf und ab zu gehen und Passanten, die an ihm vorüberkamen, »Ssigarren, Ssigaretten« zuzuflüstern, mit einem scharf zischenden S-Laut. Interessenten würden mit einem bestimmten Schnüffeln sich kenntlich machen, meinte der ›Chef‹, und dann könne Zuckmayer ihnen eins dieser Faltbriefchen verkaufen. Der Schriftsteller fragte, was sie enthielten, und der ›Chef‹ sagte: »Schnee«, was in jenen Tagen nicht Heroin, sondern Kokain hieß. Zuckmayer könne aber, so wurde er beruhigt, nie ernstlich in Schwierigkeiten geraten, weil in den Faltbriefen nur eine Mischung aus Kochsalz und Aspirin sei . . . Damit sprang er wieder ins Taxi und verschwand.

Zuckmayer schlug sich eine Weile mit der Fragwürdigkeit herum, »Koks« zu verkaufen beziehungsweise auf Kokain frisiertes Kochsalz – falls der ›Chef‹ die Wahrheit gesagt hatte. Dann siegte der Wille zum Überleben. Er bezog vor den unerleuchteten Schaufenstern des ›Kadewe‹, des großen ›Kaufhauses des Westens‹, Posten und zischelte in die kalte Nacht: »Ssigarren, Ssigaretten.«

Ohne die Hilfe einer der zahlreichen Prostituierten deutscher und slawischer Herkunft, die ebenfalls am Tauentzien ihrem Gewerbe nachgingen und wohl darauf achteten, daß sie den Schutz der Registrierung genossen, wäre Zuckmayer kein einziges Päckchen seines ›Schnees‹ losgeworden.

Kokain war im Berlin der zwanziger, Anfang der dreißiger Jahre eine begehrte Droge, und man stieß allerorten darauf. Mädchen boten es in den Nachtklubs an, beinamputierte Veteranen verkauften es an Straßenecken, und wenn jemand auf Reisen ging, bekam er die entsprechenden Hinweise. »Als ich nach Paris reiste«, erzählte ein alter Berliner, »sagte man mir vorher, ich könnte das, was ich wollte, vor dem ›Maxim‹ bekommen. Dort stünde ein Mann mit einem gelben Hut, der alles vermittelte.«

»Es gibt Kokainhöhlen in Berlin, in denen auch Akademiker, Schauspieler usw. Stunden erfüllter Begierde als wesenlose Lebewesen hindämmern. Sie geben, was sie besitzen, selbst notwendige Kleidungsstücke, hin, um das ersehnte narkotische Glück zu gewinnen. Die phantasievollste Schilderung der Nachtseiten des menschlichen Lebens, eine Hogarthsche Zeichnung der ›Punschgesellschaft‹, und andere, die das Herabgesunkensein des Individuums auf ein Niveau, das noch unter dem des Tieres liegt, darstellen, erreichen an Abstoßendem nicht die Höhe des Eindrucks, den eine solche Vereinigung von Verkommenheit in den aktiven Stadien des Kokainismus bietet.« So damals der bedeutendste Sachkenner auf dem Gebiet der betäubenden und erregenden Genußmittel, Professor Ludwig Lewin.

»Und wie war's, wenn man kokste?«

»Man kommt sich ungeheuer klug vor«, berichtet der prächtige Walter Slezak. »Man fängt an, viel zu reden, und meint, es wären die klügsten Dinge von der Welt, und am nächsten Tag fragen einen die

Leute: ›Was war denn gestern abend mit Ihnen los? Sie haben ja den größten Unsinn erzählt.‹«

Slezak geriet, wie damals viele, durch seinen Arzt an Drogen, denn Kokain und Morphium wurden als schmerzstillende Mittel großzügig verordnet – schon vor der Jahrhundertwende hatte Sigmund Freud der medizinischen Welt den Wert des Kokains für den klinischen Gebrauch zur Kenntnis gebracht, das seine Hauptanwendung dann bei der Lokalanästhesie finden sollte. Slezak steckte mitten in strapaziösester Filmarbeit, als er sich eine »Schmink-Infektion« zuzog, eine qualvoll juckende, überaus schmerzhafte Allergie. Damit er überhaupt schlafen konnte, verschrieb ihm sein Arzt Luminal, und als er eine Überdosis genommen hatte, verordnete er als Belebungsmittel Kokain. »Fünf Stunden später ließ die Wirkung des Kokains nach, und dann gab Dr. Hoellenreich, wie dieser Unhold hieß, mir eine zweite Dosis, und das setzte er fünf Tage lang fort, bis ich meinen Part zu Ende gespielt hatte. Er hatte mir gezeigt, wie ich das Zeug einnehmen mußte: einen kleinen Berg des weißen Pülverchens wie Schnupftabak auf den Handrücken, die Hand zur Nase führen, zweimal kurz hochziehen, dann die Hand ablecken, damit nichts verlorenging. Mit der Zeit wurden die Einnahmeintervalle kürzer. Ein paar Freunde warnten mich, ich könnte süchtig werden. Ich fühlte mich jedoch viel zu wohl und zu beschwingt, um auf sie zu hören.

Dr. Hoellenreich brachte mich an die Bahn, als ich nach Paris mußte, und übergab mir einen kleinen Vorrat mit ›Stoff‹, damit ich die dortige Drehzeit überstünde . . . Kurz bevor der Zug in Paris eintraf, setzten sich zwei französische Nonnen zu mir ins Abteil, und wir kamen ins Gespräch. In meiner Redseligkeit erzählte ich ihnen, daß ich Kokain nahm, auf Verordnung meines Arztes – die ganze Geschichte. Sie rieten mir, mich sofort in klinische Behandlung zu begeben, schon der Infektion wegen . . . ›Nehmen Sie jetzt noch eine kräftige Prise, und dann werfen Sie das ganze Zeug aus dem Fenster‹, schlug eine von ihnen vor. Ich weiß heute noch nicht, wieso ich das tatsächlich machte. Sie versprachen auch, sie wollten für mich beten. Ihre Gebete müssen wirksam gewesen sein.«

Morphium war noch gefährlicher als Kokain und wurde mindestens ebenso häufig angewandt. Als Hermann Göring zum Beispiel während des Münchener Putsches verletzt wurde, eiterte die Wunde stark, und die Ärzte gaben ihm zur Schmerzlinderung soviel Morphium, daß er bald völlig drogenabhängig wurde. Während der Zeit als Flüchtling in Schweden, Mitte der zwanziger Jahre, war er als gefährlicher Rauschgiftsüchtiger polizeibekannt. Einmal wurde er gegen eine Krankenschwester tätlich, die sich weigerte, ihm Morphium auszufolgen, und danach brachte ihn die Polizei in eine Entziehungsanstalt nach

Langbro, wo er in der geschlossenen Abteilung gehalten wurde. Er blieb drei Monate und mußte später regelmäßig wiederkommen, wenn er merkte, daß er doch nicht ohne die Droge auskam. Auch später als Oberbefehlshaber der Luftwaffe und als »Reichsmarschall« kam er nie ganz von dieser Abhängigkeit los.

Die Drogensucht war damals enorm groß, aber es war eine ganz andere Verbrauchergruppe als heute: nicht die zornigen, die trotzigen Jugendlichen, nicht die Neugierigen, sondern fast ausschließlich die Älteren, Übersättigten, Entmutigten, ehemalige Soldaten, einstige Kriegsgefangene, Heruntergekommene. Die Lebensverhältnisse waren so unerfreulich, daß man sich eine Scheinwelt zu schaffen versuchte. Die Gefahr für Gesundheit und Leben spielte in einem solchen Stadium der Verzweiflung keine Rolle mehr.

Ob es Völker gibt mit einem angeborenen Hang zur Gewalt? Wohl kaum – aber nach den Erfahrungen der NS-Ära wird noch immer nach Gründen gesucht, weshalb das alles geschehen konnte. Yehudi Menuhin vertritt dazu eine ungewöhnliche Theorie, die sich auf das wichtigste Charakteristikum eines Volksstammes bezieht: auf seine Sprache:

»Die deutsche Sprache ist voll Abstraktion. Diese Phrasen über Musik – ich halte nichts davon. Musik ist eine lebendige Sache, die deutsche Sprache hat nur abstrakte Ausdrücke. Die Deutschen haben hinreichend genaue Worte für Philosophie und romantische Dichtung, aber nicht für Musik. All ihre Kultursprache stammt vom Lateinischen ab, und auch alles, was die Zivilisation anbelangt, hat romanische Wurzeln.

Und dann die Grammatik. Wenn man einen deutschen Satz beginnt, muß man genau wissen, wie er enden soll. Im Englischen bleibt der Satz bis zum Schluß flexibel. Gefühl und Verstand gehen dort Hand in Hand. Im Deutschen sind sie einander fremd. Alles ist abstrakt. Darum wurden auch die Juden abstrahiert. Nicht als Individuen wurden sie umgebracht, wie wir unsere Indianer erschossen, sondern als eine Abstraktion.«

In all den Jahren, bis die Nationalsozialisten Kriminalität zu einer Regierungspraktik erhoben, gab es in der Justiz mehr als genug Instanzen, die das Gesetz gegen die Gesetzestreuen kehrten. Das bezeichnendste »gesetzliche« Verbrechen des Jahres 1931 war in vieler Hinsicht die Festnahme und die Verhandlung gegen Carl von Ossietzky, den Herausgeber der *Weltbühne*.

Ossietzky war ein persönlich sehr zurückhaltender, ein, was die politischen Verhältnisse in Deutschland anbelangte, zutiefst pessimistisch gestimmter Mann – doch immer bereit, rückhaltlos seinen Mut unter Beweis zu stellen. Photographien aus der Mitte der zwanziger Jahre zeigen einen untersetzten jungen Mann mit nachdenklichen Augen, einer langen gerade vorspringenden Nase und einem festen Kinn. Zehn Jahre später wurde im Konzentrationslager Papenburg ein Photo gemacht, auf dem ein SS-Mann, die linke Hand, Handschuhe haltend, in die Hüfte gestützt, auf einen vor Angst erstarrten Gefangenen hinabsieht, dessen dunkler Arbeitsanzug die Nummer 562 trägt. Dieser Gefangene 562 war der ehemalige Carl von Ossietzky, und als er 1935 vor aller Weltöffentlichkeit den Nobelpreis erhielt, verbot Hitler persönlich wütend die Annahme sowohl für ihn wie für jeden Deutschen in Zukunft. Die Nationalsozialisten entließen Ossietzky gerade früh genug, daß er 1938 in einer Berliner Privatklinik an den erlittenen Martern sterben konnte. Wer ihn zuerst ins Gefängnis geschickt hatte, waren Justizbehörden der Weimarer Republik gewesen.

Carl von Ossietzky kam 1889 als Sohn einer verarmten Familie polnischer Herkunft in Hamburg zur Welt. Einem Freund erzählte er einmal, daß das »von« seines Namens von einem seiner Vorfahren herrühre, der als Söldner unter dem »Großen Kurfürsten« von Brandenburg gedient hatte und dafür aus Geldmangel mit dem Adelsprädikat entlohnt wurde. Ossietzkys Vater, ein Stenograph, starb, als der Sohn zwei Jahre alt war. Ossietzky brachte es zu keinem Schulabschluß, arbeitete als Behördenangestellter in Hamburg, war als Armierungssoldat an der Westfront. Schon vor dem Krieg war er Pazifist, und wenn er auch nie parteipolitisch gebunden radikal links stand, glaubte er doch zutiefst an »soziale Gerechtigkeit«. 1919 kam er als Sekretär für Professor Ludwig Quiddes »Deutsche Friedensgesellschaft« nach Berlin. Als er die Zwistigkeiten der Pazifisten untereinander leid wurde, begann er für verschiedene liberale Blätter zu schreiben, für die *Volkszeitung*, das *Tagebuch* und schließlich für die *Weltbühne*.

Die *Weltbühne* war eine Wochenschrift für Politik, Kunst, Wirtschaft, im Format kaum größer als *Reader's Digest*, doch ein ganz dünnes Heft. Die Auflage erreichte nie mehr als zwanzigtausend, aber als wichtigstes und konsequentestes Organ der deutschen intellektuellen Linken erlangte sie – und besitzt sie in der Erinnerung noch immer – eine Reputation, die weit über ihren äußeren Umfang hinausreicht. Gegründet wurde sie schon 1904 von Siegfried Jacobsohn, einem engagierten Theaterkritiker. Er war damals vierundzwanzig, nannte sein neues Theatermagazin *Die Schaubühne*, aber 1918 beschloß er, seinen Wirkungsbereich politisch auszuweiten und benannte es in *Weltbühne* um. Diese *Weltbühne* verband eine ganze Generation linker Schriftsteller eng miteinander: Arnold Zweig, Walter Mehring, Ernst Toller und Thomas Mann, Hellmut von Gerlach, Alfred Döblin, Klabund, Lion Feuchtwanger, Joseph Roth, René Schickele, Ernst

Bloch und vor allem Kurt Tucholsky, der allein über hundert Artikel, Glossen und Gedichte pro Jahr beitrug. Tucholsky war es auch, der den sarkastisch aggressiven Ton der *Weltbühne* bestimmte. »Es wird uns Mitarbeitern der *Weltbühne* der Vorwurf gemacht, wir sagten zu allem Nein und seien nicht positiv genug. Wir lehnten ab und kritisierten nur und beschmutzten gar das eigene deutsche Nest. Und bekämpften – und das sei das Schlimmste – Haß mit Haß, Gewalt mit Gewalt, Faust mit Faust.

Es sind eigentlich immer dieselben Leute, die in diesem Blatt zu Worte kommen, und es mag einmal gesagt werden, wie sehr wir alle zusammenstimmen, obwohl wir uns kaum kennen. Es existieren Nummern dieser Zeitschrift, die in einer langen Redaktionssitzung entstanden zu sein scheinen, und doch hat der Herausgeber mutterseelenallein gewaltet. Der Vorwurf also, wir seien negativ, scheint mir damit geistig unabhängige und voneinander nicht beeinflußte Männer zu treffen ...

Damit wir in der Welt geachtet werden, müssen wir zunächst zu Haus gründlich rein machen. Beschmutzen wir unser eigenes Nest? Aber einen Augiasstall kann man nicht beschmutzen ...

Wir können nicht Ja sagen. Wir können nicht einen Sinn stärken, der über dem Menschen die Menschlichkeit vergißt ...

Wir können noch nicht Ja sagen. Wir wissen nur das eine: es soll mit eisernem Besen jetzt, grade jetzt und heute ausgekehrt werden, was in Deutschland faul und vom Übel war und ist ...

Wir stehen vor einem Deutschland voll unerhörter Korruption, voll Schiebern und Schleichern, voll dreimalhunderttausend Teufeln ...

Wir kämpfen aus Liebe für die Unterdrückten, die nicht immer notwendigerweise Proletarier sein müssen, und wir lieben in den Menschen den Gedanken an die Menschheit.«

Als Jacobsohn 1926 starb, übernahm Tucholsky die Herausgeberschaft. Aber er, der seit 1924 in Paris gelebt hatte, mochte sich weder mit dieser Arbeit noch mit der Notwendigkeit befreunden, ständig in Berlin zu leben. Kaum ein Jahr später überließ er die Zeitschrift Ossietzky.

Ossietzky war kein minder scharfer Kritiker als sein Vorgänger. »Es ist kein billiger Pessimismus, sondern eine genaue Erkenntnis der Tatsachen, es öffentlich auszusprechen: Es gibt keine deutsche Republik!« schrieb Ossietzky. »Man hört, daß die Leute sagen, dies sei eine Republik ohne Republikaner. Unglücklicherweise ist die Situation genau umgekehrt. Die Republikaner sind ohne Republik.« Ossietzky war ein umsichtiger Herausgeber, mit ihm verdoppelte sich die Auflage der Zeitschrift fast, was ihm indessen kaum mehr einbrachte. »Während Tucholsky in Paris lebte und für viele andere Berliner Blätter schrieb«, erinnert sich ein ehemaliger Mitarbeiter, »blieb Ossietzky der Ärmste. Er hatte nie ein sauberes Hemd oder einen anständigen Anzug. Er lebte von Kaffee und dazwischen manchmal einem Stück Kuchen.«

Er lebte nur für seine Zeitschrift, und als sich ihm eine Möglichkeit bot, die geheime Wiederaufrüstung Deutschlands aufzudecken, zögerte er nicht, einen Artikel mit der Überschrift »Windige Dinge in der deutschen Luftschiffahrt« zu veröffentlichen. Der Autor, Walter Kreiser, ein genauestens informierter Fachjournalist, enthüllte unter anderem, daß eine sogenannte zivile Seeversuchsanstalt namens Severa in Wirklichkeit von der Marineleitung unterstützt werde und daß eine ebenfalls sogenannte Abteilung M, die angeblich auf dem Flugplatz Johannisthal-Adlershof unmittelbar vor Berlin Flugzeuge testete, in Wirklichkeit diese Maschinen außer Landes flog, zu geheimen Militärübungen in Rußland. Den Schluß des Artikels schwächte Ossietzky etwas ab, indem er die Erwähnung Rußlands strich und nur sagte: »Aber nicht alle diese Flugzeuge sind immer in Deutschland . . .«

Auf Veranlassung des Reichswehrministeriums leitete die Reichsanwaltschaft ein Ermittlungsverfahren ein mit dem Ziel, sowohl Ossietzky als auch Kreiser wegen »Spionage« und »Verrat« zu belangen. »Sie müssen bedenken«, sagt einer von Ossietzkys Mitarbeitern, »daß der Versailler Vertrag Deutschland den Unterhalt von Luftstreitkräften zu militärischen Zwecken verbot, und jetzt belangte man Ossietzky, weil er das Geheimnis preisgegeben hatte, daß die deutsche Regierung nicht ernstlich gewillt sei, ihre Verpflichtungen zu erfüllen.« Die gerichtliche Untersuchung konnte die Wahrheit des Artikels nicht ableugnen – aufgrund des russischen Trainingsprogramms, das General von Seeckt begonnen hatte, Deutschland besaß jetzt drei voll ausgerüstete Bomberstaffeln, zwei Gefechtsstaffeln und acht Beobachtungsstaffeln –, führte aber genau diese Tatsachen als Grund dafür an, daß die Enthüllungen Verrat bedeuteten. Und die Richter stimmten zu. Ossietzky und Kreiser wurden zu je achtzehn Monaten Gefängnis verurteilt. Kreiser fuhr nach Paris, und Ossietzky erhielt vom General von Schleicher einen persönlichen Hinweis, daß man ihm keine Hindernisse in den Weg lege, wenn auch er das Land zu verlassen wünsche. Aber Ossietzky weigerte sich, diesen Weg zu gehen. »Wir wollen diese Protestbewegung zu einer politischen Kampagne gegen die gewaltigen Mächte der Konterrevolution machen«, schrieb er. Und: »Ich bleibe hier: Insasse eines preußischen Gefängnisses, ein lebendiges Protestsymbol.«

Nachdem Ossietzky entlassen worden war, gab es in der *Weltbühne* vom 27. Dezember 1932 nur eine kurze Notiz von ihm: »Im Gefängnis gewesen zu sein, das ist ein großes Erlebnis, das kein politischer Mensch aus seinem Dasein streichen kann. Es ist die Berührung mit einer abgesonderten Welt, die eingemauert zwischen uns ragt und von der wir weniger wissen als von Tibet oder der Osterinsel. Das Gefängnis, das heute in Deutschland nicht mehr strafen, sondern bessern und erziehen soll, ist damit sozusagen zum Lazarett der bürgerlichen Ordnung avanciert. Ich habe das Gefängnis nicht als ein Haus der gewollten Härte und der traditionellen Quälereien kennengelernt, aber auch so bleibt es ein Haus des Jammers, in dem hinter jeder Eisentür ein andrer trauriger Globus kreist, durch schicksalsmäßige Verstrickung in dieser Bahn gehalten. Schuld –? In diesem Hause fällt das Wort nicht, hier gibt es nur Opfer. Als ich zwei Tage vor Weihnachten hinausging, hatte ich ein Würgen im Halse, das so etwas wie schlechtes Gewissen war, weil ich heimkehren durfte und die Andern nicht . . .

Wenn der Rechtsprecher nur endlich einmal mit dem Geheimnis der Zellenhaft vertraut würde, wie anders müßten selbst die Urteile der bürgerlichen Justiz aussehen! Bei der Amnestiedebatte im Reichstag hat ein deutschnationaler Abgeordneter die Meinung vertreten, durch häufige Straferlasse werde die Berufsfreudigkeit der Richter gelähmt. Ein sehr strammer Herr, dieser Deputierte. Aber was für eine Auffassung von richterlicher Tätigkeit!

Über manches Gesehene soll noch gesprochen werden, wenn die Eindrücke wirklich verarbeitet worden sind. Heute sei mir nur das Schlußwort zu einem gewissen Kapitel gestattet.

Es ist in der letzten Zeit in der *Weltbühne* etwas viel von mir die Rede gewesen. Zeitungsmenschen soll man nicht sehen, nur hören. Ich beklage aufrichtig, daß dieser kleine Stilfehler vermerkt werden muß . . . Jetzt, wo ich in die Redaktion zurückkehre, ist es mir ein Herzensbedürfnis, allen, die meine Freilassung durch Wort und Schrift, durch öffentliche Zustimmung und politische Handlung unterstützt haben, allen, die Zeichen von Sympathie in meine Zelle gelangen ließen, meinen Dank auszusprechen . . .

Die *Weltbühne* hat ein kampfreiches halbes Jahr hinter sich, und sie hat Geist und Bestand gewahrt. Das Urteil vom 23. November 1931 hat sich als Blindgänger erwiesen. Das ist das Verdienst der Mitarbeiterschaft mit Hellmut von Gerlach an der Spitze. Wir wollen uns nicht gegenseitig feiern und für große Männer erklären, denn wir sind, wenn man will, eine Verschwörung, jedenfalls kein Verein.«

Kaum mehr als vier Wochen Lebensfrist sollten der *Weltbühne*, ihrer Redaktion in der Charlottenburger Kantstraße, noch vergönnt bleiben. Mit dem 30. Januar 1933, dem Tag der nationalsozialistischen Machtergreifung, war jeder ihrer Mitarbeiter Freiwild ihrer verblendeten Gegner und mußte, wenn bis dahin noch nicht, so jetzt um sein nacktes Leben bangen. Über die Besetzung des Redaktionsbüros und über die damit zusammenhängenden Verhaftungen wie über alles, was daraus resultierte an Gräßlichem, lassen sich nur Vermutungen anstellen – an die Öffentlichkeit drang nichts mehr.

»Sogar der Mond scheint in dieser Stadt«, sagt Fräulein Battenberg, als sie Arm in Arm mit ihrem neuen Freund geht, dem Helden aus Erich Kästners ironisch bitterem kleinem Roman von 1930, *Fabian*.
»Ist es nicht fast wie zu Hause?« fragt Fabian. Sie schlendern die Geisbergstraße entlang, auch im alten Berliner Westen. »Aber Sie täuschen sich. Der Mondschein und der Blumenduft, die Stille und der kleinstädtische Kuß im Torbogen sind Illusionen. Dort drüben, an dem Platz, ist ein Café, in dem Chinesen mit Berliner Huren zusammensitzen, nur Chinesen. Da vorn ist ein Lokal, wo parfümierte homosexuelle Burschen mit eleganten Schauspielern und smarten Engländern tanzen und ihre Fertigkeiten und den Preis bekanntgeben, und zum Schluß bezahlt das Ganze eine blondgefärbte Greisin, die dafür mitkommen darf ... In einer der Nebenstraßen gibt es eine Pension, wo sich nachmittags minderjährige Gymnasiastinnen verkaufen, um ihr Taschengeld zu erhöhen. Vor einem halben Jahr gab es einen Skandal, der nur schlecht vertuscht wurde; ein älterer Herr fand in dem Zimmer, das er zu Vergnügungszwecken betrat, zwar, wie er erwartet hatte, ein sechzehnjähriges entkleidetes Mädchen vor, aber es war leider seine Tochter, und das hatte er nicht erwartet ... Soweit diese riesige Stadt aus Stein besteht, ist sie fast noch wie einst. Hinsichtlich der Bewohner gleicht sie längst einem Irrenhaus. Im Osten residiert das Verbrechen, im Zentrum die Gaunerei, im Norden das Elend, im Westen die Unzucht, und in allen Himmelsrichtungen wohnt der Untergang.«
»Und was kommt nach dem Untergang?« fragt Fräulein Battenberg.

KAPITEL XVI

»Was Deutschland braucht, ist ein starker Mann.« 1932

Es gibt heute kein zweites Volk, das des Führers so bedürftig ist, um auch etwas zu sein, um auch nur an sich glauben zu können, aber auch keines, das einem großen Führer so viel sein kann. In der richtigen Hand werden fast alle seine Fehler zu Vorzügen. Was dann in Bewegung kommen könnte, tritt aus dem Rahmen gewohnter politischer Berechnung weit heraus.

Oswald Spengler

»Sehr kalt ist es heute nacht«, schrieb Christopher Isherwood in seinen *Berlin Stories*. »Die klirrende Kälte zwingt die Stadt zu völliger Stille, ähnlich der Stille sommerlicher Mittagsglut. Draußen, jenseits der letzten Betonblöcke neuerbauter Siedlungen, wo die Straßen in frierenden Schrebergärten enden, dehnt sich die preußische Weite. Rundherum kann man sie heute nacht spüren, diese riesige Öde eines unheimlichen Ozeans, wie sie die Stadt beschleicht ... Berlin ist ein Skelett, das vor Kälte zittert: es ist mein eigenes Skelett, das zittert. Ich spüre in meinen Knochen die beißende Kälte in den Brückenträgern der Hochbahn, dem Eisenwerk der Balkone, der Überführungen und Leitungsmasten, der Straßenlaternen und der Pissoirs. Das Eisen pocht und schrumpft, Gestein und Mauerwerk fügt sich in dumpfen Schmerz, der Verputz ist wie betäubt ...«

Es sollte dies das letzte Jahr der Republik von Weimar sein, das letzte Jahr der Freiheit für Berlin, ein Jahr, in dem alles versucht wurde und nichts gelang. Von Militärdiktatur wurde geredet, von Generalstreik und von Bürgerkrieg, aber es geschah nichts.

In diesem Jahr verfügte General von Schleicher endlich über jeden Nebenbuhler, wie er wollte. Er besaß eine hohe Intelligenz und Charme dazu, war schon Groeners wichtigster politischer Berater gewesen und seit 1926 Chef des Ministeramtes im Reichswehrministerium. Als solcher hatte er sämtliche Fäden zwischen dem Heer, dem Staatsapparat und den Parteien in der Hand, besaß seine Verbindungsleute überall und wußte alles. Am 30. Mai hatte er das Ziel seiner Intrigen erreicht, Brüning mußte gehen, und der vorgeschobene Franz von Papen bildete ein »Kabinett der nationalen Konzentration«. In jedem Monat war die Zahl der Arbeitslosen gewachsen: von fast 3 Millionen

beim Amtsantritt Brünings 1930 war sie im folgenden Jahr auf fast 4 Millionen angestiegen und betrug nunmehr 5 Millionen, und sie nahm immer noch zu.
»Morgen für Morgen«, erzählt Isherwood, »erwachten in dieser riesengroßen, nassen und trostlosen Stadt in den Bretterbuden der Elendsviertel die jungen Menschen zu einem weiteren Tag ohne Arbeit, nur um ihn irgendwie hinzubringen: verkauften Schnürsenkel, bettelten, vertrieben sich die sinnlose Zeit kartenspielend auf den Arbeitsämtern, lungerten um die Bedürfnisanstalten herum, öffneten galant Autotüren für ein Trinkgeld, versuchten sich als Handlanger auf den Wochenmärkten, diskutierten, strichen ziellos durch die Straßen, stahlen, spionierten Tips aus für die Pferderennen, sammelten Zigarettenstummel aus dem Rinnstein, sangen auf den Hinterhöfen oder zwischen zwei Stationen in der U-Bahn rührselige Lieder für ein paar Pfennige. Nach Neujahr fiel zwar Schnee, aber er blieb nicht liegen, also war auch kein Geld beim Schneeschippen zu verdienen. Alle Kaufleute prüften jede Münze aus Angst vor Falschgeld. Der Astrologe meiner Wirtin prophezeite den Weltuntergang.«
Für alle Wahrsager und Hellseher war es ohnehin eine Blütezeit. An allen Zeitungsbuden wurden *Das Neue Deutschland*, *Deutschlands Zukunft*, *Blick in die Zukunft*, *Der Seher* oder *Der Prophet* und ähnliche Wochenzeitungen feilgeboten. In einem Raum über einem Friedrichstraßenlokal bot sich ein Medium namens Fatima Tag und Nacht an. In den Geschäftsvierteln des Westens waren die Schicksalsdeuter sehr viel geschäftstüchtiger, mit seriösen Empfangsräumen und seriösen Sprechstundenzeiten. Der berühmteste war ein kleiner dunkelhariger Wiener namens Herschel Steinschneider, einst Journalist und als solcher in Erpressungsaffären verstrickt, verschiedentlich Pamphletist gegen Wahrsager, bis er merkte, daß auf ihrer Seite mehr Geld zu verdienen sei. Er färbte sich die Haare blond, gab sich für einen dänischen Aristokraten aus und legte sich den Namen Erik Jan Hanussen zu. In großen Varietéveranstaltungen trat er als Hellseher auf, begnadet auch mit der Gabe des Gedankenlesens; aber Haupteinnahmequelle für ihn war sein von der sogenannt besten Gesellschaft frequentierter Salon für okkulte Séancen in der Lietzenburger Straße. Mystisches Zwielicht herrschte in den eleganten weiten Räumen, aber auch Mikrophone waren eingebaut, die ihm und seinen Mitarbeitern ermöglichten, Gespräche der Klienten untereinander zu belauschen und Rückschlüsse daraus zu ziehen. Zur Kundschaft gehörte auch der heruntergekommene Graf Helldorf, der dann Polizeipräsident der Stadt werden sollte. Ihm und anderen seiner nazistischen Freunde hatte Hanussen mit Geld und hübschen »Schauspielerinnen« ausgeholfen, und die Schuldscheine betrachtete er als Rückversiche-

rungspolicen. Aber da er zuviel wußte und nach der »Machtergreifung« lästig wurde, fand man ihn bald »von unbekannten Tätern« ermordet in einem Waldgebiet bei Gatow auf.

Die Aktien fielen auf ein Drittel ihres bisherigen Wertes, die Stadtverwaltungen konnten ihren Verbindlichkeiten nicht mehr nachkommen, und der kleine Einzelhändler unterlag der Konkurrenz der großen Unternehmen. Auch die industrielle Produktion ging auf ein Drittel zurück, und manche illiquid gewordene Bank mußte schließen. Es begann mit einem Bankkrach bei der Österreichischen Credit-Anstalt im Mai 1931, kurzfristige Kredite ausländischer Gläubiger wurden in Milliardenhöhen zurückgezogen, und eine der vier größten Banken Deutschlands, die Darmstädter und Nationalbank, mußte, insolvent, ihre Schalter schließen.

»Was glauben Sie«, und damit rüttelte Isherwoods Wirtin ihn eines Morgens auf, »die Danatbank mußte zumachen, Tausende sind doch jetzt ruiniert. Der Milchmann sagt, der Bürgerkrieg steht vor der Tür. Wat sajen Se nu dazu?«

Isherwood ging runter auf die Straße. Tatsächlich drängte sich vor der Bankfiliale am Nollendorfplatz eine dichte Menschenmenge, Männer mit Aktentaschen bewehrt, die Hausfrauen mit ihren Einkaufsnetzen. Die eisernen Rolläden waren heruntergelassen. Die Leute starrten so gespannt wie einfältig auf die verriegelte Tür. Da stand in akkurater Schrift wie in einer deutschen Klassikerausgabe zu lesen, daß die Reichsregierung für die Geldeinlagen garantiere. Alles war also in Ordnung. Nur die Bank blieb geschlossen.

Es gab zwei »Bankfeiertage«, die Wechselkursbörsen wurden geschlossen, der Diskontsatz von 7 auf 10 Prozent erhöht, sogar bis zu 15 Prozent. Brüning unterzeichnete Notverordnung um Notverordnung, aller Devisenverkehr wurde der Kontrolle der Reichsbank unterworfen. Nichts half. Trotz Lohn- und Gehaltskürzungen, korrespondierend mit einer Preisüberwachung, spitzte sich die Krise immer mehr zu, die Zahl der Arbeitslosen betrug jetzt 5,7 Millionen, und auch die Zahl der Konkurse wuchs noch immer.

Schleicher war sich längst darüber im klaren gewesen, daß Brüning gehen müsse, dessen einziger Rückhalt das Vertrauen eines nunmehr fünfundachtzigjährigen, in Senilität verblassenden Generalfeldmarschalls war. Nur noch wenige Stunden am Tage handlungs- und leistungsfähig, gab es Zeiten, in denen er völlig ausfiel – was freilich von seiner Umgebung geschickt vertuscht wurde. Brüning rechnete nicht damit, daß sein mangelhaftes Vertrauensverhältnis zu Hindenburg ihm gefährlich werden könnte: in seiner zweifellos noblen Art nahm er die Einflüsse der Kamarilla überhaupt nicht wahr.

Die Amtszeit des Reichspräsidenten lief im Frühjahr 1932 ab. Brüning strebte eine Verlängerung mit Hilfe einer Zweidrittelmehrheit im Reichstag an, scheiterte aber am Widerstand der Deutschnationalen unter der Führung Hugenbergs. Sie stellten einen eigenen Kandidaten auf, den Stahlhelm-Führer Theodor Duesterberg.

Drei Wochen vor der Wahl verkündete Goebbels lauthals im Sportpalast: »Heute, Parteigenossen, bin ich vielleicht der erste Glückliche, der euch sagen darf, Hitler wird unser Reichspräsident! Ich weiß, ihr seid euch der Größe der Stunde bewußt, ich weiß, daß ihr mich versteht, wenn ich sage: Hitler wird unser Reichspräsident, und nicht vorausschicke, unser Kandidat; denn wenn ich sage, er wird unser Kandidat, dann weiß ich auch, daß er unser Präsident wird.« »Ein betäubender Beifallssturm tobte fast zehn Minuten lang«, konstatierte der Reichspropagandaredner in seinem Tagebuch. »Wilde Ovationen für den Führer. Die Zuhörer springen auf in wildem Freudengeschrei. Das Volk lacht und weint zugleich.«

In der Wahl am 13. März erreichte Hindenburg zwar die meisten Stimmen, mit 18,6 Millionen, aber Hitlers 11,4 Millionen bedeuteten, daß seine Anhängerschaft sich seit den Reichstagswahlen von 1930 nahezu verdoppelt hatte; für den Kandidaten der Kommunisten Thälmann sprachen sich rund 5 Millionen, für Duesterberg 2,6 Millionen aus. Da Hindenburg die erforderliche absolute Mehrheit nicht erhalten hatte, wurde ein zweiter Wahlgang erforderlich, in dem Duesterberg nicht mehr kandidierte. Am 10. April errang Hindenburg 53 Prozent der abgegebenen Stimmen, Hitler konnte mehr als 2 Millionen weiterhin für sich gewinnen und seinen Anteil auf beinahe 37 Prozent erhöhen.

Hindenburg war wohl von seiner Wiederwahl befriedigt, nicht aber von der Art und Weise, wie sie zustande gekommen war: er mochte nicht der Kandidat einer »Verräterpartei« geheißen werden – nicht, weil er das als Beleidigung empfand, sondern weil die Sozialdemokraten in seinen Augen tatsächlich eine Verräterpartei waren. Und er mochte auch nicht der Kandidat der Gewerkschaften und der Berliner »Asphaltpresse« und der Katholiken und der Juden sein, und diese Koalition, die Brüning als sein unermüdlicher Wahlhelfer da für ihn zusammengebracht hatte, nahm er ihm übel. Schleicher nährte diesen Groll bei seinen häufigen Besuchen im Reichspräsidentenpalais ausgiebig, doch bevor er Brüning den »Gnadenstoß« gab, strebte er den Sturz seines einstigen Vorgesetzten und Gönners an, Groeners, des Reichswehrministers in Brünings Kabinett.

Die Gewalttätigkeiten während des Wahlkampfes und inzwischen bekanntgewordene landesverräterische Pläne der SA führten am 13. April auf Grund einer »Notverordnung zur Sicherung der Staatsautorität« zu einem Verbot der Sturmabteilungen und sämtlicher militärähnlicher Organisationen der NSDAP, die Innenminister der Länder hatten den widerstrebenden Groener und Brüning dazu gezwungen. Die Maßnahme erwies sich als Fehlschlag. Die Partei war auf das Verbot vorbereitet, sie wechselte nur das Hemd, und statt des verbotenen braunen wurde wiederum ein weißes getragen. Die Protestdemonstrationen mit den Parolen »Trotz Verbot nicht tot« und »Nun erst recht!« erhielten um so stärkeren Zulauf, und die Landtagswahlen in Preußen, Bayern, Württemberg, Anhalt und Hamburg brachten weitere Stimmengewinne für die NSDAP. Die in Preußen seit 1925 bestehende Weimarer Koalition unter dem Ministerpräsidenten Otto Braun geriet in eine Krise, sie besaß jetzt nicht mehr die Mehrheit. Am 12. Mai trat Groener zurück, er wich, krank und resignierend, den gegen ihn gerichteten Intrigen. Am 30. Mai trat Brüning zurück mit seinem Kabinett.

Das neue Kabinett des Rittmeisters der Reserve und Herrenreiters Franz von Papen mit Schleicher jetzt als Reichswehrminister hob vierzehn Tage später das Verbot von SA und SS wieder auf, unter der Zusicherung Hitlers, dafür die neue Regierung zu tolerieren. Durch eine neue Notverordnung wurde dann die Preußische Regierung ihres Amtes enthoben, und Papen bestellte sich selbst zum »Reichskommissar« des Landes: damit war die stärkste Bastion der Demokratie in Deutschland beseitigt. Neue Reichstagswahlen standen für den 31. Juli bevor. Mit einer Junkers-Maschine unterwegs, sprach Hitler täglich auf fünf, sechs Massenveranstaltungen nacheinander:
»Die große Zeit der Entscheidung ist nunmehr gekommen. Über dreizehn Jahre hat das Schicksal den heutigen Machthabern zu ihrer Erprobung und Bewährung zugemessen ... Sie haben in den Novembertagen 1918 feierlich versprochen, unser Volk, insbesondere den deutschen Arbeiter, einer besseren wirtschaftlichen Zukunft entgegenzuführen. Sie können heute nicht einen einzigen deutschen Berufsstand als Zeugen für die Güte ihres Tuns anführen. Der deutsche Arbeiter verelendet; der Mittelstand ruiniert; die sozialen Hoffnungen vieler Millionen Menschen vernichtet; ein Drittel aller im Erwerbsleben stehenden deutschen Männer und Frauen ohne Arbeit und damit ohne Verdienst; das Reich, die Länder und die Kommunen überschuldet, sämtliche Finanzen in Unordnung und alle Kassen leer!«
Und, in kaum zu überbietender Deutlichkeit:
»Die Gegner werfen uns vor, und mir insbesondere, daß wir intolerant und unverträgliche Menschen seien. Wir wollten, sagen sie, mit anderen Parteien nicht zusammenarbeiten. Und man verschärft das noch, indem man sagt, die Nationalsozialisten sind überhaupt nicht deutsch, denn sie lehnen die Zusammenarbeit mit anderen Parteien ab. Also

ist es typisch deutsch, dreißig Parteien zu besitzen! Ich habe hier eines zu erklären: Die Herren haben ganz recht, wir sind intolerant! Ich habe mir ein Ziel gestellt: nämlich diese dreißig Parteien aus Deutschland hinauszufegen!«
Blutige Bilanz des Wahlkampfes, der zwischen Rechts- und Linksradikalen bürgerkriegsähnliches Ausmaß angenommen hatte: 99 Tote innerhalb eines Monats.
Die NSDAP wurde nun mit 230 Abgeordneten die stärkste Fraktion des Reichstags, die SPD verlor 10 Mandate, die KPD gewann 12, die Deutschnationalen gingen zurück, und die Mittelparteien und die kleinen sanken in Bedeutungslosigkeit zurück, Papen hatte nur 44 Abgeordnete hinter sich.
In den Verhandlungen über die Regierungsneubildung bestand Hitler auf dem Reichskanzleramt für sich selber. Da es ihm von Hindenburg und seiner ihn beherrschenden Kamarilla verweigert wurde, verharrte er trotz bedrohlicher innerparteilicher Nöte in Opposition. Im November mußte auch Papen zurücktreten. Reichskanzler durfte jetzt endlich Kurt von Schleicher werden.
Die Episode seines Versuchs, durch Zusammenarbeit mit Gregor Strasser die NSDAP zu spalten, die des Treffens Papen–Hitler im Hause des Kölner Bankiers von Schröder, die des Wahlkampfes in dem Ländchen Lippe – sie liefen ab. Am 30. Januar 1933 blieb dem sechsundachtzigjährigen Reichspräsidenten in staatsmännischer Weisheit nichts anderes übrig, als den von ihm verachteten »böhmischen Gefreiten« zum Reichskanzler zu ernennen.
Dr. Heinrich Löwenfeld, Psychoanalytiker, damals an einem Sanatorium für Nervenkranke und Geistesgestörte in Berlin-Lankwitz tätig, stellte zu dieser Zeit eine sonderbare Veränderung an seinen Patienten fest: »Als die Gefahr einer Machtergreifung durch die Nazis immer größer und größer wurde, konnte ich die Auswirkung sogar bei meinen Patienten beobachten. Sie begannen sich selber als Nazis zu spielen. Natürlich waren nur wenige echte unter ihnen, aber sie wollten partout vorgeben, sie seien welche. Einige von ihnen, mit denen ich reden wollte, bedrohten mich sogar.«

Der zunehmende Wahnsinn ließ manche Deutsche an Aufbruch denken. In Dessau, wo die Sozialdemokraten eine Art Patenschaft für das Bauhaus ausgeübt hatten, zitterten die städtischen Behörden vor jedem neuen nationalsozialistischen Angriff gegen den »Kulturbolschewismus« in ihrer Mitte. Walter Gropius hatte sein Amt bereits 1928 niedergelegt, zum Teil aus der redlichen Überzeugung, daß diesem seinem Bauhaus ein weniger umstrittener Direktor besser bekäme. Sein Nachfolger, der Schweizer Architekt Hannes Meyer, war ein sehr geschickter Mann, er erweiterte die Produktion der einzelnen Werkstätten und steigerte damit die Einnahmen. Dieses Wachstum entsprang nicht einem Streben nach kapitalistischem Profit, sondern seiner radikalen Forderung nach einem »Bauen als kollektiver Tätigkeit«. Doch innerhalb von zwei Jahren spitzte sich die Konfliktsituation zwischen ihm und der Stadt Dessau dermaßen zu, daß er sich zum Rücktritt gezwungen sah und mit einigen seiner besten Schüler in die Sowjetunion ging.

Unter Hannes Meyer hatten sich die Schüler des Bauhauses politisch stark engagiert, und als Mies van der Rohe 1930 neuer Direktor wurde, fand er eine Situation vor ähnlich der, wie sie der Präsident einer heutigen amerikanischen Universität oder eines Colleges auch kennt. Gruppen radikaler Studenten diskutierten in der Kantine, warfen Mies van der Rohe »Formalismus« vor und forderten eine Ausstellung seiner eigenen Arbeiten und Leistungen, um sich über seine Eignung, dieses Bauhaus überhaupt fortzusetzen, eine eigene Meinung bilden zu können. Mies van der Rohe empfing eine Delegation und sagte ihr nur: »Sie sind hier, um zu arbeiten und zu lernen. Wer morgens nicht in seiner Klasse anwesend ist, wird vom Schulbetrieb ausgeschlossen.« Letztlich mußte er freilich nach der Dessauer Polizei rufen, die Radikalen wurden entlassen, und erst nach mehreren Wochen der Instandsetzung konnte die Hochschule ihren Lehrbetrieb wieder aufnehmen.

Die große Gefahr kam mit der Wahl im Frühjahr 1932. Wie in Preußen errangen die Nationalsozialisten auch im Lande Anhalt beträchtlichen Stimmenzuwachs, und die nunmehr von ihnen beherrschten Behörden auch in Dessau drängten auf eine Schließung des Bauhauses zum 30. September 1932. Mies van der Rohe organisierte einen Neubeginn in einer stillgelegten Telefonfabrik am Rande des Berliner Bezirks Steglitz: dort fristete das berühmte Bauhaus seine wenigen letzten Monate in Deutschland.

Als das Bauhaus nach Berlin verlegt wurde, dachte so mancher Berliner bereits daran, die Stadt zu verlassen. »Ich wartete nicht auf das Ende«, sagte Arthur Koestler. »Ich verließ Deutschland, um nach Rußland zu gehen, im Juli 1932, wenige Tage nachdem die sozialdemokratische Regierung einer auf Papens Befehl agierenden Handvoll von Soldaten gewichen war.« George Grosz hatte noch triftigere Gründe: »Bald kamen Briefe, aus denen ich erfuhr, daß man in meiner Berliner Wohnung nach mir gesucht habe, desgleichen in meinem Atelier. Daß ich da lebend davongekommen wäre, darf ich wohl bezweifeln.« Eines Nachts hatte Grosz einen Traum gehabt über das kommende Desaster, und seiner Institution gehorchend und auf sie vertrauend entschied er sich für eine Auswanderung in die Vereinigten

Staaten. »Wir hatten eine große Wohnung in der Trautenaustraße, und um die Ecke, in der Nassauischen Straße, hatte ich ein großes Atelier. Wir besaßen eine Menge schöner alter Möbel, und im Atelier stand eine Menge alter Kram herum, nebst meinen Bildern, Mappen voll von Zeichnungen und gesammeltem Material – all das füllte Möbelwagen. Es mußte nun nach Jahren der Seßhaftigkeit für Übersee verpackt oder verschenkt und weggestellt werden. Um so ein Auflösen einer Wohnung, in der man lange gelebt hat, ist etwas Merkwürdiges: als zerstöre man ein Schneckenhaus oder eine Muschel. Heute wird dieses Stück abgeholt, morgen jenes. Langsam bröckelte alles ab. Schon stand ich mit dem Schraubenschlüssel, um den Kronleuchter abzuschrauben. Unser Freund Pauli sah zu, er bekam ihn zum Andenken. Was sollte man auch mit einem Kronleuchter in New York?«

Für manche Theaterleute war die Ortsveränderung etwas leichter. Marlene Dietrich beispielsweise, die in Hollywood bereits Fuß gefaßt hatte, kam 1932 noch einmal in ihre Geburtsstadt Berlin zurück, konstatierte sehr genau diese bürgerkriegsähnlichen Zustände und entschied sich rechtzeitig für die Rückkehr nach Amerika.

Einstein entschloß sich ebenfalls früh dazu, Deutschland zu verlassen. Er ging schon 1930 nach Amerika, nach Kalifornien, und kehrte wohl noch gelegentlich nach Berlin zurück. Die Wahlergebnisse von 1932 erfüllten ihn mit Verzweiflung. Er verließ sein kleines Haus in Caputh für zunächst nur ein weiteres Semester drüben, aber sagte zu seiner Frau: »Schau es dir noch einmal gut an.«

»Warum?«, fragte sie.

»Weil du es nie wiedersehen wirst«, gab er zur Antwort.

Wenige Tage vor den für den 6. November anberaumten Neuwahlen kündigte die stadteigene Berliner Verkehrs-Gesellschaft Lohnkürzungen an. Die sozialdemokratischen Gewerkschaften wollten verhandeln, aber die Kommunisten riefen zum Streik, und die Nationalsozialisten schlossen sich ihm an. Und so verbanden sich die zwei erbittertsten Feinde, die zusammen die traurige Mehrheit der Nein-Sager in der deutschen Republik bildeten, um ihre Hauptstadt lahmzulegen. »Keine Straßenbahn, keine U-Bahn fährt mehr in Berlin«, notierte Goebbels stolz in seinem Tagebuch. »Die Öffentlichkeit beweist eine bewunderungswürdige Solidarität mit den Arbeitern ... Berlin bietet das Bild einer toten Stadt. Unsere Leute haben natürlich überall die Streikleitung übernommen. Das ist der einzige Weg: wenn du sie schlagen willst, schlage sie hart.«

In dieser verworrenen Situation gingen die Deutschen wieder zu den Wahlurnen und erbrachten die gleichen verwirrenden Resultate wie bisher. Die NSDAP verlor zwar zwei Millionen Stimmen, in Berlin sogar 25 Prozent, aber mit 196 statt bisher 230 Sitzen war sie immer noch die stärkste Fraktion im neuen Reichstag, und der kommunistischen Opposition waren 100 Mandate zugefallen, statt vorher 89. Papen konnte auf eine Unterstützung von nur 60 der 584 Abgeordneten zählen, und damit war wieder einmal eine funktionsunfähige Volksvertretung gewählt worden.

So wurde endlich General von Schleicher Reichskanzler der Weimarer Republik. Was er anstrebte, war eine Art nationaler Koalition quer durch alle Parteien des Reichstags. Von seiner Verbindung zu Gregor Strasser, dem »Reichsorganisationsleiter« der NSDAP, erhoffte er sich eine Spaltung dieser Partei, von seinen Verhandlungen mit Theodor Leipart, dem weißhaarigen Führer der Gewerkschaften, eine Unterstützung von dieser Seite. Es war keine schlechte Idee, und wenn sie sich in die Wirklichkeit hätte umsetzen lassen, wäre Schleicher der »starke Mann« gewesen, der Deutschland vor Hitler bewahrte.

Aber dieser Plan sollte nicht gelingen – vielleicht, weil der General zu wenig vertrauenswürdig erschien und es ihm an politischer Erfahrung fehlte, vielleicht auch einfach deshalb, weil der Zerfall aller gesellschaftlichen Bindungen in Deutschland für ein solches Vorhaben bereits zu weit vorgeschritten war. Hitler vermochte seine Partei zusammenzuhalten. Ebenso bildeten die Sozialdemokraten eine geschlossene Front: Leipart wurde dahingehend beschieden, daß die Parteiführung jegliche Art der Zusammenarbeit mit Schleicher ablehne und von ihm eine gleiche Haltung erwarte. Als dieses unheilvolle Jahr 1932 seinem Ende zuging, wußte der General noch nicht, daß sein Plan bereits gescheitert war. »Hitler ist kein Problem mehr«, sagte er noch zu einem Besucher, er gehöre bereits der Vergangenheit an.

Es war Weihnachtszeit, und die Berliner zogen ihre Einkäufe zum Fest den politischen Geschäften vor. Die Adventssonntage wurden unter dem kerzengeschmückten Adventskranz gefeiert. Bei aller Armut und Hoffnungslosigkeit kamen die meisten doch noch zu ihren Weihnachtsbäumen, um in ihrem Lichterglanz die althergebrachten Lieder anzustimmen.

In der Stille der Feiertage sandte der Reichspräsident ein Telegramm an Schleicher: »Nie bisher war Weihnachten so friedvoll. Dafür habe ich Ihnen zu danken, mein junger Freund.«

KAPITEL XVII

»Das große Wunder.«
1933

Nein, sagten die Männer von Mahagonny ...
... An den Haaren
Kannst du uns nicht in die Hölle ziehen
Weil wir immer in der Hölle waren,
Weil wir immer in der Hölle waren,
Weil wir immer in der Hölle waren.
Bertolt Brecht

Einen Monat vor seinem Sieg konnte nicht einmal Hitler ahnen, wie rasch und mühelos ihm der Erfolg zufallen würde. Es sah so aus, als sei General Schleicher auf dem Höhepunkt seiner Macht angelangt, unterstützt vom Reichspräsidenten und von der Reichswehr, und wenn Schleicher sich dessen nicht bewußt wurde, daß sein Regime versagt hatte, so Hitler noch viel weniger. Gerade die Nationalsozialisten gingen in besonders hoffnungsloser Stimmung ins neue Jahr. Hitler hatte den Treubruch Gregor Strassers rasch verwunden, aber die Krise hatte der Partei schwer zugesetzt: sie war erschöpft und mittellos aus den Wahlen hervorgegangen, die ihr nicht die Macht beschert hatten. Hindenburg hatte wiederholt erklärt, er werde Hitler niemals zum Kanzler machen, und die letzten Wahlen hatten bewiesen, daß die braune Flut durchaus einzudämmen war. »Die Zukunft sieht düster und trübe aus«, schrieb Goebbels in sein Tagebuch. »Alle Hoffnungen vergebens, alle Chancen vertan.«

Die erste Januarwoche brachte eine einschneidende Veränderung. Im Berliner *Herrenklub* hatte Papen in einer Rede empfohlen, die Nationalsozialisten in das Kabinett aufzunehmen, und wenn auch die Mehrzahl der Zuhörer seine mehr oder minder deutliche Aufforderung überhörte – »Der Schwanengesang eines armen Verlierers«, wie einer die Rede nannte –, war der Kölner Bankier Kurt Freiherr von Schröder doch stark beeindruckt. Wenige Tage darauf lud er sowohl Papen als auch Hitler in sein Haus ein. Die Darstellungen dieses Treffens weichen voneinander ab, aber wenn man Schröder selber glauben darf, stellten die beiden Besucher bald ein gemeinsames Interesse fest, Schleicher zu stürzen. Papen schlug Hitler eine Koalition vor, in der sie beide gleichberechtigt sein sollten. Hitler bestand auf der alleinigen Führung, weil er die volle Macht besitzen müsse, um »die Ordnung wiederherzustellen« – fraglos bedeutete das den Ausschluß aller Linksparteien und der Juden aus Deutschlands öffentlichen Angelegenheiten. Papen war mit diesem Konzept zwar nicht einverstanden, erklärte sich jedoch zu einer Zusammenarbeit bereit, und Schröder versprach großzügig, die Wahlschulden der NSDAP zu begleichen. »Wenn uns dieser Coup gelingt«, notierte Goebbels, »wären wir von der totalen Macht nicht mehr weit entfernt.«

Das Treffen hatte in aller Heimlichkeit stattfinden sollen – Hitler kam aus Richtung Bonn und wechselte unterwegs zweimal den Wagen, aber dennoch gelangen photographische Aufnahmen. Am nächsten Tag war die Berliner Presse voll von Spekulationen. Offiziell agitierten die Nationalsozialisten weiter wie bisher, um durch Stimmenzuwachs Macht zu gewinnen. Sie konzentrierten jetzt all ihre Energien auf eine lokale Kampagne im winzigen Land Lippe. Es gab insgesamt nur 100 000 Wahlberechtigte, aber die NSDAP gewann fast 40 Prozent der Stimmen bei allerdings sehr viel geringerem Zuwachs als die demokratischen Parteien, und der Goebbelsche Propagandaapparat verstand diesen »Sieg« als eine Erneuerung ihrer politischen Kraft zu suggerieren. Die tatsächliche Gefahr, das wußte Schleicher, lag in der Möglichkeit, Hindenburgs Opposition gegen eine Kanzlerschaft Hitlers zu erschüttern.

Am 23. Januar mußte Schleicher Hindenburg eingestehen, daß alle seine eigenen Pläne fehlgeschlagen seien. Es war ihm weder gelungen, die NSDAP zu spalten noch eine Mehrheit im Reichstag zu gewinnen. Er könne deshalb keinen anderen Weg vorschlagen als erneute Auflösung des Reichstags, keine Neuwahlen und Erklärung des Staatsnotstandes. Damit hatte er bewiesen, daß er nichts Besseres zustande brachte als Papen auch, und wenn Hindenburg zwischen Papen und Schleicher zu wählen hatte, gab er jetzt dem ersteren den Vorzug. Am 28. Januar, als Hindenburg die Erlaubnis verweigerte, den Reichstag aufzulösen, erklärte der General seinen Rücktritt. Hindenburg beauftragte daraufhin Papen mit den Verhandlungen für eine neue Regierungsbildung.

An diesem Wochenende war Berlin voll von Gerüchten über einen Militärputsch. Später bekannte Hitler, er habe gefürchtet, Schleicher würde das Kriegsrecht erklären. Um dieser Gefahr entgegenzuwirken, ließ Hitler den Grafen Helldorf seine Berliner Sturmabteilungen in Alarmbereitschaft halten. Tatsächlich unternahm Schleicher nichts anderes als einen absurden Versuch: er schickte den Chef der Heeresleitung General von Hammerstein zu Hitler, um ihn vor Papen zu warnen. Hitler fertigte den Boten kurz und unverbindlich ab.

Noch eine Woche zuvor hatte Hindenburg zu Hammerstein geäußert: »Sie werden mir doch nicht zutrauen, daß ich diesen österreichischen Gefreiten zum Reichskanzler berufe!« Aber jetzt ließ seine Widerstandskraft nach. Papen versicherte nach wie vor, man könne Hitler

unter Kontrolle halten, sein Reichswehrminister in spe General von Blomberg betonte die nach wie vor getreue Gesinnung der Armee, und niemand konnte schließlich leugnen, daß Hitler mehr Stimmen gewonnen hatte als je zuvor ein politischer Führer in der Weimarer Republik. So zuckte der alte Mann mit den Schultern und gab nach.
Hitler war in jener Nacht aufgeblieben, gemeinsam mit Göring und Goebbels. Aber erst gegen elf Uhr am nächsten Vormittag wurde Hitler zu Hindenburg beordert.
Auf der anderen Seite der Wilhelmstraße, im Hotel Kaiserhof, wartete Hitlers nächste Gefolgsmannschaft, im Ungewissen darüber, was sich im Reichspräsidentenpalais abspielte.
»Auf der Straße, zwischen dem Kaiserhof und der Kanzlei, steht eine stumme wartende Menschenmenge«, notierte Goebbels. »Was geht dort drüben vor? Wir schwanken zwischen Zweifel, Hoffnung, Freude und Ratlosigkeit. Wir haben zu viele Enttäuschungen erlebt, als daß wir noch mit ganzem Herzen an das große Wunder glauben könnten. Stabschef Röhm steht die ganze Zeit am Fenster und beobachtet die Tür, aus der der Führer kommen muß. Vielleicht können wir an seinem Gesicht ablesen, ob die Unterredung glücklich verlief. Qualvolle Stunden des Wartens. Endlich erscheint vor dem Haupteingang ein Wagen. Die Menge jubelt. Sie scheint zu fühlen, daß eine große Wendung . . . bereits begonnen hat . . .
Ein paar Augenblicke später ist er schon bei uns. Er sagt nichts, und wir alle schweigen ebenfalls. Seine Augen sind voll Tränen. Es ist geschehen! Der Führer ist zum Kanzler berufen. Der Reichspräsident hat ihm bereits den Eid abgenommen. Die Entscheidung ist gefallen . . . Wir alle sind zu bewegt, um etwas zu sagen. Jeder ergreift die Hand des Führers . . . Draußen vorm Kaiserhof geraten die Massen außer sich . . . Aus Tausenden werden bald Zehntausende. Endlose Ströme von Menschen drängen sich durch die Wilhelmstraße. Wir fangen sofort an zu arbeiten . . .«

Um sieben Uhr abends begann die Siegesparade. Die Marschierer versammelten sich unter den Bäumen des Tiergartens und setzten sich dann von der Charlottenburger Chaussee her auf das Brandenburger Tor zu in Bewegung. Sie reckten ihre Fackeln und sangen mit der fanatischen Inbrunst triumphierender Volksmassen. Gleich hinter dem Brandenburger Tor schwenkten sie rechts ab die Wilhelmstraße hinunter, um ihrem endlich zum Reichskanzler avancierten dreiundvierzigjährigen Führer zuzujubeln.
Hedda Adlon, die Frau des Besitzers vom Hotel Adlon, ließ um sechs Uhr abends die Türen schließen, weil bereits sämtliche Räume mit Menschen gefüllt waren, die sich den Vorbeimarsch ansehen wollten.

»In dichtgedrängten Kolonnen traten sie aus der Dunkelheit«, erinnert sie sich. »Zwischen den Kolonnen marschierten Musikkapellen; ihre großen Trommeln schlugen den Rhythmus zu den Kampfliedern und den alten preußischen Märschen, die sie spielten. Aber jede Kapelle brach mitten in der Melodie, welche auch immer es war, ab, sobald sie den Pariser Platz überquerte, wo die Französische Botschaft lag, und intonierte, von einem Trommelwirbel eingeleitet, das provozierende Kriegslied *Siegreich wollen wir Frankreich schlagen.* Viele der Zuschauer auf den überfüllten Bürgersteigen wurden von der Begeisterung mitgerissen und brachen, sobald das Lied ertönte, in Jubelgeschrei aus, aber die Angehörigen der Botschaft, die hinter zugezogenen Gardinen zuschauten, hörten es schweren Herzens.«

Damit begann der Exodus. Nicht unmittelbar, weil wenige die eigentliche Dämonie Hitlers ahnten. Unter den demokratischen Deutschen war Überraschung die erste Reaktion, dann Bestürzung, dann Angst. Aber immer noch beruhigten sich viele mit dem Gedanken, daß Hitler nicht lange an der Macht bleiben werde, daß die Konservativen, Hindenburg und die Armee, letztlich doch imstande wären, die Gefahr einer Diktatur abzuwenden. Aber Hitler agierte zu rasch, als daß man ihn hätte aufhalten können. Mit Frick und Göring hatte er sich die Kontrolle über die Polizei gesichert, durch den ergebenen General Blomberg kontrollierte er die Reichswehr. Kaum einen Monat später wurde der Reichstag in Brand gesteckt und die kommunistische Partei der Brandstiftung bezichtigt. Eine sofortige Verordnung »zum Schutz von Volk und Staat« setzte alle staatsbürgerlichen Grund- und Freiheitsrechte außer Kraft. Hitler ordnete für den 5. März neue Wahlen an. Er gewann 44 Prozent der Wählerstimmen, mehr als je zuvor. Dann verlangte er, während draußen vor der Kroll-Oper, wo sich jetzt die Legislative versammelte, Zehntausende für ihn demonstrierten, von den neuen Abgeordneten ein »Ermächtigungsgesetz«, das ihm schlechthin unbeschränkte Befugnisse einräumte. Danach bestand für weitere Wahlen im angekündigten Tausendjährigen Reich keine Notwendigkeit mehr.

Brecht war einer der ersten, die das Land verließen. Am Tag nach dem Reichstagsbrand packte er seine Koffer und fuhr nach Wien. Bald darauf reisten Lotte Lenya und Kurt Weill nach Paris ab. Andere warteten etwas länger. Am 7. April gab Frick als Reichsinnenminister den ersten antisemitischen Erlaß bekannt: »Beamte nichtarischer Abstammung sind zu entlassen«.

Schönberg war in diesem Frühjahr in Paris, mitten in der Arbeit an seiner Oper *Moses und Aaron*, als er aus Berlin die Nachricht erhielt, er sei seines Amtes als Professor an der Musikhochschule enthoben und es wäre besser, er kehrte nicht nach Deutschland zurück. Im Alter von neunundfünfzig Jahren mußte er betroffen feststellen, daß er weder eine berufliche Sicherung noch ein Vaterland besaß. »Immerhin war er ein bekannter Mann«, sagte Virgil Thomson, der Komponist. »Und da saß er nun in Paris, mit einer jungen Frau und einem Baby. Ich besuchte ihn in seinem Hotel an der Rue de Rivoli und holte ihn zu langen Spaziergängen ab. Die Franzosen versuchten nett zu ihm zu sein – vor allem Darius Milhaud –, aber gerade in jener Zeit war das nicht einfach. Er wußte nicht, was er machen sollte.« Schließlich ging er zur Hauptsynagoge von Paris und verlangte den Rabbi zu sprechen. Obwohl im katholischen Glauben erzogen, kehrte er zum Judentum zurück.

Im gleichen Monat sollte Artur Schnabel seinen Zyklus der zweiunddreißig Beethoven-Sonaten über den Berliner Rundfunk wiederholen. Er hatte die ersten vier der sieben Konzerte gespielt, als er überraschend vom Programm gestrichen wurde. Merkwürdigerweise war seine letzte Übertragung, die der Sonate in e-moll, Opus 81a, bekannt als »*Les Adieux*«. Schnabel hatte auch seine Teilnahme an einem Berliner Festkonzert zur Feier des hundertsten Geburtstages von Johannes Brahms zugesagt. Ein Quartett, bestehend aus Schnabel, Bronislaw Hubermann, Paul Hindemith und Gregorij Piatigorsky sollte Brahms' Kammermusik für Klavier und Streicher spielen, aber das städtische Kulturamt mischte sich ein. »Da rief mich so ein Mann an«, erinnert sich Schnabel, »und sagte: ›Herr Schnabel, ich muß Ihnen leider sagen, daß ich mit dem Brahms-Festspielkonzert nichts mehr zu tun habe und daß die Planung sich geändert hat. Wenn Sie sich mit dem neuen Verantwortlichen in Verbindung setzen möchten, er ist . . .‹ Ich unterbrach und sagte: ›Das habe ich erwartet.‹ Und das waren so ziemlich die letzten Worte, die ich in Deutschland geäußert habe: ›Wenn ich vielleicht auch nicht reinblütig sein mag, so bin ich doch glücklicherweise kaltblütig. Ich wünsche Ihnen alles Gute.‹«

Rudolf Serkin und Adolf Busch lebten damals in der Schweiz; sie sollten in Deutschland eine Reihe von Beethoven-Interpretationen spielen. »Die Leute rieten uns, es nicht zu tun, viele Leute«, sagt Serkin, »aber die Veranstalter der Konzerte schrieben uns, daß sie uns erwarteten.« »Und man wollte ja nicht als Feigling dastehen, wissen Sie«, sagte Busch. »›Wir werden reisen, und wenn uns irgend jemand Schwierigkeiten macht, werde ich meine Violine auf seinem Kopf zertrümmern.‹ Wir fuhren also, und er nahm eine neue Violine mit, nicht seine Stradivari. In Stuttgart geschah es, daß im Zuschauerraum ein Mann aufstand und mit dem Hitlergruß grüßte. Busch hörte auf zu spielen und rief ihm zu: ›Nehmen Sie Ihren Arm herunter!‹ Er nahm seinen Arm herunter, und wir fuhren fort zu spielen. Dann, in Ham-

burg, sollte das Busch-Quartett ein Konzert geben, und man erfuhr, daß Hitler das Konzert besuchen wollte. Die zuständigen Beamten schrieben Busch einen Brief, in dem sie ihm auftrugen, einen anderen Geiger und einen anderen Cellisten einzusetzen (letzterer war kein Jude, aber mit einer Jüdin verheiratet). Der Brief schloß mit ›Heil Hitler‹. Busch weigerte sich, sein Quartett umzubesetzen, und erklärte, daß er dieses ›Heil Hitler‹ als Beleidigung für jeden anständigen Deutschen empfinde. So verlor er schließlich die Staatsbürgerschaft.«
Es bedeutet wenig, daß diese ersten Maßnahmen nicht gegen Juden als solche unternommen wurden – jüdische Geschäftsleute zum Beispiel blieben noch Jahre in ihren Unternehmen –, sondern vor allem gegen jüdische Intelligenz (oder, wie im Fall Busch, gegen eine geistig unabhängige Intelligenz). Einer der Hauptgründe dafür dürfte die Tatsache sein, daß diese Säuberungsaktion vor allem das Werk von Goebbels war, der, obwohl nicht Mitglied des ersten Kabinetts, es im März erreichte, als Chef eines neuen Reichsministeriums für Volksaufklärung und Propaganda eingesetzt zu werden.
Anfang Mai drangen Banden jugendlicher Nazis in alle größeren Bibliotheken ein und entfernten die Werke unliebsamer Autoren. Sie wurden lastwagenweise auf den Platz vor der Alten Universität transportiert, gegenüber dem Opernhaus auf der anderen Seite, und am 10. Mai in Brand gesteckt. »*Brenne*, Karl Marx! *Brenne*, Sigmund Freud!« schrien die jungen SA-Leute und bejubelten das Freudenfeuer. Sie verbrannten Bücher von Rathenau, Heine, Remarque, Thomas und Heinrich Mann, Zweig, Brecht, Tucholsky . . . »Dies ist ein gewaltiger und symbolischer Akt«, tönte Goebbels. »Nie hatten junge Menschen wie heute das Recht, sich zu beklagen; die Lehre gedeiht, der Geist ist erwacht, o Jahrhundert, es ist eine Freude, zu leben!« Irgendwo in dem Haufen flammender Seiten stand, was Heine einst geschrieben: »Wo immer man Bücher verbrennt, wird man früher oder später lebende Menschen verbrennen.«
Goebbels' besondere Aufmerksamkeit galt der Presse. Beim *Berliner Tageblatt* übernahm die nationalsozialistische »Arbeitsfront« die Zensur und verwandelte diese angesehene liberale Zeitung nach und nach in ein NS-Organ. Die *Weltbühne* wurde sofort eingestellt und Carl von Ossietzky, erst wenige Wochen zuvor entlassen, erneut verhaftet.
Das Haus Ullstein als größtes und zudem weltweit respektiertes Verlagshaus bemühte sich, Kompromisse zu schließen. Aber schließlich – Ende 1934 – verfügte Goebbels doch, daß die fünf Ullstein-Brüder ihr Unternehmen an »arische« Eigentümer verkaufen müßten, wenn sie nicht das Verbot ihrer sämtlichen Zeitungen und Zeitschriften in Kauf nehmen wollten. Hermann Ullstein schätzt den damaligen Wert der Familienanteile auf 15 Millionen Dollar, 1,5 betrug das höchste An-

gebot eines »arischen« Käufers. Am Ende erhielt Hermann Ullstein 25 000 Dollar, und als er das Land verlassen wollte, ließ man ihn wissen, er könne erst durch »ein weiteres Opfer« einen Paß erhalten, nämlich durch eine Spende von 25 000 Dollar an die Berliner Polizei. Als er nach England ausreisen durfte, besaß er keinen Pfennig.
Im April stürmten SA-Männer das Bauhaus und schlossen es mit der Begründung, dort seien kommunistische Flugblätter gedruckt worden. Mies van der Rohe verhandelte noch mit den Behörden, um die Schließung aufzuheben, aber als die Entlassung Kandinskys und anderer Lehrer gefordert wurde, um sie durch Nazis zu ersetzen, ließ Mies sie wissen, daß das Bauhaus schließen werde. Schließlich gingen sie alle nach Amerika, Mies, Gropius, Albers, Breuer, Moholy-Nagy.
In den Berliner Museen wurden bald unter anderen die Werke von van Gogh, Gris, Beckmann, Feininger, Grosz, Kandinsky, Kokoschka von den Wänden genommen, und Goebbels stellte später eine Sammlung dieser Bilder unter dem Titel »Entartete Kunst« aus. Die Ausstellung erwies sich als beschämend populär, aber die Maler waren längst geflohen – Grosz und Feininger nach Amerika, Beckmann nach Holland, Kandinsky nach Paris.
In Paris weilte gerade Harry Graf Kessler, als er erfuhr, daß ihn die Festnahme erwarte, falls er nach Berlin zurückkehre. Er, der dann 1937 im Exil sterben sollte, mußte sich in den Kreis berühmter Flüchtlinge einfügen: Georg Bernhard, einst gefeierter Chefredakteur der *Vossischen Zeitung*, Professor Ludwig Quidde, Führer der Deutschen Friedensbewegung, Hugo Simon, der Bankier, Rudolf Hilferding, früherer Finanzminister, Wieland Herzfelde, der Verleger, Alfred Flechtheim, der Kunsthändler, auch Heinrich Brüning und unzählige andere emigrierten. »Ich habe den Eindruck, Brüning hofft, wieder an die Macht zu kommen«, meinte Kessler.

In jener Nacht des 30. Januar dauerte der Vorbeimarsch Stunde um Stunde an. »Endlos«, konstatierte Goebbels, »endlos marschieren die Massen vorbei. SA, Hitlerjugend, Zivilisten, Männer und Frauen, Väter, die ihre Kinder hoch emporhalten, damit sie das Fenster des Führers sehen können. Unbeschreibliche Begeisterung erfüllt die Straßen. Wenige Meter entfernt steht der Reichspräsident an seinem Fenster, eine hohe, greise Gestalt, wie ein Denkmal vergangener Zeiten. Hin und wieder schlägt er mit seinem Stock den Takt zu den Militärmärschen. Tausende und Abertausende marschieren in nie endendem Gleichschritt unter unseren Fenstern vorbei. Eine Nation ist endlich erwacht!«

All die Berliner, die rechtzeitig weggingen, waren die Glücklichen oder

Klugen oder zumindest die Überlebenden durch Zufall. »Köpfe werden rollen«, hatte Hitler verkündet, und so sollte es auch sehr bald kommen. Von dem Tage an, da Hitler an die Macht gelangte und Frick samt Göring die Herrschaft über die Polizei besaßen, sahen die SA-Männer ihren Traum verwirklicht. In leerstehenden Lagerhäusern und Fabrikkellern hatten sie überall in Berlin endlich die Macht, nicht nur Gewalttätigkeiten auszuüben, sondern die wesentlich befriedigendere, zu schlagen, ohne daß einer zurückschlug. Man nannte diese Stellen »Sammellager«; es waren die Vorläufer jener Stacheldrahtfestungen, die so viele Angehörige der deutschen Nation zu Verbrechern machten. Doch das war später, beginnend mit dem Frühjahr 1934, als Göring das Gefängniswesen unter seiner Gestapo »normalisierte«, woraufhin die ersten großen Konzentrationslager entstanden: Oranienburg nördlich von Berlin und Dachau bei München. In jenen Tagen gab es vorerst nur die Lagerhäuser und die Keller, wohin die Braunhemden jeden schleppten, der ihnen nicht paßte, ihn mit Knüppeln oder Eisenstangen schlugen oder ihn mit ihren Stiefeln zu Tode traten. Das entsprach ihrer Natur wie ihrer Berufung. »Der SA-Mann will kämpfen«, verkündete Goebbels, »und er hat ein Recht darauf: daß man ihn kämpfen läßt.«

Des Stabschefs Röhm Sturmabteilungen wurden jedoch allmählich zu groß und zu mächtig. Sie bestanden aus mehr als 300 000 Mann, waren dreimal so stark wie die Reichswehr, und der Generalität wurde Röhms Macht verdächtig. Ebenso Heinrich Himmler, dem Kommandeur der SS, und Göring, zu dessen »legalen« Polizeikräften die Gestapo gehörte. Und Hitler inszenierte seine erste »Säuberungsaktion«: Reichswehr und SS holten Röhm aus seinem Bett im Hotel Hanselbauer in Bad Wiessee, wo, wie später behauptet wurde, der Stabschef der SA mit seinen Untergebenen eine homosexuelle Orgie gefeiert hatte. Vermutlich war dies ebenso frei erfunden wie der angeblich geplante Röhmputsch. Zwei SS-Offiziere gaben Röhm eine Pistole und ließen ihn in seiner Zelle allein. »Wenn ich getötet werden soll«, sagte Röhm, »dann soll Hitler es selber tun.« Daraufhin wurde er erschossen. In Berlin fuhren sechs SS-Männer in Zivil hinaus zu Schleichers Villa am Wannsee und erschossen den General und seine Frau. Ein anderer Trupp nahm Gregor Strasser fest und brachte ihn zum Gestapo-Hauptquartier in der Prinz-Albrecht-Straße. Dort schoß einer durch die Gitterstäbe der Zelle, hatte ihn aber nur verwundet, und Strasser, ein großer, schwerer Mann, lag mehrere Stunden in seinem Blut, bevor er starb. Eine weitere Mörderbande drang in das Büro Franz von Papens ein, schoß zwei seiner Mitarbeiter nieder und zertrümmerte die gesamte Einrichtung, Papen selbst überlebte und erhielt Hausarrest. Etwa 150 »Staatsfeinde« wurden zusammengetrieben und in die Ka-

sernen des ehemaligen Garde-Schützen-Regiments in Lichterfelde transportiert.
Zu jener Zeit erschien dies bereits im Ausland und bei uns in den USA als erschreckendes Massaker, aber wenn man auf die Untaten zurückblickt, die noch folgen sollten, geben manche Opfer der Röhm-Säuberungsaktion kaum Anlaß zu Trauer. Röhm und seine Kumpane, Gregor Strasser, auch General Schleicher hätten ihre Gegner vielleicht ebenso mitleidlos aus dem Wege geräumt, wie es ihnen selbst geschah. Deshalb hat sich mir, unter vielen bekannteren Fällen, der des Dr. Willi Schmid besonders eingeprägt, eines Musikkritikers der Münchener Neuesten Nachrichten, der an jenem 30. Juni abends in seiner Wohnung Cello spielte, während seine Frau für ihre drei Kinder das Abendbrot machte. Vier SS-Männer erschienen und nahmen Dr. Schmid mit, weil sie ihn mit einem anderen Schmid verwechselten, einem SA-Sturmbannführer. Als Frau Schmid ihren toten Mann zurückerhielt, verbot man ihr, den Sarg zu öffnen. Man erklärte ihr, ihr Mann sei als »Märtyrer für eine große Sache« gestorben, und zahlte ihr sogar eine Rente.
Nicht die erschossenen SA-Landsknechte sind es, sondern es ist der unschuldige Willi Schmid, der stellvertretend für alle Opfer des Terrors steht, für die Anne Franks und die Dietrich Bonhoeffers und die ungezählten anderen, deren Namen wir vergessen oder nie gekannt haben, die Millionen von Juden, die in die Gaskammern gestoßen wurden, die russischen Gefangenen, die man als Zielscheiben benutzte, die fliehenden Frauen, die auf französischen Landstraßen von Messerschmitt-Salven niedergemäht wurden, die Kinder des Warschauer Ghettos, die Zigeuner, die geistig Schwachen, die Ernsten Bibelforscher, die sich weigerten, Wehrdienst und Eid zu leisten, und all die anderen – an die dreißig Millionen insgesamt –, die erschossen oder verbrannt oder ausgebombt werden sollten, aus dem einen einzigen Grund: weil Adolf Hitler es so wollte.

Das Volk marschierte, reckte seine Fackeln, sang, eine Flut aus Feuer und Jubel, durch das dunkle Zentrum Berlins. Die Massen, wie Goebbels sie stets nannte, schrien. »Die Baumkronen auf dem Wilhelmplatz vor der Reichskanzlei«, schrieb Goebbels, »waren dicht besetzt mit Hunderten von Jungens, die dem Führer ihre Sprechchöre entgegenschmetterten.«
»Aber das waren nicht die typischen Deutschen«, meint ein weißhaariger Berliner, Historiker, der jetzt in New York lebt.
»Wer soll es dann gewesen sein?«
»Die Nazis – SA-Männer und ähnliche Leute«, sagt er.
»Waren das nicht aber auch Deutsche?«

Der Professor zuckt die Achseln. Gute Deutsche betonen gern, daß Hitler die Macht nicht durch eine freie Wahl erreicht habe. Aber das ist genauso, als wollte man sagen, Kennedy und Nixon hätten bei einer amerikanischen Präsidentschaftswahl nie die absolute Mehrheit erreicht. Nein, Hitler kam an die Macht in einem ganz normalen Ablauf der konstitutionellen Demokratie. Man könnte behaupten, daß es ein gräßlicher Irrtum war, daß wenige wirklich ahnten, wie monströs sich ihre Spielregeln auswirken würden, aber man kann nicht behaupten, es sei nicht ganz legal, nicht ganz demokratisch zugegangen.
»Selten hat sich ein Volk mit gleicher Eilfertigkeit seiner Rechte und Freiheiten begeben wie das deutsche Volk aller Schichten und Stände in den ersten hoffnungsfrohen Monaten seiner neuen Tausendjährigkeit«, so sieht es Hans Bernd Gisevius, der als junger Assessor in der Polizeiabteilung des Reichsinnenministeriums die nationale Illusion zunächst teilte. »Der verlorene Krieg, Unruhen, Inflation, eine bislang für undenkbar gehaltene Arbeitslosigkeit, unsinnige Reparationen, phantasielose Führung: das alles hatte sich in 65 Millionen Gemütern komprimiert. Dieser seelische Druck beginnt plötzlich zu weichen. Jedermann, so wird verkündet, soll Arbeit und Brot finden. Mehr noch, dieser neue Tag bricht an mit Pauken- und Trompetenschall, flotten Marschweisen und jauchzenden Volkskundgebungen. Solchem Wandel wagt so leicht keiner sich zu entziehen. Selbst die Zweifler werden in diesen Strom der Hoffnung und der Freude mit hineingezogen. Die zündende Parole, der neue Rhythmus, die volksnahe Sprache, frischer Gesang, mitreißender Schwung und leidenschaftliche Versprechungen – wer kann da widerstehen? . . . Das tumultuöse Treiben, das wir damals beobachten konnten, läßt uns ein entscheidendes Merkmal aller Revolutionen wiedererkennen. Plötzlich werden die Menschen anders. Ein Freudentaumel ohnegleichen bricht über sie herein. Fahnen, Girlanden, Ehrenbürgerbriefe, Huldigungstelegramme, Straßenumbenennungen, Ergebenheitsadressen werden ebenso wie Aufmärsche und Massendemonstrationen zu Gewohnheiten des Alltags. Eine Siegesfeier jagt die nächste, ein Gemeinschaftsappell den anderen. Das herrliche Gefühl einer neuen Brüderlichkeit übermannt alle Schichten und Stände. Der Professor neben der Kellnerin, der Arbeiter mit dem Großindustriellen, die Dienstmagd und der Kaufmann, Angestellte, Bauern, Soldaten und vor allem Jugend, Jugend, Jugend, sie alle erleben sich mit einem Male so, als ob sie soeben die größte Entdeckung ihres Jahrhunderts machten, als ›Volksgenossen‹. Die trübe Vergangenheit ist vergessen, die drückende Gegenwart versinkt hinter der verklärten Zukunft des endlich verwirklichten Dritten Reiches.«

Und dann gab es all die, die blieben und ihr tägliches Leben weiterlebten und all dies durchstehen mußten. Was Gisevius anbelangt, so änderte er bald seine Meinung und ging in den Widerstand. Aber dieser »Underground« wurde nie sehr wirksam, weil er ein außerordentliches Maß an Mut erforderte. Selbst heute noch, wenn man den kahlen, weißgetünchten Hinrichtungsraum im Berliner Gefängnis Plötzensee besichtigt und die Fleischerhaken an der Decke sieht, wo die Rebellen des 20. Juli an Klaviersaiten aufgehängt und dann gefilmt wurden, überlegt man voller Entsetzen, wie überhaupt ein einzelner Mensch den Mut zu solchem Widerstand aufbringen konnte.

Sogar zur Flucht war Mut nötig – Mut und eine Summe Geld oder Freunde im Ausland oder zumindest das Zutrauen zu einer Möglichkeit, für sich und seine Angehörigen in einem fremden Land eine neue Existenz aufzubauen. Der Flucht ging aber auch ein hohes Maß an Hoffnungslosigkeit und Verzweiflung voraus, die Erkenntnis, daß die Verhältnisse nicht besser werden würden und daß es als Alternative nur noch den Tod gab. Wenige emigrierten aus freier Entscheidung. Und bei denen, die zurückblieben – um zu leben oder um zu sterben –, gab es die üblichen Gründe. Die meisten Menschen führen kein politisches Leben; sie geben sich sogar die größte Mühe, Politik – dieses »schmutzige Geschäft« – zu vermeiden. Und die Gründe, zu bleiben, waren ganz und gar konventionell – ein Job, der sich zu lohnen schien, eine kranke Mutter, Haus- oder Gartenbesitz oder einfach Trägheit.

Der Wunsch, sein eigenes Leben so ungestört wie möglich zu leben, seine Arbeit zu tun und die Kinder großzuziehen, ist keine verachtenswerte Regung. Und will man den einfachen Berliner im Jahre 1933 verstehen, kann man nur darüber nachdenken, was man selber in einer ähnlichen Situation täte.

Für die Berliner jener Zeit muß es so ausgesehen haben, als ob Hitler nicht nur erfolgreich war, sondern auch weitgehende Zuneigung in der übrigen Welt besaß. Von Konzentrationslagern hörte man kaum etwas oder wollte man nichts hören. Als dann sogar das Saarland »rückgegliedert« wurde, als die deutsche Wehrmacht in die entmilitarisierte Zone des Rheinlands einmarschierte, als Hitler den »Anschluß« Österreichs inszenierte und die Wirtschaft wieder blühte – welche Konsequenzen sollte der Mann von der Straße aus solchen Triumphen ziehen?

Viele von denen, die blieben, »kollaborierten« mit der herrschenden Macht – Wilhelm Furtwängler und Clemens Krauss dirigierten weiterhin. Nur wenige verweigerten sich – so Käthe Kollwitz, die ihrem Mann in seiner ärztlichen Praxis in Ostberlin beistand und in aller Stille ihre eindringlichen Darstellungen der Not und der Verzweiflung schuf. Die meisten besaßen gar nicht die Freiheit einer Entscheidung, die bedeutenden und prominenten Menschen vielleicht noch möglich ist. Sie blieben, weil sie nirgendwo sonst hingehen konnten, und lebten, wie sie immer zu leben gezwungen waren.

Der Fackelzug hatte bis ein Uhr morgens gedauert. »Lange nach Mitternacht«, notierte Goebbels, »stehen noch immer zehntausende Menschen vor der Reichskanzlei und singen das *Horst-Wessel-Lied*. Ich rede zu den Massen und schließe mit einem Heil auf Hindenburg und auf den Führer. In einem sinnlosen Taumel der Begeisterung geht diese Nacht des großen Wunders zu Ende.

Nun wird der Platz leer. Wir schließen die Fenster und sind nun von einer endlosen Stille umgeben. Der Führer legt mir die Hände auf die Schultern, ohne dabei ein Wort zu sagen . . .

Nun aber wird ausgeräuchert. In ein bis zwei Monaten haben wir Ruhe und Ordnung in Deutschland wiederhergestellt.

Das neue Reich ist erstanden. Es wurde mit Blut geweiht. Wir sind am Ziel. Die deutsche Revolution beginnt!«

Literaturverzeichnis

Die Veröffentlichungen zum Thema »Das Berlin der zwanziger Jahre« lassen sich kaum mehr überblicken. In der New York Public Library ist allein die Berlin-Literatur in 47 Kästen katalogisiert. Die auf Veranlassung der Freien Universität Berlin 1965 veröffentlichte Berlin-Bibliographie erfaßt, nur nach Titeln, die einschlägigen Arbeiten auf mehr als 1000 Seiten. Die Wiener Library London hat ihre eigenen Bibliographien veröffentlicht: From Weimar to Hitler, 269 S., 1951, erw. Ausg. 1964, und German Jewry, 279 S., 1958.

Von den mehr als 300 Buchveröffentlichungen, die für die vorliegende Arbeit berücksichtigt wurden, seien hier nur die wichtigsten genannt – ein Teil ist nach der Originalausgabe aufgeführt, ein weiterer hingegen aus dem Deutschen übersetzt, ein dritter schließlich auch in deutschen Ausgaben zugänglich.

Franz Alexander, The Western Mind in Transition. An Eyewitness Story. New York 1960

– and Sheldon Selesnick, Geschichte der Psychiatrie. Ein kritischer Abriß der psychiatr. Theorie und Praxis v. d. Frühgeschichte bis zur Gegenwart. Zürich 1969

–, Samuel Eisenstein, Martin Grotjahn (ed.), Psychoanalytic Pioneers. New York 1966

Lincoln Barnett, Einstein und das Universum. Hamburg 1952

Eric Bentley (ed.), Seven Plays by Bert Brecht. New York 1961

– (ed.), Manual of Piety. New York 1966

Peter Blake, Drei Meisterarchitekten: Le Corbusier, Mies van der Rohe, Frank Lloyd Wright. München 1962

Max Born, My Life and Views. New York 1968

Ernest K. Bramstadt, Goebbels and National Socialist Propaganda. Lansing, Mich., 1965

Arnold Brecht, Mit der Kraft des Geistes. Lebenserinnerungen II. Stuttgart 1967

Bertolt Brecht, A Collection of Critical Essays, ed. by Peter Demetz. Englewood Cliffs, N.J., 1962

Heinrich Brüning, Memoiren. 1918–1934. Stuttgart 1970

Alan Bullock, Hitler: Eine Studie über Tyrannei. Düsseldorf 1967

Abram Chasins, Speaking of Pianists. New York 1957

Ronald W. Clark, Einstein: The Life and Times. New York and Cleveland 1971

Malcolm Cowley, Exile's Return. New York 1951

Viscount D'Abernon, Ein Botschafter der Zeitwende. Memoiren. Leipzig 1928

Ken Dallison, When Zeppelins Flew. New York 1965

Istvan Deak, Weimar Germany's Left-Wing Intellectuals: A Political History of the Weltbühne and Its Circle. Berkeley, Calif., 1968

Homer Dickens, The Films of Marlene Dietrich. New York 1968

Ilja Ehrenburg, Menschen, Jahre, Leben, Autobiographie. München 1962

Albert Einstein, Mein Weltbild. Zürich 1953

Klaus Epstein, Matthias Erzberger und das Dilemma der deutschen Demokratie. Berlin 1962

Martin Esslin, Brecht: Das Paradox des politischen Dichters. München 1970

Frederic Ewen, Bertolt Brecht: His Life, His Art and His Time. New York 1967

Erich Eyck, Geschichte der Weimarer Republik. 2 Bde. Erlenbach-Zürich o. J.

Joachim C. Fest, Das Gesicht des Dritten Reiches München, 1969

Andrew Field, Nabokov. His Life in Art. Boston 1967

Ruth Fischer, Stalin und der deutsche Kommunismus. Frankfurt/M. 1950

Heinrich Fraenkel, Unsterblicher Film. Die große Chronik. 1: Von der Laterna Magica bis zum Tonfilm. München 1956

Philipp Frank, Einstein: Sein Leben und seine Zeit. München 1949

Leslie Frewin, Marlene Dietrich: The Story of a Star. New York 1967

Erich Frey, Ich beantrage Freispruch. Hamburg 1959

Erich Fromm, Die Furcht vor der Freiheit. Frankfurt/M. 1967

H. F. Garten, Modern German Drama. London 1959

Peter Gay, Die Republik der Außenseiter. Frankfurt/M. 1970

Hans Bernd Gisevius, Bis zum bitteren Ende. Berlin 1964

Walter Goerlitz, Der deutsche Generalstab. Geschichte und Gestalt. 1657 bis 1945. Frankfurt/M. 1950

D. J. Goodspeed, Ludendorff: Genius of World War I. Boston 1966

Richard Griffith, Marlene Dietrich: Image and Legend. New York 1959

Will Grohmann, Wassily Kandinsky. Leben und Werk. Köln 1958

Walter Gropius, Die Neue Architektur und das Bauhaus. Mainz 1965

–, Scope of Total Architecture. New York 1962

Kurt R. Grossmann, Ossietzky. Ein deutscher Patriot. München 1963

George Grosz, Ein kleines Ja und ein großes Nein. Hamburg 1955

Emil J. Gumbel, Vom Fememord zur Reichskanzlei. Heidelberg 1962
Werner Haftmann, Paul Klee. Wege bildnerischen Denkens. München 1966
Otto Hahn, A Scientific Autobiography. New York 1966
S. William Halperin, Germany Tried Democracy. A Political History of the Reich from 1918 to 1933. New York 1946
Ben Hecht, A Child of the Century. New York 1954
Konrad Heiden, Der Führer. Hitler's Rise to Power. Boston 1944
Hans Heinsheimer, Best Regards to Aida. New York 1968
Werner Heisenberg, Physics and Philosophy: The Revolution in Modern Science. New York 1958
–, Physics and Beyond: Encounters and Conversations. New York 1971
Emil Herz, Before the Fury. Jews and Germans before Hitler. New York 1966
Paul Hindemith, Komponist in seiner Welt. Zürich 1959
Friedrich Holländer, Von Kopf bis Fuß: Mein Leben mit Text und Musik. München 1965
Sol Hurok, Impresario. A Memoir. New York 1946
Herbert Ihering, Von Reinhardt bis Brecht. Vier Jahrzehnte Theater und Film. 3 Bde. Berlin 1961
–, Von Reinhardt bis Brecht. Eine Auswahl der Theaterkritiken von 1909—1932. Hrsg. u. mit einem Vorwort v. Rolf Badenhausen. Hamburg 1967
Leopold Infeld, Albert Einstein. Sein Werk und sein Einfluß auf unsere Welt. Berlin 1957
David Irving, Der Traum von der deutschen Atombombe. Gütersloh 1967
Ernest Jones, Sigmund Freud. Leben und Werk. Frankfurt 1969
Matthew Josephson, Life among the Surrealists. A Memoir. New York 1962
Robert Jungk, Heller als tausend Sonnen. Das Schicksal der Atomforscher. Bern o. J.
Leo Katcher, Post-Mortem. The Jews in Germany Today. New York 1968
Walter Kaul (Hrsg.), Caligari und Caligarismus. Berlin 1970
Harry Graf Kessler, Walther Rathenau. Sein Leben und sein Werk. Berlin 1928 und Wiesbaden 1962
–, Tagebücher 1918–1937. Politik, Kunst u. Gesellschaft der zwanziger Jahre. Hrsg. v. Wolfgang Pfeiffer-Belli. Frankfurt/M. 1961. (Eine gekürzte Fassung u. d. Titel ›In the Twenties‹, New York 1971)
John Maynard Keynes, Die ökonomischen Folgen des Friedensvertrages. München 1920
Walther Kiaulehn, Berlin. Schicksal einer Weltstadt. München 1958
Ernst Klee and Otto Merk, The Birth of the Missile: The Secrets of Peenemünde. New York 1965
Paul Klee, Pädagogisches Skizzenbuch. Mainz 1965
Fritz Kortner, Aller Tage Abend. München 1959
Siegfried Kracauer, Von Caligari bis Hitler. Ein Beitrag zur Geschichte des deutschen Films. Hamburg 1958
F. A. Krummacher und Albert Wucher (Hrsg.), Die Weimarer Republik. Ihre Geschichte in Texten, Bildern und Dokumenten. 1918–1933. Unter Mitwirkung von Karl Otmar Freiherr von Aretin. München 1965
Daniel Lang, The Man in the Thick Lead Suit. New York 1954
Paul Laqueur, Russia and Germany. A Century of Conflict. Boston 1965
Walter Z. Laqueur, Die deutsche Jugendbewegung. Köln 1962
Maria Ley-Piscator, The Piscator Experiment: The Political Theatre. New York 1967
Louis P. Lochner, Fritz Kreisler. New York 1950
–, Always the Unexpected. New York 1956
Anita Loos, A Girl like I. New York 1966
Marwin Lowenthal, The Jews of Germany. A Story of Sixteen Centuries. Philadelphia 1936
Klaus Mann, Der Wendepunkt. München 1953
Roger Manwell und Heinrich Fraenkel, Goebbels. München 1960
–, Göring. Hannover 1964
Gerhard Masur, Das kaiserliche Berlin. Stuttgart 1971
Walter Mehring, Die verlorene Bibliothek. Autobiographie einer Kultur. Hamburg 1952 und München 1964
Friedrich Meinecke, Die deutsche Katastrophe. Betrachtungen und Erinnerungen. Wiesbaden 1946
Otto Meissner, Staatssekretär unter Ebert, Hindenburg, Hitler. Der Schicksalsweg des deutschen Volkes von 1918 bis 1945, wie ich ihn erlebte. Hamburg 1950
Erich Mendelsohn, Letters of an Architect. New York 1967
B. S. Myers, Malerei des Expressionismus. Köln 1959
Peter Michelmore, Einstein: Profile of the Man. New York 1962
Victor M. Miesel (ed.), Voices of German Expressionism. Englewood Cliffs, N.Y., 1970
Sybil Moholy-Nagy, Moholy-Nagy, Experiment in Totality. Cambridge, Mass., 1950
Robert Motherwell (ed.), The Dada Painters and Poets. New York 1951
Vladimir Nabokov, Speak, Memory. An Autobiography Revisited. New York 1966
Pola Negri, Memoirs of a Star. New York 1970
Walter Henry Nelson, The Berliners. Their Saga and their City. New York 1969
Peter Nettl, Rosa Luxemburg. Köln 1967
Gustav Noske, Erlebtes aus Aufstieg und Niedergang einer Demokratie. Offenbach 1947
Ernst Erich Noth, Erinnerungen eines Deutschen. Hamburg 1971
Rudolf Oertel, Macht und Magie des Films. Weltgeschichte einer Massensuggestion. Zürich 1959
Anthony Paine, Schoenberg. London 1968
Pem (Paul E. Marcus), Heimweh nach dem Kurfürstendamm. Berlin 1962
Gregor Piatigorsky, Mein Cello und ich und unsere Begegnungen. Tübingen o. J.
Erwin Piscator, Das Politische Theater. Unter der Mitarbeit von Gasbarra. Berlin 1929
Harold L. Poor, Kurt Tucholsky and the Ordeal of Germany, 1914–1935. New York 1968
Joachim Prinz, The Dilemma of the Modern Jew. Boston 1962
–, Wir Juden. Berlin 1934

Sándor Radó (Hrsg.), Zehn Jahre Berliner Psychoanalytisches Institut. Wien 1930
Rolf Rave und Hans Joachim Knöfel, Bauen seit 1900. Berlin 1963
H. F. Redlich, Alban Berg. Versuch einer Würdigung. 1957
Wilhelm Reich, The Mass Psychology of Fascisme. New York 1946
Willy Reich, Alban Berg. Leben und Werk. 1963
–, Arnold Schönberg oder Der konservative Revolutionär. Wien 1968
Arthur Rosenberg, Entstehung der Weimarer Republik. Frankfurt 1961
William S. Rubin, Dada, Surrealism and Their Heritage. New York 1968
Günther Rühle, Theater für die Republik. 1917–1933. Im Spiegel der Kritik. Frankfurt/M. 1967
Cornelius Ryan, Der letzte Kampf. München 1966
César Saerchinger, Artur Schnabel. A. Biography. New York 1957
Ernst von Salomon, Die Geächteten. Berlin 1930
–, Der Fragebogen. Hamburg 1951
Artur Schnabel, My Life and Music. New York 1963
Franz Schoenberner, Bekenntnisse eines europäischen Intellektuellen. München 1968
Harold Schonberg, Die großen Pianisten. Bern 1967
Peter Selz, German Expressionist Painting. Berkeley, Calif., 1957
William Shirer, Aufstieg und Fall des Dritten Reiches. Köln 1963
Sling (Paul Schlesinger), Richter und Gerichtete. Berlin 1929 und München 1969
Albert Speer, Inside the Third Reich: Memoirs. New York 1970
Stephen Spender, Welt zwischen Welten. Frankfurt/M. o. J.
Josef von Sternberg, Ich, Josef von Sternberg. Velber 1967
Otto Strasser, Hitler und ich. 1948
H. H. Stuckenschmidt, Arnold Schoenberg. London 1959
Fritz Thyssen, I Paid Hitler. New York 1941
John Toland, Ships in the Sky: The Story of the Great Dirigibles. New York 1957
Wilhelm Treue (Hrsg.), Deutschland in der Weltwirtschaftskrise in Augenzeugenberichten. Düsseldorf 1967
Kurt Tucholsky, Na und? Eine neue Auswahl aus seinen Schriften und Gedichten hrsg. von Mary Gerold-Tucholsky. Hamburg 1950
Harry Ashby Turner jr., Stresemann, Republikaner aus Vernunft. Frankfurt/M. 1967
Hermann Ullstein, The Rise and Fall of the House of Ullstein. New York 1943
Antonina Vallentin, The Drama of Albert Einstein. New York 1954
Salka Viertel, Das unbelehrbare Herz. Hamburg 1970
Robert G. L. Waite, Vanguard of Nazisme. The Free Corps Movement in Postwar Germany, 1918–1923. Cambridge, Mass., 1952
Bruno Walter, Theme and Variations. An Autobiography. New York 1946
Richard Watts, The Kings Depart. The Tragedy of Germany. Versailles and the German Revolution. New York 1968
Herman G. Weinberg, The Lubitsch Touch. New York 1968
Egon Wellesz, Arnold Schoenberg. New York 1969
Robert Weltsch (ed.), The Leo Baeck Institute Yearbooks. London 1956
Bruno E. Werner, Die Zwanziger Jahre. München 1962
John Wheeler-Bennett, Nemesis of Power. The German Army in the Politics. 1918–1945. New York 1964
–, The Wooden Titan. Hindenburg in the Twenty Years of German History, 1914–1934. New York 1936, erw. Ausg. 1967
Arnold Whittick, Eric Mendelsohn. New York 1940
Hans M. Wingler, Das Bauhaus. Bramsche 1962
Ilse R. Wolff (ed.), German Jewry. Its History, Life and Culture. Wiener Library Bibliography. London 1958
Georg Zivier, Das Romanische Café. Erscheinungen und Randerscheinungen rund um die Gedächtniskirche. Berlin 1965
Carl Zuckmayer, Als wär's ein Stück von mir. Erinnerungen. Frankfurt/M. 1966
Stefan Zweig, Die Welt von gestern. Erinnerungen eines Europäers. Frankfurt/M. 1947

Außerdem schuldet der Verfasser all denen besonderen Dank, die ihm durch ausführliche Berichte und bereitwillige Auskünfte sehr geholfen haben – so, in alphabetischer Reihenfolge, W. H. Auden, Fritz Bamberger, Stefan Brecht, Abram Chasins, Kurt R. Grossmann, John Gutman, Hans Hirschfeld, Sol Hurok, Christopher Isherwood, Helmut Jaesrich, Michael Josselson, Hans Joachim Kausch, Adolph Lowe, Mr. und Mrs. Henry Lowenfeld, Richard Löwenthal, Friedrich Luft, Yehudi Menuhin, Margaret Muehsam, Henry Pachter, Rabbi Joachim Prinz, Sândor Radó, Edwin Redslob, Franz Schoenberner, Rudolf Serkin, Walter Slezak, Rudi Springer, Hans Staudinger, Virgil Thomson, Salka Viertel, Hans Wallenberg, Peter Wallenberg, Hilde Walther, Otto Wolf und Ludwig Wronkow.

Weiterhin unterstützten diese Arbeit mit Rat und Tat, ebenfalls in alphabetischer Aufzählung, Gillon Aitken, Yakov Aviad vom Israelischen Konsulat in New York, Heinz und Inge Bondi, François Bondy, Erwin Böll vom Konsulat der BRD in New York, Christopher Davis, Martin Feinstein von der Agentur Sol Hurok, Lou Gittler vom Deutschen Informations-Büro in New York, Fred Grubel vom Leo Baeck-Institut, Richard Hanser, Melvin Lasky als Herausgeber des *Encounter*, Johanna Lenhardt, Karin Lenhardt, Paul E. Marcus (Pem), Martin Mayer, Peter Meriton, Paul Moor, Nicholas Nabokov, James P. O'Donnell, John Peet, Francis Robinson von der Metropolitan Opera, Kenneth Tynan, Edgar Vincent, Tom Wallace, Peter Wyden, Mort Yarmon vom Amerikanischen Jüdischen Komitee und schließlich all meine Verwandten und Freunde hier wie in Deutschland.

Zahlreiche Bibliotheken endlich haben den Verfasser beraten und durch eigene Nachforschungen gefördert, so die New York Public Library, die Widener Library in Harvard, die Wiener Library in London, die Hoover Library in Stanford und die Bibliotheken des Psychoanalytischen Instituts in New York, des Amerikanischen Jüdischen Komitees, des Goethe-Hauses und des Museum of Modern Art in New York – besonders aber haben die Arbeit Helen Land und ihre Mitarbeiter von der Locust Valley Public Library erleichtert, indem sie alle Wünsche des Autors in Bezug auf wichtiges Quellenmaterial ständig hilfsbereit erfüllten.

Locust, Valley, New York — Otto Friedrich

Bildnachweis

Archiv des Verlages Kurt Desch: S. 51 unten, 54 unten, 55 unten, 155, 157, 159, 160 oben, 209 unten, 210 unten, 211 unten, 212 oben und unten rechts, 215 (3), 216 oben links und unten, 256, 269 (2), 271 oben

Bundesarchiv: S. 156 links oben

Staatsbibliothek Berlin: S. 266 unten

Dr. Wolf Strache, Stuttgart: S. 49

Süddeutscher Verlag: S. 51 oben, 55 oben, 56 unten, 153, 154 unten, 156 oben rechts und unten, 158 unten, 210 oben, 212 unten links, 213 oben, 214 unten, 267 (2), 272 (2)

Ullstein: S. 50 (2), 52/53, 56 (2 oben), 154 oben, 158 (2 oben), 160 unten, 209 oben, 211 oben, 213 (2 unten), 266 oben und Mitte, 268 (3), 270 (2), 271 unten

Zeitgeschichtliches Bildarchiv Heinrich Hoffmann, München (Copress): S. 214 oben

Zentralbild, Berlin-Ost: S. 266 unten

Personenverzeichnis